BRASIL AFRO-BRASILEIRO

Organizadora
Maria Nazareth Soares Fonseca

BRASIL AFRO-BRASILEIRO

3ª Edição
1ª Reimpressão

autêntica

Copyright © 2000 Os Autores
Copyright © 2000 Autêntica Editora

Todos os direitos reservados pela Autêntica Editora. Nenhuma parte desta publicação poderá ser reproduzida, seja por meios mecânicos, eletrônicos, seja via cópia xerográfica, sem a autorização prévia da editora.

EDITORA RESPONSÁVEL
Rejane Dias

REVISÃO
Roberto Arreguy Maia

CRIAÇÃO DE CAPA E ILUSTRAÇÕES
Antônio Sérgio Moreira
(Imagem da capa: Ancestralidade x Fertilidade. (Técnica mista sobre tela, 1999))

DIAGRAMAÇÃO
Waldênia Alvarenga Santos Ataíde

F676b
Fonseca, Maria Nazareth Soares (org.)
Brasil afro-brasileiro / organizado por Maria Nazareth Soares Fonseca. – 3. ed.; 1. reimp. – Belo Horizonte : Autêntica Editora, 2015.
352p.

ISBN 978-85-86583-79-7

1.Antropologia-Brasil. 2.Cultura afro-brasileira.
I. Título.

CDU 572(81)

GRUPO **AUTÊNTICA**

Belo Horizonte
Rua Aimorés, 981, 8º andar
Funcionários . 30140-071
Belo Horizonte . MG
Tel.: (55 31) 3214 5700

Rio de Janeiro
Rua Debret, 23, sala 401
Centro . 20030-080
Rio de Janeiro . RJ
Tel.: (55 21) 3179 1975

São Paulo
Av. Paulista, 2.073,
Conjunto Nacional, Horsa I
23º andar . Conj. 2301 .
Cerqueira César . 01311-940
São Paulo . SP
Tel.: (55 11) 3034 4468

Televendas: 0800 283 13 22
www.grupoautentica.com.br

SUMÁRIO

APRESENTAÇÃO   07

RAÇA COMO NEGOCIAÇÃO
SOBRE TEORIAS RACIAIS EM FINAIS DO SÉCULO XIX NO BRASIL
Lilia K. Moritz Schwarcz   11

INUMERÁVEIS CABEÇAS
TRADIÇÕES AFRO-BRASILEIRAS E HORIZONTES DA
CONTEMPORANEIDADE
Edimilson de Almeida Pereira
Núbia Pereira de M. Gomes   41

A ORALITURA DA MEMÓRIA
Leda Maria Martins   61

VISIBILIDADE E OCULTAÇÃO DA DIFERENÇA
IMAGENS DE NEGRO NA CULTURA BRASILEIRA
Maria Nazareth Soares Fonseca   87

COMUNICAÇÃO, IDENTIDADE
CULTURAL E RACISMO
Dalmir Francisco   117

EXU: "VERBO DEVOLUTO"
Maria José Somerlate Barbosa   153

PIERRE VERGER
O OLHAR DAQUELE "QUE NASCEU DE NOVO PELA GRAÇA DO IFÁ"
Vera Casa Nova   173

MOBILIZAÇÃO, RITMO E POESIA
O HIP-HOP COMO EXPERIÊNCIA PARTICIPATIVA
Micael Herschmann   185

FEMININO PLURAL
NEGRAS DO BRASIL
Lídia Avelar Estanislau 211

CAMINHANDO COM RUTH LANDES PELA CIDADE DAS MULHERES
Nilma Lino Gomes 229

VIVA O POVO BRASILEIRO
O MISTÉRIO DA DESENCARNAÇÃO
Francis Utéza 253

POESIA ERÓTICA NOS CADERNOS NEGROS
Luiz Silva (Cuti) 269

OBSERVAÇÃO PARTICIPANTE E ESCRITA ETNOGRÁFICA
Vagner Gonçalves da Silva 285

(RE)CONHECER QUILOMBOS NO TERRITÓRIO BRASILEIRO
ESTUDOS E MOBILIZAÇÕES
Alecsandro J. P. Ratts 307

UMA TENTATIVA DE TRAÇAR PISTAS DE VANGUARDA
Jussara Santos 327

OS AUTORES 343

APRESENTAÇÃO

Vários aspectos da cultura afro-brasileira são abordados pelos artigos que compõem este livro, que tem como principal característica a perspectiva interdisciplinar, o diálogo entre pontos de vista sobre um mesmo tema: a cultura afro-brasileira. Teóricos oriundos de diferentes lugares, a maioria advinda do meio universitário, refletem sobre temas que têm frequentado muitas das discussões incentivadas pelas comemorações dos 500 anos do Brasil e, coerentes com a proposta apresentada aos colaboradores, são discutidas formas de representação da afro-brasilidade, encaminhadas por diferentes expressões: a antropológica, a literária, bem como a que retoma as discussões sobre o lugar dos afrodescendentes na sociedade brasileira. Nesse aspecto particular, são revisitados temas como o da formação da identidade nacional, a marginalização de grande parte da população constituída de negros e mestiços, e expressões de resistência desenvolvidas por essa parcela da população, no sentido de tornar mais visíveis os problemas que a atingem.

O ponto de partida desta publicação está relacionado com situações vividas em diversos encontros em que a necessidade de reunir num mesmo volume estudos sobre a situação de negros e mestiços brasileiros e sobre os modos como se produzem as imagens que circulam em diferentes espaços da cultura do país, se mostrava fortalecida. A ideia do livro já existia desde a época em que estive mais próxima do Grupo Interdisciplinar de Estudos Afro-brasileiros, o GIEAB, na Faculdade de Letras da UFMG, como desejo de alguns dos antigos pesquisadores ligados ao Projeto de reunir os resultados de suas pesquisas e de resgatar o pensamento de teóricos que fazem parte da história do grupo. Essa proposta inicial, por muitas razões, acabou sendo abandonada, mas manteve-se o desejo de organização de um livro que reunisse pesquisadores ligados à discussão do racismo explícito ou dissimulado existente no país, como às ações de resgate de tradições e rituais reverenciados pelos afrodescendentes.

Vários eventos que vêm acontecendo no Brasil – cito dentre outros as comemorações da Abolição da Escravatura, dos 300 anos da morte de Zumbi dos Palmares e, principalmente, a maior exposição do chamado "fenômeno das diferenças" em celebrações relacionadas com os 500 anos do Brasil – de alguma forma revitalizaram o desejo de concretizar a publicação que ora se apresenta. Por isso, pode-se dizer que ela está relacionada com uma discussão que se fortaleceu nos últimos anos com publicações voltadas às questões específicas da população de afrodescendentes no Brasil.

Os artigos que compõem esta publicação inserem-se na tendência de se atentar para as representações de negro e de negrura que circulam em diferentes suportes da memória cultural: livros, objetos de culto, objetos de arte, pesquisa etnográfica e na criação literária. Algumas reflexões se debruçam sobre as imagens que reforçam a exclusão dos negros numa sociedade que se diz mestiça, procurando resgatar os processos de configuração da face dos brasileiros (que nem eu, que nem quem?[1]) e de um país, cuja formação é ressignificada pelas intensas transformações que se vêm operando ao longo de sua história.

Com uma proposta claramente multidisciplinar, o livro pretende contribuir para o aprofundamento da discussão dos processos de invisibilidade das diferenças, produzidos pela sociedade brasileira, quando, de alguma forma, procura apaziguar os conflitos étnico-raciais, para fortalecer-se enquanto totalidade harmônica e integrada. Revigorada por um significativo conjunto de visões e pontos de vista voltados para a questão racial brasileira, a publicação insiste nos modos como a população de descendentes de escravos, os afrodescendentes, pode ser percebida em imagens que assumem as misturas raciais e estampam a cara de país mestiço que o Brasil não pode mesmo esconder.

Lilia Moritz Schwarcz retoma, polemizando, o "mito da democracia racial" para mostrar os processos de negociação do conceito de raça defendidos pelas teorias raciais, em finais do século XIX no Brasil, e a formação do pensamento racista brasileiro. A desmitificação

---

[1] A expressão é retomada do título da exposição *Brasileiro que nem eu, que nem quem?*, apresentada em 1999, na Fundação Armando Álvares Penteado, em São Paulo, em comemoração aos 500 anos do descobrimento do Brasil.

da democracia racial está também no artigo de Dalmir Francisco, que procura avaliar a relação entre identidade nacional e as estratégias de apagamento/silenciamento das diferenças, na sociedade brasileira. Por outro lado, ao rastrear as imagens de negro que circulam na sociedade brasileira e os modos como essas imagens aparecem em textos literários e em mostras organizadas por Emanoel Araújo, a partir de 1988, o artigo de Maria Nazareth Fonseca procura contrapor a tendências discriminatórias, claramente percebidas no país, formas de resistência à descaracterização da herança africana integrada à cultura do país.

Leda Martins, em "A oralitura da memória", analisa as performances complexas dos Congados, vistos como um sistema religioso híbrido, que se institui no âmbito da religião católica e transita em torno de Nossa Senhora do Rosário, Nossa Senhora das Mercês, Santa Efigênia e São Benedito. O texto de Edimilson de Almeida Pereira retoma resultados de pesquisas realizadas em parceria com Núbia Pereira Gomes para refletir sobre noções de tradição que circulam na cultura afro-brasileira e sobre suas perspectivas de ressignificação na época contemporânea.

O resgate de parte da história do Grupo Interdisciplinar de Estudos Afro-brasileiros, memorável iniciativa de alunos da UFMG, no início dos anos 90, é retomado por Jussara Santos, quando relata um período de grande produtividade do grupo e a feliz parceria com pesquisadores brasileiros e americanos que resultou em produção bastante significativa.[2]

Lídia Avelar Estanislau apresenta retratos de mulheres negras que assumem o desafio de propor questões que nunca foram feitas e de buscar respostas que vêm sendo sonegadas, forçando a ultrapassagem dos sussurros e dos silêncios em que foram aprisionadas, para mostrar a participação efetiva da mulher negra na formação da sociedade brasileira.

Algumas expressões particulares da cultura afro-brasileira são analisadas em diferentes artigos. Micael Herschmann pesquisa o hip-hop e defende a ideia de que o movimento se constitui como uma das mais significativas expressões de experiências participativas populares próprias de bairros periféricos e de favelas. Vera Casa Nova trata do

---

[2] Ver o relato feito por Jussara Santos, participante ativa do GIEAB, durante seu curso de graduação, "Grupo Interdisciplinar de Estudos Afro-brasileiros: uma tentativa de traçar pistas de vanguarda".

projeto do livro *Orixás*, de Pierre Verger, ressaltando a pujança de imagens e fotos utilizadas para registrar e preservar o culto dos orixás.

A incursão mais pontual em textos da literatura afro-brasileira dá-se nos artigos produzidos por Maria José Somerlate Barbosa, da Universidade de Iowa, Estados Unidos, por Francis Utéza, da Unidade Paul-Valéry, de Montpellier, França, e por Luiz Silva (Cuti), do Brasil. O texto Exu: "verbo devoluto", de Somerlate Barbosa, propõe uma análise das performances de Exu tal como se mostram em poemas bastante representativos da moderna poesia afro-brasileira. Francis Utéza focaliza um episódio do romance *Viva o povo brasileiro* para discutir os modos como se encenam, no romance de João Ubaldo Ribeiro, rituais da espiritualidade nagô-yorubá. Por outro lado, Cuti procura destacar a presença do erotismo em textos dos *Cadernos Negros*, particularmente em poemas publicados no período de 1082 a 1994.

O fenômeno da emergência política de comunidades afro-brasileiras denominadas de "remanescentes de quilombos" é o assunto tratado no artigo "(Re)conhecer quilombos no território brasileiro", de Alecssandro Ratts, que esclarece várias estratégias de mobilização política características de algumas "comunidades negras rurais quilombolas". Nilma Lino Gomes retoma a pesquisa da norte-americana Ruth Landes sobre o candomblé brasileiro, para destacar o fato pioneiro do trabalho que, assumindo as questões de raça e de gênero, inova sobremaneira a pesquisa antropológica.

A relação observador-observado, na pesquisa etnográfica, os impasses entre trabalho de campo e escrita são tratados por Vagner Gonçalves da Silva no artigo em que focaliza os processos de mútuo reconhecimento em pesquisas desenvolvidas em comunidades religiosas afro-brasileiras.

Em todos os artigos busca-se apreender as estratégias de resistência produzidas pela população afro-brasileira, a circulação das imagens sobre o negro e os modos como se organizam movimentos de resgate da cidadania, que se estende a várias direções, da pesquisa de campo à discussão que vem sendo produzida por diferentes olhares que visam apreender os modos como as questões étnico-raciais mostram-se no cenário do Brasil de 500 anos.

Maria Nazareth S. Fonseca
Organizadora

RAÇA COMO NEGOCIAÇÃO
SOBRE TEORIAS RACIAIS EM
FINAIS DO SÉCULO XIX NO BRASIL

Lilia K. Moritz Schwarcz

Finais de século sempre foram bons para pensar. De fato, nesses momentos, utopias e prognósticos falam do futuro, se debruçam sobre o porvir, como se realidade e representação caminhassem lado a lado, tornando difícil discernir aonde termina a história e em que lugar começa o mito.

Talvez a maior utopia dos dias de hoje seja a ideia da globalização, do mundo feito um só. Filhos da era da comunicação eletrônica, passamos a supor que frente a uma *emissão* poderosa existiria apenas uma única *recepção* passiva. No entanto, diante da novidade da globalização tem explodido o "fenômeno das diferenças", a afirmação da etnicidade e mesmo o seu lado mais obscuro: o racismo – a própria rejeição das diferenças entre os homens. É como se cansados ou céticos diante da igualdade e dos projetos de cidadania, legados pela Revolução Francesa, se destacasse a afirmação de uma identidade que recupera uma determinada origem e sobretudo um passado, nesse caso racial.[1]

É, portanto, no mínimo oportuno repensar a especificidade do racismo existente no Brasil. Não basta, porém, apenas anunciar ou delatar, é preciso um esforço de compreensão das particularidades desse "racismo cordial", dessa modalidade mais especifica de relacionamento racial conhecida, na oportuna expressão de Florestan Fernandes, como um preconceito retroativo: "um preconceito de ter preconceito" (1972).

---

[1] A referência nesse caso é aos recentes casos de afirmação de diferenças raciais e religiosas. Vide nesse sentido as imensas manifestações negras em Washington (lideradas pelo líder Farhakan), ou os movimentos fundamentalistas que têm estourado em várias partes do Oriente Médio e que culminaram com o assassinato do primeiro-ministro israelense (em novembro de 1995).

Este artigo trata, portanto, não apenas da descoberta da diferença entre nós, como da formalização dessas diferenças, em finais do século XIX, quando a característica miscigenada de nossa população foi vista como um "espetáculo", como um laboratório ao mesmo tempo curioso e degradante das raças.

Seria, no entanto, leviano começar esse debate em meados do século XIX. A percepção das diferenças entre os homens nos leva mais longe, sobretudo ao momento de descoberta do Novo Mundo, quando o imaginário europeu se volta do Oriente para o Ocidente, para essa nova terra – a América – com sua natureza grandiosa e suas "gentes desnudas e com as vergonhas a mostra".

Um breve passeio

A descoberta de que os homens eram profundamente diferentes entre si sempre levou à criação de uma cartografia de termos e reações. Os romanos chamavam de "bárbaro" a todos aqueles que não fossem eles próprios, ou seja, toda a humanidade que surgia no frágil continente europeu naquele contexto. A cristandade do Ocidente designou de pagão ao mundo todo que fugia ao universo cristão, como se fosse possível dividir os homens a partir de um único critério religioso. Da mesma maneira, a orgulhosa ciência determinista e positiva de finais do século classificou como "primitivos" os povos que não eram ocidentais, sobretudo os estranhos povos da América.

Talvez essa nossa história das diferenças comece mesmo com a descoberta do Novo Mundo, quando ocorre um deslocamento do paraíso terrestre da Ásia e da África para a América (HOLANDA, 1985). Em uma época em que era bem melhor "ouvir do que ver", a curiosidade renascentista voltava-se para esse local da "grande flora e da fauna exótica", mas acima de tudo para essas novas gentes, tão estranhas em seus costumes e civilização. Com relação à natureza, a tendência geral apontava para uma certa edenização (MELLO E SOUZA, 1986), marcada pela fertilidade do solo, pelo equilíbrio do clima e pela força da vegetação. Por meio da natureza revivia-se a imagem do paraíso terrestre há tanto tempo perdido.[2]

No tocante à humanidade, porém, as divergências eram maiores que as unanimidades. Afinal, o canibalismo, a poligamia e a nudez

---
[2] Sobre o tema vide Lisboa, 1995.

desses homens escandalizavam as elites pensantes europeias que tinham dúvidas sobre a humanidade desses indígenas.[3] É Todorov (1983) quem destaca como o etnocentrismo presente nesse encontro de culturas era patente de parte a parte. Afinal, estava em questão a essência desse encontro: enquanto os europeus levavam em suas cargas alguns indígenas para apresentá-los às cortes europeias, conjuntamente com outros animais locais, os "primitivos" afogavam europeus nos lagos, na tentativa de entender se se tratavam de homens ou deuses.

Esse impasse toma uma forma mais delineada a partir do famoso embate que opôs o religioso Bartolomeu de Las Casas, ao jurista Sepúlveda, que partia de uma dúvida primordial: "seriam essas novas gentes homens ou bestas". Nesse caso, enquanto Las Casas defendia a inferioridade dos indígenas, assegurava contudo sua inquebrantável humanidade; Sepúlveda reconhecia encontrar nesses "primitivos" uma outra humanidade.

Um bom termômetro dessa inquietação é, sem dúvida, o texto de Montaigne chamado "Os canibais" (1578). Nesse pequeno ensaio, o famoso filósofo francês realizava um verdadeiro elogio à forma como os Tupinambás faziam a guerra, em uma clara referência crítica às guerras de religião que ocorriam na mesma época. Com efeito, para o autor era menos bárbaro comer o inimigo que se reconhecia do que praticar atos de selvageria diante de um opositor que mal se delineava. No entanto, essas conclusões não pareciam ser suficientes frente ao espanto que esses homens despertavam. Tanto é que após longo arrazoado era o próprio Montaigne quem desabafava: "Tudo isso é em verdade interessante, mas, que diabo, essa gente não usa calças!"[4]

Em passos largos e desajeitados chegamos ao século XVIII, quando a questão da diferença ou da desigualdade entre os homens é, então, retomada. De um lado, temos a postura mais reconhecida que apontava para o voluntarismo iluminista e para a ideia de perfectibilidade humana, sem dúvida um dos maiores legados dos ideais da Revolução Francesa. Com efeito, foi Rousseau que em seu "Discurso sobre a origem e o fundamento da desigualdade entre homens" (1775)

---

[3] Apesar da bula papal de 1537, que determinava que "os homens são iguais e amados por Deus da mesma maneira", o debate estava longe de se encontrar esgotado. Vide, nesse sentido, Hanke, 1935.

[4] Para uma visão mais aprofundada do tema vide Cunha e Castro (1985).

lançou as bases para se pensar na ideia da humanidade feita uma só e para a afirmação do modelo do "bom selvagem" como elemento fundamental para entender a civilização decadente. Nessa versão humanista, a reflexão sobre a diversidade se torna central quando, no século XVIII, a partir dos legados políticos da Revolução Francesa e dos ensinamentos da ilustração, estabelecem-se as bases filosóficas para se pensar a humanidade enquanto totalidade. Ao mesmo tempo, Humboldt com suas viagens restituía não só o "sentimento de natureza" e sua visão positiva da flora americana, como se opunha às teses mais detratoras que negavam aos indígenas "a capacidade de civilização".

Na verdade, nesse mesmo contexto tomam força as correntes pessimistas que anunciam uma visão negativa sobre os homens da América. Em 1749 chegam ao público os três primeiros volumes da *Histoire naturelle* do conde de Buffon, que lançava a tese sobre a "debilidade" ou "imaturidade" do continente americano. Partindo da observação do pequeno porte dos animais existentes na América – já que não se encontravam rinocerontes, camelos, dromedários ou girafas –, e do aspecto imberbe dos nativos, o naturalista concluía ter encontrado um continente infantil, retardado em seu desenvolvimento natural. Assim a designação Novo Mundo passava a se referir mais à formação telúrica da América do que ao momento da colonização (VENTURA, 1988).

Mas Buffon não estava só. No ano de 1768 o abade Corneille de Pauw editava, em Berlim, *Recherches philosophiques sur les américains, ou Mémoires intéressantes pour servir à l'histoire de l'espèce humaine*, aonde retomava as ideias de Buffon, porém, radicalizando-as. Esse autor introduziu um novo termo ao utilizar a noção de "degeneração" para designar o novo continente e suas gentes. Assolados por uma incrível preguiça e pela falta de sensibilidade; instintos e fraqueza mental, esses homens seriam "bestas" decaídas, muito afastadas de qualquer possibilidade de perfectibilidade ou de civilização.[5]

Também, nesse momento e incentivados pelo rei Maximiliano José I, da Baviera, o zoólogo J. Baptiste von Spix e o botânico Carl Friedrich P. von Martius realizavam uma grande viagem pelo Brasil, que se iniciaria em 1817 e terminaria em 1820, após terem sido percorridos mais de 10.000 km do território nacional. O resultado é uma obra de

---

[5] Com relação a essa discussão vide Gerbi (1982) e Duchet (1971).

três volumes intitulada *Viagem ao Brasil* e vários sub-produtos, como *O estado do direito entre os autóctones do Brasil* (1832). Sobretudo nesse último texto, Martius desfila as máximas de C. de Pauw ao concluir que "permanecendo em grau inferior da humanidade, moralmente, ainda na infância, a civilização não altera o primitivo, nenhum exemplo o excita e nada o impulsiona para um nobre desenvolvimento progressivo" (1982, p. 11). Dessa forma, apesar do elogio à natureza tropical contido nos relatos desses "viajantes filósofos", a humanidade daquele local parecia representar algo por demais diverso para a percepção europeia, mais disposta ao exótico do que à alteridade.[6]

A América não era, portanto, apenas imperfeita, como sobretudo decaída e assim estava dado o arranque para que a tese da inferioridade do continente, e de seus homens, viesse a se afirmar a partir do século XIX.

O século XIX e a naturalização das diferenças

As posições com relação aos enigmas que o Novo Mundo continuava a representar permaneciam polarizadas. De um lado, as imagens depreciativas de Friedrich Hegel, de outro a inversão representada por Alexander von Humboldt. Por uma parte, os teóricos do monogenismo – fiéis às escrituras bíblicas e à ideia de que a humanidade teria partido de um só núcleo original –, de outra, os adeptos do poligenismo, que advogavam a existência de diversos centros de origem, que por sua vez teriam levado a cisões fundamentais na humanidade. Enfim, as teses radicalizavam-se em meio a um momento em que parecia fundamental definir a origem da humanidade.

Por sua vez, a partir de meados do XIX, ficam cada vez mais evidentes os avanços da burguesia europeia que orgulhosa com seus avanços, passava a repartir o mundo e a colonizar os pontos mais distantes a que a imaginação se permitia sonhar. Nesse contexto, ninguém duvidava do progresso – de um progresso linear e determinado –, assim como não se questionava a ideia de que o único modelo de civilização era aquele experimentado pelo Ocidente. Com efeito, e como afirma Hobsbawm (1977), esse não era mesmo um bom

---

[6] Também no artigo chamado "Como escrever a história do Brasil" (1845), encomendado pelo Instituto Histórico e Geográfico Brasileiro, Martius reproduz esse tipo de percepção negativa com relação aos indígenas. Sobre o tema vide Lisboa (1995) e Schwarcz (1993).

momento para a filosofia e mesmo para a religião, que passavam a ser entendidas apenas em termos evolutivos. Entretanto, em dois locais esse orgulho e a afirmação da burguesia europeia se faziam presentes de forma mais evidente. Em primeiro lugar, estamos falando dos avanços tecnológicos da época, tão bem representados pela ferrovia, que era também conhecida pelo sugestivo nome de "os trilhos da civilização". Mas o segundo lugar, e que nos interessa mais de perto, resume-se aos espaços de uma ciência positiva e determinista que se afirmava de maneira cada vez mais prepotente.

A partir de 1859, com a publicação de *A origem das espécies*, de C. Darwin, colocava-se um ponto final na disputa entre monogenistas e poligenistas, além de se estabelecerem as bases para a afirmação de uma espécie de paradigma de época, com a imposição da noção de evolução. A novidade não estava tanto na tese anunciada,[7] como no modo de explicação e na terminologia accessível utilizada pelo naturalista inglês. Dessa maneira, rapidamente expressões como "sobrevivência do mais apto", "adaptação", "luta pela sobrevivência" escapavam do terreno preciso da biologia e ganhavam espaço nas demais ciências.

No que se refere ao estudo das humanidades, a penetração desse tipo de discurso foi não só ligeira como vigorosa. Herbert Spencer, em *Princípios de sociologia* (1876), definia que o que valia para a vida servia para o homem e suas produções. O passo seguinte era determinar que, assim como a natureza, a sociedade era regida por leis rígidas e que o progresso humano era único, linear e inquebrantável.

Paralelamente, tomava força a escola "evolucionista social", que marcava, nesse contexto, os primórdios e o nascimento de uma disciplina chamada Antropologia. Representada por teóricos como Morgan (1877), Frazer e Tylor, essa escola concebia o desenvolvimento humano a partir de etapas fixas e predeterminadas e vinculava, de maneira mecânica, elementos culturais, tecnológicos e sociais. Dessa forma, tendo a tecnologia como índice fundamental de análise e comparação, para os evolucionistas a humanidade aparece representada tal qual uma imensa pirâmide – dividida em estágios distintos, que iam da selvageria para a barbárie e desta para a civilização –, na qual a Europa aparecia destacada no topo e povos, como os Botocudos, na

---

[7] Segundo Gould (1987), Darwin foi obrigado a publicar rapidamente suas conclusões, já que outros pesquisadores, como Wallace, encontravam-se próximos de teses semelhantes.

base, a representar a infância de nossa civilização.[8] Apresentando uma forma de saber comparativa, os evolucionistas sociais pareciam dialogar com seu contexto: enquanto imperialistas, como Cecil Rhodes, afirmavam que pretendiam tudo dominar – dos países aos planetas –, a utopia desses etnólogos sociais era tudo classificar.

Como dizíamos, a partir da afirmação de uma visão evolucionista tão majoritária, até no campo da religião e da filosofia as influências são evidentes. Esta é a época do positivismo francês de A. Comte, que pretendia uma subordinação da filosofia à ciência da imutabilidade. Com efeito, a partir dos três métodos de filosofar – teológico, metafísico e positivo – assumia-se que a humanidade evoluía a partir de formas predeterminadas de pensar, revelando-se, assim, uma clara correlação com as teorias hegemônicas da época.

No entanto, se por um lado é possível visualizar a afirmação do evolucionismo como um paradigma de época, de outro é necessário reiterar que essas escolas reafirmavam a noção iluminista da humanidade una e inquebrantável. Muito diferente eram, no entanto, as teorias que, seguindo as pistas de detração – deixadas por C. de Pauw e pelo conde Buffon –, passarão a utilizar a ideia da diferença entre os homens, dessa feita, com a respeitabilidade de uma ciência positiva e determinista reconhecida. Longe de estar esgotada, a corrente poligenista tomava, nesse contexto, uma nova força. Esses autores recuperavam as máximas de Darwin, porém destacando que a antiguidade na formação das raças era tal, que possibilitava estudá-las como uma realidade ontológica. Partindo da afirmação do caráter essencial das raças – que as faria diferir assim como eram variadas as espécies –, uma série de teóricos, mais conhecidos como "darwinistas sociais" passam a qualificar a diferença e a transformá-la em objeto de estudo, em objeto de ciência.

Também conhecidos como "deterministas sociais", em função do caráter premonitório de seu conhecimento, esses autores poderiam ser divididos em dois tipos: deterministas geográficos e raciais. Os primeiros pautavam sua análise em fatores de ordem geográfica – como o clima, o solo, a vegetação, o vento –, supondo que o futuro de uma civilização estaria diretamente ligado a esses fatores. Buckle, por exemplo, que escreveu uma vasta obra denominada *History of*

---

[8] Para um aprofundamento desses autores vide Morgan (1872), Tylor (1878) e, para uma análise da escola, Stocking (1968), Kuper (1978).

the English civilization (1845), dedicou algumas páginas ao Brasil, e concluía que nesse país a vegetação era tão abundante que pouco lugar sobraria para os homens e sua civilização.

O segundo grupo, talvez o mais influente, ficou conhecido a partir de suas conclusões deterministas raciais. Nesse caso, tratava-se de abandonar a análise do indivíduo para insistir no grupo, na medida em que o sujeito era entendido, apenas, com um somatório dos elementos físicos e morais da raça ao qual pertencia. Portanto, com o fortalecimento desses teóricos das raças percebe-se uma espécie de perversão no próprio seio do discurso liberal, que naturalizara a ideia da igualdade em meio a um contexto marcado pela afirmação de hierarquias e diferenças (DUMONT, 1966).

Longe do princípio da igualdade, pensadores como Gobineau (1853), Le Bon (1894), Kid (1875) acreditavam que as raças constituiriam fenômenos finais, resultados imutáveis, sendo todo cruzamento, por princípio, entendido como um erro. As decorrências lógicas desse tipo de postulado eram duas: enaltecer a existência de "tipos puros" e compreender a miscigenação como sinônimo de degeneração, não só racial como social.

Opondo-se, portanto, à visão humanista, os teóricos das raças partiam de três proposições básicas. A primeira tese afirmava a realidade das raças, estabelecendo que existiria entre esses agrupamentos humanos a mesma distância encontrada entre o asno e o cavalo. A segunda instituía uma continuidade entre caracteres físicos e morais, determinando que a divisão do mundo entre raças corresponderia a uma divisão entre culturas. Um terceiro aspecto apontava para a predominância do grupo "racio-cultural" ou étnico no comportamento do sujeito, conformando-se enquanto uma doutrina da psicologia coletiva, hostil à ideia do arbítrio do indivíduo.

Esse saber sobre as raças implicou, por sua vez, um "ideal político", um diagnóstico sobre a submissão ou possível eliminação das "raças inferiores", que se converteu em uma espécie de prática avançada do darwinismo social – a eugenia –, cuja meta era intervir na reprodução das populações. O termo "eugenia"– *eu:* boa; *genus*: geração –, criado em 1883 pelo cientista britânico Francis Galton, lidava com a ideia de que a capacidade humana estava exclusivamente ligada à hereditariedade e pouco devia à educação.[9]

---

[9] No livro *O espetáculo das raças* (1993), tive oportunidade de desenvolver com mais vagar esse tipo de questão.

Dessa maneira, tomava força um tipo de modelo que, abrindo mão do indivíduo, centrava-se apenas no grupo e em suas potencialidades. É essa, por exemplo, a base da antropologia criminal, cujo pensador de maior eminência, Cesare Lombroso, afirmava em *L'uomo delinquente* (1876) ser a criminalidade um fenônemo físico e hereditário e, como tal, um elemento detectável nas diferentes sociedades. Partindo da teoria dos estigmas, a antropologia criminal acreditava poder capturar os criminosos antes que cometesse o delito, detectar o desviante antes que praticasse o ato. Grande utopia de um saber de tipo determinista, as máximas da escola de criminologia italiana alardeavam a prevenção que se antecipava à contravenção. Por outro lado, adeptos da frenologia e da craniometria como Paul Broca (1864) e Samuel G. Morton (1844) estabeleciam, a partir da mensuração de crânios, correlações entre as potencialidades físicas e morais dos homens, dos povos e das civilizações.[10]

Enfim, em finais do século XIX, se à primeira vista a noção de evolução surgia como um conceito que parecia apagar diferenças e oposições, na prática reforçou perspectivas opostas: de um lado os evolucionistas sociais, que reafirmavam a existência de hierarquias entre os homens, porém acreditam numa unidade fundamental; de outro os darwinistas sociais, que entendiam a diferença entre as raças como uma questão essencial. Resta saber porque no Brasil entraram sobretudo as ideias dos teóricos das raças, que, como vimos, não apenas reforçavam as variações ontológicas entre os grupos como condenavam sumariamente a miscigenação, com efeito, muito avançada entre nós.

Eis o Brasil. Um exemplo de país miscigenado

O Brasil, em finais do século XIX, vivia um ambiente conturbado. A escravidão acabara em 1888 e já em 1889 caía o Império, um regime bastante arraigado na lógica e nas instituições do país. Com essas mudanças iniciava-se, também, o debate sobre os critérios de cidadania e acerca da introdução dessa imensa mão de obra, agora oficialmente livre, no mercado de trabalho.

No entanto, em meio a esse ambiente, em que a democracia americana parecia ser um modelo suficiente para comparação, a discus-

---

[10] Para um maior desenvolvimento do tema vide Gould (1981) e Schwarcz (1993).

são racial pareceu abortar o debate sobre as condições de cidadania. Com efeito, desde os anos 1870, teorias raciais de análise passam a ser largamente adotadas no país – sobretudo nas instituições de pesquisa e de ensino brasileiras predominantes na época –, em uma clara demonstração de que os critérios políticos estavam longe dos parâmetros científicos de análise.

Percebe-se, então, uma clara seleção de modelos, na medida em que frente a uma variedade de linhas nota-se uma evidente insistência na tradução de autores darwinistas sociais que, como vimos, destacavam o caráter essencial das raças e, sobretudo, o lado nefasto da miscigenação.

A seleção não era em si aleatória, na medida em que o tema racial já fora explorado durante o Império, sobretudo por meio do projeto romântico nativista que selecionara o indígena como símbolo de singularidade e identidade. Com efeito, em 1844 o prestigioso Instituto Histórico e Geográfico Brasileiro realizava um concurso intitulado "como escrever a história do Brasil", que premiaria o afamado naturalista alemão Karl von Martius. Mais interessante do que o vencedor é a tese defendida: "Devia ser ponto capital para o historiador reflexivo mostrar como no desenvolvimento sucessivo do Brasil se acham estabelecidas as condições para o aperfeiçoamento das três raças humanas que nesse país são colocadas uma ao lado da outra, de uma maneira desconhecida da história antiga, e que devem servir-se mutuamente de meio e fim" (MARTIUS, 1991). Utilizando-se da metáfora de um poderoso rio, que correspondia à herança portuguesa, que deveria "absorver os pequenos confluentes das raças India e Ethiopica" (383), o Brasil surgia representado a partir da particularidade de sua miscigenação. Não é acidental o fato da monarquia brasileira, recém-instalada, investir em uma simbologia tropical, que misturava elementos das tradicionais monarquias europeias, com indígenas, poucos negros e muitas frutas coloridas. Assim, se era complicado destacar a participação negra, já que lembrava a escravidão, nem por isso a realeza abriu mão de pintar um país que se caracterizava por sua coloração racial distinta. É diferente, no entanto, a interpretação realista dos anos 1870. Surgindo na oposição ao projeto romântico, os autores de final do século inverterão os termos da equação ao destacar os "perigos da miscigenação" e a impossibilidade da cidadania.

Já em maio de 1888, saía em vários jornais brasileiros um artigo polêmico, assinado por Nina Rodrigues, em que o famoso médico da escola baiana concluía que: "os homens não nascem iguais. Supõe-se uma igualdade jurídica entre as raças, sem a qual não existiria o Direito." Dessa maneira, e solapando o discurso da lei, esse "homem de sciencia", logo após a abolição formal da escravidão, passava a desconhecer a igualdade e o próprio livre arbítrio, em nome de um determinismo científico e racial. A posição não se limitava aos jornais, Nina Rodrigues publicava em 1894 *As raças humanas e a responsabilidade penal no Brasil*, em que defendia não só a proeminência do médico na atuação penal, como advogava a existência de dois códigos no país – um para negros, outro para brancos –, correspondentes aos diferentes graus de evolução apresentados por esses dois grupos.

Falando, portanto, de um lugar respeitado e privilegiado, esses intelectuais entendiam a questão nacional a partir da raça e do indivíduo, mascarando uma discussão mais abrangente sobre a cidadania, que se impunha no contexto de implantação da jovem República.

No entanto, a adoção desses modelos não era tão imediata. Implicava um verdadeiro "cotovelo cultural", na medida em que levava a concluir que uma nação de raças mistas, como a nossa, era inviável e estava fadada ao fracasso. Aos olhos de fora, o Brasil há muito tempo era visto com uma espécie de laboratório racial, como um local onde a mistura de raças era mais interessante de ser observada do que a própria natureza. Agassiz, por exemplo, suíço que esteve no Brasil em 1865, assim concluía seu relato: "que qualquer um que duvide dos males da mistura de raças, e inclua por mal-entendida filantropia, a botar abaixo todas as barreiras que a separam, venha ao Brasil. Não poderá negar a deterioração decorrente da amálgama das raças mais geral aqui do que em qualquer outro país do mundo, e que vai apagando rapidamente as melhores qualidades do branco, do negro e do índio, deixando um tipo indefinido, híbrido, deficiente em energia e mental" (1868:71). Gobineau, que permaneceu no Brasil durante quinze meses, como enviado francês, queixava-se: "Trata-se de uma população totalmente mulata, viciada no sangue e no espírito e assustadoramente feia" (RAEDERS, 1988, p. 96). Gustave Aimard, que andou pelo país no ano de 1887, assim descrevia o "espetáculo das raças"que assistia: *"J'ai remarqué un fait singulier que je n'ai observé qu'au Brésil: c'est le changement qui s'est opéré dans la population par les croisement des races, ils sont les fils du sol"*.[11]

---

[11] "Notei um fato singular que eu jamais observei senão no Brasil: é a mudança que se deu na população pelo cruzamento de raças, eles são os filhos do sol."

Não se trata aqui de acumular exemplos, mas apenas de convencer como, nesse contexto, a mestiçagem existente no Brasil não era só descrita como adjetivada, constituindo uma pista para explicar o atraso, ou uma possível inviabilidade da nação. Dessa forma, ao lado de um discurso de cunho liberal, tomava força, em finais do século XIX, um modelo racial de análise, respaldado por uma percepção bastante consensual, de que esse era, de fato, um país miscigenado.[12] Analisada com ceticismo pelos viajantes americanos e europeus, temida pelas elites, a questão racial parecia se converter, ao poucos, em um tema central para a compreensão dos destinos dessa nação. Mas, se sua introdução era interessante, pois permitia naturalizar diferenças sociais, políticas e culturais, de outro gerava problemas: qual seria o futuro de um país evidentemente cruzado?

A saída foi imaginar uma nova redescoberta da mesma nação, selecionar e digerir certas partes da teoria, com a evidente obliteração de outras; enfim, prever "um modelo racial particular". É nesse sentido que vale mais insistir na "originalidade da cópia" do que descartá-la *a priori;* entender a singularidade de sua utilização e a relevância desse debate.[13]

Na verdade, a questão racial é ressuscitada no Brasil, já que na Europa, nesse momento, pouco sucesso fazia. Arendt revela, por exemplo, como Gobineau era por demais pessimista em suas conclusões diante de uma Europa orgulhosa com suas conquistas e realizações (1973). Hackel, Buckel e outros autores do darwinismo social são importados e traduzidos no Brasil, permanecendo bastante desconhecidos em seus países de origem. Tudo parece revelar, portanto, uma seleção e não a mera cópia, além de indicar como raça aparece como um conceito, ao mesmo tempo que negociado, em contínua construção.

> Esses "homens de *sciencia* com suas
> instituições maravilhosas".
> Nelas, raça é um conceito negociado.

---

[12] Os censos revelavam que enquanto a população escrava se reduzia rapidamente, a população negra e mestiça tendia progressivamente a aumentar: 55% em 1872.

[13] Durante muito tempo tendeu-se a simplesmente descartar esse tipo de produção em função do diálogo que ela evidentemente estabelecia com as teorias raciais, sobretudo europeias, que serviram, entre outros, aos propósitos do imperialismo político de finais do XIX. Para uma discussão mais pormenorizada dessas posições vide Schwarcz (1993), Skidmore (1976), Leite (1983), Cruz Costa (1967).

A história dos estabelecimentos científicos brasileiros data da vinda da família real, quando se revelou urgente a instalação de uma série de centros de saber e de pesquisa, a fim de lidar com os impasses que a nova situação gerava.[14] No entanto, se a fundação é antiga, a maior parte desses estabelecimentos viveu momentos de maturidade e de aparelhamento institucional a partir dos anos setenta, quando se percebe não só uma maior autonomia como um papel mais destacado de diferentes instituições brasileiras como as faculdades de medicina e de direito; os institutos históricos e geográficos e os museus de etnografia. Nesses locais, se os interesses e os debates não foram, por certo, unívocos, a questão racial esteve presente ora como tema de análise, ora como objeto de preocupação. A uni-los havia a certeza de que os destinos da nação passavam por suas mãos e a confiança de que era necessário transformar seus conceitos em instrumentos de ação e de modificação da própria realidade. Com efeito, para esses homens, na maior parte das vezes, se a realidade não se casava com as suas ideias era ela que estava errada e deveria ser modificada e não a teoria, que, por suposto, estava acima e além do contexto imediato. "Um bando de ideias novas", era assim que Silvio Romero definia o seu momento intelectual e era dessa maneira que marcava a cisão que eles procuravam representar frente à geração romântica que lhes antecedera.

Mas vamos por partes.[15] Comecemos pelas faculdades de direito, cuja lógica está atrelada à própria emancipação política de 1822. Criadas em 1827, as duas escolas de Direito – uma em Recife, outra em São Paulo – visavam atender às diferentes partes do país, e criar uma *intelligentsia* nacional, apta a responder às demandas de autonomia da nova nação. Tendo vivido, cada uma a sua maneira, momentos de difícil afirmação, é a partir dos anos setenta que essas escolas encontram-se mais aptas a interferir no panorama intelectual nacional. No entanto, nesse caso, a fachada institucional encobria diversidades significativas, que dizem respeito à orientação teórica, assim como ao perfil profissional característico de cada uma dessas instituições. Enquanto a faculdade de Direito de São Paulo foi mais influenciada por um modelo político liberal, a de Recife, mais atenta

---

[14] Uma análise mais cuidadosa acerca do contexto de estabelecimento da família real pode ser encontrada em Schwarcz, 1993.

[15] É preciso esclarecer que para efeito desse artigo faremos uma caracterização breve de cada um dos estabelecimentos analisados. Para uma visão mais ampla vide Schartzman (1979) e Schwarcz (1993).

ao problema racial, teve nas escolas darwinista social e evolucionista seus grandes modelos de análise. Tudo isso sem falar no caráter mais doutrinário dos intelectuais da faculdade de Recife, perfil que se destaca principalmente quando contrastado com o grande número de políticos que partiam majoritariamente de São Paulo.

Na verdade, se partiram de Pernambuco as grandes teorias sobre a mestiçagem, foi São Paulo, como veremos, que se preocupou em implementá-las, a partir dos projetos de importação de mão de obra europeia. Com efeito, para entender a relevância de Recife no cenário intelectual nacional, não há como deixar de lado a figura de Silvio Romero, que foi o primeiro a afirmar que éramos "uma sociedade de raças cruzadas" (1895); "mestiços se não no sangue ao menos na alma" (1888). Para esse intelectual, a novidade estava não só na argumentação, tão distante dos modelos românticos e europeizantes até então adotados, como no "critério etnográfico", que surgia como a chave para abrir e desvendar problemas nacionais. Nele, o princípio biológico da raça aparecia como denominador comum para todo conhecimento. O caldeamento das três raças formadoras se transformava, dessa maneira, mas se manifestava como "um arianismo de conveniência" (Rabello, 1964). Afinal, servia para a eleição de uma raça mais forte, sem que no entanto se incorresse nos supostos dessa postura que se preocupava em denunciar o caráter letal do cruzamento. Com afirmações do tipo "somos mestiços, isso é um fato e basta" (1888), Romero não só radiografava nossa posição como acreditava ver em um branqueamento evolutivo e darwiniano ou externamente motivado – via a imigração europeia branca –, nosso futuro e solução. Defensor da ideia darwinista social de que os homens são de fato diferentes, Romero preocupou-se em lidar com a mestiçagem com os instrumentos que possuía: afirmá-la para então combatê-la. "A uma desigualdade original, brotada do laboratório da natureza, aonde a distinção e a diferença entre as raças aparecem como fatos primordiais, frente ao apelo da avançada ethnografia não há como deixar de concluir que os homens nascem e são diferentes" (1895, XXXVII).

Interessante e complementar é a posição da escola paulista. Supostamente distante, a faculdade de direito de São Paulo, nas páginas de sua revista, pouco se preocupou em tratar do tema sob uma perspectiva racial. No entanto, paradoxalmente, foi São Paulo, a província que adotou a política de imigração mais restritiva, no que se refere à entrada de orientais e africanos. Ou seja, a bancada paulista limitou a admissão de trabalhadores a apenas alguns países da Europa – a saber: italianos, suecos, alemães, holandeses, noruegueses, dinamarqueses, ingleses, austríacos e espanhóis –, em uma clara indicação da coloração que se pretendia para a população local. Nem bem iguais, nem bem diferentes, Recife e São Paulo mostraram na teoria e na prática como se lidava com as teorias europeias, assimilando-as quando possível, obliterando-as quando necessário.

Bastante diverso era o horizonte das escolas médicas nacionais. Também vinculadas à vinda da família real, as primeiras escolas de medicina brasileiras foram criadas logo em 1808, já que a vinda súbita das quinze mil pessoas da corte portuguesa significara um enorme problema sanitário para a pequena corte carioca. No entanto, os primeiros quarentas anos das faculdades de medicina brasileiras foram caracterizados por um esforço de institucionalização em detrimento de um projeto científico original. Os cronistas são unânimes, porém, em datar a década de 70 como um momento de guinada no perfil e na produção científica das escolas de medicina nacionais. A partir de então, publicações são criadas, novos cursos são organizados, grupos de interesse começam a se aglutinar.

O contexto era também significativo. As recentes epidemias de cólera, febre amarela e varíola, entre tantas outras, chamavam atenção para a "missão higiênica" que se reservava aos médicos. Por outro lado, com a Guerra do Paraguai, afluíam em massa doentes e aleijados que exigiam a atuação dos novos cirurgiões. Nesse contexto toma força a figura do "médico missionário", cujo desempenho será distinto nas duas faculdades nacionais: enquanto o Rio de Janeiro atentará para a doença, já na Bahia tratava-se de olhar para o doente.

Com efeito, a relação entre as duas escolas médicas brasileiras foi quase complementar. Se a escola do Rio de Janeiro lidou, sobretudo, com as epidemias que grassavam no país, já na Bahia, a atenção centrou-se, em primeiro lugar, nos casos de criminologia e, a partir dos anos 1890, nos estudos de alienação.

Na Bahia, em finais do século, as teses sobre medicina legal predominam. Nelas, o objeto privilegiado não é mais a doença ou o crime, mas o criminoso. Sob a liderança de Nina Rodrigues, a faculdade baiana passou a seguir de perto os ensinamentos da escola de criminologia italiana, que destacava os estigmas próprios dos criminosos: era preciso reservar o olhar mais para o sujeito do que para o crime.

Para esses cientistas, não foi difícil vincular os traços lombrosianos ao perfil dos mestiços – tão (mal) tratados pelas teorias da época – e aí encontrar um modelo para explicar a nossa "degeneração racial". Os exemplos de embriaguez, alienação, epilepsia, violência ou amoralidade passavam a comprovar os modelos darwinistas sociais em sua condenação do cruzamento, em seu alerta à "imperfeição da hereditariedade mista". Sinistra originalidade encontrada pelos peritos baianos, o "enfraquecimento da raça" permitia não só a exaltação e uma especificidade da pesquisa nacional como uma identidade do grupo profissional.

A partir dessas conclusões, esses médicos passarão a criticar o Código Penal, desconfiando do jus-naturalismo e da igualdade entre as raças apregoada pela letra da lei.

> O código penal está errado, vê crime e não criminoso (...) Não pode ser admissível em absoluto a igualdade de direitos, sem que haja ao mesmo tempo, pelo menos, igualdade na evolução (...) No homem alguma cousa mais existe além do indivíduo. Individualmente sob certos aspectos, dois homens poderão ser considerados iguaes; jamais o serão porém se se attender ás suas funções physiologicas. Fazer-se do indivíduo o princípio e o fim da sociedade, conferir-lhe uma liberdade sem limitações, como sendo o verdadeiro espírito da democracia, é um exagero da demagogia, é uma aberração do principio da utilidade pública. A Revolução Franceza inscreveu na sua bandeira o lemma insinuante que proclamava as ideas de Voltaire, Rousseau e Diderot as quais ate hoje não se puderam concilliar pois abherrant inter se (...) (*Gazeta Médica da Bahia*, 1906, p. 256-7)

O livre-arbítrio transformava-se, portanto, em um pressuposto espiritualista (CORRÊA, 1983, p. 64), em uma falsa questão, como se a igualdade fosse criação própria dos "homens de lei", sem nenhum embasamento científico. A partir de inícios do século XX, são os estudos de alienação e a defesa dos "manicômios judiciários" que passam a fazer parte da agenda local, aliando a "certeza do caráter negativo da miscigenação" à incidência de casos de loucura nessas populações. Em *Mestiçagem, crime e degenerescência* (1899), Nina Rodrigues analisava casos de alienação estabelecendo uma correlação quase mecânica entre cruzamento racial e loucura. Era a face pessimista do racismo brasileiro, que diagnosticava no cruzamento a falência nacional e a primazia dos médicos sobre os demais profissionais.

No Rio de Janeiro, por sua vez, as pesquisas insistiam na questão da higiene pública e, sobretudo, na análise e combate das grandes epidemias que tanto preocupavam as elites nacionais. O Brasil, nessa época, surgia representado interna e externamente como "o campeão da tuberculose", o paraíso das doenças contagiosas. Sobretudo a tuberculose assustava a população local, sendo comuns os artigos que comentavam, com apreensão, sobre os progressos da moléstia: "Cada um de nós presente nesse recinto, cada um de todos os habitantes desta cidade é um tuberculoso ou já o foi, ou há de ser ainda" (*Brazil médico*, 1916, p. 65).[16] É nesse ambiente de medo que os médicos cariocas vão entender as "doenças tropicais" não só como seu maior desafio, como sua grande originalidade. É nesse sentido que o combate vitorioso à febre amarela – responsável por boa parte dos óbitos no ano de 1903 e já em 1906 praticamente debelada – vai dar nova força a esses cientistas, que passam a defender um projeto cada vez mais autoritário e agressivo de intervenção social. Chamada popularmente de "ditadura sanitária", essa nova atitude dos profissionais médicos visava sair dos espaços públicos de atuação e ganhar os locais privados, impondo hábitos, costumes e mesmo atitudes. Não se trata aqui de negar a realidade das epidemias e a oportunidade do combate, mas apenas de destacar uma nova forma de intervenção e a construção de um discurso radical que tinha na prática médica sua base de intervenção.[17]

O passo para a eugenia e para o combate à miscigenação racial foi quase que imediato. Afinal, as doenças teriam vindo da África, assim como o nosso enfraquecimento biológico seria resultado da mistura racial. É assim que, a partir de inícios do século XX, uma série de artigos especializados passam a vincular a questão da higiene à pobreza e à população mestiça e negra, defendendo métodos eugênicos de contenção e separação da população:

---

[16] Em primeiro lugar nos índices de mortalidade encontrava-se a tuberculose – responsável por 15% das mortes no Rio de Janeiro. A ela seguiam-se, em ordem de grandeza, os casos de febre amarela, varíola, malária, cólera, beribéri, febre tifoide, sarampo, coqueluche, peste, lepra, escarlatina, os quais, todos juntos, representavam 42% do total de mortes registradas nessa cidade.

[17] Data dessa época a insurreição conhecida como Revolta da Vacina. O estopim que deflagrou o movimento foi a publicação do decreto de 1904, que declarava obrigatória a vacinação. Sobre o tema vide Chalhoub, 1993 e Sevcenko, 1984.

> Nova ciência a eugenia consiste no conhecer as causas explicativas da decadencia ou levantamento das raças, visando a perfectibilidade da especie humana, não só no que se refere o phisico como o intellectual. Os métodos tem por objetivo o cruzamento dos sãos, procurando educar o instinto sexual. Impedir a reprodução dos defeituosos que transmitem taras aos descendentes. Fazer exames preventivos pelos quais se determine a siphilis, a tuberculose o alcoolismo, a trindade provocadora da degeneração. Nesses termos a eugenia não é outra cousa sinão o esforço para obter uma raça pura e forte (...) Os nossos males provieram do povoamento, para tanto basta sanear o que não nos pertence. (*Brazil médico*, 1918, p. 118-9).

Esse texto não se limitava, portanto, a reproduzir as máximas da eugenia, como estabelecia correlações entre a imigração e a entrada de moléstias estranhas a nosso *habitat*. Isso tudo em meio a um contexto em que os negros, agora ex-escravos, transformavam-se mais e mais em estrangeiros: nos africanos residentes no Brasil.[18]

Interpretação até então arriscada nesses meios, ela se casa com a reivindicação política engrossada pelos acadêmicos da faculdade de direito de São Paulo, que buscavam impedir a entrada de imigrantes asiáticos e africanos. É nesse ambiente que os médicos cariocas passam a fazer elogios rasgados à política de imigração empregada na África do Sul – "que só aceita individuos physica e moralmente sãos, exigindo delles exame medico minuciosos ... para que se forme uma raça sadia e vigorosa ... e se feche as portas ás escórias, aos medíocres de corpo e de intelligencia" (*Brazil médico* 1912, p. 24-5). Fazem projetos de controle eugênico ou dão apoio a leis de esterilização aplicadas em Nova Jersey:

> Si fosse possível dar um balanço em nossa população, entre os que produzem, que impulssionam a roda do progresso de um lado e de outro os parasitas, os indigentes, criminosos e doentes que nada fazem, que estão nas prisões, nos hospitais e nos asylos; os mendigos que perambulam pelas ruas... os amoraes, os loucos, a prole de gente inútil que vive do jogo, do vício, da libertinagem, da trapaça (...) A porcentagem desses últimos é verdadeiramente apavorante (...) Os médicos e eugenistas convencidos dessa triste realidade procuram a solução para esse problema e de como evitar esse processo de degeneração (...) é preciso evitar a proliferação

---
[18] Sobre o tema vide Schwarcz, 1987.

> desses doentes, incapazes e loucos (...) Após a guerra às epidemias as reformas médico sociais e eugenicas entram em efervecência (...) Com esses exemplos chego à conclusão eugenica: a esterilização fará desaparecer os elementos cacoplatos da especie humana, ou melhor a sua proporção será reduzida (...) (R. KEHL, *Brazil médico*, 1921, p. 155-6).

De fato, o professor Renato Kehl representava um setor da escola que se afastava da visão positiva sobre a mistura racial e via o país enquanto uma república desmoralizada e carente de "homens validos" (apud STEPAN, 1991, p. 158). Para esses cientistas, familiarizados com os projetos eugenistas alemães e em especial com a política restritiva adotada nos EUA, que culminou com a aprovação da lei de imigração de 1924, não existiria outra saída para o país senão aquela que previsse medidas radicais de controle da população. Vemos assim como o "país da democracia racial" estava a um passo do *apartheid* social, só vencido por políticas opostas que começam a ser implantadas a partir dos anos trinta. Antes delas, porém, é preciso que fique claro como apesar do predomínio desses dois espaços institucionais – as faculdades de medicina e de direito –, a discussão racial não se restringiu a eles. Nos Institutos Históricos e Geográficos, por exemplo, um saber evolucionista, positivo e católico se afirmou, como se fosse possível adotar os modelos raciais de análise, mas prever um futuro branco e sem conflitos. Já comentamos o caráter exemplar do concurso organizado pelo Instituto Histórico e Geográfico Brasileiro, cujo título revelava a "missão" da instituição. No artigo em questão, o cientista bávaro dava o primeiro pontapé na famosa "lenda das três raças", ou seja, nessa interpretação consensual que entende a particularidade da história brasileira a partir da sua formação singular. Mesmo revelando um verdadeiro horror aos indígenas e às suas práticas canibais – que mais o aproximava das teses de C. de Pauw – e um profundo desconhecimento frente à situação dos negros, Martius não deixava de concluir seu ensaio reafirmando a posição que o IHGB deveria guardar: a construção de uma história branca, patriótica e oficial, aonde as contradições internas apareciam amenizadas diante de uma naturalização das questões sociais mais contundentes.[19]

---

[19] Muito poderia ser dito sobre os Institutos Históricos Brasileiros e sua evidente tentativa de inaugurar uma história oficial brasileira. Essas observações, porém, iriam além dos objetivos desse ensaio. Para um aprofundamento do tema vide Schwarcz (1993), Lisboa (1995), Guimarães (1988).

Por outro lado, nos museus etnográficos uma produção paralela desenvolvia-se. Local de debate com a produção que vinha de fora, boa parte dessas instituições pouco dialogou com as questões internas do país. Na verdade, os três grandes museus brasileiros – Nacional (RJ), Ypiranga (SP) e Goeldi (PA) –, se detiveram mais sobre os grandes enigmas do pensamento evolucionista europeu e americano do que se imiscuíram no debate local sobre critérios de cidadania ou acerca do caráter do Estado brasileiro. Sede de um saber classificatório, os museus nacionais esmeraram-se em oferecer material, por exemplo, sobre o estágio infantil dos Botocudos; sobre ossaturas de povos extintos; crânios de grupos atrasados.

Existiu, no entanto, pelo menos um momento em que o diretor do museu paulista veio a público revelar suas concepções sobre o destino das populações não brancas residentes no Brasil. Ficou famosa a polêmica em que se envolveu H. von Ihering, em 1911, por causa do problema criado pela construção da estrada de ferro Noroeste do Brasil, que deveria passar exatamente nas terras dos Kaingang. Nessa ocasião, o zoólogo teria utilizado as páginas do jornal *O Estado de São Paulo* para pedir o extermínio desse grupo que, por habitar no caminho da estrada, impedia o "desenrolar do progresso e da civilização". Nesses momentos selecionados é que se percebe como o saber distante da ciência, ao se encontrar com as questões mais imediatas e mundanas, pode ser impiedoso em sua condenação ao atraso e à diferença.

Mas von Ihering não estava só. Também João Batista Lacerda, então diretor do Museu Nacional do Rio de Janeiro, quando convidado a participar do I Congresso Internacional das Raças, realizado em julho de 1911, defendeu uma tese clara e direta com relação ao futuro do país. Em *"Sur les métis au Brésil"*, Lacerda afirmava que "o Brasil mestiço de hoje tem no branqueamento em um século sua perspectiva, saída e solução", em uma evidente afirmação de que o presente negro de hoje seria transplantado por um futuro cada vez mais branco.[20]

Nesse, como em outros casos, vemos como a questão racial fazia parte da agenda desses cientistas, que a utilizavam como

---

[20] Nessa ocasião, Batista Lacerda apresentava um quadro de M. Brocos, artista da escola de Belas Artes do Rio de Janeiro, acompanhado da seguinte legenda: "Le nègre passant au blanc, à la troisième génération, par l'effet du croisement des races". Essa pintura, que representava uma avó negra, com sua filha mulata casada com um português, trazia ao centro uma criança branca, numa clara alusão ao processo de branqueamento defendido por Lacerda. Para maiores detalhes vide Schwarcz (op. cit.).

argumento nos mais diversos momentos. Seu uso não era, porém, único e predeterminado. Apontava para temas diversos e questões de ordem variada.

Essa frágil cidadania

Se as teorias raciais percorreram um trajeto específico no contexto europeu e norte-americano, o mesmo pode ser dito do caso brasileiro. Tomaram força e forma conjuntamente com o debate sobre a abolição da escravidão, tansformando-se em "teorias das diferenças", na medida em que recriaram particularidades e transformaram em estrangeiros aqueles que há muito habitavam o país. Nesse sentido, a entrada maciça desse tipo de teoria acabou por solapar e abortar a frágil discussão da cidadania que, com a proclamação da República, recém se iniciara entre nós.

Com efeito, quem pensa raça esquece o indivíduo, sendo esse um bom discurso no interior de um local que primou por desconhecer o Estado e anular suas instituições. Nesse contexto em que reinam as relações de familiaridade e de cordialidade, e onde a esfera pública é esquecida em função da imposição das relações de ordem privada, como afirma S. B de Holanda (1979); nessa sociedade da "dialética da malandragem" onde tudo é burla, porque nada é, por princípio, certo ou errado (CANDIDO, 1993); o racismo não parece ser uma carta fora do baralho. Nesse ambiente em que, como bem demonstrou Roberto da Matta, só os "indivíduos" estão sujeitos à lei, já que as "pessoas" encontram-se afastadas dela, pode-se dizer que um racismo particular imperou e se impôs, como uma ideia totalmente "no lugar".[21]

Na verdade, se esse tipo discussão perdeu o seu lugar na academia, a sua crítica teórica, nos anos vinte, não significou o esvaziamento da questão. Com efeito, o tema foi expulso dos espaços oficiais e das instituições científicas, mas ganhou os locais de vivência cotidiana e a esfera das relações pessoais. Se hoje é pouco legítimo advogar cientificamente esse tipo de discussão racial, o uso de expressões, piadas e gags revela como "raça" virou lugar comum entre nós.

Foi, na verdade, na década de trinta que sinais de uma certa positivação da ideia da mestiçagem tornam-se mais evidentes. Cantada

---
[21] Referência à expressão de Roberto Schwarz (1977).

em verso e prosa,[22] a miscigenação de grande mácula transformava-se em nossa mais sublime especificidade, sem que o tema fosse, de fato, enfrentado. Nesse movimento, o conflito virava sinal de identidade, ao mesmo tempo em que o "mito das três raças" passava a ser sinônimo de uma grande representação nacional.[23]

Coube a Gilberto Freyre, em *Casa grande & senzala* (1930), de alguma maneira oficializar essa imagem dispersa. Sobretudo nessa obra, a mestiçagem aparece como o "grande caráter nacional" que interfere não apenas na conformação biológica da população, mas, sobretudo, na produção cultural que nos singulariza. Inventor do famoso mito da democracia racial brasileira, Freyre de fato "adocicava o ambiente" ao priorizar uma certa história sexual brasileira, em detrimento de uma análise cuidadosa das contradições existentes nessa sociedade tão marcada pela escravidão.[24]

Mas se a análise de Freyre é problemática, porque qualificava positivamente a sociedade senhorial e via a miscigenação apenas por seu lado mais positivo e cordial – desconhecendo ou pouco destacando a violência inerente a esse sistema –, contudo revelava temas fundamentais. Ou seja, indicava como era preciso levar a sério a ideia do "mito". Diferente da visão materialista, que vincula o conceito de mito à noção de ideologia – no sentido de que ambos mascarariam a realidade –, longe das análises psicanalistas e simbolistas que pensam o mito a partir do que ele esconde, do que não revela, seria bom voltar à perspectiva estrutural que insiste na ideia de que o mito não oculta; ao contrário, o que ele mais faz é falar. Com efeito, o mito diz muito, diz de si e de seu conteúdo e é por isso que seu enunciado não é uma mera alegoria, mas antes ilumina contradições.

Nesse sentido, a obra de G. Freyre não teria sido aceita exclusivamente pelo que não dizia. Ao contrário, sua popularidade vem da afirmação de que a questão racial é fundamental entre nós e que é preciso que levemos a sério a singularidade de nosso processo de

---

[22] No artigo "Complexo de Zé Carioca" in *Revista brasileira de Ciências Sociais* nº 29, pude desenvolver com mais cuidado o contexto dos anos trinta e a revisão do conceito de miscigenação.

[23] Vide, nesse sentido, entre outros, Romero (1888), Andrade (1927), Freyre (1930).

[24] Infelizmente não é possível realizar nesse ensaio uma análise mais aprofundada da obra de Freyre. Em outros trabalhos nos detivemos mais no estudo das ideias desse autor, assim como fizeram uma série de analistas. Entre outros vide Benzaquem (1994), Skidmore (op. cit.), Moreira Leite (op. cit.)

socialização e de formação.[25] Na verdade, Freyre dava continuidade a um argumento que se desenvolvia na longa duração e que dialogava com outros autores e contextos que já destacavam a miscigenação como uma marca local. É assim que os textos dos missionários religiosos que estiveram no Brasil durante o período colonial falam de uma sociedade de raças mistas, onde o catolicismo não se impõe de forma previsível (Souza, 1986). É essa a opinião de vários viajantes que aqui estiveram sobretudo no século XIX e descreveram, muitas vezes com horror, as práticas mestiças e o "catolicismo adocicado". Isso para não voltarmos a Silvio Romero, Euclides da Cunha ou mesmo Mario de Andrade, que em 1928 revigorava o mito das três raças, dessa vez de forma metafórica, fazendo Macunaíma, "um preto retinto", virar branco, enquanto um de seus irmãos transformava-se em índio e o outro permanecia negro (mas branco na palma das mãos e dos pés).[26] Estamos próximos também da Tropicália de Gil e Caetano, da morena de Jorge Amado, do mestiço de Darcy Ribeiro.

Mais do que o cruzamento biológico, essa é uma sociedade de religiões mistas, de práticas alimentares miscigenadas, de costumes cruzados. Como uma "sociedade de marca"(Nogueira, 1965), mal sabemos definir nossa cor e inventamos um verdadeiro carrefour de termos e nomes para dar conta de nossa indefinição nessa área. Além disso, a variedade de expressões e o caráter cotidiano de sua utilização atestam como esse é um país que ainda se apresenta e se identifica pela raça.

Talvez seja hora de não só delatar o racismo, mas de refletir sobre essa situação tão particular. Se, de fato, a ideia de uma democracia racial poucos adeptos tem nos dias de hoje, a constatação de que esse é um país que se define pela raça não é só importante como singular. Afinal, porque é que todas as vezes que somos instados a falar de identidade voltamos à raça? Encontramos então uma série de versões que repetem e ressignificam uma certa ladainha que retorna à raça, como o único porto seguro. Não se trata, portanto, de apenas criticar

---
[25] É preciso que fique claro como, fazendo coro às críticas à obra de Freyre, concordo com as análises que refutam a visão idílica deixada por *Casa grande & senzala*. Discordo, porém, das oposições exclusivamente ideológicas ao livro. Acredito que o impacto dessa obra é uma boa pista para se pensar numa história cultural desse país e na singularidade de sua formação, feitas as devidas ressalvas.

[26] Em artigo publicado na *Revista brasileira de ciências sociais*, nº 29, tive oportunidade de desenvolver com mais vagar o tema em questão.

e jogar "o bebê com a água do banho". Nem apenas de denunciar o preconceito e o racismo, como se todas as manifestações desse tipo fossem sempre iguais.

Assim como é certo que não existem bons ou maus racismos – todos são sempre ruins –; é evidente como as estruturas são semelhantes, mas as manifestações são particulares. Em nome da delação é redutor transformar em um o que é plural, com o perigo de nada entender. Trata-se, portanto, de um racismo mestiço e cordial,[27] cuja especificidade deve ser perseguida mesmo que por contraste e comparação. Quais seriam as diferenças entre a manifestação evidente de racismo – de parte a parte – existente nos E.U.A. e a modalidade retroativa de preconceito – esse preconceito de ter preconceito – imperante no Brasil? Como dialogar com uma população negra que, muitas vezes, nega sua cor e que vê no branqueamento uma espécie de solução? De que maneira lidar com os resultados de uma pesquisa que revela que enquanto 98% da população negam ter preconceito, 99% afirmam conhecer pessoas que têm preconceito e, mais que isso, demonstram possuir uma relação próxima com elas? Com efeito, visto dessa ótica, cada brasileiro parece se autorrepresentar como uma "ilha de democracia racial" cercada de racistas por todos os lados.[28] Com o perigo de se achar que tudo que se vê é na verdade miragem, ou um falso espelho, é preciso levar a sério as particularidades encontradas no país e enfrentá-las com vistas a lutar pela instalação de uma real democracia entre nós. Se a história e a diacronia nos ensinam a desconstruir e contextualizar os conceitos, não é preciso abrir mão de se descobrir como paralelamente se desenvolvem diálogos na sincronia, que revelam como "os mitos falam entre si" (STRAUSS, 1977). Limitar a questão racial a um problema exclusivamente econômico pouco resolve. Afirmar que a raça se esconde na classe é entender só parte da questão. Talvez seja mais produtivo enfrentar o mito, o "mito da democracia racial" e entender por que ele continua a repercutir e a ser ressignificado entre nós.

Mesmo sem reservar à cultura um local de total autonomia, quem sabe possamos finalmente dar a ela algum espaço para que

---

[27] Referência ao termo adotado no jornal *Folha de São Paulo*, no "Caderno Mais" de maio de 1995.

[28] Trata-se de uma pesquisa realizada na Universidade de São Paulo em 1988, sob minha coordenação.

dialogue com nossas certezas mais arraigadas. De fato, se a questão racial se encontra, nos dias de hoje, a léguas de distância dos ensinamentos de nossos cientistas do século XIX, continua objeto de interpretação. Distantes do Zé Carioca de Disney, dos anos 1950, ainda nos reconhecemos a partir de nosso caráter exótico e mestiço. Para fora, é como se ainda nos lembrássemos das conclusões de Nina Rodrigues, que nos idos de 1894 ponderava: "se um país não é velho para se venerar, ou rico para se fazer representar, precisa ao menos tornar-se interessante".

BIBLIOGRAFIA

AGASSIZ, Louis (1807-1903). *A journey in Brazil*. Boston, s.e., 1868.

AIMARD, Gustave. *Le Brésil nouveau*. Paris, E. Dentú editeur, 1888.

ARENDT, Hannah. *The origins of totalitarism*. New York, Harvest books, 1973.

BENZAQUEM, Ricardo. *Guerra e paz*. Rio de Janeiro, Editora 34 Letras, 1994.

BUCKLE, Henry Thomas (1821-62). *History of the English civilization*. London, s.e. 1845.

BUFFON, G. L. L. (1707- 88).*Oeuvres complètes*. Paris, Pouvrat Frères (1834).

CANDIDO, Antonio. *O discurso e a cidade*. São Paulo, Duas cidades, 1993.

CARVALHO, José Murilo de. *A construção da ordem. A elite política-imperial*. Rio de Janeiro, Campus, 1980.

CHALHOUB, Sidney. "*The politics of disease control: yellow fever and race in nineteenth-century, Rio de Janeiro, Brazil*", 1993.

CORR A, Mariza. *As ilusões da liberdade. A escola Nina Rodrigues e a antropologia no Brasil*. São Paulo, tese de doutoramento, São Paulo, Universidade de São Paulo.

CRUZ COSTA, João. *Contribuição à história das idéias no Brasil*, 2. ed., Rio de Janeiro, Civilização Brasileira, 1967.

CUNHA, Euclides da. *Os sertões*. São Paulo, Cultrix, 1973 (1ª ed. 1902).

CUNHA, Maria Manuela Carneiro da e CASTRO, Eduardo V. de. "Vingança e temporalidade entre os Tupinambá". In: *Journal de la société des americanistes*, v. LI: 191-208. 1985.

DA MATTA, Roberto. *Carnavais, malandros e heróis*. Rio de Janeiro, Zahar, 1981.

DARWIN, Charles. *A origem das espécies*. São Paulo, Hemus (1ª ed. 1859).

DUCHET, Michèle. *Anthropologie et histoire au siècle des Lumières*. Paris, Maspero, 1971.

DUMONT, Louis. *Homo hierarchicus. Essai sur les système des castes*. Paris, Gallimard, 1966.

FREYRE, Gilberto. *Casa grande & senzala*. Rio de Janeiro, José Olympio, 1930.

GALTON, Francis (1822-1911). *Herencia y eugenia*. Madrid, Alianza editorial, 1869.

GERBI, Antonello. *La disputa del nuevo mundo. Historia de una polémica*. México, Fondo de Cultura Economica, 1982.

GOBINEAU, Arthur de *Essai sur l'inégalité des races humaines*. Paris, Gallimard--Pleiade (1ª ed. 1853).

GOULD, Stephen Jay. *Darwin e os grandes enigmas da vida*. São Paulo, Martins Fontes, 1987.

HAECKEL, Ernest. *Histoire de la création des êtres organisés d'après les lois naturelles*. Paris, C. Reiwald editeur.

HANKE, Lewis. *Bartolomé de Las Casas*. México, La Habana ed., 1949.

HOBSBAWM, Eric. *A era do capital*. Rio de Janeiro, Paz e Terra, 1988.

HOLANDA, Sergio Buarque de Holanda. *Raízes do Brasil*. Rio de Janeiro, José Olympio (1ª ed. 1979)

KHEL, Renato. *A cura da fealdade*. São Paulo, s.e., 1923.

KUPER, Adam. *Antropólogos e antropologia*. Rio de Janeiro, Francisco Alves, 1978.

LACERDA, João Batista. *Sur les métis au Brésil*. Paris, Imprimerie Devougue, 1911.

LAS CASAS, frei Bartolomeu (1474-1566). *Brevíssima relação da destruição das Índias*. Porto Alegre, L&PM, 1984.

LE BON, G. *Les lois psychologiques de l'évolution des peuples*. Paris, s.e. (1ª ed. 1894).

LEAF, Murray. *Uma história da antropologia*. Rio de Janeiro, Zahar; São Paulo, Edusp, 1981.

LEITE, Dante Moreira. *O caráter nacional brasileiro*, 4. ed., São Paulo, Livraria Pioneira, 1983.

LÉVI-STRAUSS, Claude. *Antropologia estrutural dois*. Rio de Janeiro, Vozes, 1977.

LISBOA, Karen M. *A nova Atlântida ou o gabinete naturalista dos doutores Spix e Martius*. São Paulo, tese de mestrado, Universidade de São Paulo, 1995.

LOMBROSO, C. *L'uomo delinqüente*. Roma, s.e., 1876.

MELLO E SOUZA, Laura de. *O diabo e a terra de Santa Cruz*. São Paulo, Companhia das Letras, 1986.

MONTAIGNE (1533-92). "Os canibais". In: *Os pensadores*. São Paulo, Abril Cultural.

MORGAN, Lewis H. *A sociedade primitiva*. Lisboa, Editorial Presença (1ª ed. 1877).

RABELLO, Silvio. *Itinerário de Silvio Romero*. Rio de Janeiro, Civilização Brasileira, 1967.

RODRIGUES, Nina. *As raças humanas e a responsabilidade penal no Brasil*. Bahia, Progresso, 1894."Os mestiços brasileiros". In: *Brazil médico*. Rio de Janeiro, s.e. 1890.

"Métissage, dégénérescence et crime". In: *Archives d'anthropologie criminelle*, Lyon, 1899.

ROMERO, Silvio. *O naturalismo em literatura*. São Paulo, Lucta, 1882. *História da literatura brasileira*. Rio de Janeiro, José Olympio, 1. ed. 1888. *O evolucionismo e o positivismo no Brasil*. Rio de Janeiro, Livraria Clássica, 1895.

ROUSSEAU, Jean Jacques (1712-78). "Discurso sobre as origens e os fundamentos das desigualdades entre os homens". In: *Os pensadores*. São Paulo, Abril Cultural, 1775:1978.

SCHWARCZ, Lilia K. Moritz. *Retrato em branco e negro*. São Paulo, Companhia das Letras, 1987. *O espetáculo das raças*. São Paulo, Companhia das Letras, 1993. "Complexo de Zé Carioca". In *Revista Brasileira de Ciências Sociais*, nº 29. São Paulo, ANPOCS, 1995.

SCHWARTZMAN, Simon. *Formação da comunidade científica no Brasil*. São Paulo, Nacional, 1979.

SEVCENKO, Nicolau. *A revolta da vacina; mentes insanas em corpos rebeldes*. São Paulo, Brasiliense, 1984.

SKIDMORE, Thomas E. *Preto no branco. Raça e nacionalidade no pensamento brasileiro*. Rio de Janeiro, Paz e Terra, 1976.

SPENCER, H. *Princípios de sociologia*. London, W. Norgate, 1866.

STEPAN, Nancy. *The hour of eugenics. Race, gender and nation in Latin America*. Ithaca, Cornell University Press, 1991.

STOCKING Jr., George W. *Race, culture and evolution. Essays in the history of anthropology*. Chicago, University of Chicago Press, 1968.

TODOROV, Tzetan. *A conquista da América: a questão do outro*. São Paulo, Martins Fontes, 1983.

TYLOR, E. B. *Primitive culture*, 6. ed., New York, Harper, 1958.

VENTURA, Roberto. "Escritores, escravos e mestiços: raça e natureza na cultura brasileira". São Paulo, tese de doutoramento, USP, 1988. *Estilo tropical: história cultural e polêmicas literárias no Brasil*. São Paulo, Companhia das Letras, 1991.

VON MARTIUS, K. F. Philipp. "Como se deve escrever a história do Brasil". In: *Revista do IHGB*, t.6, Rio de Janeiro, s.e. *O estado do direito entre os autóctones do Brasil*. São Paulo, Edusp, 1835:1982. *Viagem ao Brasil*. São Paulo, Edusp, 1834:1979.

INUMERÁVEIS CABEÇAS
TRADIÇÕES AFRO-BRASILEIRAS E
HORIZONTES DA CONTEMPORANEIDADE

Edimilson de Almeida Pereira
Núbia Pereira de M. Gomes

> ...devemos falar da tradição não como uma necessidade absoluta e inalterável, mas como metade de uma dialéctica em evolução – sendo a outra parte o imperativo da mudança.
>
> Chinua Achebe[1]

Olhos múltiplos

Em 1894, o pastor protestante Héli Chatelain, nascido na Suíça, publicou nos Estados Unidos, em edição bilíngue quimbundo-inglês, uma série de narrativas intitulada *Folk-tales of Angola*. No repertório coligido, nos sentimos atraídos pela figura mitológica dos *Di-kishi*, monstros antropófagos, com duas cabeças que se colocavam como obstáculo às aventuras dos heróis em busca de vitórias para si e para a honra de seus antepassados.[2]

Os *Di-kishi* foram caracterizados também pela sua crueldade e permanente disposição de confronto. Sua existência só podia se justificar mediante o desafio de superarem ou serem superados pelos heróis. O aspecto da transformação é o elemento essencial na performance dos *Di-kishi*, pois representa os princípios da vida (sobrevivência) e da morte (aniquilamento do Outro). Vida e morte estão entrelaçadas num circuito de ruptura e continuidade em que a antropofagia é realçada como instância oportuna para a mudança do devorador e do devorado: um permanece no outro, ambos ligados às suas origens mas radicalmente modificados.

As duas cabeças dos *Di-kishi* são igualmente expressivas. Embora o mito angolano não sublinhe para que direções estão voltadas, se torna inevitável a comparação com Janos, o deus romano,

---

[1] Willfried F. Feuser, "Entre a tradição e a modernidade: impressões sobre a literatura nigeriana (2'parte)". In: *África: Literatura – Arte – Cultura/* 3. Lisboa: África Lda., Ano 1, Volume 1, jan-mar, 1979, p. 248.

[2] Héli Chatelain, *Contos de Angola*, Porto, 1978, p. 131.

representado nas efígies monetárias com duas caras. Segundo as devoções, o *Janus Pater* podia "vigiar o que se passava fora e dentro da cidade e das habitações" ou, ainda, "ter sempre diante dos olhos o passado e o futuro".[3]

O interessante nos *Di-kishi* e Janos é a presença, simultânea, de aspectos que garantem a existência de valores culturais estabelecidos e apontam o risco de mudança desses valores. Na mitologia angolana cabe aos *Di-kishi* um desempenho que permita ao herói afirmar a sabedoria dos antepassados *pari-passu* à possibilidade de que a devoração do herói implique um horizonte com novos enredos e novas funções para os personagens. Na mitologia romana, Janos, o deus reverenciado também pelo Estado, cuida da vida no interior das casas, enquanto que, para além desse confinamento, percebe os homens entregues aos muitos caminhos do mundo.

A ambivalência desses seres mitológicos tem na atribuição de sentidos ao tempo o seu ponto de interseção. Essa função, evidente em Janos, se desenha implicitamente nos *Di-kishi*. Ambos nos obrigam a pensar passado e futuro como dimensões temporais e como eventos, ou seja, o tempo acontece em nossas vidas na medida em que somos acontecimentos no tempo. Esses senhores do tempo são projeções compreensíveis de nossa angústia de não compreendermos a permanência do que muda e a mudança do que permanece.

Esses seres míticos são eles mesmos e sua transformação e, como numa casa de espelhos, ao olharem para si, se olham com olhos multiplicados. O eixo de sua identidade é plural, pois neles a identidade sobrevive de identidades simultâneas: Eu e Outro, vivo e morto, dentro e fora, casa e cidade, passado e futuro são realidades e possibilidades de realidades.

De modo particular, pretendemos ver os *Di-kishi* como metáfora para comentar algumas noções de tradição na cultura afro-brasileira e suas perspectivas de significação nos horizontes da contemporaneidade. A partir do mito em que a cabeça e os olhos múltiplos estimulam a ideia de identidade como multiplicidades, pensamos ser interessante verificar de que maneira a tradição pode ser percebida como caleidoscópio de identidades em certos grupos de descendência afro-brasileira.

---

[3] Maria Lamas, *Mitologia geral*, Lisboa, 1972, p. 214-215.

Nossas especulações pretendem abranger o que é a chamada tradição, quem somos e quem podemos ser com ou sem ela. Com esse procedimento, tentamos situar a tradição como um problema que não seja apenas do âmbito da antropologia. As indagações filosóficas em torno da tradição permitem abordá-la como um problema inserido na área de interesse da lógica e da razão.

A abordagem filosófica da tradição implica, entre outras coisas, a indagação a respeito da existência ou não de um projeto para os intelectuais interessados na articulação do universo conceitual das populações afro-brasileiras. Isso será relevante se possibilitar que ultrapassemos a mera reorganização de conceitos de um grupo étnico segundo os recortes do pensamento ocidental. Caso contrário, a reflexão feita nesses moldes corresponderá à aceitação dos limites da etnofilosofia, que, "na tentativa de explorar e sistematizar o mundo conceitual das culturas tradicionais da África", na verdade, acabou sendo um equivalente da abordagem feita pelo folclorista ao "compilar a história natural do pensamento popular tradicional sobre as questões centrais da vida humana.[4]

As descrições antropológicas têm fornecido suporte para que se possa falar na existência de tradição entre grupos afro-brasileiros. Há que se ficar atento, contudo, ao fato de que em geral se toma a tradição a partir do arrolamento de eventos culturais. Os estudos sobre religiões afro-brasileiras contribuem bastante para que tradição seja interpretada como eventos costurados por determinados valores. Mas, num pensamento circular, a religião acaba sendo apontada como a fonte desses mesmos valores.

Talvez, por isso, a ausência de eventos culturais em comunidades afro-brasileiras seja vista como ausência de tradição. Celebrações religiosas são atrativos que muitos pesquisadores aceitam como motivador para iniciar a aproximação com as comunidades e, quase sempre, o projeto de investigação tenta abordar o contraste entre a tradição e a modernidade. Esse interesse imediatista tem levado à criação de uma espécie de mapa de comunidades "interessantes" e "não interessantes" para se desenvolver a pesquisa das tradições culturais de matriz africana no Brasil.

---

[4] Kwame Anthony Apiah, *Na casa de meu pai*, Rio de Janeiro, 1997, p. 138.

A pesquisa antropológica, quando realizada seriamente, é de inestimável importância, não resta dúvida. Os ensaios comparativos têm permitido compreender mecanismos de reelaboração da vida política, econômica e social das populações afro-brasileiras, bem como formas de conflito que desencadeiam a exclusão social dessas mesmas populações. A percepção das culturas afro-brasileiras como diversidade, a par de elementos comuns que possam aproximá-las, tem se tornado possível graças à cota de contribuição das análises antropológicas.[5]

Mas a abordagem da tradição tem se estabelecido como feixes de análises que rebatem na sua superfície e, embora pareçam focá-la diretamente, desviam a interpretação para outros aspectos relacionados a ela. Resulta daí o interesse pelos pares do tipo identidade/tradição ou tradição/identidade na hora de delinear os meios de inserção ou marginalidade das populações afro-brasileiras. A inserção acaba sendo justificada pelo exemplo de comunidades que mantiveram uma voz considerada como própria no intercâmbio com o modelo social dominante e a marginalidade se espraia como consequência sobre os grupos que não se reconhecem como afro-brasileiros e que também não teceram laços de pertencimento com o modelo dominante.

As duas proposições beiram a idealização na medida em que reduzem a tradição a elemento adjetivo na construção da identidade ou a centralizam como elemento superior e substantivo no mesmo processo. Nos dois casos, a tradição não é interrogada a partir do eixo de multiplicidades que a constitui. Esse seu aspecto múltiplo, assim como os *Di-kishi*, passa pelo olhar unitário de um observador à distância, o mesmo que tecerá comentários miraculosos ou terríveis sobre ela sem ter compreendido a natureza de suas muitas cabeças.

Cientes, pois, de que a tradição sustenta a elaboração de eventos culturais, mas não se limita a ser um deles, é que comentaremos suas perspectivas de significado nos horizontes da modernidade e pós-modernidade e sua interferência no discurso de militância dos intelectuais afro-brasileiros.

---

[5] Cf. Mariza Peirano, *A favor da etnografia*, Rio de Janeiro, 1997, p. 15: "Notoriamente preocupada com a peculiaridade do objeto, a antropologia talvez seja, entre as ciências sociais, paradoxalmente, a mais artesanal e a mais ambiciosa: ao submeter conceitos preestabelecidos à experiência de contextos diferentes e particulares, ela procura dissecar e examinar, para então analisar a adequação de tais conceitos."

O desejado e o visto
Tradição-nostálgica e tradição-princípio

Na comunidade dos Arturos (Contagem/MG), dentre as celebrações religiosas, destaca-se a Festa de Capina ou de João do Mato. O rito de caráter universal, comum em regiões agrícolas, remete ao trabalho de cooperação vicinal e aos procedimentos de esconjuro das forças malignas que ameaçam o grupo social.[6]

A agricultura para os Arturos há muito deixou de ser o meio de subsistência, já que a comunidade vem sendo inserida nas atividades urbanas e industriais do município onde se localiza. Apesar disso, a comunidade costuma fazer o ritual de capina, preparando uma área restrita com plantio de milho e feijão, tal como ocorreu recentemente, em 20 de dezembro de 1997. Na ocasião, estavam presentes as pessoas da comunidade, pesquisadores e uma equipe de filmagem a serviço da Casa de Cultura de Contagem. As tomadas estavam sendo realizadas para fazerem parte de um documentário sobre as festas da comunidade.

Em virtude dessa situação, os comentários feitos, principalmente por pessoas externas à comunidade, soavam quase em uníssono: "os Arturos *estão perdendo* a tradição. Veja como os equipamentos modernos mudam o cenário da festa. Eles não são mais como antigamente...". Pelas mesmas motivações, em outras localidades, quando ternos de Congado, Folia de Reis, grupos de Cavalhada ou Batuque se apresentam é comum ouvirem-se comentários semelhantes.

Estas celebrações, bem como a cultura popular dentro da qual se situam, são analisadas como "a tradição", que tem como aval de autenticidade a manutenção de traços que, do exterior para o interior, lhes são facultados como essenciais. Assim, tradição ou é um estágio anterior do evento ou uma produção intelectual imposta às comunidades. Novamente a idealização atravessa o caminho da tradição, transformando-a num retrato do paraíso perdido ou numa projeção de desejos individualizados.

Por isso, diante da força emergente da mudança, é possível que alguns intelectuais estejam suspirando – sem perceber – mais pela

---
[6] Gomes & Pereira, *Negras raízes mineiras: os Arturos*, Juiz de Fora, 1988, p. 233.

ruptura de seus sonhos do que pela necessária mobilização dos eventos sociais. Ou, o que nos parece mais problemático, tem-se aqui o quadro típico em que a tradição é entendida como evento.

A nostalgia desviada para a questão da mudança dos eventos cria a ilusão de que se está tecendo considerações sobre a tradição. Quando a tradição é realmente o foco das reflexões podemos tomar como referências as proposições de Chinua Achebe (vide epígrafe) e Honorat Aguessy. Achebe ressalta o conceito de tradição como processo dialético, no qual as interlocuções entre preservação e mudança se realizam como requisito básico para a existência da própria tradição. Para Aguessy,

> (...) a tradição, contrariamente à idéia fixista que se tem dela, não poderia ser a repetição das mesmas sequências; não poderia traduzir um estado imóvel da cultura que se transmite de uma geração para outra. A actividade e a mudança estão na base do conceito de tradição.[7]

As proposições de Achebe e Aguessy não estão limitadas aos eventos, mas a um processo que os antecede, vive neles e os supera. Se a mudança da forma dos eventos chega a causar nostalgia, tal não deveria ocorrer diante da tradição que só existe como preservação e mudança simultâneas. As classificações de velho ou novo, embora aplicadas à tradição, caem melhor aos eventos. Estes – como explosão de vida e morte contidas no fruto – despertam nosso desejo, satisfazem-nos e nos decepcionam quando minados em sua superfície.

A tradição não se sente afetada pela corrosão que ameaça os eventos, pois só pode aspirar a ser tradição aquilo em que respira a perspectiva da mudança. Ou, como afirma Achebe, a tradição não é a "necessidade absoluta e inalterável".

Uma breve passagem pela produção discursiva de representantes da cultura afro-brasileira nos ajuda a compreender esse aspecto. Os enunciadores do discurso empregam estruturas que funcionam como marcadores de tempo e, consequentemente, como evidência da ordem dos acontecimentos:

---
[7] Honorat Aguessy, "Visões e percepções tradicionais". In: *Introdução à cultura africana*, Lisboa, 1980, p. 105-6.

Esse renado é *dos antigo, dos tronco veio*.
Fico *só lembrano* das coisa boa, de papai, de mamãe.
Papai contava das *festança antiga* da capinação.⁸

O tempo dos antigo era o tempo de perto do começo do mundo. Por isso é que o povo mais velho sabe os mistério do mundo, das criação. Com a pressa, os novos nem chega a aprendê e já vai esquecendo. Eles qué corrê demais, acompanhá as máquina, pulá o tempo de aprendê. As fruta tem que madurá no pé, pra hora de colhê. Igual os antigo, que madurava na arvre da vida.⁹

Que que a gente é de fazê? Tem que dá um jeito de aceitá os acontecimento de hoje, as novidade. Porque elas entra pra casa da gente adentro. Mas tudo num dá pra agüentá não.¹⁰

Nessa produção discursiva podemos apreender duas linhas interpretativas da tradição: uma que a subordina ao tempo linear, outra que a apreende fora desse eixo. Embora na cultura popular – e na sua vertente de influência afro-brasileira – haja grande aceitação do tempo circular do mito, é praxe encontrarmos a referência ao tempo linear ou histórico. Nos depoimentos acima é no campo histórico que se desenham as expectativas das pessoas, tanto assim que aludem a acontecimentos concretamente vividos (Festas de Reinado e de Capina, aprendizado da realidade, conflito entre o antigo e o novo).

Subordinada ao tempo linear, a tradição passa a ser compreendida como sucessão de eventos regida por uma norma que traça um caminho do período áureo para a decadência. Por isso, tradicionais e melhores eram as festas do passado, mais honestas e confiáveis eram as pessoas do passado e assim por diante.

Entendida dessa maneira, a tradição é uma traição a si mesma, ou seja, mostra apenas uma parte daquele jogo dialético apontado por Chinua Achebe e Honorat Aguessy. Mas, no contexto de embates entre modelos culturais, esse aspecto de apego ao passado desempenha papel importante na cultura popular. A nostalgia pelos eventos considerados perdidos valoriza os registros de memória que destacam os seus detentores no grupo social. São eles os guardiães, os livros vivos de uma modalidade de *tradição-nostálgica*, a dos eventos que marcaram a vida do grupo.

---

⁸ Gomes & Pereira, op. cit.1988, p. 157, 234.
⁹ Idem, *Mundo encaixado*, Belo Horizonte, 1992, p. 79.
¹⁰ Idem, op. cit. 1992, p. 80.

A tradição, como os *Di-kishi*, devora ela mesma essa sua vertente ligada aos acontecimentos e, com suas cabeças e olhos, se apresenta como afirmação e negação, como inércia e movimento. Nos depoimentos ela se manifesta como *princípio* que rege a concepção da temporalidade, de modo que as pessoas podem saber de um *tempo dos antigos* e de *um tempo das novidades*. Como princípio, a tradição não elege um tempo áureo ou um tempo de decadência, mas ativa a necessidade de ficarmos atentos a um mecanismo que preserva e muda o tempo e no tempo.

Isso também ocorre em relação aos eventos. Na Festa de Capina, os Arturos viveram simultaneamente a *tradição-nostálgica* (que desejava restaurar os eventos) e a *tradição-princípio* (que lhes possibilitava encontrar sentido na interferência das filmadoras, dos pesquisadores e deles próprios sobre esses agentes). Se a tradição nostálgica entra em choque com o novo e se aparta dele, a tradição princípio admite o conflito e o torna alimento de sua atividade.

Em função disso, é preciso cautela no emprego do termo tradicional em relação à cultura afro-brasileira, já que ele engloba, simultaneamente, as noções de conservadorismo e dinamismo. A observação deve estar atenta ao evento e ao princípio que o estrutura, pois em ambos a tradição se apresenta com sentidos diferentes. Ela, de múltiplas cabeças, sugere que também sejamos múltiplos na hora apreendê-la.

Diálogos com as tradições

A organização dialética da tradição lhe permite estar fechada e aberta ao diálogo consigo mesma e com outras formulações ideológicas. Veja-se que os atritos internos identificam a tradição como um espaço de inter-relações: daí a dificuldade em tomar partido quando os antigos e os novos dialogam a respeito das prescrições do sagrado em rituais como o Congado ou a Folia de Reis. A lógica da tradição estabelece como necessário esse momento e tentar impedi-lo sob pretexto de "salvar a tradição" pode ser uma atitude que contrarie a própria tradição.

Nas inter-relações externas, a modernidade e a pós-modernidade são um atrativo inevitável para a tradição e vice-versa. Pensar a tradição como princípio e os princípios da modernidade e da pós-modernidade abre a instigante perspectiva de análise de sua interferência na vida contemporânea, principalmente quando apropriada pelos discursos de militância política.

Na vertente utópica do pensamento moderno, Kant, Hegel e Marx delineiam um caminho de esperança a partir da tensão entre passado e futuro, o que nos coloca diante da possibilidade de entender a transformação como *o novo* capaz de solucionar as ameaças de crise. Sob esse aspecto, a modernidade elege *o novo* como valor e as ações do sujeito são direcionadas para a busca da consciência de si: é preciso mudar o que foi para que o sujeito possa ter direito ao que virá.

No que diz respeito ao tempo, o sujeito da modernidade o apreende como perspectiva de superar aquilo que ainda se é. Daí que a missão do filósofo consiste em pensar e apreender a emergência do possível – aqui identificado com *o novo* – e trabalhar para que ele se realize. O engajamento do filósofo se exprime como esforço para promover a mudança, já que o sujeito moderno vê o presente como a limitação que é preciso ser superada. Por isso, *o novo* assume um caráter libertador e mobiliza o sujeito em sua direção.

Por sua vez, a pós-modernidade assedia a modernidade com a materialização da crise que tira *do novo* a potência libertadora. A mudança e o individualismo que encarnaram o espírito do novo na modernidade são vistos negativamente na contemporaneidade: o sentido da transformação coletiva que nutria o engajamento do sujeito foi perdido. Se o sujeito deseja a mudança teoricamente, na prática o seu discurso é o anunciador da decadência. Com isso, esvazia-se o traço de valor *do novo* e o antigo se apresenta no horizonte como outra diferença também destituída de valor.

No que diz respeito ao tempo, a pós-modernidade apreende o passado e o futuro como elementos interiores ao presente. O que somos não é apenas aquilo que deve ser superado, pois se apresenta como possibilidade de parâmetro para aquilo que seremos – o possível. Em função dele é que tomamos a mudança como inevitável, mediante um procedimento de previsão de sua ocorrência. Não se trata da previsão moderna em que o futuro estava desenhado a partir do presente, mas da certeza da mudança cuja direção e conteúdo não podem ser dados em função da amplitude da própria mudança.[11]

---

[11] Sobre a experiência de aceleração e da concepção do presente como início, afirma Paulo Vaz, "Globalização e experiência de tempo". In: Philadelpho Menezes (org.). *Signos plurais*, São Paulo, 1997, p. p. 107: "Essa simultaneidade de saber que vamos mudar mas

O diálogo da tradição com a modernidade e a pós-modernidade se apoia, sobretudo, nas atribuições de importância ao tempo. Com a modernidade ela partilha a noção do tempo linear ou histórico, o qual exige do sujeito uma tomada de posição em face da necessidade de promover a mudança para preparar o futuro.[12] Estamos diante da *tradição-nostálgica* que – tal como a modernidade – permite ao sujeito construir um modelo daquilo que deve ser preservado ou do que precisa ser impulsionado pela mudança. Se o novo moderno tinha o individualismo como um alvo, na tradição é possível compreender que um capitão de Congado, um mestre de Folia de Reis ou uma rezadeira tenham como foco um descendente que os substitua. O substituto é ainda o antigo, porém, foi construído por este como uma imagem do novo (o possível).

A *tradição-princípio* partilha com a pós-modernidade a apreensão da mudança em termos de perspectivas, sem impor o retrato daquilo que seja apenas o passado ou o presente. Se a pós-modernidade aciona a possibilidade de um futuro em aberto, já que o imperativo da mudança é a certeza que temos, também a tradição princípio deixa em aberto os horizontes na cultura afro-brasileira. O ato antropofágico dos *Di-kishi* não nos autoriza a prever com exatidão a imagem – ou o futuro – do novo *Di-kishi*; em outras palavras, a tradição princípio nos surpreende com as possibilidades inumeráveis resultantes de sua dialética de preservação e mudança.

Por isso os diagnósticos sobre o futuro da Festa da Capina, do Congado ou da Folia de Reis podem ser divergentes. Pelo olhar da tradição nostálgica sua mudança representa sua extinção; pelos olhares da tradição princípio a mudança é algo que não pode ser evitado e as configurações futuras desses eventos serão dadas numa sala de espelhos, onde muitos retratos se tornam possíveis.

Numa outra frente de diálogo verificamos que o sujeito da tradição nostálgica e o da modernidade se posicionam de maneira vigilante em relação às diferenças de comportamento. As técnicas modernas

---

sem saber o que iremos nos tornar se deve a duas características desse novo 'novo'. A primeira explica a indeterminação: ela se deve à própria amplitude da mudança. (...) A segunda característica explica a certeza da mudança: ela é inevitável na medida em que é a apreensão de uma força no início de sua vigência."

[12] Cf. Paulo Vaz, op. cit., 1997, 103: "É consensual descrever a Modernidade como a época da história. Uma primeira questão a ser trabalhada é, portanto, que relação com o presente tornou possível uma historicidade aos homens modernos."

de vigilância se ocupam em determinar o espaço e o tempo do corpo, de tal forma que o sujeito sob controle é disposto em lugares de acordo com suas funções e o tempo que deve exercê-las. A disciplina moderna quer evitar o nomadismo do corpo e as misturas, tentando com isso manejar as perspectivas de multiplicidade.[13]

O sujeito da tradição nostálgica não aceita a mudança dos rituais ou do discurso que os fundamenta, censura os jovens porque julga que eles nem chegam a aprender o passado. A tradição, nesse caso, exibe a face da permanência e pode significar para o grupo uma opção segura. Por isso tende a prevalecer a opinião dos mais antigos, em alguns casos, acompanhada da volta aos esquemas primordiais de reza, dança, canto, vestimenta, iniciação. O fechamento dos sujeitos implica uma preparação para que eles se tornem melhor do que são: a lógica consiste em voltar ao passado de onde o Eu emerge melhor do que no presente e pode, portanto, pensar o futuro como horizonte da esperança.

Por outro lado, a pós-modernidade se mostra tolerante com as diferenças de comportamento, mas exige mais cuidado na relação entre o Eu e o Outro, já que ambos se colocam mutuamente em risco. A vigilância cede lugar à noção de risco, pois o que limita a ação dos sujeitos é a emergência do possível com seus múltiplos rostos. Não se espera do sujeito que seja deste ou daquele modo, mas que seja capaz de mudar e possa pensar o futuro além dos limites que lhe são impostos pelo medo da perda do que hoje existe.[14]

Para a tradição princípio o futuro não está dimensionado, o passado e o presente são vivenciados com sua dinâmica onde se entrecruzam as possibilidades de que permaneçam ou se transformem. Os Arturos, durante a Festa de Capina, se preocupavam em reconstituir um evento do passado, mas não tinham como vigiar ou controlar todos os comportamentos dos sujeitos envolvidos nele. Do mesmo modo, a comunidade aspira que os jovens continuem dançando no Congado, mas não os vigia e limita ao ponto de impedir que dancem o funk. Ou ainda: estimula as viagens para pagar as visitas recebidas no dia de festa (preceito sagrado), e também não recusa

---

[13] Cf. Michel Foucault, *Vigiar e punir*, Petrópolis, 1983.
[14] Paulo Vaz, op. cit, 1997, p. 115.

convites para apresentações em universidades durante a realização de simpósios sobre metodologia de pesquisa em cultura popular.[15]

A tradição princípio prevê a ocorrência das mudanças como risco sem que tenha mecanismos para controlá-las. Por isso estimula situações, em geral, abertas e polêmicas, que apontam para uma diversidade diante da qual os sujeitos terão de se mobilizar.

A vida cotidiana dos Arturos tem demonstrado como essa plasticidade da tradição princípio seduz e agita o grupo, dividindo opiniões e levando à constituição de novas formas de solidariedade. Foi o que aconteceu em agosto de 1997, quando a comunidade aceitou o convite de um grande *shopping center* de Contagem para expor seus paramentos de celebração. O evento perturbou aqueles alinhados pela tradição nostálgica e o protesto se fez ouvir nos discursos sintetizados pela expressão *os Arturos estão perdendo a tradição*. Mas, os alinhados pela tradição princípio também se perturbaram já que um novo quadro se desenharia com a proximidade entre duas formas de sagrado: a do homem que celebra a divindade e a do homem que diviniza o ato de consumir.

Em ambos os casos a tradição evidencia sua vitalidade porque se permite dialogar com a modernidade e a pós-modernidade, situando o sujeito diante dos desafios que decorrem do desejo de construir um futuro melhor (utopia), ou da incerteza de saber que é preciso mudar sem saber quais são as direções das mudanças (risco).

A vigência da tradição como referencial de significação é um dos motivos que a leva a ser citada nos discursos de militância política que criticam a atual situação dos afro-brasileiros e se propõem a apresentar-lhes novos rumos.

Nossa intenção não é definir critérios de valoração para o discurso de militância, mas, como fizemos com a tradição, julgamos interessante mapear alguns de seus mecanismos de funcionamento. Fazemos questão de frisar que as especulações exprimem nossa opção pela possibilidade de olhar os discursos como elementos de provocação ao debate e à reflexão.

---

[15] Os Arturos participaram do "IV Encontro com o Folclore/ Cultura Popular" e "V Encontro com o Folclore/ Cultura Popular e II Seminário Internacional de Relatos de Pesquisa em Folclore", promovidos pela Unicamp/Unesco/IBECC, em agosto de 1996 e 1997, respectivamente.

O acesso que temos aos discursos de militância – geralmente no calor de reuniões de sindicatos, escolas, partidos ou conferências – nos estimula a pensá-los a partir da diversidade de argumentos que, pelo menos na superfície, tendem a defender um objetivo maior: a construção de um novo negro brasileiro que, forjado na luta contra as injustiças, consiga sentir-se dignamente respeitado na sociedade.

Numa visão panorâmica, a tradição invocada nos discursos de militância é tomada como *o novo*, isto é, adquire um valor através do qual se observa que a discriminação, do passado e do presente é algo negativo. O discurso propõe que ao reencontrar as matrizes dos africanos anteriores ao escravismo colonial o afro-brasileiro contemporâneo se fortaleça para instaurar um novo modo de relações.

A busca do *novo* é um projeto que deseja levar o afro-brasileiro a tornar-se ciente de si mesmo. Entretanto, o presente continua exibindo as marcas da discriminação, o que faz com que o afro-brasileiro livre e ciente de si seja apresentado como aquele que ainda não é. O discurso, nesse caso, navega nas vertentes da modernidade e da tradição nostálgica: o sentido da mudança é dado, o futuro será melhor, já que a militância no presente é uma determinação com chances de sucesso graças ao engajamento dos militantes.

O engajamento de intelectuais na militância antirracismo implica a elaboração de um discurso em que a vitória sobre o racismo representa a vitória do homem. Mas, na medida em que a sociedade racista brasileira vem se opondo a esse projeto de liberdade, tem cabido, em parte, aos intelectuais e artistas o papel de produtores *do novo*. Esse novo emergente – ou seja, a sociedade sem racismo, com equanimidade na distribuição das riquezas, com extensão da cidadania aos menos favorecidos – é reivindicado como *o possível* do homem verdadeiro. Os afro-brasileiros, por isso, não devem temer o futuro no qual virão a ocupar posições que hoje, como no passado, a sociedade racista lhes impede de alcançar.

A interferência do discurso de militância gerado nas fontes do pensamento utópico da modernidade e da tradição nostálgica não é mais intensa entre nós porque depara com uma estrutura de rejeição por parte da mídia e das classes dominantes. A tendência desse discurso é de natureza profética, o que lhe confere grande poder de apelo. A estratégia para silenciá-lo é, em geral, sutil, constituindo-se de sabotagens que visam a colocá-lo em descrédito junto à população.

Ao que parece, a estratégia tem funcionado, pois o discurso costuma soar estranho aos próprios afro-brasileiros desprivilegiados, embora aponte para a realização daquilo que eles desejam. Nesse quadro, merece atenção o fato de que a estratégia de enfraquecimento do discurso de militância é extraída de um dos seus pontos de força: o apelo à tradição.

Para combater a violência racial é coerente que o discurso de militância tome a tradição afro-brasileira como referencial de valorização dos afro-brasileiros. A ambivalência se torna palpável quando a tradição nostálgica é reduzida à noção de raça, fazendo com que numa sociedade multiétnica o discurso se caracterize pelo afrocentrismo. Em parte, é por isso que os racistas encontram material para acusar o discurso antirracista de racismo às avessas e que os afro-brasileiros simpáticos à diversidade se sintam excluídos pelo excesso de centralização desse discurso.

Contudo, a análise do discurso de militância nos domínios da tradição princípio e com base em aspectos da pós-modernidade faz com que sua possibilidade de interferência ganhe outros contornos. O caráter multiétnico de nossa sociedade coloca em xeque os discursos etnocêntricos mesmo quando se impõem, como foi o caso do eurocentrismo. As contestações são inevitáveis, ora sob a forma organizada de discursos de intelectuais e artistas, ora sob a constante elaboração discursiva dos meios populares. O problema não reside isoladamente na necessidade de elaborar a contestação ao etnocentrismo, mas acima de tudo na dificuldade de sua divulgação.

Se a pós-modernidade lida com as diferenças tanto quanto a tradição princípio aponta para um futuro em aberto, é de se supor que o discurso de militância possa enfocar seus objetivos se trabalhar a questão étnica como uma alteridade essencial ao lado de outras essenciais. No horizonte do mundo acossado pela globalização, seria pertinente pensar a ampliação do raciocínio que se centra na tradição nostálgica e na noção de raça? Seria viável pensar *o possível* da identidade como hibridismo não apenas étnico, mas como forma de sustentar a vida para afro-brasileiros e não afro-brasileiros?

O certo é que estas perguntas foram geradas pelo próprio discurso de militância. Tal como a tradição, é a presença de um eixo dialético que lhe garantirá potencial de interferência. O fato de os intelectuais se basearem na tradição nostálgica ou na tradição princípio indica uma opção política, o que aumenta as responsabilidades de sua militância. A escolha por uma delas ativa uma divisão ideológica destrutiva, porque estática, que afirma: "mudar em direção a um futuro marcado é bom ou mudar em direção a um futuro em aberto não é bom."

Como vimos na metáfora dos *Di-kishi*, a busca dos inter-relacionamentos através da devoração do Outro e de si mesmo é recurso complexo, mas viável, a ser observado na elaboração discursiva da militância. Uma sociedade como a brasileira tem criado campos que sugerem a pertinência da tradição nostálgica e da tradição princípio, da modernidade e da pós-modernidade. Quando estes termos se aplicam às questões étnicas, o desafio consiste em estabelecer a superação da discriminação sem gerar nova condição de discriminação. Daí a necessidade do discurso de militância de encontrar o equilíbrio entre a determinação do futuro (os afro-brasileiros serão melhores do que são hoje?) e o risco de se defrontar com as múltiplas faces da mudança (como ser afro-brasileiro num futuro em que a identidade e a liberdade estejam fundamentadas em diferentes formas de hibridismo?).

As cabeças e os olhos dos *Di-kishi* pertenciam a eles mesmos, aos outros que eram devorados por eles e aos outros que os observavam. Essa é outra metáfora que a dialética da tradição nos propõe para compreender o discurso de militância dos afro-brasileiros. As cabeças e os olhos que se voltam para interagir ou conflitar com o exterior precisam fazer o mesmo com o interior do discurso. Isto porque se há projeto para chegar a uma sociedade em que a ética seja a de sustentação da dignidade da vida – por extensão do ser humano e da biodiversidade de seu meio ambiente –, pelo menos por enquanto, o tempo parece ser de aprendizado das angústias e esperanças, das dialéticas, enfim.

Olhos nos olhos

A tentativa de estimular o diálogo em torno da tradição foi feita no sentido de observar o emprego do termo em diferentes contextos. Em geral, a tradição é comentada em oposição à modernidade ou à pós-modernidade. Por outro lado, costuma ser tratada de modo não muito instigante na instigante associação do par tradição/modernidade.

Com relação à cultura afro-brasileira, a tradição é vista como suporte para ações de militância política ou como tema para investigações das ciências sociais. Apesar do interesse das duas áreas, apenas algumas vertentes da tradição acabam sendo exploradas, com predomínio daquelas em que a tradição é reduzida a um aspecto (como a raça) ou a um determinado evento (como aqueles em que se julga haver a preservação de manifestações culturais).

Nossa intenção foi demonstrar que, para além desses tópicos, a tradição se configura como um princípio que os fundamenta e ultrapassa. Os termos tradição nostálgica e tradição princípio são proposições teóricas que não pretendem fechar-se como categorias absolutas. Ao contrário, procuramos apresentá-las como partes intercomplementares de um mesmo fenômeno, evitando atribuir valor a uma ou outra. Ambas se relacionam dialeticamente e a questão de sua coerência em determinado contexto é fruto da opção dos sujeitos.

Pela análise que desenvolvemos, não há como classificar uma tradição (a nostálgica ou a princípio) como melhor ou pior. Os apelos contextuais e a responsabilidade dos sujeitos que as manipulam, no discurso cotidiano das comunidades ou no da militância política, é que delineiam a sua pertinência como fenômeno social.

Aproveitamos a metáfora dos *Di-kishi* como impulso para tentar explicitar como os mecanismos da dialética se articulam em diferentes formas discursivas. Sua ação fertiliza a possibilidade de debates, tanto no discurso atemporal do mito quanto no discurso histórico da militância. Isso viabiliza a apreensão dos eventos e dos princípios sem que tenhamos de nos sentir embaraçados diante da mudança daquilo que se julgava não poder ser mudado nunca. A pertinência da mudança é inerente à tradição, dado que os grupos sociais colocam em prática, às vezes, bem antes de intelectuais que se fecham no procedimento de apenas propagar sua devoção à decadência.

Com os exemplos extraídos de pesquisas de campo – em particular na comunidade dos Arturos – procuramos não distanciar a análise da tradição de sua realidade social. A tentativa de apreender a dialética da preservação e da mudança sob a forma teórica de tradição nostálgica e tradição princípio se evidencia como prática social nos Arturos e em diversos grupos que caracterizamos como representantes da cultura popular.

Por motivação das especulações que tecemos, não descartamos a contribuição que a proximidade da filosofia e da antropologia pode trazer para o aprofundamento dos estudos sobre cultura popular. O desafio de compor coerentemente o arcabouço teórico interdisciplinar estimula a aplicação do rigor científico sem, contudo, perdermos a plasticidade que move o desejo de vermos com outros olhos o que nos parece familiar. A tradição é um tema que nos convida a esse exercício. Naquilo que toca as populações afro-brasileiras e outras acutiladas por qualquer tipo de discriminação, o exercício ultrapassa o âmbito da especulação teórica para deixar ver conflitos que tanto geram quanto ceifam vida nas relações do dia a dia.

REFERÊNCIAS BIBLIOGRÁFICAS

AGUESSY, Honorat. "Visões e percepções tradicionais". In: *Introdução à cultura africana*. Lisboa: Edições 70, 1980.

APIAH, Kwame Anthony. *Na casa de meu pai: a África na filosofia da cultura*. Trad. Vera Ribeiro. Rio de Janeiro: Contraponto, 1997.

CHATELAIN, Héli. *Contos populares de Angola*. Porto: Editora Nova Crítica, Colecção Outras Terras/ Outras Gentes, 1978.

FOUCAULT, Michel. *Vigiar e punir*. Petrópolis: Vozes, 1983.

GOMES, Núbia Pereira de Magalhães & PEREIRA, Edimilson de Almeida. *Negras raízes mineiras: os Arturos*. Juiz de Fora: EDUF JF/ MinC, 1988.

GOMES, Núbia Pereira de Magalhães & PEREIRA, Edimilson de Almeida. *Mundo encaixado: significação da cultura popular*. Belo Horizonte: Mazza Edições; Juiz de Fora: UFJF, 1992.

LAMAS, Maria. *Mitologia geral: o mundo dos deuses e dos heróis*. 2. ed., Lisboa: Editorial Estampa, v. III, 1972.

PEIRANO, Mariza. *A favor da etnografia*. Rio de Janeiro: Relume-Dumará, 1995.

VAZ, Paulo. "Globalização e experiência de tempo". In: MENEZES, Philadelpho (org.). *Signos plurais: mídia, arte, cotidiano na globalização*. São Paulo: Experimento, 1997.

A ORALITURA DA MEMÓRIA

Leda Maria Martins

1
Corpo, lugar da memória

> Olê Angola!
> Essa gunga vai girar
> Correr mundo
> Ô correr mar!

De repente, numa rua qualquer de uma cidade das Minas Gerais, o barulho colorido do domingo – buzinas de carros, aparelhos de sons, conversas aos pés dos portões – é vazado pelo rufar dos tambores congos, e o território urbano matizado pelo cortejo dos Congados. À frente, o bailado guerreiro e ligeirinho de Congos, Marujos, Catopês coreografam os espaços e abrem os caminhos. Logo depois os Moçambiques, com a dança trêmula do corpo e dos pés, vincados na terra, seguindo o fraseado toante e forte de seus grandes tambores. Atrás das espadas cruzadas pelos guardiões das coroas, seguem, serenos e belos, os reis e seu séquito. As coroas de latão e de contas de lágrimas pousam majestosas nas figuras imperiais negras. Perplexa, a rua inunda-se de movimento. Os devotos beijam as bandeiras de guia, onde se desenham os santos padroeiros; os curiosos miram extasiados, enquanto fogos de artifício retumbam na algazarra festiva do canto e da dança que trepidam e vazam o dia. Um tempo ancestral, numinoso, atravessa o cotidiano e irriga o asfalto da modernidade. Já longe o cortejo, ainda se ouvem o rufo longínquo de seus tambores e tamborins e os ecos dos cantos, antecipando o retorno do que já é reminiscência:

Se a morte não me matar
Tamborim.
Se a terra não me comer
Tamborim.
Ai, ai, ai, tamborim
Para o ano eu voltarei
Tamborim.

Elegi como foco deste texto uma das variadas expressões culturais brasileiras que, via performance, desenham o circuito atlântico, da África às Américas: os *Reinados*, popularmente conhecidos como *Congados*. Como afirma Joseph Roach (1995, p. 50), a África imprime suas marcas e traços históricos sobre os apagamentos incompletos resultantes das diásporas, inscrevendo-se nos palimpsestos que, em inúmeros processos, transcriam e performam sua presença nas Américas. Dentre outras formas de expressão, as performances rituais, em todos os seus elementos constitutivos, oferecem-nos um rico campo de investigação e de conhecimento. Nesse âmbito, cerimônias e festejos religiosos, por exemplo, além de seu conteúdo sagrado, manifestam e instituem valores estéticos e filosóficos, quer em sua estrutura, quer nos modos de enunciação que caracterizam sua performance, pois o ato performático ritual não apenas alude ao universo semântico da ação reapresentada, mas constitui, em si mesmo, a própria ação. Nesse sentido, Connerton (1989, p. 54) afirma que o ritual "... não é apenas um modo alternativo de expressão de certas crenças, mas certas coisas só podem ser expressas pelo ritual". Interessa-me, pois, nesta reflexão improvisar, no sentido musical do termo, sobre as performances do tempo e da memória, na partitura dos Congados.

A cultura negra é o lugar das encruzilhadas. Na formação e constituição da paisagem cultural brasileira, podemos observar variados processos constitutivos derivados dos cruzamentos de diferentes culturas e sistemas simbólicos, africanos, europeus e indígenas. Desses processos de cruzamentos transnacionais e multiétnicos, variadas formações vernaculares emergem, algumas vestindo novas faces, outras mimetizando, com sutis diferenças, antigos estilos. Na tentativa de melhor apreender a variedade dinâmica desses processos de trânsito sígnico, interações e intersecções, utilizo-me do termo *encruzilhada* como uma noção teórica que nos permite clivar as formas híbridas que daí emergem (MARTINS, 1995). A noção de encruzilhada, utilizada como operador conceitual, oferece-nos a possibilidade de interpretação do trânsito sistêmico e epistêmico que emerge dos processos inter e transculturais, nos quais se confrontam e dialogam, nem sempre amistosamente, registros, concepções e sistemas simbólicos diferenciados.

Na concepção filosófica nagô/yorubá, assim como na cosmovisão de mundo das culturas banto, a encruzilhada é o lugar das intermediações entre sistemas e instâncias de conhecimento diversos, sendo frequentemente traduzida por um cosmograma que aponta para o movimento circular do cosmos e do espírito humano que gravitam na circunferência de suas linhas de interseção. (THOMPSON, 1984; MARTINS, 1997)

A encruzilhada, *locus* tangencial, é aqui assinalada como instância simbólica e metonímica, na qual se processam e da qual derivam vias diversas de elaborações expressivas, motivadas pelos próprios discursos que a coabitam. Da esfera do rito e, portanto, da performance, a encruzilhada é lugar radial de centramento e descentramento, interseções e desvios, texto e traduções, confluências e alterações, influências e divergências, fusões e rupturas, multiplicidade e convergência, unidade e pluralidade, origem e disseminação. Operadora de linguagens e de discursos, a encruzilhada, como um lugar terceiro, é geratriz de produção sígnica diversificada e, portanto, de sentidos plurais. Nessa via de elaboração, as noções de sujeito híbrido, mestiço e liminar, articuladas pela crítica contemporânea, podem ser pensadas como indicativas de alguns dos efeitos de processos e cruzamentos discursivos, intertextuais e interculturais. Nessa concepção de encruzilhada discursiva destaca-se, ainda, a natureza cinética e deslizante dessa instância enunciativa e dos saberes ali instituídos (MARTINS, 1997, p. 25-26).

No âmbito da encruzilhada, a própria noção de centro se dissemina, na medida em que se desloca, ou melhor, é deslocada pela improvisação. Assim como o jazista retece os ritmos seculares, transcriando-os dialeticamente numa relação dinâmica, retrospectiva e prospectiva, as culturas negras, em seus variados modos de asserção, fundam-se dialogicamente em relação aos arquivos e repertórios das tradições africanas, europeias e indígenas, nos jogos de linguagem, intertextuais e interculturais, que performam.

Esse dialogismo tem sido designado, geralmente, por sincretismo, termo que traduz com frequência certa fusão de código distintos, em manifestações religiosas e/ou seculares, reduzindo, a meu ver, as possibilidades de apreensão de outros processos constitutivos, derivados dos cruzamentos simbólicos. Sérgio Ferreti enumera vários sentidos e usos do termo sincretismo, dentre eles os que, semanticamente, remetem a fusão, mistura, paralelismo, justaposição, convergência e adaptação, englobando-os em grupos semânticos:

> Dezenas de palavras podem portanto ser usadas como exemplos ou como esclarecedoras de sentidos ou de significados do sincretismo. Embora não haja sinônimos perfeitos, podemos agrupá-los, destacando os principais, englobando outros a ele relacionados. Temos assim três variantes que abrangem alguns dos significados principais do conceito de sincretismo, que necessitam evidentemente ser especificados. Partindo de um caso zero e hipotético de não-sincretismo, teremos então:
> 0 – separação, não-sincretismo (hipotético),
> 1 – mistura, junção, ou fusão,
> 2 – paralelismo ou justaposição
> 3 – convergência ou adaptação.
> (FERRETI, 1995, p. 90-91).

Podemos depreender, assim, que o termo sincretismo tem sido utilizado como uma noção genérica, abrigando resoluções e processos constitutivos às vezes díspares. Sem desejar alçar-me a especialista de tão complexa questão, mas reconhecendo as inúmeras diferenças de efetivação das reeleborações sígnicas e cognigtivas derivadas dos cruzamentos das culturas e dos saberes, opto por empregar o termo sincretismo somente como um efeito de fusão de diversas formas, linguagens e sistemas, simbólicos e expressivos, distintos em sua origem mas aglutinados em novas molduras, entrelaces e modos de cognição. A religião umbandista, por exemplo, seria exemplar desse registro sincrético, fundindo, no seu tecido cognitivo e cosmogônico, os sistemas religiosos nagô, banto, católico, tupi-guarani, kardecista, todos amalgamados numa mistura singular *sui generis*.

Dentre as várias outras possibilidades de apreensão e designação dos efeitos de cruzamentos culturais, que não se instalam ou se esgotam pela via sincrética, podemos também vislumbrar: *um processo de justaposição analógica*, de ressonâncias metafóricas periféricas, e *um processo de deslocamento contíguo*. Nenhum desses processos realiza-se pela exclusividade, mas, sim, por sua predominância. O processo analógico opera-se pela convivência parelha de códigos e sistemas em si distintos que convivem simultaneamente em um registro terceiro, mascarando-se de forma mútua, sem que haja, no processo de metamorfose, o ofuscamento total de sua individualidade originária. Aqui os sistemas encostam-se por meio de um espelhamento que produz imagens duais, de dupla face, sendo sempre possível vislumbrar no novo sítio de significância não apenas uma imagem através da outra, mas ambas simultaneamente. No Candomblé, por exemplo, permanece visível a justaposição de duas cosmologias e de dois códigos religiosos distintos, o nagô (africano-iorubá) e o católico (cristão-ocidental). Ali, a justaposição sígnica, articulada por uma analogia alusiva, engendra um jogo ritualístico estratégico de dupla significância: ao lado do nome cristão e dos ícones católicos (como, por exemplo, N. S. da Conceição, Santa Bárbara, São Jorge, São Lázaro, Jesus Cristo), as divindades iorubás (Iemanjá, Iansã, Ogun, Omulu, Oxalá) mantêm seus nomes próprios, atributos sagrados e fundamentos conceituais originários. Nos territórios do sagrado inscritos no Candomblé, África e Europa encostam-se, friccionam-se e se atravessam, mas não se fundem ou se perdem uma na outra. Munis Sodré enfatiza esse jogo duplo significante de formação e fundação dos rituais religiosos afro-brasileiros ao afirmar que, desde a época da escravidão, nos espaços considerados "inofensivos" pelo sistema escravocrata, "os negros reviviam clandestinamente os [seus] ritos, cultuavam os deuses e retomavam a linha do relacionamento comunitário", numa estratégia "de jogar com as ambigüidades do sistema, de agir nos interstícios da coerência ideológica" (1983, p. 124). No processo de contiguidade, por outro lado, não se vislumbrariam, como predominantes, as operações de analogia ou de fusão sistêmica, mas, sim, um deslocamento sígnico contíguo que possibilitaria traduzir, no caso dos Reinados negros, por exemplo, a devoção de determinados santos católicos por meio de uma *gnosis* ritual acentuadamente africana em sua concepção, estrutura, valores, e na própria visão de mundo que as criam e reapresentam.

Os Reinados ou Congados são um sistema religioso que se institui no âmbito da religião católica, veiculados por cerimônias festivas e por celebrações que gravitam em torno de Nossa Senhora do Rosário, São Benedito, Santa Efigênia e Nossa Senhora das Mercês. Performados por meio de uma estrutura simbólica e litúrgica complexa, os ritos incluem a participação de grupos distintos, denominados *guardas*, e a instauração de um império negro, no âmbito do qual autos e danças dramáticas, coroação de reis e rainhas, embaixadas, atos litúrgicos cerimoniais e cênicos criam uma performance mitopoética que reinterpreta as travessias dos negros da África às Américas. Relatos de viajantes e outros registros históricos mapeiam sua existência desde o século XVII, em Recife, e sua disseminação por outras regiões do território brasileiro, vinculando-os, posteriormente, em particular às Irmandades dos Pretos.

Em sua estrutura, os festejos dos Congados são ritos de aflição e religação fundados por um enredo cosmogônico que se desenvolve através de elaborada estrutura simbólica; um *teatro do sagrado*, cuja performance festiva nos remete ao cenário do ritual, concebido por Turner (1982, p. 109) como uma orquestração de ações, objetos simbólicos e códigos sensoriais, visuais, auditivos, cinéticos, olfativos, gustativos, repletos de música e de dança. Como tal carregam consigo valores estéticos e cognitivos, transcriados por meio de estratégias que, continuamente, refazem os códigos culturais entrecruzados na performance e âmbito do rito, "no qual um nível da realidade – o do cotidiano – é substituído por um outro nível mais intenso, simbólico e expressivo" (COLE apud SOYINKA,1996, p. 346).

Todos os atos rituais emergem de uma narrativa de origem, que relata a retirada da imagem de N. S. do Rosário das águas:

> Antigamente, minha falecida mãe, que Deus a tenha, contava pra nós estórias de santo. Ela contava uma lenda que na época dos escravos aconteceu de verdade. Uma vez Nossa Senhora do Rosário apareceu para os escravos, era na época da escravidão. Um escravo mandou o seu filho ir à mina d'água que ficava perto do mar, buscar água. Quando o menino chegou na mina ele viu uma luz muito forte no mar. Ele olhou, olhou e parou pra olhar bem. Ele sentiu que era uma moça com uma criança no colo que estava dentro do mar. Ele voltou correndo, chamou pelo pai, e disse na língua deles que tinha uma senhora no mar, se afogando com uma criança no colo. O pai dele não acreditou nele e foi lá verificar. Ele lá chegando, avistou a senhora no mar, a coroa dela brilhava demais, parecia uma luz muito forte. Então aquele escravo foi na fazenda do sinhô e comunicou o sinhô. O sinhô não acreditou nele e mandou dar chibatada nele. Aí ele falou: pode batê, sinhô, pode me dar chibatada, mas a virgem tá afogano no mar. O sinhô então preparou uma romaria só de gente branca pra ir retirar a santa do mar. Quando lá chegaram e viram a santa se afogano, começaram a rezar e cantar em voz alta pra santa.

Conseguiu tirar ela do mar e levar ela pra fazenda, fez um altar e colocou ali a santa. Depois da reza foram dormir. No outro dia ele procurou pela santa e a santa não estava. Achou que os escravo tinha roubado a santa e mandou bater nos escravo. Quando os escravo, chorando, disse que não era eles, ele voltou ao mar e viu que a santa já estava quase se afogando. De novo levou pro altar e ela voltou a fugir. Quando viu que ela não queria aceitar eles, deixou os escravo tentar.

Os escravo se reuniram e fizeram tambores, forrado com folha de inhame. Eles pegaram a madeira cortaram redondo, trançaram com embira de banana, foram no brejo e pegaram folha de inhame pra cobrir os tambor. Primeiro foi a guarda do Congo, enfeitou-se bem e foi dançar pra ela, mas ela não saiu da água. Ela achou muito bonito mas ela não saiu. Então os escravo mais velho ajuntou todos os escravo, velho e novo, preparou uma guarda de Moçambique e foi dançar pra ela. Era a mesma gente, as caixa eram as mesma, mas o canto e a dança era diferente. Quando eles dançaram pra ela, no jeito diferente que tem o Moçambique de dançar, ela olhou muito pra eles. Eles foram entrando no mar, cantando pra ela, levando o bastão perto dela. Eles cantavam pra ela assim:

Ô, vem, Mariá
Já com Deus,
Vem, Mariá!

E foram chegando, foram chegando com o bastão perto dela, assim, e ela segurou no bastão; quando ela segurou no bastão, eles cantaram pra ela:

Ó, vamos Mariá!
Já com Deus
Vamos, Maria!

Ela segurando naquele bastão, eles conseguiram puxar ela pra fora do mar, forraram então um dos tambor com um pano branco que eles carregava no ombro e ela sentou em cima daquele tambor, em cima do tambor Nossa Senhora do Rosário está sentada. E ela ficou sendo a padroeira de toda a raça negra, a nossa sinhá, a nossa mãe. E a água indo pra lá e eles vindo pra cá. Por isso Moçambique é o dono de coroa, porque tirou Nossa Senhora do mar e sentou ela nos seus tambor. E eles carregaram ela devagarim, devagarim, cantando:

Olê, vamo devagá
Olê, vamo devagá

> Moçambique não pode corrê
> Moçambique não pode corrê
> Olê, vamo devagá.[1]

Durante as celebrações, esse mito fundador é recriado e aludido nos cortejos, falas, cantos, danças e fabulações, em um enredo multifacetado, em cujo desenvolvimento o místico e o mítico se hibridizam com outros temas e narrativas que recriam a história de travessias do negro africano e seus descendentes brasileiros. Os protagonistas do evento são muitos, dependendo da região e das comunidades. As festividades rituais apresentam uma complexa estrutura, incluindo: novenas, levantamento de mastros, cortejos, danças dramáticas, banquetes, embaixadas, cumprimento de promessas, sob a batuta dos reis negros, os reis Congos. Em Minas Gerais, a diversidade de guardas[2] engloba, dentre outros, Congos, Moçambiques, Marujos, Catopês, Candombes, Vilões e Caboclos.

Dentre todas, duas guardas, no entanto, destacam-se: o Congo e o Moçambique. Ambos se vestem de calças e camisas brancas. Os Congos, entretanto, além dos saiotes, geralmente de cor rosa ou azul, usam vistosos capacetes ornamentados por flores, espelhos e fitas coloridas. Movimentam-se em duas alas, no meio das quais postam-se os capitães (os solistas), e performam coreografias de movimentos rápidos e saltitantes, às vezes de encenação bélica e de ritmo acelerado. Cantam nos ritmos grave e dobrado e representam a vanguarda, os que iniciam os cortejos e abrem os caminhos, rompendo, com suas espadas e/ou longos bastões coloridos, os obstáculos. Um dos seus cantos traduz esse espírito guerreiro:

> Essa gunga é que não bambeia
> Essa gunga é que não bambeia
> Ô, que não bambeia
> Ô, que não bambeia!

---

[1] D. Alzira Germana Martins. Rainha de N. S. das Mercês da Irmandade de N. S. do Rosário, Jatobá, Belo Horizonte, Minas Gerais. Entrevista realizada em 03.04.96. In: MARTINS, 1997, p. 46. Várias outras versões da narrativa, assim como um mais detalhado estudo dos Congados, podem ser encontradas no meu livro: MARTINS, Leda Maria. *Afrografias da memória*, o reinado do rosário no Jatobá. São Paulo/Belo Horizonte: Editora Perspectiva e Mazza Edições, 1997.

[2] No léxico próprio dos congadeiros, o termo *guarda* ou *terno* designa um grupo específico de dançantes com suas vestes, funções litúrgicas e características próprias.

Já o Moçambique, senhor das coroas, recobre-se, geralmente, de saiotes azuis, brancos ou rosa por sobre a roupa toda branca, turbantes nas cabeças, *gungas* (guizos) nos tornozelos e utilizam tambores maiores, de sons mais surdos e graves. Dançam agrupados, sem nenhuma coreografia de passo marcado. Seu movimento é lento e de seus tambores ecoa um ritmo vibrante e sincopado. Os pés dos moçambiqueiros nunca se afastam muito da terra e sua dança, que vibra por todo o corpo, exprime-se, acentuadamente, nos ombros meio curvados, no torso e nos pés. O terno de Moçambique é o guardião das majestades, o que representa o poder espiritual maior e a força telúrica dos antepassados, que emanam dos tambores sagrados e guiam o rito comunitário. Seus cantares acentuam, na enunciação lírica e rítmica, a pulsação lenta de seus movimentos:

> Moçambiqueiro
> É hora de viajar
> Ô céu, ô terra, ô ar
> Moçambiqueiro na beira do mar!

Todos os congadeiros trazem, além do terço, o rosário de contas negras cruzado no peito, seu signo identificatório mais visualmente característico.

Durante as celebrações, os reis e as rainhas são os líderes máximos do cerimonial, numa estrutura de poder embasada em funções hierárquicas rígidas, na qual o Rei Congo e a Rainha Conga são as majestades mais importantes e portam as coroas mais veneradas. Com exceção dos reis festeiros, substituídos a cada ano, as demais majestades são vitalícias e, em geral, pertencem a linhagens tradicionais do próprio Reino. Os reis representam Nossa Senhora do Rosário, São Benedito, Santa Efigênia e Nossa Senhora das Mercês; os reis congos, no entanto, simbolizam também as nações africanas e essa ascendência é traduzida pelo papel ímpar que desempenham nos rituais litúrgicos e pelo poder com o qual são investidos. Assim, segundo um dos mestres congadeiros, Capitão João Lopes, "...outros reis e rainhas podem até ser brancos, mas os reis congos devem ser negros." (In: MARTINS, 1997, p. 17). D. Leonor Galdino, rainha conga da Irmandade de Nossa Senhora do Rosário do Jatobá, em Minas Gerais, resume assim essa função: "A coroa representa poder. Majestade! Autoridade! Com a coroa na cabeça eu sou a autoridade máxima." (In: MARTINS, 1997, p. 61) Essa recriação dos vestígios e reminiscências de uma ancestral organização social remete-nos ao papel e função do poder real nas sociedades africanas transplantadas para as Américas, nas quais os reis, em sua suprema autoridade, representavam, segundo Thompson (1984, p. 109), " o elo maior de mediação entre o povo, os ancestrais e as divindades".

Os estandartes das guardas, os mastros, o cruzeiro no adro das capelas e igrejas do Rosário, os candombes, o rosário, as coroas e paramentos, dentre outros, são elementos sagrados no código ritual litúrgico, investidos da força e energia que asseguram o cumprimento dos ritos. Assim, no Moçambique o bastão é o símbolo maior de comando dos principais capitães e no Congo o tamboril e/ou a espada cumprem a mesma função.

Todas as variantes da lenda, nas mais diversas regiões brasileiras, permitem sublinhar o núcleo comum narrado, através do qual se processa essa reengenharia de saberes e poderes na estrutura dos Reinados negros. Há, basicamente, nessas narrações, três elementos que insistem na rede de enunciação e na construção do seu enunciado: 1º) a descrição de uma situação de repressão vivida pelo negro escravo; 2º) a reversão simbólica dessa situação com a retirada da santa das águas, capitaneada pelos tambores; 3º) a instituição de uma hierarquia e de um outro poder, o africano, fundados pelo arcabouço mítico.

Os dois elementos iniciais instituem o primeiro movimento da narrativa mítica, do interior para o exterior, centrífugo, que coloca em oposição brancos opressores e negros oprimidos, a escravidão e a luta pela liberdade, o olhar branco que coisifica o sujeito negro e o negro como agente de sua "rehumanização". Ao retirar a santa das águas, imprimindo-lhe movimento, o negro escravo performa um ato de repossessão, invertendo, no contexto da hagiologia religiosa, as posições de poder entre brancos e negros. A linguagem dos tambores, investida de um *ethos* sagrado, agencia os cantares e a dança, que metonimicamente se projetam como ícones e símbolos na complexa rede de relações sígnicas, invertendo na letra do mito o alfabeto do sagrado, prefigurando uma subversão da ordem, das hierarquias escravistas e dos saberes hegemônicos. Esse deslocamento interfere na sintaxe do texto católico, inseminado agora por uma linguagem alterna que como um estilo e um estilete grafa-se e pulsa na conjugação do som dos tambores, do canto e da dança, que interagem na articulação da fala e da voz de timbres africanos. O próprio fundamento do texto mítico católico é rasurado, nele se introduzindo, como um palimpsesto, as divindades africanas:

> Segundo a orientação da Igreja, o mito de Nossa Senhora do Rosário manteria sua consistência enquanto a divindade permanecesse fora do alcance humano. (...) O mito católico se alimentava dessa presença e ausência da divindade, fazendo delas o estatuto que não poderia ser rompido: a Santa visitava os homens mas em seguida distanciava-se deles.
>
> Os negros, através dos cantos do Candombe, do Moçambique e do Congo, retiraram a Santa do mar e a fixaram numa gruta ou capela. Ao trazer a divindade para perto do homem, cumpriram o estatuto do mito católico, esvaziando-o em sua tensão primordial. Isso permitiu que sobre os vestígios do culto católico se reinaugurasse o mundo das Grandes-Mães ctônicas, a Mãe Terra vinda de uma África violada. (GOMES e PEREIRA, 1988, p. 101-102)

Numa perspectiva que transcende o contexto simbólico-religioso, esse ato de deslocamento e repossessão induz à possibilidade de reversibilidade e transformação das relações de poder do contexto histórico-social adverso. Cresce, portanto, em significância o fato de as narrativas realçarem o agrupamento de diferentes nações e etnias africanas, sobrepondo-se às divergências e rivalidades étnicas e linguísticas. O coletivo superpõe-se, pois, ao particular, como operador de formas de resistência social e cultural que reativam, restauram e reterritorializam, em metamorfoses emblemáticas e reminiscentes, um saber alterno, encarnado na memória do corpo e da voz. Tanto no enunciado da narração mítica, quanto na enunciação dramática que cenicamente a representam, a superação parcial das diversidades étnicas recria o *ethos* comum e o ato coletivo negro como estratégias de substituição e reorganização das fraturas do conhecimento. Conforme nos relembra Moraes, ao descrever o cortejo e séquito de reis negros em 1748:

> (...) o campo de São Domingos, nas proximidades da capela, opulentava-se de um espetáculo variado e estranho em que Moçambiques, Cabundás, Benguelas, Rebolos, Congos, Cassanges, Minas, a pluralidade finalmente dos representantes de nações d'África, escravos no Brasil, exibiam-se autênticos, cada qual com seu característico diferencial, seu tipo próprio, sua estética privativa.

> Homens, mulheres e crianças, em largo regozijo da liberdade de um dia, esqueciam por instantes as palmeiras de sua terra, os fetiches de seu país, aguardando a coroação do soberano.
> (Moraes, 1979, p. 226)

Torna-se possível, assim, ler nas entrelinhas da enunciação fabular o gesto pendular: canta-se a favor da divindade e celebram-se as majestades negras e, simultaneamente, canta-se e dança-se contra o arresto da liberdade e contra a opressão.

Desse gesto emerge o segundo movimento dramatizado nas narrativas: o estabelecimento de uma estrutura alterna de poder que reorganiza as relações étnicas negras e as posições estratégicas aí imbricadas. As guardas de Congo abrem os cortejos e limpam os caminhos, como uma força guerreira de vanguarda. O Moçambique, alçado como líder dos ritos sagrados e guardião das coroas que representam as nações africanas e a Senhora do Rosário, conduz reis e rainhas. O timbre de seus tambores representaria, numa relação especular engendrada pela fábula, a voz mais genuinamente africana, a reminiscência da origem que, iconicamente, traduziria a memória de África. Dono das coroas e guardião dos mistérios, o Moçambique é a força telúrica e também guerreira que gerencia o *continuum* africano, reorganizando as relações de poder, nem sempre amistosas, entre os povos negros dispersos pela Diáspora. Estabelecem-se, portanto, na estrutura paralela de relações espaciais dos Reinados negros, novas hierarquias fundadoras do microssistema social, que operacionalizam as redes de comunicação e as relações de poder entre os próprios negros. Assim, como ressoam nos cantares, o Congo "é o que não bambeia', mas Moçambique é o "dono de coroa".

Nas narrativas há um evidente jogo sígnico entre olhar e ver, querer e poder, submissão e resistência, passividade e transgressão, transparência e ocultamento. Na fabulação do narrado os sintagmas ver, poder, resistir, insistir e lutar são atributos do negro em oposição ao branco que olha, quer, agride e é vencido. O branco olha a imagem, mas é o negro que a vê. O branco quer entronizar a santa, mas ela se senta nos tambores negros. Fazendo-se agente de ações afirmativas que transgridem a ordem do sistema opressor, o negro esvazia, de modo indireto, a superposição do atributo passivo da divindade, reinvestindo-a de seu sentido primevo, o da luta e do combate. No âmbito de sua simbologia, o discurso narrado pela tradição e performado pela transmissão movimenta o código das aparências, não apenas na transgressão do sistema simbólico dominante, mas também na inscrição de uma perspectiva de mudança nas posições do negro na ordem social e política.

A fábula nos revela a oposição entre o *não* do escravocrata repelido pelo *sim* do escravo, a insistência do último, tanto no tecido da dicção retórica de afirmação étnica, como no agenciamento e na busca de meios para objetivos comuns. Assim, os escravos fabricam seus próprios tambores, usando recursos de que dispõem, folhas e troncos, e utilizam as contas de lágrimas, no lugar dos opelês, reinstaurando, por meio de um processo de substituição, seus elementos instrumentais originários. Importa assinalar que, em África, um dos modos de escrita do corpo está na utilização de conchas, sementes, opelês e outros objetos côncavos, em tamanhos e cores diferentes e significantes, para a feitura de colares, pulseiras e outros adornos que escrevem o sujeito. Alinhadas numa certa posição e ordem contíguas, as contas, sementes e conchas funcionam como morfemas formando palavras, palavras formando frases e frases compondo textos, o que faz da superfície corporal, literalmente, texto, e do sujeito, signo, intérprete e interpretante, simultaneamente. Escrita nos e pelos adornos, " a pessoa emerge dessas escrituras, tecida de memória e fazendo memória." (ROBERTS, 1996, p. 86) Toda a história de asserção dos Congados, em particular, e das culturas negras em geral, parece nos revelar a emergência desses processos de deslocamento, substituição e ressemantização, suturando os vazios e as lacunas. Conforme Roach, "na vida de uma comunidade, o processo de substituição [surrogation] não começa ou termina, mas continua quando vazios reais ou imaginados ocorrem na rede de relações que constitui o tecido social. Nas cavidades criadas pela perda, na morte ou em outras formas de ausência, (...) os sobreviventes tentam criar alternativas satisfatórias." (1996, p. 2) Esses processos de reterritorialização e de ressemantização prefiguram as estratégias de resistência cultural e social que pulsionaram as revoltas dos escravos, a atuação efetiva dos quilombolas e de várias outras agregações negras contra o sistema escravocrata. Como nos revela o aforismo popular, "as contas do meu rosário, são balas de artilharia."

Na descrição dos festejos ocorridos no Rio de Janeiro, em 1748, Moraes acentua, em várias passagens, o poder agenciador que o soberano negro instituía:

> (...) os negros das fazendas dos jesuítas, os escravos das casas fidalgas, alcançando por isso consentimento, avultavam aos bandos, no campo de São Domingos, em alegre algazarra, postando-se nas imediações do amplo quadrado, aos rufos das caixas de guerra batidas ao longe. (...) E os pandeiros, os tambores, as macumbas, os canzás, as marimbas, precedendo a multidão, anunciavam estruginde a entrada triunfal dos *Congos* nos festejos profanos da coroação de um Rei negro. (1979, p. 228)

A instituição desse poder paralelo, que ainda hoje atravessa a vida cotidiana de muitas comunidades negras, contribuía no passado para a reunião de escravos de diferentes nações e etnias, muitas delas inimigas seculares em África, nas gigantescas batalhas através das quais os negros foram muito mais agentes na derrocada do sistema escravista do que a história oficial nos dá notícia. Os textos, afinal, "podem obscurecer o que a performance tende a revelar: a memória desafia a história na construção das culturas circum-atlânticas, e revisa a épica ainda não escrita de sua fabulosa co-criação."(ROACH, 1995, p. 61) Um canto da guarda de Congo traduz, minimalística e substantivamente, não apenas essa reminiscência, mas o sentido de valor colado à coroa dos reis, símbolo de uma autoridade que descentra, em vários níveis, o poder institucional hegemônico:

> Lá na rua de baixo
> Lá no fundo da horta
> A polícia me prende
> Sá rainha me solta!

O texto da fábula matriz rege, pois, toda a liturgia dos rituais do Reinado, em cuja representação o congadeiro vivencia, de modo singular, sua identidade rizomática. Através da representação simbólica, são estabelecidos canais de negociação entre arquivos culturais distintos, africanos e europeus, metonímias de *arkhés* também diversas. A dicção dos Congados insemina o texto cristão, mas não o exaure ou esvazia, pois o congadeiro, em geral, se reconhece como católico e se define como devoto de São Benedito, Santa Efigênia, N. S. das Mercês e, em particular, de N. S. do Rosário. Essa devoção às divindades católicas, e, simultaneamente, à tradição ritual e cosmovisão legadas pelos africanos, traduz-se numa engenhosa maneira de coreografar certos modos possíveis de vivência do sagrado, de apreensão e interpretação do real. Na narrativa mitopoética, nos cantares, gestos, danças e em todas as derivações litúrgicas do cerimonial do Reinado, o congadeiro canta a divindade católica e, com ela, as nanãs das águas africanas, Zâmbi, o supremo Deus banto, os antepassados e toda a sofisticada *gnosis* africana, resultado de uma filosofia telúrica que reconhece na natureza uma certa medida do humano, não de forma animística, mas como expressão de uma complementaridade cósmica necessária, que não elide o sopro divino e a matéria, em todas as formas e elementos da *physis* cósmica. E é como efeito dessa complexa arquitetura de cruzamentos que, africanamente, o congadeiro celebra Nossa Senhora do Rosário, iconizada, no Reinado, como sua maior orixá:

> Moçambiqueiro
> Na beira do mar
> Saravá Nossa Senhora
> Ô coroa!

2
O tempo espiralar

> Ma'kwenda! Ma'kwisa!
> Aquilo que se passa no agora
> Retornará depois!
> *Provérbio nicongo*

> A mãe que nos teve
> é nossa filha.
> Cria nossos filhos
> nos ensina
> o ponto certo no doce.
> *Edimilson de Almeida Pereira*

Como sublinhamos nas páginas anteriores, a narrativa de origem dos Congados revela-se um texto exemplar mitopoético, em cujo enunciado se funda o enredo da epopeia negra. A retirada da santa das águas é o *leitmotif* estruturante de um deslocamento basilar: a ação em si desloca-se da divindade para o humano, agente de um gesto mediático que religa o divino e o humano, princípios de uma complementaridade fenomenológica que a ambos envolve no âmbito do sagrado, reinstaurando em terras americanas a *arkhé* africana em variados matizes. Na fábula, portanto, a potência do narrado configura o rito de passagem de uma situação de aflição, fragmentação e desordem para uma nova ordem social, política, artística e filosófica que reconfigura o *corpus* cultural, subverte a relação dominador/dominado e insemina o tecido religioso católico com a telúrica teologia africana.

O ato ritual que ao narrado indiretamente nos remete cria uma sintaxe singular, a da performance, na qual a nova ordem se encena, é veiculada e rizomaticamente se dissemina. Pela performance, o negro apropria-se espacialmente de territórios geográficos simbólicos, semantizando a cartografia brasileira com os significantes estéticos, religiosos, expressivos, filosóficos e cognitivos africanos. Enquanto a narrativa fabular, em seus elementos de economia textual, enuncia e institui o rito de passagem e as metamorfoses que ali se agenciam, a performance festiva dos Reinados liminarmente cria na tessitura teatralizada uma sintaxe litúrgica que pluraliza o trânsito e a dimensão das travessias. Na enunciação performática, em sua moldura cênica, o narrado transmuta-se no dramatizado e o tema do deslocamento mascara-se em várias faces: a travessia da África às Américas, a substituição da morte (escravidão, silêncio, imobilidade) pela vida (liberdade, resistência, voz e movimento).

No âmbito da performance, em seu aparato – cantos, danças, figurinos, adereços, objetos cerimoniais, cenários, cortejos e festejos –, e em sua cosmovisão filosófica e religiosa, reorganizam-se os repertórios textuais, históricos, sensoriais, orgânicos e conceituais da longínqua África, as partituras dos seus saberes e conhecimentos, o corpo alterno das identidades recriadas, as lembranças e as reminiscências, o *corpus*, enfim, da memória que cliva e atravessa os vazios e hiatos resultantes das diásporas. Os ritos cumprem, assim, uma função pedagógica paradigmática exemplar, como modelo e índice de mudança e deslocamento, pois, segundo Turner (1982, p. 82), "... como um 'modelo para' o ritual pode antecipar, e até mesmo gerar mudança; como um 'modelo de' pode inscrever ordem nas mentes, corações e vontade dos participantes." Nesse sentido, os ritos dos Congados restauram terapeuticamente o indivíduo e sua comunidade e se tornam instrumentos por meio dos quais a cultura fermenta o contexto social com o qual interage, na medida em que "ao ser influenciada e simultaneamente influenciar o seu ambiente (...) a cultura atua no contexto da ampla e complexa história da sociedade

(...) E quando consideramos as formas artísticas do ponto de vista das estratégias de sobrevivência, as suas dinâmicas de interação com a sociedade tornam-se, esteticamente, mais desafiadoras e completas. Descobrimos, por exemplo, que sob certas circunstâncias algumas formas artísticas se metamorfoseiam em outras, simplesmente para garantir a sobrevivência das formas ameaçadas" (Soyinka, 1996, p. 342).

Esse processo de intervenção no meio e essa potencialidade de reconfiguração formal e conceitual fazem dos rituais um modo eficaz de transmissão e de reterritorialização de uma complexa pletora de conhecimentos. No caso brasileiro, os ritos de ascendência africana, religiosos e seculares ocupam um lugar ímpar como veículos de transmissão de um dos mais relevantes aspectos da visão de mundo africana, a *ancestralidade,* que, como sítio de significância, "constitui a essência de uma visão que os teóricos das culturas africanas chamam de visão negra-africana do mundo. Tal força faz com que os vivos, os mortos, o natural e o sobrenatural, os elementos cósmicos e os sociais interajam, formando os elos de uma mesma e indissolúvel cadeia significativa..." (Padilha, 1995, p. 10) A concepção ancestral africana inclui, no mesmo circuito fenomenológico, as divindades, a natureza cósmica, a fauna, a flora, os elementos físicos, os mortos, os vivos e os que ainda vão nascer, concebidos como anelos de uma complementaridade necessária, em contínuo processo de transformação e de devir. Segundo Ngugi wa Thiong'o, na cosmovisão africana,

> (...) nós que estamos no presente somos todos, em potencial, mães e pais daqueles que virão depois. Reverenciar os ancestrais significa, realmente, reverenciar a vida, sua continuidade e mudança. Somos os filhos daqueles que aqui estiveram antes de nós, mas não somos seus gêmeos idênticos, assim como não engendraremos seres idênticos a nós mesmos. (...) Desse modo, o passado torna-se nossa fonte de inspiração; o presente, uma arena de respiração; e o futuro, nossa aspiração coletiva. (1997, p. 138-139)

Essa percepção cósmica e filosófica entrelaça, no mesmo circuito de significância, o tempo, a ancestralidade e a morte. A primazia do movimento ancestral, fonte de inspiração, matiza as curvas de uma temporalidade espiralada, na qual os eventos, desvestidos de uma cronologia linear, estão em processo de uma perene transformação. Nascimento, maturação e morte tornam-se, pois, eventos naturais, necessários na dinâmica mutacional e regenerativa de todos os ciclos vitais e existenciais. Nas espirais do tempo, tudo vai e tudo volta.

Para Fu-Kiau Bunseki (1994, p. 33), nas sociedades nicongo, vivenciar o tempo significa habitar uma temporalidade curvilínea, concebida como um rolo de pergaminho que vela e revela, enrola e desenrola, simultaneamente, as instâncias temporais que constituem o sujeito. O aforisma kicongo, *"Ma'kwenda! Ma'kwisa!*, o que se passa agora, retornará depois", traduz com sabor a ideia de que "o que flui no movimento cíclico permanecerá no movimento." Essa mesma ideia grafa-se em uma das mais importantes inscrições africanas, trans-criada de vários modos nas religiões afro-brasileiras, o cosmograma *yowa*, signo do cosmos e da continuidade da vida, reproduzido e traduzido por Thompson:

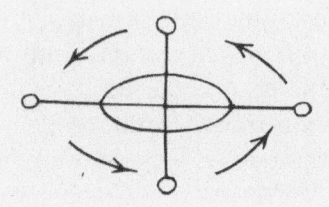

> A linha horizontal divide a montanha do mundo dos vivos de sua contraparte espelhada no reino dos mortos. A montanha dos vivos é descrita como "terra" (ntoto). A montanha dos mortos é chamada "barro branco" (mpemba). A metade inferior do cosmograma congo era também chamada calunga, referindo-se, literalmente, ao mundo dos mortos como completo (lunga) em si mesmo e a completude que advém para a pessoa que compreende as vias e poderes de ambas as instâncias. (...) Os quatro discos nas extremidades da cruz representam os quatro momentos do sol, e a circunferência da cruz a certeza da reencarnação... (1984, p. 109)

Esse sistema de pensamento configura o sujeito como uma sinédoque do cosmos; um dos anéis de um dínamo temporal curvi-líneo que produz um movimento simultaneamente retrospectivo e prospectivo, vertical e horizontal, circunscrevendo ainda no mesmo âmbito o tempo e o espaço como imagens reciprocamente espelhadas. Nessa sincronia, o passado pode ser definido como o lugar de um saber e de uma experiência acumulativos, que habitam o presente e o futuro, sendo também por eles habitado.

A mediação dos ancestrais, manifesta nos Congados pela força (axé) dos candombes (os tambores sagrados), é a clave-mestra dos ritos e é dela que advém a potência da palavra vocalizada e do *gestus* corporal, instrumentos de inscrição e de retransmissão do legado ancestral. Na performance ritual, o congadeiro, simultaneamente, espelha-se nos rastros vincados pelos antepassados, reificando-os, mas deles também se distancia, imprimindo, como na improvisação melódica, seus próprios tons e pegadas. Nos rituais, "cada repetição é em certa medida original, assim como, ao mesmo tempo, nunca é totalmente nova." (DREWAL, 1992, p. 2) Esse processo pendular entre a tradição e a sua transmissão institui um movimento curvilíneo, reativador e prospectivo que integra sincronicamente, na atualidade do ato performado, o presente do pretérito e do futuro. Como um logos em movimento do ancestral ao performer e deste ao ancestre e ao infans, cada performance ritual recria, restitui e revisa um círculo fenomenológico no qual pulsa, na mesma contemporaneidade, a ação de um pretérito contínuo, sincronizada em uma temporalidade presente que atrai para si o passado e o futuro e neles também se esparge, abolindo não o tempo mas a sua concepção linear e consecutiva. Assim, a ideia de sucessividade temporal é obliterada pela reativação e atualização da ação, similar e diversa, já realizada tanto no antes quanto no depois do instante que a restitui, em evento.

O corpo em performance restaura, expressa e, simultaneamente, produz esse conhecimento, grafado na memória do gesto. Performar, neste sentido, significa repetir, transcriando, revisando. Segundo Roach, "o termo performance pode ser mais precisamente delineado pelo que Richard Schechner denomina de 'restauração da ação'(*restoration of behavior*). A ação restaurada (*restored behavior*)...é aquilo que pode ser repetido, ensaiado, e recriado. A persistência da memória coletiva através de uma ação restaurada... representa uma forma de conhecimento potencialmente alternativa e contestatória – conhecimento corporal, hábito, costume."(1995, p. 46-47) A memória dos saberes dissemina-se por inúmeros atos de performance, um mais--além do registro gravado pela letra alfabética; ou, como argumenta Connerton (1989), por via da performance corporal – movimentos, gestos, danças, práticas performáticas, cerimônias de celebração e rituais – a memória seletiva do conhecimento prévio é instituída e mantida nos âmbitos social e cultural.

Na genealogia performática dos Congados, a palavra vocalizada ressoa como efeito de uma linguagem pulsional do corpo, inscrevendo o sujeito emissor num determinado circuito de expressão, potência e poder. Como sopro, hálito, dicção e acontecimento, a palavra proferida grafa-se na performance do corpo, lugar da sabedoria. Por isso, a palavra, índice do saber, não se petrifica num depósito ou arquivo imóvel, mas é concebida cineticamente. Como tal, a palavra ecoa na reminiscência performática do corpo, ressoando como voz cantante e dançante, numa sintaxe expressiva contígua que fertiliza o parentesco entre os vivos, os ancestres e os que ainda vão nascer. Para Zumthor, "a palavra pronunciada não existe (como o faz a palavra escrita) num contexto puramente verbal; ela participa necessariamente de um processo mais amplo, operando sobre uma situação existencial que altera de algum modo e cuja totalidade engaja os corpos dos participantes." (1993, p. 244). Força e princípio dinâmicos, a palavra faz-se linguagem "porque expressa e exterioriza um processo de síntese no qual intervêm todos os elementos que constituem o sujeito" (SANTOS, 1988, p. 49). Por isso não prescinde da música, da dança, do ritmo, das cores, do *gestus* performático e da adequação para a sua realização. Segundo ainda Zunthor (122), a "transmissão de boca a ouvido opera o texto, mas é o todo da performance que constitui o locus emocional em que o texto vocalizado se torna arte e donde procede e se mantém a totalidade das energias que constituem a obra viva."(p. 222) Nos Congados a adequação do *gestus* e do canto é fundamental: há cantos específicos para caminhadas, levantamento de mastros, saudações, evocações, cruzamentos, passagens de portas e interseções. Em cada situação, o solista deve saber o cântico apropriado para o lugar e a situação, pois a eficácia da palavra e seu poder de realização gestual dependem da propriedade de sua execução. Daí a natureza numinosa da voz e o poder aurático do corpo nas religiões afro-brasileiras, ressonâncias da sua africanidade.

Para o congadeiro, esse saber institui-se também espacialmente. Espaço visitado é sítio consagrado. Os cortejos e caminhadas revisitam lugares reconhecidos, refazem os círculos em torno de mastros, cruzeiros e igrejas, percorrem caminhos antes talhados pelos antepassados e trilham novas estradas. As coreografias das danças mimetizam essa circularidade espiralada, quer no bailado do corpo, quer na ocupação espacial que o corpo em voleios sobre si mesmo desenha. Assim, "percorrer caminhos trilhados pelos ancestrais é reviver a força de comunicação com o mundo visível, é participar do mistério dos que já se foram. Espaço visitado e tempo vivido são fontes de renascimento, de retorno à Unidade, desde que os antepassados deixaram a herança do experimentado" (GOMES & PEREIRA, 1988, p. 159).

Por meio dessa evocação constitutiva, o gesto e a voz da ancestralidade encorpam o acontecimento presentificado, prefigurando o devir, numa concepção genealógica curvilínea, articulada pela performance. Nesta, o movimento coreográfico ocupa o espaço em círculos desdobrados, figurando a noção excêntrica do tempo. Em outras palavras: o tempo, em sua dinâmica espiralar, curvilínea, só pode ser concebido pelo espaço ou na espacialidade do hiato que o corpo em voltejos ocupa. Tempo e espaço tornam-se, pois, imagens mutuamente espelhadas. Essa temporalidade enunciativa não concebe o presente como "presente do próprio ser que se delimita, por referência interna, entre o que vai se tornar presente e o que já não o é mais" (BENVENISTE, 1989, p. 85-86). Pelo contrário. O corpo em performance, nos Congados, é o lugar do que curvilineamente *ainda* e *já* é, do que pôde e pode vir a ser, por sê-lo na simultaneidade da presença e da pertença. O evento encenado no e pelo corpo inscreve o sujeito e a cultura numa espacialidade descontínua que engendra uma temporalidade cumulativa e acumulativa, compacta e fluida. Como tal, a performance atualiza os diapasões da memória, lembrança resvalada de esquecimento, tranças aneladas na improvisação que borda os restos, resíduos e vestígios africanos em novas formas expressivas. Assim, a representação teatralizada pela performance ritual, em sua engenhosa artesania, pode ser lida como um suplemento que recobre os muitos hiatos e vazios criados pelas diásporas oceânicas e territoriais dos negros, algo que se coloca em lugar de alguma coisa inexoravelmente submersa nas travessias, mas perenemente transcriada, reencorpada e restituída em sua alteridade, sob o signo da reminiscência. Um saber, uma sapiência.

A esses gestos, a essas inscrições e palimpsestos performáticos, grafados pela voz e pelo corpo, denominei "oralitura", matizando na noção deste termo a singular inscrição cultural que, como letra (*littera*) cliva a enunciação do sujeito e de sua coletividade, sublinhando ainda no termo seu valor de *litura*, rasura da linguagem, alteração significante, constitutiva da alteridade dos sujeitos, das culturas e de suas representações simbólicas (MARTINS, 1997, p. 21).

Ao utilizar-me do termo oralitura, importa-me distingui-lo de um seu correlato, a oratura. A crítica usa o termo oratura para referir-se, em geral, às tradições orais, clássicas e/ou contemporâneas, que marcam de modo particular a textualidade verbal, em particular, a africana. Segundo Jones (1992, p. 2), " apesar de muitas línguas nativas africanas serem ainda usadas para a comunicação oral, muitas delas têm sido utilizadas, há séculos, como meios de composição verbal e transmissão artística oral, atualmente formalizados pelo termo 'oratura'." Schipper (1989), assim como outros críticos, refere-se, ainda, à utilização dos procedimentos da retórica oral na literatura escrita e dramática de muitos escritores africanos. Thiong'o (1997, p. 23) imprime ao termo algumas nuances, referindo-se à oratura como o amplo repertório das "artes orais" e "suas consecutivas performances" (1997, p. 133).

O termo oralitura, da forma como o apresento, não nos remete univocamente ao repertório de formas e procedimentos culturais da tradição linguística, mas especificamente ao que em sua performance indica a presença de um traço cultural estilístico, mnemônico, significante e constitutivo, inscrito na grafia do corpo em movimento e na vocalidade. Como um estilete, esse traço inscreve saberes, valores, conceitos, visões de mundo e estilos. Se a oratura nos remete a um corpus verbal, indiretamente evocando a sua transmissão, a oralitura é do âmbito da performance, sua âncora; uma grafia, uma linguagem, seja ela desenhada na letra performática da palavra ou nos volejos do corpo. Numa das línguas banto, da mesma raiz verbal (*tanga*) derivam os verbos escrever e dançar, o que nos ajuda a pensar que, afinal, é possível que não existam culturas ágrafas, pois segundo também Nora (1996), nem todas as sociedades confinam seus saberes apenas em livros, arquivos, museus e bibliotecas (*lieux de mémoire*), mas resguardam, nutrem e veiculam seus repertórios em outros ambientes de memória (*milieux de mémoire*), suas práticas performáticas.

Na oralitura dos Congados, o corpo é um texto que, simultaneamente, inscreve e interpreta, significa e é significado, sendo projetado como continente e conteúdo, lugar e veículo da memória. O corpo, " como superfície e interior, continente e conteúdo, é um lugar de transferência, ... um espelho que contém o olhar do observador e o objeto do olhar, mutuamente refletindo-se um sobre o outro." (ROBERTS, 1996, p. 86) Os Congados nos testemunham que, assim como não há uma reminiscência absoluta e eterna, o esquecimento também é da ordem da incompletude. Nas genealogias de sua performance, os congadeiros irrigam os pergaminhos da História e nos restituem um sujeito que, clivado de memória, cartografa, com seu corpo arlequinado, os muitos matizes da cultura brasileira.

REFERÊNCIAS BIBLIOGRÁFICAS*

* Todas as traduções para o português das citações publicadas em línguas estrangeiras são de minha inteira responsabilidade.

BENVENISTE, Émile. *Problemas de lingüística geral.* Trad. Eduardo Guimarães et alii. São Paulo: Pontes, 1989, v.II.

CONNERTON, Paul. *How societies remember.* Cambrigde: Cambridge University Press, 1989.

DREWAL, Margaret Thompson. *Yoruba ritual, performers, play, agency.* Bloomington and Indianapolis: Indiana University Press, 1992.

FERRETI, Sérgio F. *Repensando o sincretismo: estudo sobre a Casa das Minas.* São Paulo: EDUSP, São Luiz: FAPEMA, 1995.

FU – KIAU, K. K. Bunseki. Ntanga- Tandu-Kola: The Bantu-Kongo concept of time. In: ADJAYE Joseph K.(ed). *Time in the black experience.* Westport and London: Greenwood Press,1994.

JONES, Eldred D. (ed.). *Orature in African literature today.* Trenton: Africa World Press, 1992. (African Literature Today, v. 18)

GOMES, Núbia Pereira de A. & PEREIRA, Edimilson de Almeida. *Negras raízes mineiras: os Arturos.* Juiz de Fora: MEC/EDUFJF, 1988.

MARTINS, Leda Maria. *A cena em sombras.* São Paulo: Perspectiva, 1995.

MARTINS, Leda Maria. *Afrografias da memória, o reinado do rosário no Jatobá.* São Paulo: Ed. Perspectiva, Belo Horizonte: Mazza Edições, 1997.

MORAES FILHO, Melo. *Festas e tradições populares do Brasil.* Belo Horizonte e São Paulo: Ed. Itatiaia/EDUSP, 1979.

NORA, Pierre. Between memory and history: *Les lieux de mémoire.* In: FABRE, Genevieve and O'MEALLY, Robert (edts). *History and memory in African – American culture.* New York and Oxford: Oxford University Press,1994.

PADILHA, Laura Cavalcante. *Entre voz e letra: o lugar da ancestralidade na ficção angolana do Séc. XX.* Niterói: EDUFF, 1995.

ROACH, Joseph. Culture and performance in the circum – Atlantic world. In: PARKER, Andrew, SEDGWICK, Eve, (eds). *Performativity and performance.* New York and London: Routledge, 1995.

ROACH, Joseph. *Cities of the dead: circum – Atlantic performance.* New York: Columbia University Press, 1996.

ROBERTS, Mary N. and ROBERTS, Allen F. Body memory. Part. 1: Defining the person. In: ROBERTS, Mary N. and ROBERTS, Allen F. (edts). *Memory, Luba art and the making of history.* New York: The Museum for African Art/ Munich: Prestel, 1996.

SANTOS, Juana Elbein dos. *Os nagô e a morte*: Pàde, Àsèsè e o culto Égum na Bahia. 5. ed. Petrópolis: Vozes, 1988.

SCHIPPER, Mineke. *Beyond the boundaries: African literature and literary theory.* London: Allison and Bushy, 1989.

SODRÉ, Muniz. *A verdade seduzida: por um conceito de cultura no Brasil.* Rio de Janeiro: CODECRI, 1983.

SOYINKA, Wole. Theatre in African Traditional Cultures: survival patterns. In: HUXLEY, Michael and WITTS, Noel (eds.). *The twentieth – century performance reader.* London: Routledge, 1996.

THIONG'O, Ngugi wa. *Writers in politics, a re-engagement with issues of literature and society.* A revised and enlarged edition. Oxford: James Currey/ Nairobi: EAEP/ Ports Mouth: Heineman, 1997.

THOMPSON, Robert Farris. *Flash of the spirit, African and African – American art and philosophy.* New York: Vintage Books, 1984.

TURNER, Victor. *From ritual to theatre, the human seriousness of play.* New York: PAJ Publications, 1982.

ZUMTHOR, Paul. *A letra e a voz: a "literatura medieval".* Trad. Amálio Pinheiro e Jerusa Pires Ferreira. São Paulo: Companhia das Letras, 1993.

VISIBILIDADE E OCULTAÇÃO DA DIFERENÇA

IMAGENS DE NEGRO NA CULTURA BRASILEIRA

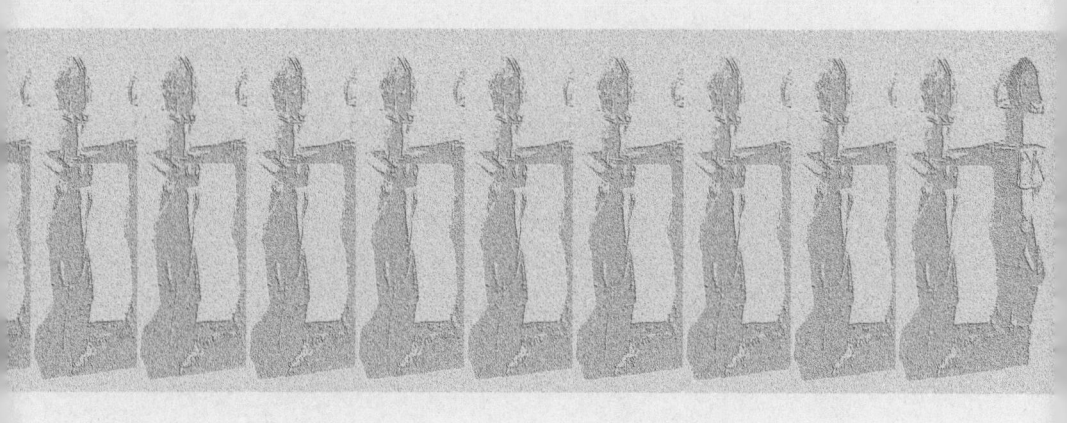

Maria Nazareth Soares Fonseca

> Quatro pretos
> rolaram ladeira
> oito pretos também rolaram
> eram doze pretos SAGRADOS!
> ...não! sangrados
> doze na madrugada
> que esperam doze horas
> para o rabecão passar.
>
> *Éle Semog* – Alucinações

> Brasil...
> Mastigado na gostosura quente do amendoim...
> Falado numa língua curumim
> De palavras incertas num remeleixo melado melancólico...
> Saem lentas frescas trituradas pelos meus dentes bons...
> Molham meus beiços que dão beijos alastrados
> E depois semitoam sem malícia as rezas bem nascidas...
>
> *Mário de Andrade*

As imagens construídas sobre o negro, na cultura brasileira, não se distanciam muito daquelas produzidas em outros espaços economicamente desenvolvidos a partir da mão de obra escrava. Nesses espaços, o negro, elemento importante na aceleração da acumulação de capital, transformou-se em mão de obra barata, em utensílio a ser utilizado nos engenhos, nas minas e, posteriormente, nas fábricas, tendo o seu valor calculado pelo que valia como mercadoria de troca. E, como afirma o crítico e escritor haitiano René Depestre (1980), quando analisa o mito semiológico que hierarquizou e regulamentou o valor dos homens a partir da cor da pele, a classificação epidérmica dos indivíduos marcou tão profundamente as experiências históricas da população da América, que, ainda hoje, o corpo humano veicula um tipo de código moral e estético determinado, sobretudo, por seus traços externos. Faz parte desse código o conjunto de considerações depreciativas ligadas ao negro aos seus valores, às suas crenças, à sua relação com o trabalho, bem como a configuração de imagens que sustentam as experiências singulares de sua vitalidade sociocultural.

Particularmente no Brasil, a partir da desagregação do regime escravocrata, a sociedade passa a cobrar do negro o fato de ele não se ter preparado para as novas formas de trabalho que se foram definindo, ao longo da história, pelas formas hierárquicas e autoritárias que permaneceram após a escravidão (CARVALHO, 1998, 79). Este foi o alto preço que o negro teve de pagar por ter sido libertado dos antigos senhores e não assumido pelo capitalismo emergente e pela modalidade do trabalho livre implantada no país. Visto muitas vezes como selvagem embrutecido e como dotado de raciocínio curto, o negro entra na era pós-abolicionista para ocupar oportunidades residuais e ocupações degradantes e mal remuneradas. Livre da escravidão, mas vitimado por intensa pobreza e preconceitos e não protegido por qualquer política de integração à sociedade, ficou à margem dos projetos de identidade nacional ou neles só pôde figurar enquanto força de trabalho, que sustenta a mesma ordem que o exclui.[1]

Visível como parte degradada do povo, o negro foi ignorado por movimentos de feição nativista que fizeram do índio o símbolo da identidade do país, ainda que o figurando como emblema de uma natureza exuberante e soberana, quase sempre vista à distância, como pano de fundo do ideal de nacionalidade. Por isso, mesmo em projetos de feição ufanista que exaltavam acriticamente os valores e tradições nacionais, identifica-se uma ideologia de exclusão do diferente, que aprisiona o negro em lugares e funções marginais. Os retratos de Brasil pintados nesses projetos esboçam imagens de negro produzidas a partir de diferentes tensões: as que se produzem no interior do regime escravocrata, marcando o ajustamento possível entre senhores e escravos; as que se mostram nos modos como a sociedade brasileira, do fim da escravidão até os dias atuais, lida com as imagens de si que vão sendo produzidas. Tais imagens revelam

---

[1] Para uma visão mais profunda da transição da ordem escravocrata para o desenvolvimento do capitalismo, ver Fernandes (1995).

formas de silenciamento sobre a questão do negro que, num sentido geral, foi deixado, desde a abolição da escravatura, à mercê do ajuste possível à nova ordem social, relegado à própria sorte e engrossando o grupo de excluídos que se fazia visível, principalmente nos grandes centros urbanos. E nos projetos de identidade nacional, defendidos desde então, "a brava gente brasileira" só podia mostrar um rosto desfigurado para expressar o caráter nacional brasileiro. Isto porque tais projetos, embora almejassem construir uma face em que o Brasil pudesse se reconhecer enquanto nação livre, excluíam grande parte da população constituída de negros e mestiços, ainda que, já no final do século XVIII, o Brasil contasse com cerca de dois milhões de indivíduos negros contra cerca de um milhão não negros. Reforçam-se, nesse processo de essencialização de representações ficcionalizadas de povo e de cultura, os traços de uma nação sem identidade, porque seu perfil resulta de um jogo dialético que associa uma herança comunitária e uma história de exclusão de negros alijados do pacto social instaurado a partir da independência e de índios apenas simbolicamente incluídos nesse pacto (SODRÉ, 1995, p. 6).

Daí que as imagens de povo, nos projetos da identidade nacional brasileira, devam ser rastreadas a partir do jogo sutil entre lembrar e esquecer de que fala Renan (1947), quando afirma que os movimentos de sustentação de identidades nacionais só se podem construir com o esquecimento da violência que viabiliza a unidade almejada por eles. No caso específico de construção da nacionalidade brasileira, tal recurso sustenta ações que encobrem tanto a violência cometida contra os índios, contra os negros e contra o povo em geral, quanto o alijamento dessas minorias dos pactos sociais legitimados como direito do povo brasileiro.

José Murilo de Carvalho (1998) destaca que as imagens da nação brasileira construídas pelas elites políticas e intelectuais, da data da independência, em 1822, até 1945, elaboram se com recursos retóricos que descrevem o povo como uma entidade abstrata, um lugar vazio, porque não se ajusta ao modelo de país pensado como soberania:

> Em todos esses projetos, que se marcam pela Declaração da independência do país, em 1822, pela Abolição da escravatura, em 1888, e pela Revolução de 1930, a questão racial foi sempre escamoteada por mecanismos que disfarçam a discriminação das pessoas consideradas radicalmente diferentes do modelo

> consagrado pela sociedade. Perceber, portanto, nos processos de harmonização das diferenças, as estratégias de ocultação da violência praticada contra os negros, bem como os modos de sua inserção no modelo de nação privilegiado, faz parte do esforço de se repensarem as representações de negro e de negrura que continuam a circular em nossa sociedade, mais de cem anos depois de abolida, por lei, mas não de fato, a escravidão negra no Brasil. (CARVALHO, 1998, p. 78)

É pertinente observar que, em decorrência do modo como a sociedade brasileira lidou com a questão escravocrata, as imagens de negro e de negrura continuam a ser modeladas por uma gama imensa de preconceitos que podem ser percebidos em diferentes lugares sociais ainda que, muitas vezes, encobertos por eufemismos que contornam o fato de o país haver decidido ver-se, particularmente a partir da metade do século XX, como mestiço e a reconhecer a pluralidade étnica de sua população. Tal atitude não pode evitar, no entanto, que mesmo nessa face mestiça se acentue uma simbologia estruturada a partir de um código específico que define os modos com que a população de afrodescendente passa a ser significada de forma convencional e ideológica. No processo de formação da nacionalidade brasileira, as imagens de negro não apenas configuram o ponto de vista de classes privilegiadas, mas também inscrevem o indivíduo numa semiologia que legitima o olhar discriminatório lançado sobre ele (MARTINS, 1995). Nesse processo, a cor da pele incentiva a produção de um tipo de discurso maleável sobre o indivíduo, através do qual ele é reconhecido, identificado e silenciado. Essa questão tem, todavia, particularidades bastante complexas.

Muitos dos traços que continuam a legitimar preconceitos existentes na sociedade brasileira ligados à cor da pele, às feições do rosto, ao tipo do cabelo e a uma gama infindável de elementos que qualificam ou desmerecem o indivíduo, têm sua origem num processo configurado pela mercantilização da escravidão, que transforma o africano em coisa, objeto de escambo ou de troca monetária. Mas é preciso destacar que são os mesmos traços que fortalecem argumentos sobre a pretensa inferioridade dos africanos que, aos poucos, vão sendo transformados em símbolos da identidade de espaços que, como o Brasil, são herdeiros da diversidade étnica que os navios negreiros trouxeram para garantir o sucesso das atividades desenvolvidas nas terras do Novo Mundo. Paradoxalmente, ao ser levada a assumir a sua feição mestiça, a sociedade brasileira continua a fomentar o desejo da maioria da população de se pautar por determinados padrões que, reforçando estereótipos, inscrevem no negro traços e atributos indiciadores de uma corporeidade que fascina e horroriza ao mesmo tempo.[2]

Florestan Fernandes (1995), ao refletir sobre os mecanismos de ajustamentos raciais que funcionam no Brasil desde a escravidão, salienta o fato de, grosso modo, não ter existido, no país, nenhuma modalidade de resistência aberta, consciente ou organizada, que formalizasse meios de enfrentamento entre brancos, negros e mestiços. Em sua opinião, a libertação dos antigos escravos não representou mudança significativa na estrutura de poder da sociedade, pois esse continuou sendo exercido pelas camadas dominantes. As alterações ocorridas continuaram a fortalecer as formas de interdição dos chamados homens de cor, muitas vezes disfarçadas por ações de cunho paternalista. A proteção do indivíduo ou de grupos restritos se fazia atenta ao resguardo da superioridade do branco e de sua posição de mando. Delineavam-se, assim, peculiaridades de comportamento social que, fortalecendo a proscrição e a condenação do homem de cor, faziam-se coerentes com os requisitos da nova ordem democrática. O mito da democracia racial fortaleceria, assim, um jogo ambíguo em que, fazendo prevalecer o paternalismo, não chegava a alterar a condição social dos negros, já que esta continuou a ser marcada predominantemente pelas relações próprias do antigo sistema (FERNANDES, 1955, p. 22). É bem verdade que se acreditava que os indivíduos integrados à nova ordem iriam, paulatinamente, desgarrando-se da massa indiferenciada pela escravidão e assumindo os deveres profissionais e cívicos que formalizariam a integração possível dos homens livres numa sociedade fortemente marcada por padrões herdados do sistema escravocrata.[3]

Pode-se deduzir que, no Brasil, as teorias raciais, que transformaram as desigualdades sociais em marcas de diferenças essenciais,

---

[2] Muitos desses olhares que petrificaram o negro em sua diferença foram retomados pela *Mostra do Redescobrimento (2000)*, principalmente na Seção "Negro de corpo e alma". Na Mostra, registram-se olhares sobre o corpo do negro materializados em diferentes instrumentos de tortura, em gravuras e fotografias vendidas como cartões postais. Mas são também registradas "as reais contribuições do pensar e do fazer do negro enquanto negro", conforme salienta o curador da Seção, no texto de abertura do Catálogo (p. 50).

[3] Sobre as formas de integração possíveis dos negros na sociedade pós-escravocrata, ver: FERNANDES. F. *A integração do negro na sociedade escravocrata.* 1978.

tiveram que conviver com o mito da miscigenação visto como tendência de transformação positiva, porque entendida como impulso ao branqueamento da população. Utopicamente se pensava que a massa indiferenciada de negros, herdada da escravidão, iria desaparecendo à medida que seus descendentes se integrassem ao modelo de sociedade democrática, livre e branca, aceito sem grandes conflitos. Acreditava-se, assim, num modelo de sociedade que promovia a defesa dos interesses do negro, pois possibilitava a sua integração como homem livre, ainda que o aprisionasse em condições subumanas de existência. Florestan Fernandes, retomando muitas das posições defendidas sobre a integração do negro na sociedade brasileira, ressalta:

> Na ânsia de prevenir tensões raciais hipotéticas e de assegurar uma via eficaz para a integração gradativa da população de cor, fecharam-se todas as portas que poderiam colocar o negro e o mulato na área dos benefícios diretos do processo de democratização dos direitos e garantias sociais. (FERNANDES, 1995, p. 23)

Desde o início deste século, a cor da pobreza é, no Brasil, majoritariamente negra e mulata, mas, mesmo nos segmentos de predominância de não brancos, circulam traços diferenciadores dos quais não se é possível fugir, porque são construídos por um discurso, legitimado como verdadeiro, demarcador de lugares que devem ser preservados pela sociedade como um todo. Aceitando o fato de que o preconceito contra o negro e o marginalizado existe, mas não é excludente, mesmo a população dos espaços periféricos, de certa forma, acaba por contribuir para o fortalecimento de sua própria exclusão. Empenhando-se na obtenção de melhorias de caráter social, mas nem sempre atacando de frente o racismo e a discriminação, muitas vezes os segmentos marginalizados acabam por fortalecer um discurso que afirma a eficácia da miscigenação, ainda que formas concretas de preconceito denunciem as artimanhas de um processo perverso de exclusão do negro.

Essa visão, que aprisiona o negro em estereótipos construídos segundo os modos como a sociedade lida com os descendentes de escravos, perpassa também olhares que, querendo-se críticos, endossam os valores defendidos pela sociedade. Mesmo em configurações que se querem afastadas de preconceitos e com as quais se busca assegurar o direito de o negro se colocar como sujeito do seu discurso, percebem-se figurações herdadas do sistema de compartimentação própria da sociedade escravocrata. Ainda quando se quer transgredir a tipificação do chamado homem de cor e ultrapassar os estereótipos negativos que configuram a sua marginalização, as representações de negro tendem a cair nas armadilhas de justificativas ou na idealização de qualidades. A estética do atleta vigoroso ou da mulata exuberante e sensual serve bem a esse propósito. Percebe-se que a distância entre a posição que pretende justificar a exclusão do negro e a que o celebra, desde que assuma um lugar predeterminado, é, às vezes, insignificante. Daí, o perigo de se fortalecer numa visão que aprisiona o negro em lugares em que sua identidade só pode ser delineada através de utopias e anacronias que desarticulam a sua efetiva integração na sociedade como cidadão.

Entretanto, nesse emaranhado de indecisões, podem ser identificadas ações que procuram explicitar a exclusão e a marginalização dos negros e mestiços e desarticular manifestações de preconceito explícito ou camuflado. Muitas dessas ações procuram se afastar tanto de imagens que remodelam o negro por padrões de beleza e de fortaleza, reforçando também estereótipos, quanto por posições que o acorrentam inexoravelmente à cor de sua pele e aos instrumentos que o torturaram, na escravidão. A proposta de transgressão, que se efetiva também em textos da chamada literatura afro-brasileira, não pretende iluminar os lugares já indicados pela própria sociedade. Procura ultrapassar mesmo algumas posturas que, embora mais críticas, ainda se ligam à visão do negro "tutelado", pois, ao falar por ele, silenciam a sua voz e imobilizam reações mais concretas para desarticular os papéis estabelecidos pela sociedade.

Entretanto, é preciso que se ressaltem outras posturas mais radicais na denúncia do preconceito racial que se mostra entranhado nos atos mais corriqueiros e que demonstra quão pouco cordial é a relação entre brancos e negros, numa sociedade que se diz isenta de racismo. Essa reflexão sobre os resquícios das relações típicas do Brasil escravocrata que se mostram na época atual recebeu um impulso significativo com a publicação de textos importantes que retomam feições pouco iluminadas da história da formação da sociedade brasileira. Seguindo essa trilha de redescoberta e de res-significação, muitos textos, produzidos em diferentes linguagens, têm procurado reavaliar as imagens de negro presentes nas formações imaginárias da nação brasileira, bem como revisar mitos que, defendidos até hoje, procuram amenizar o impacto da presença de mais de três milhões de escravos africanos trazidos para o Brasil, num período que vai da segunda metade do século XVI ao final do século XIX.

Muitos textos, ao desestabilizarem o suposto caráter pacífico e cristãmente humano da escravidão negra no Brasil, procuram reavaliar o real significado da utilização da mão de obra escrava na formação da economia colonial e repensar os sistemas de legitimação da posse das riquezas que incentivaram a exploração das imensas extensões territoriais do país. Outros, ao intensificarem a reflexão sobre determinadas posturas da sociedade brasileira com relação à população de negros e mestiços, tornam transparentes os verdadeiros lugares ocupados pelos descendentes de escravos, percebendo-os distintos daqueles demarcados pela idealização das relações políticas definidoras de cidadania. Todos esses textos têm ajudado a construir um olhar mais crítico sobre questões específicas da população negra, tanto na desarticulação de mitos que apaziguam os intensos conflitos existentes na sociedade, quanto na análise de ações que, querendo-se libertadoras, acabam por reiterar posturas conciliatórias e bastante cuidadosas com relação à questão da discriminação racial no Brasil.

É bastante lúcida, nesse sentido, a análise feita por Lilia Moritz Schwarcz, no texto "Ser peça, ser coisa: definições e especificidades da escravidão no Brasil"(1996). No texto, são reavaliados os processos de descaracterização impostos aos escravos, tornados evidentes desde o batismo recebido pelos oriundos de diferentes regiões da África, na nova morada. Longe de propiciar a integração dos africanos na nova ordem que se forma com seu trabalho, o batismo legitimava, na lei de Deus, um tipo de propriedade bem pessoal que podia ser alugada, leiloada, penhorada e hipotecada. O sacramento cristão transformava os escravos num bem não diferenciado dos animais utilizados no trabalho de carga. O raciocínio da pesquisadora nos permite compreender como, no Brasil escravocrata, a presença do escravo integrava-se numa concepção de trabalho que continua a vigorar até os dias atuais: trabalho é coisa de escravo; escravo é o negro e negro é peça, coisa, objeto de propriedade do dono. Por isso, como bem acentua Schwarcz, no Brasil, "a larga utilização de mão-de-obra escrava levou a uma inversão de valores: o trabalho passou a ser considerado pelas pessoas livres, como desonroso" (p. 13), devendo, pois, resumir-se ao universo dos que, de alguma forma, continuam a ser identificados até os dias atuais por resquícios da escravidão.

Em decorrência desse processo, a estigmatizacão da população negra consolida-se por uma gama de preconceitos nascidos do fato de o negro ter ficado umbilicalmente associado a ocupações que passaram a ser definidas, na grande maioria das vezes, pela cor de quem as executa. Por tal motivo, ao longo da história da formação do povo brasileiro, o negro continuou a ser reconhecido por códigos que definem e justificam a sua presença em tarefas mal remuneradas que o impedem de alcançar uma real integração à sociedade a que pertence. A cor da pele, mesmo quando esmaecida pelo mito da harmonia racial, é sempre recorrência a um sistema de relações em que ser negro continua a ser significado por formas de despersonalização construídas pelo ideário escravocrata. Por isso, sobre os indivíduos marcados pela cor negra da pele, a violência pode ser exercida como atividade natural, pois, tornada rotineira no cotidiano da escravidão, nem mesmo parece constranger a sociedade, ao continuar ser exibida em atos corriqueiros que expressam a eficácia do controle a ser exercido sobre os indivíduos marcados por sinais que desaprovam a sua integração na sociedade.

Essa prática de controle rígido, em que a violência ganha por vezes contornos desumanos, fica paradoxalmente acentuada no esforço que se fez, ao longo do tempo, para apagar a infeliz imagem deixada pela escravidão. É importante, nesse sentido, lembrar-se da resolução promulgada em 14 de dezembro de 1890 pelo então presidente do Tribunal do Tesouro Nacional, Ruy Barbosa, mandando destruir os vestígios da escravidão pela queima de todos os papéis e livros que atestavam a presença do "elemento servil". Tal ato, longe de redimir o país da violência praticada contra os escravos, legitima uma "atitude tão violenta quanto a escravidão" (Costa, 1996, p. 82). Pautada – contrariamente ao que se diz sobre o caráter pacífico e cordial das relações entre senhores e escravos, no Brasil – na utilização de castigos físicos e em mutilações como forma de controle e de adestramento do negro, a violência justificava-se com o fato de o escravo ser considerado animal selvagem que era necessário domar. Por isso, o castigo era fato corriqueiro e se mostrava na utilização de instrumentos que deixavam marcas profundas no corpo, que, mutilado pelo ferro em brasa ou pelo chicote, funcionava como uma advertência aos transgressores.

Os signos de pertencimento e de identidade – as escarificações e as tatuagens trazidas pelos escravos – aos poucos vão sendo substituídos pelo sinal de posse impresso em fogo ou pelos adereços perversos colocados em seu corpo. A sevícia era, pois, considerada normal, necessária e eficaz e legitimou o desenvolvimento de diferentes instrumentos de castigo. As correntes de libambo e viramundo, as coleiras, os colares de ferro, as algemas e o ferro em brasa competiam com outras práticas que tinham como objetivo compensar os altos investimentos feitos pelo proprietário na compra de "peças" necessárias ao trabalho braçal. Esse sistema gerou, por todas essas causas, inúmeras reações como as fugas, os abortos, os suicídios e as insurreições. As severas leis da escravatura tiveram de conviver com o perigo das revoltas e das insurreições, reação natural de um sistema que era exercido num mundo em que o trabalho se resumia à utilização da força do escravo que, por isso mesmo, era controlado com mão de ferro. Na época atual, essas revoltas e insurreições ajudam a fortalecer uma visão mais crítica sobre os modos de inserção na sociedade da população significada pela escravidão.

Em outro texto, "Nem preto nem branco, muito pelo contrário: cor e raça na intimidade", publicado em 1988, Lilia Moritz Schwarcz retoma dados de pesquisas referidas em artigo publicado em 1996, para registrar a permanência de preconceitos ligados à cor da pele e de processos de branqueamento intensamente defendidos pela cultura brasileira como forma de lidar com a realidade da miscigenação inevitável. A ensaísta, citando os resultados de pesquisas sobre a questão da cor no Brasil, observa que ainda prevalecem os valores que defendem a miscigenação, quando ela pode significar branqueamento, mas que a condenam quando a percebem como uma forma de garantir o aumento da população de cor (SCHWARCZ, 1998, p. 170).

O texto de Schwarcz rememora alguns índices da difícil convivência da sociedade brasileira com a sua "especificidade nacional" marcadamente de cor. Alude a uma pesquisa realizada em São Paulo, em 1988, e ressalta que 97% dos entrevistados, à época, afirmaram não ter preconceito racial. Entretanto, 98% dos mesmos consultados disseram conhecer pessoas que têm preconceito racial. O resultado é bastante interessante porque ressalta o fato de que, no Brasil, o preconceito contra o negro existe, mas é sempre negado, porque a maioria das pessoas é preconceituosa, mas não admite isso claramente. Esta opinião geral se confirma em pesquisa mais recente, cujos resultados foram publicados pelo Jornal do Brasil, em 26/05/2000. De acordo com essa pesquisa, 93% das 1.172 pessoas entrevistadas, em todo o estado do Rio de Janeiro, pelos pesquisadores do Núcleo de Pesquisa e Informação da Universidade Federal Fluminense, admitem que há preconceito racial no Brasil. No entanto, como na pesquisa de 1988, um alto número de entrevistado, 87%, admite "não ter qualquer preconceito de cor". Muitas das respostas dadas aos pesquisadores reiteram um dado significativo da cultura brasileira: reconhece-se a existência do racismo contra os negros, mas a população não se aceita discriminadora, porque acredita que racistas são os outros, os americanos e os brancos da África do Sul. Essa incapacidade de nos ver como realmente somos reforça um tipo de racismo camuflado e não assumido que acaba por frear ações mais eficazes contra a discriminação que se fortalece, de acordo com dados da mesma pesquisa, com a opinião de muitos brasileiros que acreditam ser a raça negra menos evoluída que a branca.

Tais respostas nos possibilitam perceber que as imagens construídas sobre os negros, no Brasil, são produzidas no interior de uma sociedade que, querendo-se harmônica e democrática, não pode esconder que lida mal com a cor que tem. Por esse motivo, as imagens depreciativas sobre os negros precisam ser reiteradas por estereótipos que asseguram aos não negros as qualidades negadas aos "de cor". É nesse cenário que, conforme afirma Schwarcz, o tema da raça se mostra

> (...) ainda mais complexo na medida em que inexistem no país regras fixas ou modelos de descendência biológica aceitos de forma consensual. Afinal, estabelecer uma "linha de cor" no Brasil, é ato temerário, já que essa é capaz de variar de acordo com a condição social do indivíduo, o local e mesmo a situação.
> (SCHWARCZ, 1998, p.182)

Como se pode ver, o quadro é paradoxal. O fato da miscigenação ser assumida como um dado negativo da cultura brasileira, mesmo quando utilizada para demonstrar a absorção pacífica dos diferentes, fica evidenciado, quando se faz dos pobres, favelados e negros os agentes da violência, cujos níveis aumentam, a cada dia, nas grandes cidades brasileiras. Entretanto, na maioria das vezes, os marginalizados são também os que mais sofrem a violência, pois são o alvo preferencial da injusta repressão que lhes é direcionada (ZALUAR,1998, p. 252). Nesse sentido, a propalada democracia racial é um processo que se mostra como uma "redenção apenas verbal", pois no interior da sociedade a questão da marginalização do diferente e, particularmente, a sistemática identificação de negros e de mestiços com a violência, que invade os grandes centros urbanos, têm meandros que revelam a permanência de processos de exclusão social reforçados pela questão racial.

Como afirma o geógrafo Milton Santos (2000), tal comportamento é uma forma de *apartheid* à brasileira que impede que ser negro, no Brasil, signifique ser brasileiro. É interessante, nesse sentido, observar as representações de negro e de negrura que circulam em textos literários produzidos na época contemporânea.

O romance *Viva o povo brasileiro*, de João Ubaldo Ribeiro, cuja primeira edição é de 1984, intenta reverter, no espaço da ficção, o ponto de vista predominante sobre as relações entre brancos e não brancos na sociedade brasileira, tratando a questão de forma deliberadamente irreverente. Ao insistir na denúncia de fatos que explicitam processos de legitimação da exclusão do negro e de mestiços do projeto de nação defendido pelas elites brasileiras, o romance relativiza os sentidos do slogan da ordem e do progresso encampado como meta do processo de desenvolvimento assumido pelo país. Além disso, procura resgatar a história do povo negro e, a partir dela, explicitar a marginalização de grande parte da população brasileira dos projetos de cidadania e de construção da identidade nacional. O romance é, pelas propostas que defende, um texto de fundação da identidade mestiça do Brasil e, nele, o patrimônio buscado não é o legitimado pela postura oficial, mas o que se caracteriza pela preservação da herança africana, ainda que adequada aos modos como pôde ser mantida na cultura brasileira. Por esse viés, dialogando com a História, mas propondo a transgressão do seu saber, o romance busca ultrapassar lugares demarcados e insistir na construção de diferentes pontos de vista que, de algum modo, desmitificam tanto o ideal da democracia racial quanto o da suposta cordialidade do povo brasileiro. É nesse sentido que o romance torna-se importante para a releitura das imagens de negro e de negrura que estão sendo efetivadas por diferentes setores, visando recuperar a história da formação do provo brasileiro e revitalizando a efetiva participação dos escravos e de seus descendentes.

O romance de João Ubaldo Ribeiro insiste em mostrar que a história da formação do povo brasileiro se fez pela reiteração de processos de violência desenvolvidos contra o diferente – o negro, o índio, o pobre –, para legitimar a conquista da terra brasileira. Referendada por atos que desmentem os mitos da união pacífica das três raças formadoras da nação brasileira, a defesa da cordialidade inata do povo torna-se insustentável diante da desmontagem de uma tradição calcada no desrespeito às minorias. Por isso, no espaço narrativo, desconstrói-se o olhar voltado para os fatos gloriosos e se fortalece a intenção de preservar uma história que se funda como resistência à autoaversão imposta ao negro pelo ideal de branqueamento. (Fonseca, 1993). Podendo ser considerado, como o fez Zilá Bernd (1990), como "uma monumental epopéia do povo brasileiro", ou como esforço para se contrapor à fala autorizada das elites a fala do povo e o saber popular, o romance, de algum modo, ainda se prende à visão que contrapõe o negro ao branco, embora esteja atento às significações produzidas nos intervalos, nas interseções disseminadoras de lugares fixos.

Por isso, a intenção política do romance, valorizada por inversões, por deslocamentos e pela quebra dos mecanismos de poder/saber, se distancia do propósito de se retomar a formação da identidade nacional apenas pelo recurso da mudança de foco de visão. O apelo à caricatura, à paródia, à irreverência acentua a decisão de se retomar a história da formação do povo brasileiro pela contra-mão, pela iluminação do que precisou ser silenciado. Faz-se pertinente, por isso, considerar a significação do texto enquanto projeto de constituição da identidade brasileira, mas inscrito numa vertente literária que busca dessacralizar verdades instituídas e valorizar fatos mais corriqueiros, pois, afinal, como se lê na epígrafe que introduz a estória: "não existem fatos, só existem histórias".

Essa posição marcadamente irônica do romance *Viva o povo brasileiro* destoa de outros textos literários, analisados por Domício Proença Filho, em 1988, que levam o crítico a reafirmar o fato de que, no Brasil, apesar de o negro encontrar-se na base da formação da sociedade, ele não participa da mesma valorização dada ao branco ou mesmo ao índio. No caso do negro, insiste o crítico, o preconceito racial acaba impondo uma valorização de aspectos que o configuram somente como servo, jamais como cidadão:

> (...) a condição inicialmente escrava dos primeiros(os negros) e as conseqüências sócio-históricas a ela vinculadas contribuíram para acentuar a diferença que fundamenta a discriminação, mas o complexo processo de miscigenação aqui efetivado teceu o véu que pretende disfarçar o preconceito e que precisa ser permanentemente denunciado (...). (Proença Filho, 1975, p. 79)

Como se pode ver, a denúncia da situação vivida pelo negro no Brasil frequenta diferentes espaços e ressalta a revitalização de representações próprias ao ideário da escravatura, pela visão da diferença como perda, como falta. Para justificar esse ponto de vista, uma vasta literatura se encarrega de descrever as desigualdades entre brancos e negros e de isolar estes em espaços vigiados por preconceitos e estereótipos. Mesmo no Brasil atual, as desigualdades sociais que poderiam ser explicadas por um ponto de vista econômico são justificadas como características de uma inferioridade racial. A visão de que os negros têm condições de vida piores porque carregam o peso da escravidão é voz corrente, e esse dado histórico transforma-se em estigma, em marca indelével que transforma cor em maldição. Negro e negrura delineiam-se por traços diferenciadores construídos por um discurso legitimado como verdadeiro.

A partir desses traços, constroem-se imagens do diferente: o índio, o pobre, o negro, este percebido sempre como inferior, porque, acredita-se, é dotado de uma vocação natural para as atividades que demandam um tipo de força e de brutalidade que só ele tem. Um processo perverso de exclusão fixa significados negativos nos espaços de população predominante negra e reforça um tipo de olhar que se fixa em detalhes por si sós já excludentes em nossa sociedade. Nesse sentido o negro precisa ultrapassar os estereótipos que reforçam os significados negativos colados a atributos considerados distantes do padrão de beleza aceito pela sociedade. Além da cor da pele, outros predicados do corpo negro são destacados para reforçar a sua exclusão. Muitas canções populares de grande sucesso reforçam tais preconceitos, mesmo quando se querem cordiais. A negra de "cabelo duro" não tem pente que a penteie e a mulata, em outra canção, também tem destacado um tipo de cabelo que não nega a sua cor. A graciosidade das canções não esconde a opinião comum de que o cabelo do negro é feio e difícil de ser penteado. A imagem do selvagem, não adequado aos padrões de beleza do mundo não negro, fica, pois, evidente em muitas dessas canções.

A atribuição de valores negativos a detalhes do corpo de negros e mestiços induz à formação de uma baixa autoestima responsável pela disseminação sutil da ideologia do branqueamento difundida no país. Porque o cabelo crespo foi sempre considerado difícil, selvagem, mal agradecido a cremes e a óleos, passou a ser denominado ruim, alargando a rede de sentidos depreciativos relacionados com partes do corpo do negro. Por isso, o cabelo liso é um fetiche entre a maioria dos brasileiros. É, como acentua Jurandir Freire Costa (1983), uma metonímia do corpo ideal, cuja cor branca mostra-se como um pré-dado, "um predicado contingente e particular". (COSTA, 1983, p. 4). Ter vários atributos considerados negativos faz com que a criança negra ou mestiça aprenda desde cedo que é diferente porque portadora de um rosto/corpo/cabelo que a faz pior que as outras crianças: mais feia, mais sem graça, mais pobre, mesmo que não o seja, mais tipo para receber apelidos que a excluem do mundo dos outros diferentes dela. Nessa situação, desde cedo, se fortalece uma ideologia da cor que reforça uma ideologia do corpo e leva o sujeito negro a repudiar a sua cor, e, por extensão, o seu próprio corpo (COSTA, 1983). Quando 50% dos entrevistados pelos pesquisadores do estudo da DataUFRJ (2000) afirmam que "repeliriam um chefe de cor preta" (JB, p. 5), estão ratificando os dados que revelam os preconceitos generalizados contra a cor negra da pele. Não é por acaso que mesmo os negros preferiram ver a si mesmos como mulatos, morenos, pardos, como se pode ver no quadro que se segue montado a partir de respostas dadas à pergunta: "Qual a categoria que melhor descreve sua cor ou raça?".

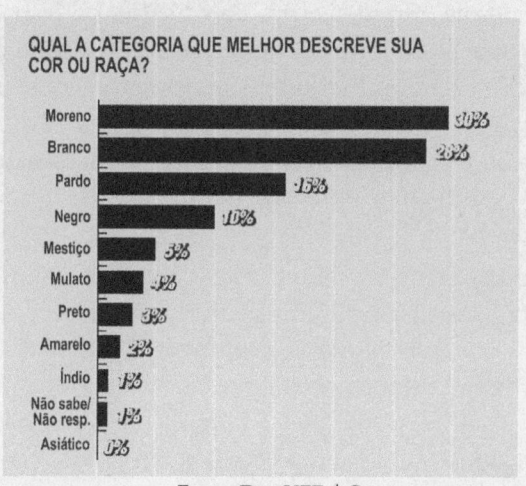

QUAL A CATEGORIA QUE MELHOR DESCREVE SUA COR OU RAÇA?	
Moreno	
Branco	
Pardo	
Negro	
Mestiço	
Mulato	
Preto	
Amarelo	
Índio	
Não sabe/Não resp.	
Asiático	

Fonte: DataUFF / Ceap

A lenda de Cam, que delega a seus descendentes a maldição recebida por sua transgressão, legitima uma visão que faz da cor uma justificativa para a exclusão de negros e mestiços. A cor torna-se um distintivo da inferioridade reiterada pelos índices corporais e ideológicos que se tornam signo não erradicável da diferença tida como negativa. A questão mostra-se evidente também em outra informação dada pela mídia.

O jornal Folha de São Paulo, na edição do dia 19 de dezembro de 1998, informa que o número de negros e de mulatos entre os titulares dos times de finalistas do Campeonato Brasileiro de Futebol, era, naquela época, o maior em 28 anos de história desse tipo de competição. A mesma reportagem assinala que, embora os negros e os mestiços tenham tido uma presença marcante na história do futebol brasileiro, apenas a partir da década de 90 os afrodescendentes superaram os atletas de origem branca. A observação, se considerados outros suportes midiáticos, também iria evidenciar uma maior exposição de negros na televisão, ainda que os programas de maior audiência continuem a ser apresentados por artistas brancos.

Pode-se dizer que as negras imagens continuam a circular em lugares ainda marcados por referências produzidas pelos segmentos predominantemente não negros. Mas a cara do povo é mesmo mulata e isso não dá para se esconder, se se consideram, por exemplo, os traços da população usuária dos transportes de massa das grandes cidades brasileiras, quase sempre constituída de trabalhadores de baixa renda e de moradores da periferia. Mas continuam a vigorar os critérios de etnização herdados do sistema escravocrata responsáveis pela crença de que uma sociedade mestiça, como a do Brasil, teria de lidar com fatores de instabilidade e de enfraquecimento e dificilmente poderia desempenhar um papel num mundo moderno (SODRÉ, 1995, p. 6).

O questionamento das ideias preconceituosas sobre o diferente por si só não é suficiente para impedir a circulação de estereótipos depreciativos que induzem os não brancos a se ocultarem em "simbolismos de fuga" (MOURA, 1980) que os situam mais próximos do modelo tido como superior. As variações de cor explicitadas pelo censo de 1980 mostram essa tendência de utilização de mecanismos que procuram esconder a cor real da pele, mas que, ao mesmo tempo, servem para acentuar o grau de intolerância da sociedade brasileira com relação à cor da maioria de sua população. Tanto os resultados do censo de 1980 quanto os da pesquisa da DataUFF, de 2000, nos fazem concluir sobre a complexidade das relações que se estabelecem entre raça, classe e cor na definição da identidade brasileira.

Essa conclusão referenda a opinião de Teófilo de Queiroz Júnior (1975), sobre a representação do preconceito de cor na literatura brasileira, explicitado em modelos privilegiados para a construção de personagens negras e mulatas. O teórico vai constatar que mesmo na caracterização da personagem-título do romance *Gabriela, cravo e canela*, de Jorge Amado, há uma marcação ditada por estereótipos negativos. Os predicados que fazem dessa personagem a representação da mulata sensual, em sua opinião, também enfatizam os estereótipos da mulata como "fêmea amoral, irresponsável e impudica" (QUEIROZ-JÚNIOR, 1975, p. 59). É certo que a intenção do romance é mesmo a de glorificar a beleza de Gabriela e de acentuar, a partir de seu comportamento espontâneo, a crítica à hipocrisia de determinados valores defendidos pela sociedade brasileira. Enaltecida como símbolo da mulher genuinamente brasileira, a mulata Gabriela expõe, com sua ingenuidade dengosa, a precariedade da moral que a condena, mas ocupa um espaço que se define pela oposição aos ocupados pelas representações de esposa virtuosa e de mulher honrada, ratificadas pela sociedade. O excesso de atributos físicos que tornam a personagem intensamente desejável acaba por fortalecer o estereótipo de mulata sensual, exuberante, embora o narrador se prime por investi-la de qualidades que convivem, harmoniosamente, com a beleza de seus traços agrestes e o cheiro de "cravo e canela", que condimenta a atração irresistível que a personagem exerce sobre os homens. É possível perceber, então, que a denúncia feita pelo romance aos preconceitos da sociedade brasileira acaba por reiterar traços que, na mulher negra e na mulata, reforçam a bipolaridade entre esposa/amante, polos que, ideologicamente, estão relacionados também com a cor da pele.

É interessante observar que o mesmo processo se mantém, com pequenas alterações, nas representações de mulata encaminhadas pela mídia, nas quais a individuação cede lugar à valorização de traços de beleza tomados ao modelo de mulher ideal, e, por isso inexistente. Ou então ressaltam-se atributos que transformam o corpo do negro em produto altamente desejado, definido a partir de critérios que acentuam os atributos de um corpo exuberante e sensual e, no caso do homem, a virilidade.[4]

---

[4] Edimilson de Almeida Pereira, co-autor do livro *Ardis da imagem – exclusão e violência nos discursos da cultura brasileira* (2001), ressalta serem as imagens da mulata exuberante e a do negro viril apropriação e retomada do mito da potência sexual e da virilidade que o corpo negro sugere: "o negão viril", afirma o autor, em diversas propagandas, aparece

Essa visão do negro enquanto ameaça e fascínio fortalece os processos de ocultação da diferença de que fala Frantz Fanon (1986), quando, analisando as formas de produção do discurso racista colonial, percebe os mecanismos de invisibilidade que acentuam formas de controle e o caráter extremo da alienação de pessoa, no mundo colonial. A visão de Fanon explicita comportamentos próprios de um delírio maniqueísta que distingue brancos de negros e reforça uma intensa rejeição ao outro, o negro, considerado feio, sujo, animalizado e, também, altamente sexualizado. Esse corpo negro, significado por uma carga semântica negativa, exibe uma despersonalização absoluta, porque é significado por uma gama de preconceitos que também visam a silenciar a atração que exerce sobre o outro. Como acentua Fanon, o negro, no imaginário das sociedades colonizadas, geralmente está associado ao animal, imagem que se modela a partir das ideias de selvageria, fortaleza e sexualidade exacerbada (FANON, 1983, p. 139). Daí se pode deduzir que as imagens do negro viril, definido por musculatura exuberante, acabam por retomar alguns dos signos do "negro genital" de que fala Fanon.

Todavia, ao ser desmitificada tanto a inferioridade natural do negro quanto a necessidade de explicá-lo pela fixação no genital, naturalmente afastando-o do intelectual, culturalmente concebido como branco (FANON, 1983), resta assegurar a força persecutória de imagens depreciativas que, inculcadas na população "de cor", asseguram a manutenção de privilégios a serem gozados por poucos.

Como se vem acentuando, uma vasta bibliografia produzida no Brasil, na época atual, atesta a permanência da discriminação garantida por práticas cotidianas, que circulam sem grandes perdas e muitos ganhos na sociedade brasileira, constituindo-se numa espécie de poder-saber, que legisla sobre os considerados diferentes (SODRÉ, 1995, p. 6). Daí que explicitar os modos de exclusão dos negros ou a aceitação de sua diferença, sem garantir a reversibilidade do modelo de sociedade em que vivemos, nem sempre significa ter uma visão mais lúcida sobre os processos de exclusão social que se mostram fortalecidos no mundo atual com a aceleração das redes de comércio,

---

revestido esteticamente de modo a não significar ameaça para o observador mas, ao contrário, para oferecer-se a ele como objeto do desejo. A visão de Pereira se aproxima da de Frantz Fanon quando analisa os processos de repulsa/atração que aprisiona o negro em estereótipos. (PEREIRA, 2000, p. 168).

no processo da globalização econômica. Os mecanismos de visibilidade e de ocultação da diferença ficam evidentes nas palavras do antropólogo Muniz Sodré, quando diz:

> Ora, abrigar o outro (o migrante, o estrangeiro, o diferente) sem a mediação de uma ética do acolhimento parece ameaçar a consciência viciada no individualismo moderno. O "outro" representa a ameaça fantasmática de dividir o espaço a partir do qual falamos e pensamos. É essa a ameaça (arcaica, primitiva) que espreita a consciência discriminante: o medo de perder o espaço próprio. Medo primitivo, análogo ao terror noturno das crianças. O "outro"acaba virando Drácula, sem imagem legítima.
> (SODRÉ, 1995, p. 6)

No caso específico do negro, ele é tornado visível a partir de predicados que explicam a sua exclusão do modelo de cidadão e de sociedade definidos à sua revelia. Por outro lado, suas reais necessidades ficam invisíveis porque se quer garantir um tipo de sociedade hipoteticamente harmonizada.

As comemorações do Centenário da Abolição da Escravatura e as dos 300 anos da morte do líder escravo, Zumbi dos Palmares, incentivaram a produção de publicações que procuram repensar a sociedade brasileira e, como o fez Muniz Sodré (1995), indagar sobre o "grau de aceitabilidade da imagem do homem de pele escura numa ordem social que ilumina suas pretensões planetaristas e hiper-racionalistas com tonalidades branco européias" (SODRÉ, 1995, p. 6).

É interessante, nesse sentido, observar que várias publicações se encarregaram de mostrar ao público a produção de escritores afro-brasileiros, muitos deles desconhecidos do cânone literário e ausentes dos programas ensinados, mesmo em escolas em que a clientela é predominantemente negra e mulata.

A edição especial bilíngue (inglês, português) da revista *Callaloo*, de 1995, traz à luz textos de escritores da chamada literatura afro-brasileira nos quais a situação do negro no Brasil é intensamente problematizada e revisitada. Alguns textos como os do escritor Luiz Silva (Cuti) investem no quotidiano de violência das grandes cidades brasileiras para denunciar a marginalização dos pobres de todas as cores e a violência do preconceito que se abate sobre eles. Essa intenção fica evidente quando se coloca em cena, no conto "Ah, esses jovens brancos de terno e gravata!...", a intensa gama de preconceitos que circulam na sociedade brasileira, metonimizada pela figura de um jovem executivo, na visão da personagem:

> E o sujeito falou alto. Desse jeito:
> O Brasil não vai pra frente por causa desses preto e desses baiano. Essa gente é que é o nosso atraso. O governo devia acabar com tudo eles...
> Isso é coisa que se diga? E eu sou preto e sou baiano! Tenho vinte anos de São Paulo, mas sou baiano. Mas o danado disse mais. Eu escutei com essas oreia que a terra há de comer. Ele disse assim: Se fosse o governo, eu fazia com esses preto e esses baiano igual Hitler fez com os judeu. (Cuti, 1995, p. 900).

Se se considera o fato de a personagem conseguir perceber, com clareza, a intolerância dos discursos modulados contra os discriminados, no caso "esses preto e esses baiano", fica desacreditada a visão de que o povo é geralmente alienado e incapaz de enxergar pelos seus próprios olhos. A pequena narrativa, ao compor um quadro em que se encenam as relações de classe e de cor na sociedade brasileira, também expõe os seus conflitos.

Com a mesma intenção de ressaltar várias manifestações da cultura afro-brasileira, o número 22 da *Revue Noire*, dedicado ao Brasil, resgata a palavra de poetas que, como Edimilson de Almeida Pereira, mostram-se atentos ao legado da cultura oral, disseminando-o através do texto escrito. Alinhando-se a um tipo de resistência que procura se fortalecer com o resgate da cultura produzida pelos descendentes de escravos, os versos veneram o sagrado que se mostra em festas e em cerimônias da tradição afro-brasileira. Os versos de Edimilson Pereira da Silva celebram, em rituais da palavra, o sagrado que assegura uma coesão entre comunidades de afrodescendentes, reforçando formas de resistência que se fazem sem apagar o brilho das festas populares. Essa singela consagração se mostra nos versos do poema "Roda":

> As palmas nos abraçam e com elas iniciamos a
> celebração de conchas e batidas essenciais.
> Ah! quando as pernas saltam as cabeças pen-
> dem: estrelas no chão. Tua poeira e meu
> querer são um na ponta do olhar.
> (...)
> (Pereira, 1995, p. 886).

No mesmo volume, Paulo Colina se utiliza das festividades do carnaval para se referir de modo melancólico, mas contundente, à dura rotina dos excluídos, vivida em tempos sempre marcados pela violência:

> Nossas bocas costuradas,
> ponto a ponto,
> com o fio delgado e transparente
> da baba do engodo.
> Capuzes pálidos de um medo compreendido,
> mas nunca explicado,
> desfilam cantando que o samba
> não tem cor.
> E louvamos a liberdade
> em enredos,
> enquanto que, ao nosso lado,
> as sombras tremeluzentes
> de todos os nossos avós
> lutam para avivar,
> em nossa memória distraída,
> a chaga da sempre diária Quarta-feira
> de Cinzas.
> (COLINA, 1995, p. 908)

Dentre tantas comemorações e festividades que, a partir de 1988, têm-se preocupado com a arte e a literatura produzidas por negros ou as que procuram reverenciar as tradições preservadas pelos descendentes dos antigos escravos, merece ser destacada a exposição *Os herdeiros da noite – fragmentos do imaginário negro*, de 1995, organizada pela Pinacoteca do Estado de São Paulo. O texto de apresentação da Mostra ressalta o que ela significa enquanto espaço de celebração e reverência dos traços identitários que unem África e Brasil. Esta exposição de objetos da arte afro-brasileira procurou destacar criações que mostram como os antigos escravos e seus descendentes puderam preservar, ainda que ressignificada, a tradição dos ancestrais africanos. Pode-se dizer que reaparecem nas produções que compõem o acervo da exposição os mesmos movimentos que impulsionaram a formação dos quilombos e das insurreições frequentes no período do Brasil escravocrata e, nesse sentido, mais do que aludir à exclusão, as criações expostas acentuam processos de resistência à descaracterização, desenvolvidos pelos escravos e por seus descendentes no Brasil.

Destacam-se, na coleção, produções típicas do culto do sagrado, elemento primordial na arte africana, e muitas delas, transitando em diferentes espaços, passam a ser consideradas, também, como manifestação estética. São importantes, nesse sentido, as expressões da imaginária afro-brasileira produzidas por escravos, nas regiões de lavras e lavouras no interior do estado de São Paulo, durante o século XIX. Essas imagens, os "nós de pinho", fabricadas por escravos levados para as lavouras de café, muitos deles provenientes das lavras de Minas Gerais, já em franco processo de esgotamento, têm como matéria-prima os nódulos da raiz do pinheiro do Paraná, material duríssimo trabalhado com ferramentas rudimentares. O nome genérico dessa imaginária liga-se, pois, à matéria de que são produzidas as imagens, mas também significa uma criação que tem detalhes peculiares e que, por isso, passou a significar um tipo de escultura religiosa que, dentro de certos cânones artísticos, revela modos de inserção do sagrado africano em regiões de lavras e de lavouras no Brasil. Essas esculturas, próprias da arte sacra católica feita por escravos, talvez funcionassem como amuletos e têm uma importância muito grande porque significam a sobrevivência de manifestações da arte ritualística africana, como a redução e os recursos metonímicos que esquematizam a figura esculpida, geometrizando-a (Ramos Neto, 1995). Os "nós de pinho" significam a manutenção de rituais próprios de culturas africanas, recompostos no Brasil, mesmo quando processos descaracterização e de controle impediram os escravos de produzir seus próprios elementos de culto.

Santo Antônio (frente e verso) - São Luís do Paraitinga
Coleção: Francisco Roberto - Copiada de *Os herdeiros da noite*

Santo Antônio (foto em dois ângulos)
Séc. XVIII - Mogi das Cruzes - Coleção Francisco Roberto
Copiada de *Os herdeiros da noite*

Em muitas esculturas referidas no catálogo da exposição, são resguardadas as cores e as formas com que se ritualiza a presença dos herdeiros da tradição cultural trazida pelos escravos, disseminada no contato com a nova terra, ainda que vitimados por uma gama de preconceitos altamente negativos. Exibir a força da herança africana, tal como se mostra em vários pontos do Brasil, é o objetivo maior da exposição *Os herdeiros da noite* (1995), que procurou revelar artistas, cujas obras definiam-se por uma outra estética, por outros cânones, diferentes dos consagrados pela arte ocidental, expressos por diferentes feições da formação histórica da cultura brasileira.

Torna-se importante, pois, rastrear, nos objetos expostos, tanto a retomada da tradição sonegada pelo pensamento racista brasileiro quanto as expressões construídas em objetos deixados pelos escravos e em celebrações que continuam a ser cultivadas em remanescentes de quilombo, em irmandades e grupos de feição religiosa e em festas populares, em várias regiões do Brasil. Pode-se dizer que as peças dessa exposição fortalecem a proposta de revisão de valores consagrados pela cultura brasileira, pois revitalizam a herança cultural que os escravos africanos trouxeram para o Brasil, possibilitando a sua aclimação em meio à diversidade cultural que aqui se efetivou.

Essa preocupação com o resgate de produções que se fazem buscando alcançar uma maior inter-relação entre o erudito e o popular já se mostrava na exposição *A mão afro-brasileira*, de 1988. Em cinco partes exibiam-se as artes de origem popular e também a arte contemporânea com um significativo acervo de fotografias, de letras de música popular e erudita, de literatura, de cenas de carnaval e de outros espaços em que a mão afro-brasileira é a responsável pelo espetáculo oferecido aos visitantes da exposição. Em *Arte e religiosidade no Brasil – heranças africanas*, de 1997, Emanoel Araújo procurou aproximar o sagrado e o profano e destacou o trabalho de artistas que retrabalharam a herança africana, a grande geradora de imagens transformadas em linguagens rituais e artísticas. Na *Mostra do Redescobrimento* (2000), principalmente na seção *Negro de corpo e alma*, encerra-se a procura feita pelo curador Emanoel Araújo da contribuição do negro e do seu significado na cultura brasileira. Particularmente com relação à última exposição, o seu curador ressalta:

> Negro de Corpo e Alma é pois uma metáfora para tratar de um dos temas mais difíceis da cultura nacional, por envolver paixões e ódios, realidades e fantasias, atravessados pelo poderoso elemento do poder e por propostas políticas defendidas apaixonadamente. (ARAÚJO, 2000, p. 44)

Os santos negros: São Benedito, Santa Efigênia e Santo Antônio

Todo o empenho que se mostra através da vasta produção de reflexões que procuram evidenciar a circulação das negras imagens na cultura brasileira traduz a tendência atual de se pensar a questão cultural brasileira a partir de um sistema relacional, em que a África é assumida como a grande vertente da identidade do país. Tal proposta não defende, contudo, um retorno às origens e, sim, a localização dos vários cruzamentos que mostram que somos uma cultura heterogênea e pluriétnica, ainda que continuem a vigorar processos de ocultação de indivíduos e grupos que destoam do perfil, ideologicamente legitimado, de povo cordial e de país "bonito por natureza".

Desse modo, tanto com relação aos conflitos identitários que alocam as imagens de negro e de negrura num universo ainda marcado por estereótipos negativos ou por dissensões localizadas, quanto na preocupação de se fortalecerem as manifestações da herança africana, na cultura brasileira, muitos mitos sobre a questão de cor e de raça no imaginário de nação, no Brasil, estão sendo recolocados em questão.

REFERÊNCIAS BIBLIOGRÁFICAS

ANDRADE, Mário de. Poesias completas. 4ª ed. São Paulo: Martins, 1974.

ARAUJO, Emanoel (Curadoria). *Os herdeiros da noite*; fragmentos do imaginário negro. Ministério da Cultura/Secretaria da Cultura de Belo Horizonte, 1995.

ARAÚJO, Emanoel. Negro de corpo e alma. In: Nelson Aguillar, organizador. *Mostra do Redescobrimento*, Negro de corpo e alma/Black in body and soul. São Paulo: Associação Brasil 500 anos de Artes Visuais. 2000.

BERND, Zilá. O povo brasileiro mostra a sua cara; o negro e a construção do nacional em *Viva o povo brasileiro*. Estudos Afro-asiáticos/ CEAA, Rio de Janeiro, n. 18, maio, 1990, p. 93-102.

CALLALOO – A journal of African American and African Arts and Letters. African Brazilian Literature – A Special Issue. V. 8, n. 4, 1995

CARVALHO, José Murilo de. *Pontos e bordados*. Belo Horizonte: Ed. da UFMG, 1998.

COSTA, Angela Marques da. A violência como marca. SCHWARCZ, Lilia Moritz e SOUZA REIS, Letícia Vidor de. (Org.) *Negras imagens*; ensaios sobre cultura e escravidão no Brasil. São Paulo: EDUSP, 1996.

CUTI. "Ah, esses jovens brancos de terno e gravata!...". Callaloo – A journal of African American and African Arts and Letters. African Brazilian Literature – A Special Issue. V.8, n. 4, 1995. p. 900.

FANON, Frantz. *Pele negra, máscaras brancas*. Trad. Adriano Caldas. Rio de Janeiro: Fator, 1983.

FONSECA, Maria Nazareth Soares. *Reinos negros em terras de maravilhas*. Belo Horizonte: FALE/UFMG, 1993. (Tese de Doutorado, inédita).

FONSECA, Maria Nazareth Soares. O olhar estrangeiro sobre o negro no Brasil. In: III Colóquio de Estudos Brasil/Portugal. Séc. XVI-XIX, Anais, Belo Horizonte: PUC-Minas, 1997, p. 192 – 206.

FERNANDES, Florestan. O mito da democracia racial. In: SEFFNER, Fernando. (Org.) *Presença negra no Rio Grande do Sul*. Porto Alegre: EU/Porto Alegre, 1995. p.20-26.

JORNAL DO BRASIL. O racismo comprovado em números. Sexta-feira, 12 de maio de 2000, p. 5.

MARTINS, Leda. *A cena em sombras*. São Paulo: Perspectiva, l995.

MOURA, Clóvis. Sociologia do negro brasileiro. São Paulo: Ática, 1988.

PEREIRA, Edimilson de Almeida. "Roda." In: *Calla loo* – A journal of African American and African Arts and Letters. African Brazilian Literature – A Special Issue. V. 8, n. 4, 1995, p. 886.

PEREIRA, Edimilson de Almeida e GOMES, Núbia Pereira de Magalhães. *Ardis da imagem; exclusão e violência nos discursos da cultura brasileira*. Belo Horizonte, Mazza Edições, 2001.

PROENÇA FILHO, Domício. O negro na literatura brasileira. *Boletim Bibliográfico; Biblioteca Mário de Andrade*. São Paulo, v. 49, n.(1/4), jan.-dez. 1988, p. 76-109.

QUEIROZ JUNIOR, Teófilo de. *Preconceito de cor e a mulata na Literatura Brasileira*. São Paulo: Ática, 1975, 123 p.

RAMOS NETO. "Nós de pinho": imaginária católica afro-brasileira em São Paulo. In: *Os herdeiros da noite: fragmentos do imaginário negro*, 1995.

RENAN, Ernest. Qu'est- ce qu' une nation? *Conférence faite en Sorbonne*, le 11 mars 1881. In: Oeuvres Complètes. Paris: Calmann -Lévy, 1947. v.1.

RIBEIRO, João Ubaldo Ribeiro. *Viva o povo brasileiro*. Rio de Janeiro: Nova Fronteira, 1984.

SCHWARCZ, Lilia Moritz e SOUZA REIS, Letícia Vidor de. (Org.) *Negras imagens*; ensaios sobre cultura e escravidão no Brasil. São Paulo: EDUSP, 1996.

SCHWARCS, Lilia Moritz. Ser peça, ser coisa. In: SCHWARCZ, Lilia Moritz e SOUZA REIS, Letícia Vidor de. (Org.). *Negras imagens*; ensaios sobre cultura e escravidão no Brasil. São Paulo: EDUSP, 1996, p. 11-29.

SCHWARCZ, Lilia Moritz. Questão racial no Brasil. In: SCHWARCZ, Lilia Moritz e SOUZA REIS, Letícia Vidor de. (Org.) *Negras imagens*, ensaios sobre cultura e escravidão no Brasil. São Paulo: EDUSP, 1996, p. 153-177.

SCHWARCZ, Lilia Moritz. Nem preto nem branco, muito pelo contrário: cor e raça na intimidade. In: SCHWARCZ, Lilia Moritz. *História da vida privada no Brasil*; contrastes da intimidade contemporânea. São Paulo: Companhia das Letras, 1998, p.173-244.

SEMOG, Éle. Alucinações. In: *Callaloo*. A journal of African American and African Arts and Letters. African Brazilian Literature – A Special Issue. V. 8, n. 4, 1995, p. 925.

SODRÉ, Muniz. Uma genealogia das imagens do racismo. *Jornal Folha de São Paulo. Caderno Mais*. Domingo, 19 mar. 1995, p. 6.

SODRÉ, Muniz. *Claros e escuros; identidade, povo e mídia no Brasil*. Petrópolis, RJ: Editora Vozes, 1999.

ZALUAR, Alba. Para não dizer que não falei de samba: os enigmas da violência no Brasil. In: SCHWARCZ, Lilia Moritz e SOUZA REIS, Letícia Vidor de. (Org.) *Negras imagens*; ensaios sobre cultura e escravidão no Brasil. São Paulo: EDUSP, 1996, p. 245-318.

Crédito das imagens

p. 103 - *Jornal do Brasil*, sexta-feita, 12/05/2000, p. 5.

p. 110 - *Os herdeiros da noite – fragmentos do imaginário negro*, 1995.

p. 111 - *Os herdeiros da noite – fragmentos do imaginário negro*, 1995.

p. 112 - *Arte e regiliosidade no Brasil – heranças africanas*, II Encontro Nacional da Cultura, 08/11 a 07/12 de 1997. São Benedito, madeira, séc. XIX, coleção José Roberto Marcelino; Santa Efigênia, madeira, séc. XVIII, coleção CEAB; Santo Antônio de Cartageró, madeira, séc. XIX, coleção CEAB.

COMUNICAÇÃO, IDENTIDADE CULTURAL E RACISMO

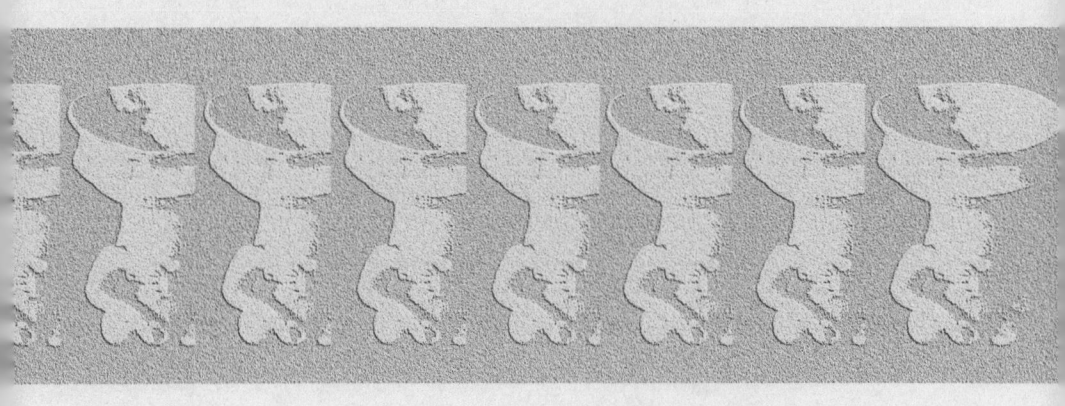

Dalmir Francisco

Negro, tempo, narrativa

Afinal, que comunicação é essa, forma de narrativa preocupada em tornar presente um tempo futuro de brasileira harmonia racial e social e que não cessa de esconjurar a realidade dos conflitos de classe, do racismo e da exclusão racial dos negros e dos mestiços e, em geral, da continuada negação de direitos aos brasileiros comuns (pobres, ou expropriados ou proletários)?

Por que, ainda, na Literatura e nos jornais,[1] nas manifestações do senso comum e nos discursos políticos nem sempre conservadores, o presente da discriminação e da exclusão (ou marginalização) é interpretado como tempo provisório, inadequado cotidiano que é apenas uma sofrida prévia de tempo futuro de risonha e franca nação brasileira, harmonizada pela síntese das diferenças sociais e raciais diluídas? Essa narrativa do porvir parece comprazer-se em falar do tempo ido (e sofrido pelos outros), mas silencia sobre o real presente da diversidade racial e social brasileira. Estranho é o tempo brasileiro comunicado pelo mito da harmonia racial: narração de um passado lamentável, previsão de futuro risonho, silêncio sobre o não presente.

O tempo, em certas narrativas, parece destruição e terror. O aspecto destrutivo do tempo, na Renascença, conta Whitrow, era ima-

---

[1] BERND, Zilá. *Negritude e literatura na América Latina*. Porto Alegre: Mercado Aberto, 1987. QUEIROZ JUNIOR, Teófilo. *Preconceito de cor e mulata na literatura brasileira*. São Paulo: Ática, 1982. BUENO, Antônio Sérgio. *O modernismo em Belo Horizonte: década de vinte*. Belo Horizonte: UFMG/PROED, 1982.

ginado como destruidor "munido de ampulheta, segadeira ou foice". Nas palavras de Shakespeare, o tempo é ser "insidioso portador de horríveis inquietações" e mais, além de "devorador da juventude, o tempo seria a besta-de-carga do pecado e a armadilha da virtude."[2]

Nenhuma "sociedade humana conseguiu conviver em paz com este não ser que praticamente a constitui". Palavras de José Carlos Reis (1994), para quem o tempo seria terror, posto que classificável como angústia, corrupção, decadência, descontinuidade, diferença, dispersão, dissolução, finitude, incompletude, irreversibilidade, morte, mutabilidade, ruína, transitoriedade, vazio. O tempo é ameaça de finitude, de aniquilamento e de morte ao ser humano e o que o ser humano mais quis foi esquecer o tempo.[3]

O tempo, na modernidade, assumirá duas dimensões: uma é a definição da física, o tempo dos movimentos naturais, astronômico, "fluxo contínuo de instantes", como dizia Newton, ou ordem de sucessão ou simultaneidade dos eventos, como contrapunha Leibniz. Importa, aqui, celebrar a concordância dos adversários: o tempo seria universal e único, passível de medida. É o tempo astronômico, biológico, geológico, arqueológico – tempo natural.[4]

De outro lado, há o tempo vivido, experiência humana, tempo da consciência, apresentado e representado como radicalmente humano, dois tempos excludentes, mas conciliados pelo tempo: o calendário, externo ao vivido e ao natural, que procura ordenar a vida social, estatuindo antecessores, contemporâneos e sucessores, capaz de medir a vida biológica e as dimensões geológica, arqueológica e astronômica.

Entretanto, o calendário não é universal, mas particular, diverso, como diversas são as culturas: Por isso, o calendário é, objetivamente, decorrência da reflexão, medida apresentada e quantidade representada, tempo calendário radicalmente humano e, portanto, tempo da consciência. Ainda que os positivistas tenham buscado um calendário rigoroso e concebido (ou inventado) uma história evolutiva, linear,

---

[2] Eis os versos, na íntegra: "Tempo desfigurador, comparsa da noite informa,/ Inesperado, insidioso mensageiro, portador de horríveis inquietações / Devorador da juventude, falso escravo de delícias falsas...besta-de-carga do pecado, armadilha da virtude/ Tu, da minha morte, sê também do meu crime" (*The rape of Lucrece, estrofe 133*, Shakespeare. Apud WHITROW, G.J., *O tempo na história: concepções de tempo da pré-história aos nossos dias*. Rio de Janeiro: Zahar, 1993, p. 150).

[3] REIS, José Carlos. *Tempo, história e evasão*. Campinas: Papirus, 1994, p. 143.

[4] Cf.: WHITROW,1993,147-148.

o calendário e a concepção evolutiva da história continuam sendo criações da consciência, construção social e histórica.

Na modernidade, além da criação do tempo histórico, temos a concepção do tempo social, criação da Sociologia que transforma os eventos sociais em tempo social, científico, porque os eventos são inscritos numa ordem, numa certa *"regularidade, reversibilidade, previsibilidade, continuidade, homogeneidade, uniformidade"* (REIS,1994, 99), simultaneidade interna à sociedade e, por essa qualificação, os eventos podem ser quantificados, aproximando tempo da consciência e tempo natural ou da física.

O tempo das Ciências Sociais influenciará a história estrutural (História Nova), que mediante cortes, recortes, configuração de durações enlaça fato e conceito, esforço de naturalização do tempo da consciência, de modo que o historiador não apenas conta a história como acontecimentos estruturados, mas que, configurando uma tendência, permite a intervenção para garantir ou corrigir rumos, pela prevenção ou pela antecipação.

Para Heidegger, esses esforços de classificação do tempo (geológico, cronológico, sucessão infinita de instantes, histórico) não revelam o que é o tempo, pois não superam a dimensão última: o homem, como ser-aí, é ser para a morte, possibilidade extrema e angustiante, vivida como antecipação e como preocupação – o tempo é o homem, o ser-aí mesmo, mas como temporalidade, pois o ser-aí é o seu (próprio) passar, *"é sua temporalidade no antecipar a este passar"*(HEIDEGGER, 1997, 37).[5]

Mas por que essa rápida digressão sobre o tempo? Parece-nos que a tentativa de conciliar tempo natural e tempo da consciência, na verdade, consiste em esforço narrativo e de narrativas. Modos de contar e de descrever o tempo, conjugado com eventos ou acontecimentos, segundo determinadas conjunturas. O tempo da História e o tempo concebido pelas Ciências Sociais não parecem ser o tempo da necessidade de prever e de antecipar o futuro, demanda da modernidade que prometia assegurar o presente pelo futuro projetado e ou antecipado pela invenção?

---

[5] O ser para a morte é um "antecipar do ser-aí em relação a seu passar enquanto uma possibilidade extrema de si mesmo que se antecipa na consciência e numa completa indeterminação. Ser-aí enquanto vida humana é primariamente poder ser o ser da possibilidade do passar apreendido pela consciência que é ao mesmo tempo indeterminado". Cf.: HEIDEGGER, MARTIN. O conceito de tempo. In: *Cadernos de tradução*, São Paulo, DF/USP, n. 2, 1997, p. 5-25.

Do mesmo modo, não é de se crer que o tempo da História Nova é o tempo que não tem futuro assegurado? A Nova História não surge depois da Segunda Guerra mundial, tempo terror da desesperança, pois é quando a Europa perde a condição de centro do mundo, perde poder (militar, sobretudo) e perde os impérios coloniais – tempo terror da conversão da Europa de berço da civilização em sepulcro da história (deles)? Ao que tudo indica, o tempo das sociedades, segundo a História Nova, seria, de certa forma, tempo da urgente luta pela sobrevivência. Em certo sentido, a História Nova aparece, para a pós-modernidade, como as Ciências Sociais apareceram para a modernidade: esforço de conhecer e de interpretar o real, visando a regularidade, a reversibilidade, a previsibilidade, a continuidade, a homogeneidade, a uniformidade.

Para José Carlos Reis, a busca de um tempo que fosse, simultaneamente, consciência e física, configuraria também estratégias de evasão, modo de conjurar o perigo da finitude das sociedades, do homem, da posição do homem no confronto de nações ou civilizações, modo de conjurar, enfim, a morte. A irredutibilidade do tempo a uma dimensão ou a outra, entretanto, sugere uma realidade diversa e percebida por Einstein: o tempo está, como afirma Leibniz, interligado ao evento cujo significado é cultural e, por isso, o tempo "é um aspecto do universo que depende do observador".[6]

E é, por isso mesmo, tempo humano/consciência e tempo físico, natural, astronômico, geológico, arqueológico. Percepção do tempo, sentido do tempo e medida do tempo são particularidades do observador. Segundo Paul Ricoeur (1994), o tempo só poderia ser abordado, indiretamente, pela narrativa, forma única de apreender e dominar o tempo e a temporalidade próprias da experiência vivida humana. A narrativa nada explica, não prova a verdade: a narrativa apenas conta, recriando, imitando e permitindo ao narratário, destinatário ou alocutário reconhecer a narrativa, reconhecer-se na narrativa, legitimá-la e legitimar o narrador.[7]

Nessa perspectiva, de tempo narrado como história e eventos contados como estrutura regular, previsível, possibilidade de continuidade de uma sociedade uniforme e homogênea, podem-se

---

[6] Cf: WHITROW,1993, p. 192-196.

[7] RICOEUR, Paul. *Tempo e narrativa*. Campinas: Papirus, 1994 (tomo1).

colocar as múltiplas tentativas de explicar o Brasil. Afinal, que são as narrativas sobre a diversidade racial ou étnica, social e cultural brasileira, senão a tentativa de configurar uma realidade na qual os conflitos de classe, a exclusão racial de negros e de mestiços, a continuada negação de direitos aos brasileiros comuns (pobres, ou expropriados ou proletários), mas que configuraria uma narrativa de um curso (tempo) histórico que, desde as origens, revela a tendência para a harmonização racial e a condizente acomodação de classes?

Essa fabulação (narrativa, ainda), que se supunha sepultada, ainda transborda nos jornais e aparece como síntese de pesquisa contemporânea sobre a discriminação de negros, nomeada *racismo cordial*. Ao tratar aqui da questão da identidade do negro, no Brasil, vamos deparar com narrativas históricas e, especificamente, sobre o negro que criam um *presente* que parece aspirar ser um passado atualizado ou narrativa sobre o *povo* (aliás, fabulosa) que equivale a um futuro antecipado.

Identidade, mesmidade e diferenciação

Nas formações sociais capitalistas, as relações sociais, políticas, econômicas e inter-individuais são atravessadas por diferenças étnico-culturais. Essas diferenças não foram apagadas nem pelo esforço de constituir uma nova visão de mundo, nova razão, novo estado e nova sociedade (socialismo), nem mesmo pela globalização econômica e financeira do capitalismo contemporâneo. O Ocidente, só superficialmente, está conseguindo globalizar seu projeto civilizatório neoliberal através da economia.[8]

No Ocidente moderno e contemporâneo, o universalismo está preso à cultura política – fruto da técnica de organização econômica da sociedade – relações de produção, relações de trabalho, relações sociais, sociedade civil e sociedade política (Estado), estrutura legal e jurídica, estado-gerente (administração científica, racional), direitos humanos, transparência: o ser humano é transformado em sujeito frente à natureza e esta é transformada em objeto, posto que ambos são provocados para manifestar determinadas respostas a solicitações impostas.

---

[8] Cf. ANDERSON, Perry. *Balanço do neoliberalismo*. In.: GENTILI, Pablo (Org.). In.: *Pós-neoliberalismo – políticas sociais e o estado democrático*. Rio de Janeiro: Paz e Terra, 1995, p. 9-23.
THERBORN, Göran. *A crise e o futuro do capitalismo*. In.: GENTILI, Pablo. Op. cit., p. 39-50.

Mas a cultura é mais que particularismo simbólico, consistindo em campo de mediações simbólicas pela quais um grupamento humano compreende/apreende o real. Essas mediações simbólicas são o fundamento de uma questão que não é nova – a questão da identidade. Mesmo sendo abafada, a questão da identidade está presente no Brasil, nação com múltiplas demandas de identificação.[9]

Identidade vem do latim – *idem* – e também do grego – *tò autó* – e quer dizer *o mesmo*. Não se trata, segundo Heidegger, da igualdade expressa pela fórmula A = A, mas do princípio de identidade em que A é A, isto é, "cada A é ele mesmo o mesmo" ou "consigo mesmo é cada A é ele mesmo, o mesmo".[10] Se cada ente é consigo mesmo o mesmo – o princípio da identidade é abstrato, pois o homem é ente inserido na totalidade do ser – comum-pertencer que, segundo Heidegger, só se manifesta na singularidade. Ou seja, o ser humano se relaciona com o real através de um e no quadro de referências, relação que se dá na interface da história da coletividade/comunidade e da história individual.

A identidade está na consciência do sujeito e, para além disso, está o indeterminado. A relação entre o determinado (consciência) e o indeterminado é a diferença entre o previsível e o imprevisível.

A identidade é o determinado – ou o conhecido/consciente, mas igualmente o indeterminado, o *ex* (fora, pôr-se fora) *istir* (estar/estabilidade) – jogo que leva o homem a *ex-istir / in-sistir*. Predicação do ser, a identidade é o uno, não na direção *tautológica* do A = A – mas no sentido de *mesmidade* – o mesmo consigo mesmo. Esta relação unitária (ser consigo mesmo o mesmo) é mediada pela linguagem (pensar/ser), como campo de força que compõe *ser/pensar I si-mesmo* e *ser/pensar É si-mesmo*.

Trata-se da linguagem, segundo Heidegger (1979), como *comum--pertencer*, ou *comum-unidade* e também linguagem como comum-*pertencer*, isto é, *inserido no ser*, *aberto ao ser*, relação e correspondência plena, pertencimento e provocação mútua entre origem e homem

---

[9] Segundo Muniz Sodré, são as elites logotécnicas – ou analistas simbólicos – que procuram abafar a questão da identidade, em função da consciência etnocêntrica das classes dominantes e das estratégias de poder. Cf.: SODRÉ, Muniz. *Reinventando a cultura – a comunicação e seus produtos*. Petrópolis: Vozes,1996. _____. *Claros e escuros – identidade, povo e mídia no Brasil*. Petrópolis, Vozes, 1999.

[10] HEIDEGGER, Martim. *Identidade e diferença*. In.: ____. *Conferências e escritos filosóficos*. São Paulo: Abril Cultural, 1979, p. 177-187.

que se manifesta em eventos, acontecimentos reconstruídos como sobre-eventos e adventos na liberdade e pela liberdade.[11]

O *comum*-pertencer e o comum-*pertencer* constituem jogo na linguagem e da linguagem – de modo que o homem/sujeito é forma significante que representa para outro significante. O ente/homem é traço que une formas. A identidade é abstrata, isto é, não existe como tal, mas como identificações decorrentes de eventos, acontecimentos, sobre-eventos e adventos.

A identidade como $A = A$ é desejo de estabilidade, continuidade, repetição *tautológica* que procura criar permanência, previsibilidade, ordem, controle do indeterminado, contenção das oscilações na e pela forma, maneira de *modular* o jogo entre o indeterminado e a estabilidade, entre o *ex* e o *istir*. Se a identidade é mesmidade/ semelhança e, também, diferença e possibilidade de diferenciação, o ente/homem sujeito é único e irreptível, – ser consigo mesmo o mesmo – mas apresenta traços que permitem a identidade, mesmos traços que possibilitam a diferença – traços fenotípicos, genotípicos, linguísticos (pensar/ser), comportamentais.

A identidade é continuidade no tempo, como invariância, mas relativo ao tempo ou o que se repete como disposição durável do ente em relação a si-mesmo, o que advém do comportamento/hábito, da fidelidade às normas, às regras, às instituições. Esse jogo (mesmidade/ semelhança e diferenciação) depende da narração, da narratividade histórica que repõe a ética para o indivíduo e para a coletividade.

A identidade como mesmidade e possibilidade de mudança se organiza na diferença e pela diferença, o que inclui o outro, através do jogo (modelo criativo) de um mundo próprio – através da linguagem, da narrativa, que inventa, transmite, repõe, reinventa a identidade. Essas narrativas são tanto os contos como as grandes narrativas, como parece ser a projetada identidade da moderna Europa que se assenta na possibilidade de se abrir/antecipar, científica e tecnicamente, para o futuro, buscando um melhor presente (para presentá-lo como novidade que se eterniza, na medida em que antecipa o futuro).

Acresce dizer que a esse processo soma-se a crença de que o homem faz a história (como processo "coerente, unificado e acelerado da humanidade") realizando no presente a transição da obscuridade

---

[11] HEIDEGGER, Martim. *Identidade e diferença*. Op. cit., p. 181.

para as luzes – futuro iluminado que decorreria da aceleração do tempo (revolução, evolução) – pelo progresso, pela emancipação, contra o atraso, sobrevivência do passado.

O humanismo europeu é excludente e imperial – contra o outro que estaria nas trevas, na obscuridade do primarismo/primitivismo, outro integrado inscrito na ordem, na ética, na mesmidade do europeu que atua para destruí-lo e reinventá-lo através de ações: *esclarecer, evangelizar, legisferar, regenerar.*

Ou, como afirma Muniz Sodré (1999), o *"humanismo universal cria o inumano universal"*...[12] A Antropologia descobriu e denunciou o etnocentrismo e o racismo implícitos nessas perspectivas e revelou o caráter colonizador e imperialista da Europa capitalista – dos primeiros anos da modernidade ao nosso tempo contemporâneo.[13]

Passado e futuro da miscigenação

A identidade é jogo de semelhança e diferenciação e esse jogo é *linguageiro*. É jogo discursivo ou narrativo que abrange desde um certo modo de contar a história (valorizando arquivos, eliminando outros, estatuindo continuidades, descontinuidades, cortes, fazendo falar certos documentos e silenciando outros), à produção literária e artística (cinema, teledramaturgia, videografia), à valorização de certa produção musical-popular, à produção simbólica midiática (jornais, revistas, rádio e televisão) e, também, as anedotas, piadas e ditados *folclóricos* ou *populares*.

Enfim, forma-jogo linguageiro que suporta a sociabilidade de grupos e de indivíduos, sociabilidade que pode ser concebida como destino e possibilidade de destinação de grupos que advêm do modo de relacionamento do grupo com o real (natureza, o outro e o si mesmo), dos valores éticos e morais daí decorrentes, das relações sociais e econômicas e dos comportamentos políticos e ideológicos, *informadas/ conformadas*, também, pela estrutura jurídica e legal da sociedade.

Tudo isso conforma um modo de ver a si mesmo como idêntico e ver o outro como diferença, mas diferença concebida como tal e,

---

[12] SODRÉ, Muniz. *Claros e escuros – identidade, povo e mídia no Brasil.* Op. Cit., p. 57. Ver HEIDEGGER, Martim. *Sobre o humanismo.* Rio de Janeiro: Tempo Brasileiro, 1995.

[13] Ver; ROGNON, Frederic. *Os primitivos nossos contemporâneos.* São Paulo: Brasiliense, 9

portanto, diferença como reafirmação do si mesmo ou da mesmidade. Há, portanto, modos de ver o negro (e o branco), que convém estudar, pois que aparecem na produção de noticiários e de reportagens, nos jornais impressos brasileiros, assim como na produção jornalística ou cultural radiofônica ou televisiva. Em relação ao negro, no Brasil, as diferenças metodológicas nem sempre resultam em compreensão mais aprofundada sobre o fenômeno racial e étnico.

O debate é complexo. Basta indicar que a propalada interligação entre raça e classe é um instrumento analítico que permite a Gilberto Freyre (1981), tecer a proposta da *metarraça* e da *democracia racial* e permite, também, a Octávio Ianni declarar a *questão racial* como um falso problema. Ou, ainda, a dialética *marxista-gramiciana-sartreana* de Fernando Henrique Cardoso e o *estrutural-funcionalismo* de Carlos Alfredo Hasenbalg conduziram ambos os autores a uma mesma conclusão: o caráter político do *preconceito racial*. Essas orientações metodológicas podem ser concebidas como *modos de ver* o negro na sociedade brasileira. Esses *modos de ver* estão presentes tanto na produção científica como no senso comum de práticas de indivíduos ou de grupos, organizados politicamente ou não.

Modo de ver para fazer desaparecer

O *primeiro modo de ver* o negro no Brasil, o mais difundido e praticado, é tributário da conservadora (e não raramente reacionária) narrativa da história do Brasil como construção de uma comunidade tangida pela *harmonia das raças*: o Brasil estaria constituindo um único e unitário povo, fruto de sucessivos caldeamentos raciais entre o branco europeu, o negro africano e o ameríndio. Como se pode desde já perceber, eis o *modo de ver* que objetiva *fazer desaparecer* o outro, o negro ou ameríndio, mestiço, não branco, indesejável que deverá diluir-se (*misturar, desfazer-se/di(s)luere, lavare/lavar*), ou desaparecer numa metarraça.

Esse modo *de ver para fazer desaparecer* (o negro) é muito difundido, tanto em nível de refinados *ensaístas* e cientistas sociais, como entre dirigentes políticos, assim como é assimilado e reproduzido, ao que tudo indica, pela maior parte da população, seja entre brancos, seja entre negros, mestiços ou não brancos. Vamos examinar detalhadamente esse modo de ver que, apesar de criticado científica, política e ideologicamente (movimento social negro e produção científica-crítica), logra se manter como modo hegemônico de ver-o-negro no Brasil.[14]

Miscigenação, igualdade e democracia

As elites brasileiras (classes dominantes e elites dirigentes) são herdeiras da tradição política europeia e portuguesa, pela qual o domínio de classe se traduz, política e ideologicamente, pelo mito da pureza ou da purificação do sangue.[15]

Esse pensamento está na origem da recriação do racismo à brasileira – recriação presente em duas propostas de política racial de controle da mobilidade de classe e ideologia racista de direção de classe: a primeira foi o branqueamento arianista de Oliveira Viana[16] e a segunda proposta de política racial de controle da mobilidade de classes e de ideologia racista de direção de classe está na democracia racial.[17]

Vale dizer, há um esforço de racializar (biologizar e naturalizar) e, assim, despolitizar as relações e as diferenças de classe. Nesse sentido, é necessário entender que a miscigenação racial é uma narrativa –

---

[14] Ver: DA MATA, Roberto. *Relativizando: uma introdução à antropologia social*, Rio de Janeiro, Vozes, 1977: 58-85. NABUCO, Joaquim. *O abolicionismo*. Op. Cit., NINA RODRIGUES, Raimundo. *Os africanos no Brasil*. São Paulo: Ed. Nacional, 1977; OLIVEIRA VIANA, *A evolução do povo brasileiro*. São Paulo: Ed. Nacional, 1933; FREYRE, Gilberto. *Casa grande e senzala*. Rio de Janeiro: José Olímpio, 1981, e _____ *Sobrados e mucambos*. Rio de janeiro: José Olímpio, 1981. O pensamento de Freyre, ao que parece, é hegemônico na sociedade brasileira, e é legitimado e reproduzido por vários intelectuais, entre os quais está Darcy Ribeiro, para quem a escravidão gerou u'a massa de mestiços que depois "operaria como um novo agente de caldeamento racial e de entrecruzamento cultural para produzir novos mestiços e a todos incorporar na etnia nascente". RIBEIRO, Darci. *Os brasileiros*, Rio de Janeiro, Vozes, 1981, p. 71. Confira capítulos III e IV deste trabalho.

[15] Cumpre observar que, no Brasil, a contradição e os conflitos de classes sociais estão demarcados pelo racismo e esta é a principal característica da formação social e histórica brasileira. Cabe, de início, deixar claro que não existem relações raciais, nem problemas raciais – mas, ao contrário, há conflitos e contradições de classes sociais – instituídas por diferenciações raciais, culturais e econômicas, diferenciações motivadoras de ações políticas e inspiradoras de ideologias realimentadoras do jogo de classes sociais. Sobre o mito da purificação do sangue, na tradição política portuguesa, Ver: T. CARNEIRO, Maria Luiza. *O anti-semitismo na era Vargas (1930/1945)*. São Paulo: Brasiliense, 1988.

[16] Ver OLIVEIRA VIANA. *Evolução do povo brasileiro*. São Paulo: Editora Nacional, 1933, p. 154,155 e 160. *Instituições políticas do Brasil*, Belo Horizonte: Itatiaia/Usp, 1987 (v.I e v.II).

[17] Ver: FREYRE, Gilberto. *Casa grande e senzala – formação da família brasileira sob o regime da economia patriarcal*. Rio de janeiro: José Olympio, 1981/A. *Sobrados e mucambos – decadência do patriarcado rural e desenvolvimento urbano* (v.I e v.II). Rio de Janeiro: José Olympio, 1981/B.

defendida tanto por Viana como por Freyre – e é institucionalizadora da política racial de controle da mobilidade de classe e na ideologia racista de direção de classe.

Essa narrativa cumpre bem menos o papel de dissolvente dos extremismos não acomodados, mas desempenha, de modo inequívoco, a função política de mascaramento da contradição de classe, de esvaziamento de conflitos de classe – reais ou potenciais – e de despolitização das relações entre classe dominante/elite dirigente e classe dominada.

O controle subordinador está ligado ao esforço das elites de se tomar o Brasil como herança (patrimônio) e a si mesma como herdeira do colonizador lusitano, ser predisposto à miscigenação e ao hibridismo racial e cultural e que, por isso, teria conformado uma nova nação que, sob a direção da elite euro-tropical, unificaria homogeneizaria brancos, brancaranas, negros, ameríndios e mestiços, em termos políticos, ideológicos e culturais.[18]

Por essa via, tudo que questionasse a tentativa de homogeneização seria considerado extremismo. É considerado extremismo, *em primeiro lugar*, a denúncia do racismo e da discriminação racial, bem como a afirmação e organização relativamente independente das etnias negro-afro-brasileiras. É considerado extremismo, *em segundo lugar*, a organização política autônoma de classes sociais subalternas, especialmente dos trabalhadores, em torno de seus interesses e a defesa, por parte de lideranças políticas, de outras formas de organização social, que não aquelas permitidas pelo Estado.

De uma forma ou de outra – a insubordinação tende, na atual conjuntural de globalização e de neoliberalismo, a ser reprimida e tratada como pensamento atávico, às vezes corporativista, de qualquer forma contrário à modernização, assim como foi, em passado recente, qualificado de pensamento e ações de alienígenas (racismo importado dos Estados Unidos), ideologias exóticas (comunismo, socialismo e a outrora *esquerdista* social-democracia). Enfim, como maus pensamentos e más ações de maus brasileiros ou de subversivos.

---

[18] Para Freyre, o português seria um ser híbrido, entre a Europa e a África, ser moldado pela influência africana que estaria fervendo sob a europeia, negra-africanidade que teria dado "acre requeime à vida sexual, à alimentação, à religião, com o sangue mouro ou negro correndo por uma grande população brancarana". Ver FREYRE, Gilberto. *Casa grande e senzala*. Op. cit., p. 4.

Essa homogeneização inter/classe e intra/classe tem na pregação da miscigenação e da democracia racial sua expressão política e ideológica mais forte, na medida em que a defesa da futura civilização da morenidade, oculta a particularidade étnico-cultural e de classe do negro (como grupo econômica, social e politicamente desvalorizado) e, sobretudo, a particularidade étnico-cultural e de classe do branco (como grupo econômica, social e politicamente valorizado). Em resumo, esse processo se expressa:

I- Na sobrevalorização étnico-cultural e racial do branco.

II- Na desvalorização étnico-cultural e racial do negro afro-brasileiro.

III- No uso da valorização do branco e da desvalorização do negro e do mestiço para reforçar, política e ideologicamente, a suposta legitimidade da divisão social do trabalho, da riqueza e do poder capitalista e, portanto, do poder e domínio, em nível estrutural, da classe dominante branca ou brancarana.

IV- Na imposição da identidade nacional como luso-tropicalismo, fundada na *mestiçagem* e no *sincretismo cultural*, gerando uma homogeneidade[19] que a todos os brasileiros unificaria – de sorte que falar em negro ou em racismo consistirá em negar a identidade nacional e pôr em risco a unidade territorial e o ideal de nação que deverá vir a ter, no futuro, população racialmente homogeneizada, uma meia raça, uma metarraça.

Parece inquestionável: não existe, no Brasil, um racismo legalizado. Entretanto, não é muito difícil apontar institucionalização do racismo, recriado e reelaborado, no Brasil, estatuído pela democracia racial; está presente no fechamento para negros, mestiços descendentes de negros e não brancos em geral, da mobilidade vertical e da mobilidade horizontal. O racismo à brasileira, formulado como democracia racial, está presente nas formas abertas ou sutis de discriminação e de repressão às formas laicas e religiosas de manifestação privada ou pública da cultura afro-brasileira.

Isto significa que a democracia racial (e o branqueamento, antes) são formulações políticas e ideológicas, diretamente ligadas à reprodução intergeracional/homogeneizadora das classes (os estratos alto/dominante e dominados de nível médio são majoritariamente com-

---

[19] Ver FREYRE, Gilberto. *Casa grande e senzala*. Op. cit.

posto de brancos e os estratos baixos são majoritariamente compostos por não branco ou negro-mestiço). É esta reprodução intergeracional e tendencialmente homogeneizadora de classe que explica a permanência e o vigor da democracia racial, que vem resistindo às críticas e denúncias dos cientistas de um lado e, do outro, a denúncia dos diversos grupos do Movimento Negro, há mais de cinquenta anos.[20]

A afirmação do patriarca como chefe e autoridade resultante do processo histórico-cultural, em Freyre, é apenas uma versão suave e sedutora da defesa do autoritarismo racista e racializador que Oliveira Viana faz em *Raça e assimilação,* no qual Viana defende a arianização do Brasil, renova os ataques ao negro como ser incapaz e aos judeus e japoneses, por serem raças "infusíveis", assim como ataca a democracia e prega a ditadura, o autoritarismo como estratégia política capaz de conduzir a nação e o povo à evolução.

E tanto o desabrido racismo de Oliveira Viana e o sedutor etnocentrismo de Freyre, como a pregação do Estado autoritário apontam para a necessidade dos setores dominantes de controlar o processo de modernização emergente com a Revolução de 30, seja pela repressão dos trabalhadores e aos negros, seja pela *normatização* das relações raciais e sociais e consequente esvaziamento do político e da luta política de classes.

Revolução de 30 e identidade nacional

A Revolução de 30 consistiu em revolução na medida em que destruiu o sistema agrário-exportador, já estruturalmente esgotado, e revolução também por ter criado possibilidades de participação de setores oligarcas não cafeeiros, setores da emergente burguesia industrial, das camadas médias, dos militares rebelados contra a República Velha e dos trabalhadores.[21]

---

[20] Ver FERNANDES, Florestan. *A integração do negro na sociedade de classes* (v.I e v.II). São Paulo: Ática, 1978. NASCIMENTO, Abdias do. *O negro revoltado.* Rio de Janeiro: Nova Fronteira, 1982. MOURA, Clóvis. *Sociologia do negro brasileiro.* São Paulo: Ática, 1988. SANTOS, Joel Rufino dos. *O movimento negro e a crise brasileira.* Revista *Política e Administração,* v. I, n.2. p.285-308, jul-set-1985. SANTOS, Joel Rufino e BARBOSA, Wilson do Nascimento. *Atrás do muro da noite – dinâmica das culturas afro-brasileiras.* Brasília: Ministério da Cultura/Fundação Cultural Palmares, 1994.

[21] Essa participação política – de setores médios e dos trabalhadores – foi pequena, não institucionalizada, nem organizada – mas se trata de uma participação liberada de compromissos com o setor hegemônico destronado. Além disso, a Revolução de 30

A eliminação do domínio das elites paulistas e a ausência de hegemonia que caracterizará o processo histórico brasileiro entre 1930 e 1936/37 possibilitará, em nível social e político, a insurgência do movimento social negro mais organizado (a Frente Negra Brasileira), a emergência do movimento operário (com o PCB à frente), a expressão política dos setores médios, da burguesia industrial, além dos militares que conseguem refazer sua relação e sua presença dentro do Estado.

O crescimento da participação política dos trabalhadores e dos estratos médios, entretanto, apesar de acirrar a luta de classes, defrontar-se-á com um Estado preocupado em construir uma identidade nacional, um projeto de desenvolvimento para a Nação e que combina com a tentativa de controlar e administrar conflitos e contradições sociais.

Sob a direção de Vargas, o Estado, nos primeiros anos, pós 30, é o espaço onde os revolucionários vitoriosos tramaram um novo pacto político, através do debate e da construção de uma nova ordem constitucional, da formulação de políticas econômicas que viabilizassem o desenvolvimento e de políticas que estabelecessem a paz interna.

É nesse campo que a burguesia industrial assume o papel central, no interior do Estado, para a construção da ideologia nacional-desenvolvimentista, fundada na industrialização, coadjuvados pelos líderes militares que viam a industrialização como estratégica para a garantia da segurança nacional, pelo setor agrário não cafeeiro que só poderia viabilizar seu *negócio* com o desenvolvimento de um mercado interno e pelo movimento operário (comunista, socialista e *trabalhista*) que via a industrialização como fator essencial para o avanço das forças produtivas, capaz de criar as condições objetivas necessárias para a transformação revolucionária da sociedade.

É nesse ambiente socioeconômico, político-ideológico e histórico que é estabelecida a *identidade* entre desenvolvimento econômico/independência política e capacidade de autodefesa do país com a *industrialização*. Essa identidade, entretanto, não é fruto de um processo democrático, mas antes, do autoritarismo que busca a modernização,

---

permitirá uma reestruturação do Poder Federal, num movimento de centralização do poder político, pelo qual o Estado representaria a Nação. Cf.: DINIZ, Eli. *O Estado Novo: estrutura de poder e relações de classe.* In.: FAUSTO, Boris (Org.) *História geral da civilização brasileira* (v.10- III O Brasil Republicano – 1930/1964). São Paulo: Difel, 1983, p. 79-120.

sem a participação de classes ou segmentos sociais não dominantes.²² O Estado é, portanto, a Nação, responsável pela condução da "civilização brasileira" à grandeza. As classes sociais – burgueses industriais, oligarcas agrários, operários, as "raças" – são todos eles "fatores" de que dispõe Estado/Nação para operar a transformação industrializadora, asseguradora do desenvolvimento e garantidora da independência.

Corpo raça e identidade

O Brasil era novo. Necessitava, pois, de um novo corpo social, de uma nova identidade, de um Estado que buscasse o desenvolvimento econômico industrial. Esses ideais de identidade nacional, unidade política e homogeneidade racial encontraram sua síntese no Estado Novo. Embora não expresse uma "doutrina oficial", o Estado Novo, após o Golpe de 37, encarnará esses ideais explicitados nos discursos de Getúlio Vargas.

Neste contexto é possível entender o esforço do pensamento racista ou etnocêntrico que objetiva normalizar as relações raciais (estimulação de políticas de miscigenação para gerar uma *raça ariana*, *pura por seleção*; ou da miscigenação que gera a *metarraça*, que contém os extremos raciais representados pelo branco e pelo negro, possibilitando a ascensão de talentos não brancos, engendrando a democracia racial). Igualmente, neste contexto é que devemos entender as ações de Vargas de *proteger* o trabalhador nacional, criando o Ministério do Trabalho e estimulando a criação *normatizada* de sindicatos de representação profissional.

Essas ações mascaram, efetivamente, o objetivo de despolitizar as conflitivas relações sociais e raciais – além de explorar a divisão racial e os conflitos étnicos-nacionais existentes no seio do proletariado. É revelador, neste sentido, o discurso proferido por Lindolfo Collor, em 25 de janeiro de 1931, aos operários reunidos em frente do palácio do Catete, no Rio de Janeiro, em apoio ao Chefe Provisório da Revolução de 30, Getúlio Vargas.

---

²² Esse processo, que Gramsci conceitua como transformismo, permite que as classes dominantes promovam profundas transformações na estrutura econômica e jurídico-política da sociedade, mas sem enfrentar conflitos e confrontos econômicos, políticos e ideológicos, encarregando o Estado de promover as mudanças, normatizando comportamentos e reprimindo setores inconformados, rebeldes e recalcitrantes. Cf. GRAMSCI, Antônio. *Concepção dialética da história*. Rio de Janeiro: Civilização Brasileira, 1978.

Como Ministro do Trabalho, Comércio e Indústria, empossado em dezembro de 1930, Lindolfo Collor elogia a "liberdade" de consciência dos operários que manifestavam apoio a Vargas e à Revolução. Porém, essa liberdade de consciência deveria estar limitada à "consciência econômica dos direitos do proletariado brasileiro", e deveria ser dirigida para superar a desordem das relações de produção marcadas pelas "exigências ruinosas dos operários" versus "imposições descabidas dos patrões"), decorrentes da "ausência de organização das classes patronais e obreiras".

Portanto, para vencer a desordem era necessário "substituir o antigo conceito de lutas de classe pelo conceito novo, orgânico, construtor, humano e justo, de cooperação entre as classes". Para tanto, Collor anunciava a criação da Justiça do Trabalho com o objetivo de eliminar as lutas (políticas) de classe e normatizar e moderar os apetites extremados da "consciência econômica" de operários e patrões. Então, o Estado deveria *cuidar* do social, deveria *defender* os direitos dos trabalhadores organizados sindicatos, deveria *providenciar* para que os operários tivessem "tetos baratos, higiênicos e confortáveis"; *dar* aos operários "lei segura e eficiente" contra acidentes de trabalho e "leis humanas" para as mulheres e menores trabalhadores; *cuidar* da *instrução* e dos *aperfeiçoamentos técnicos* e o Estado, também, não deveria *esquecer* do lazer, do *descanso* físico e da *recreação* dos trabalhadores.

O Estado tudo controla: o trabalho, as leis de trabalho, o salário, a instrução (o trabalhador deveria ser qualificado) e cuida de proteger os "desprotegidos de fortuna". Mas o Estado que protege também pune os que não colaboram para a "reconstrução nacional", pois a nação chamada Brasil deveria merecer *tudo de nós*, que nada seríamos *diante da sua grandeza nada vale a nossa pequenez*.

Reivindicar, criticar, condenar e contestar a ordem seria "se erigir em inimigo" do Brasil. Logo, os que não concordassem com a ordem capitalista, controlada e tornada justa pelo Estado protetor dos desprotegidos de fortuna, seriam indignos de *"viver"* à sombras das leis brasileiras e de *respirar* o ar da Pátria. Era "tudo pelo Brasil; tudo contra os inimigos do Brasil".[23]

---

[23] Essa era a razão que Collor invocava os trabalhadores para que dirigissem a *sua condenação mais veemente* contra *toda agitação encaminhada, à sombra de princípios subversivos, contra a sua dignidade internacional* (COLLOR,1931). Cf.: COLLOR, Lindolfo. *A questão social no Brasil* (29/09/34). In: ALMEIDA LIMA, Mário (Org.). *Origens da legislação*

O Estado, pós 30, é o Estado que elimina os "extremos antagônicos" de classe e raça ou nacionalidade. É o Estado que pretende transformar todos os brasileiros, ideologicamente, em brasileiros-que-só-são-brasileiros-porque-trabalham-pelo-Brasil – isto é : não são cidadãos, mas recursos humanos ou pe*ças* pertencentes à comunidade nacional de estrutura patrimonial.

Nesse ambiente, nada poderia ser mais incômodo que o esforço de afirmação de identidade racial, de denúncia do racismo, de exigência de "integração absoluta do negro em toda a vida brasileira", que a Frente Negra Brasileira publicava e punha em debate.

Raça e nação ou A não é A

O eugenismo, a busca da homogeneização da raça tem o branco europeu como modelo. É o que se pode constatar nos debates sobre "controle da imigração" que têm lugar na Câmara Federal, no Rio de Janeiro, na elaboração da Constituição de 1934. Ao se analisarem os parágrafos 6º e 7º do artigo 121 da Constituição de 34, constata-se que o "controle da imigração" significava, na prática, veto à imigração de negros, amarelos e judeus. A proibição decorria da restrição à entrada de imigrantes, pela Constituição de 34, pois a corrente imigratória de cada país não poderia exceder, anualmente, "o limite de dois por cento sobre o número total dos respectivos nacionais fixados no Brasil, durante os últimos 50 anos.[24]

---

trabalhista no Brasil / Lindolfo Collor. Porto Alegre: Fundação Paulo do Couto e Silva., 1990, p. 205-211.____.*Discurso à classe operária* (25/01/31). In:: ALMEIDA LIMA, M. Op. cit., p.195-199. ____. *Discurso de posse no Ministério do Trabalho* (01/12/30).In: ALMEIDA LIMA, M. Op. cit., p. 173-183.

[24] De início nenhum negro poderia imigrar para o Brasil, pois os "respectivos nacionais fixados no Brasil" eram os escravos do tráfico clandestino perto de 1850, portanto fora do prazo fixado para o cálculo – os "últimos 50 anos". O mesmo artigo inviabilizava, na prática, a entrada de judeus, sobretudo após o Estado Novo. Reprimidos, não consta que, por exemplo, 100 judeus tenham se apresentado ao Estado e reivindicado suas vagas correspondentes aos dois por cento que a Constituição permitia. Essa dificuldade decorria ainda do que dispunha o parágrafo 7º do artigo 121 da Constituição de 34, que proibia a concentração de imigrantes em qualquer ponto do território nacional, evitando a formação de guetos raciais. *Constituição dos Estados Unidos do Brasil - 1891.* In: TORRES, Alberto. *A organização nacional.* São Paulo: Ed. Nacional, 1933, p. 435-515. *Constituição da República dos Estados Unidos do Brasil - 16 de julho de 1934.* São Paulo: Livraria Acadêmica, 1935. *Constituição da República Federativa do Brasil -* 24 de janeiro de 1967, com redação dada pela Emenda Constitucional n.1, de 17 de outubro de 1969 e

A política demográfica era a política do branqueamento também nas iniciativas políticas e ideológicas de Vargas e do Estado Novo. Para Vargas, a Pátria era a terra que o homem rega com suor e sangue, tornando sagrada a posse da terra/pátria. Na semana da Pátria e da Raça, de 1938 (sete de setembro), Vargas reafirma o ideal branqueador, ao defender o fortalecimento da raça branca, para assegurar a elevação cultural e a eugenia das futuras gerações.[25]

E, no Estado Novo, o brasileiro *não é na mesmidade* brasileiro, isto é, A *não é* A, pois se estabelece uma diferença racial e racializadora entre os brasileiros brancos e não brancos e uma diferenciação, também, entre proprietários e os proletários. A diferenciação é absoluta, modo de apagar quaisquer semelhanças entre a elite branca, os negros e os proletários, entre a raça que faz trabalhar e a raça que trabalha, como dizia Joaquim Nabuco, entre a raça dos senhores e a raça dos servidores, como afirmava Oliveira Viana, ou entre casa-grande & sobrado e senzala & mocambo, no dizer de Freyre. Diferença absoluta e dessemelhança implicam em desigualdade efetiva, real, estrutural e funcional.

Identidade, A é A, funcionaria para as elites, que idealizam um país e, depois, uma nação/estado para si. Daí a defesa da integridade do território nacional, da unidade linguística nacional, a defesa intransigente de certo *ethos nacional*, distinção de brasilidade, como a cordialidade, a harmonia social e racial, a afinidade (cultural, jurídica e política) com a Europa-mãe.

É que o Brasil, enquanto promissora nação eurodescendente, tem território, tem unidade linguística, ostenta certa distinção cultural, apresenta instituições jurídicas e políticas civilizadas e, sobretudo, terá no futuro uma *raça brasilis*, civilização da morenidade que já terá implantado nos trópicos a elevada cultura euro-norte-americana. Esse projeto de identidade sócio-histórica pode ser sintetizado em cinco grandes objetivos econômicos e políticos ideológicos ou socioculturais e suas respectivas formas políticas de operacionalização:

---

as alterações feitas pelas Emendas Constitucionais n. 2 a 27. São Paulo: Ed. Atlas S.A., 1986. *Constituição da República Federativa do Brasil - 05 de outubro de 1988*. Rio de Janeiro: Ed. Jornal do Brasil, 1988.

[25] Cf.: LENHARO, Alcir. *Sacralização da política*. São Paulo: Papirus, 1986. Cf.: TUCCI CARNEIRO, Maria L. *O anti-semitismo na era Vargas (1930/1945)*. São Paulo: Brasiliense, 1988, p. 138-154.

A) busca da sociedade moderna, fundada nos interesses nacionais e no desenvolvimento industrial;

B) busca da modernização pela organização/controle dos trabalhadores, através da regulamentação jurídica dos conflitos entre Capital e Trabalho;

C) preparo de uma raça homogênea e sustentação da unidade/indivisibilidade do país, pelo controle racial da imigração e pelo eugenismo que transformava a "semana da Independência" em semana da raça e da pátria;

D) valorização e proteção do homem brasileiro, que se traduzia em política educacional para os setores altos e médios e política de alfabetização e de instrução para preparar o trabalhador;

E) defesa do progresso material do país, meta presentificada pela difusão do sentimento de patriotismo e do nacionalismo, resumido por Lindolfo Collor no lema "tudo pelo Brasil" e "tudo contra os inimigos do Brasil", sobretudo pelo rádio.[26]

Identidade e estado patrimonial

O *ethos cultural* que aliaria e unificaria negros e brancos, através do mestiço e da miscigenação e que mitigaria os conflitos entre proprietários e expropriados – é o fundamento da democracia racial. Democracia racial não significa convivência harmônica de raças diferentes. Significa, ao contrário, predominância da *raça* e da classe ou elite dominante branca e, primeiro luso-tropical e, contemporaneamente, euro-americana, que admite a miscigenação, assinala valores culturais das etnias social e racialmente inferiores (as *de baixo*) e tolera a *mobilidade* vertical e horizontal de mestiços ou de mulatos (técnica e intelectualmente preparados para exercer funções de direção), mas – urge assinalar – não para o usufruto do poder.

O caráter democrático das relações raciais *estava na miscigenação*, portanto, no desaparecimento, pela mestiçagem, do negro, do índio e do branco proletário, estes que seriam, desde já, *não povo*, mas *massa pre-dita hoje*, como *povo metarracial de amanhã*: futuro que, discursiva

---

[26] Cf.: CAPARELLI, Sérgio. Rádio e autoritarismo. In: _____. *Comunicação de massa sem massa*. Porto Alegre: Summus, 1986, p. 74-87.

ou narrativamente, pode ser presentificado. No plano político e socioeconômico, o projeto de nação fundado na industrialização e na subordinação de todos (proletários, estratos médios e frações burguesas destronadas com a revolução de 30) ao interesse nacional fixado pelas elites dirigentes, significava a tentativa de anular os adversários da classe dominante.

A tese da democracia racial, nesse processo, deixa de ser apenas uma *interpretação* do Brasil (como sugere Freyre), para se converter em uma política racial, na medida em que justapõe negros, brancos, ameríndios e imigrantes de diversas nacionalidades na posição de seres cuja existência real pouco importava, já que eram *aportes* de sangue, *stocks raciais* cuja mistura geraria a "metarraça". Ou seja, as raças não eram importantes no presente e não existiriam no futuro, pois seriam diluídas na *meia-raça* brasileira. Se as raças não importam, no presente, importa menos os indivíduos das raças, pois que descartados no presente como indesejáveis fontes de extremismos (ou de conflitos) não de todo acomodados, e descartados no futuro, pois lá não existirão.

A identidade da Nação se completava: o conceito da Pátria é articulado com a ideia de Raça e, desse modo, a ideologia da miscigenação e da democracia racial (política racial de controle da mobilidade intergeracional de classe) integra o projeto hegemônico das elites no Brasil. O ideal de civilização da morenidade se articula com o projeto de nação da burguesia industrial, que reprime a organização e ação autônomas do trabalhador e do negro e os direciona, incorporando-os ao seu projeto de desenvolvimento, pelo controle subordinador e a projeção de seu desaparecimento em uma futura metarraça.

A imagem (*phantasìa*) de uma nação aparece como arquétipo fantástico da potência industrial, futura grandeza, apaziguada, pacifista, sem lutas de classes, sem conflitos raciais ou *maldição da cor*. Antes de tudo, a nação /pátria/Estado é patrimônio das elites e a lógica patrimonialista – segundo Francisco Dória e Muniz Sodré – coloca, em primeiro plano, os bens de família e a transmissão destes bens – o que inclui o controle dos mecanismos de acesso ao poder.[27]

O aspecto econômico, dentro da lógica patrimonialista, está interligado às famílias, relação entre bens econômicos e certos grupos, de

---

[27] DÓRIA, Francisco. *Os herdeiros do poder*. Rio de Janeiro: Revam, 1996. SODRÉ, Muniz. *Claros e escuros*, Op. cit.

modo a garantir a continuidade (estabilidade, permanência histórica) do grupo e/ou da família.

Casa grande e sobrado – eis a locanda, o território donde dimanaria a história do grupo (das grandes famílias que organizam a produção econômica, as relações sociais, permitem ou barram a mobilidade). O Estado patrimonial é, por excelência, territorialidade como bem de família, ou de grupos, de história fundamentada em biografias, genealogias, onde o outro entra como membro honorário ou *quase-membro-da-família*.

Em resumo: esse *modo de ver* o negro e o mulato (excluídos como diferença absoluta ou incluídos como seres assimiláveis e diluíveis em termos raciais e culturais) é etnocêntrico porque a homogeneidade racial e cultural é meta a ser alcançada. Isto tem um significado: não admite que o *povo* possa ser ou vir a ser unido e/ou unitário, mantendo a pluralidade racial e culturalmente. Só o desaparecimento do negro e do mulato e a constituição de uma metarraça permitiriam a homogeneização cultural e a *harmonia social*, raiz da *democracia racial*. Esse modo de ver, hegemônico é, ainda, autoritário por três razões:

I- tentativa de impor a cultura europeia, de origem lusitana, como "superior" e a única cultura *válida* para todos, já que essa cultura teria assimilado tudo o que de valor significativo adveio das outras culturas, sobretudo da cultura negra;

II- tentativa de imposição da interpretação do *problema negro* como *social* e *não racial;*

III- projeção do desaparecimento do negro, através da miscigenação que estabelecerá, desde agora, a igualdade e harmonia racial pela indiferenciação na civilização da morenidade.

Esse modo de ver é hegemônico e é, também, permanentemente atualizado, isto é, nos anos 50, o discurso da democratização da sociedade e o imperativo de integração dos segmentos mais pobres transformam a discussão do racismo e da discriminação do negro em algo considerado pela intelectualidade como inconveniente e objetivamente reprimido.

Mas basta indicar que a derrogada Lei Afonso Arinos considerava a prática do preconceito como contravenção, isto é, prática que poderia prejudicar a sociedade. Ou seja: a Lei Afonso Arinos não visava preservar os direitos dos negros.[28] Após 1964 e até 1980, a discussão do racismo foi enquadrada como crime contra a segurança nacional. Com efeito, em setembro de 1967 foi ditada a Lei de Segurança Nacional – LSN – que responsabilizava cada brasileiro a velar pela *"preservação da segurança interna e externa"*, inclusive, se fosse o caso, delatando, prevenindo ou reprimindo a *"guerra psicológica adversa"* (interpretação da crítica ao regime civil-militar como propaganda e contrapropaganda em relação aos chamados objetivos nacionais) e a *"guerra revolucionária ou subversiva"* (noção que buscava reprimir tanto a esquerda como a crítica liberal ao regime ditatorial). O artigo 39 da Lei de Segurança Nacional determinava, aos condenados, pena de 10 a 20 anos de prisão, de incitar:

I- à guerra ou à subversão da ordem político-social;

II- à desobediência coletiva das leis;

III- a animosidade entre as Forças Armadas ou entre estas e as classes sociais ou as instituições civis;

IV- à luta pela violência entre classes:;

V- à paralisação de serviços públicos ou atividades essenciais;

VI- ao ódio ou à discriminação racial.[29]

Incitar significa "instigar, mover, estimular, excitar, provocar, suscitar, ocasionar, açular ou impelir (no sentido de arremessar para frente ou impulsionar). Nesse sentido, cabe observar que a discussão política era, em si mesma, incitação, seja em termos dolosos (quem participa do debate quer ou assume o risco de produzir o resultado, no caso, a excitação social ou a mobilização política), quer em termos

---

[28] Esta questão está detalhadamente tratada na minha dissertação de mestrado *Negro, afirmação política e hegemonia burguesa no Brasil*. Belo Horizonte: FAFICH/UFMG, 1992, mimeo (408 p.). Ver, também: NASCIMENTO, Abdias do. *O negro revoltado*. Rio de Janeiro: Nova Fronteira, 1982, e _____. *O quilombismo*. Rio de Janeiro: Vozes, 1980. Ver, ainda: Lei n.1.390, de 03 de julho de 1951. Inclui entre as contravenções penais a prática de atos resultantes de preconceitos de raça ou de cor. Brasília: *Diário do Congresso Nacional*. Seção I, Ata da 13ª Sessão da 2ª Sessão Legislativa da 47ª Legislatura, 22-mar-1984, p. 7

[29] Decreto-Lei n.898, de 29 de setembro de 1969. Define os crimes contra a segurança nacional, a ordem política e social, estabelece seu processo e julgamento e dá outras providências. In: *Leis e decretos – Nova lei de segurança nacional, a lei de imprensa atualizada e jornalistas profissionais/regulamentação de suas atividades*. Rio de Janeiro: Gráfica Auriverde, 1971.

culposos (a excitação social ou a mobilização política decorreriam da negligência ou imprudência)".[30]

Nos anos 80, o discurso da harmonia futura das três raças continuou sendo legitimado e permaneceu, também, sob vertentes político-ideológicas: a primeira, à esquerda, ainda que timidamente reconhecendo o direito à diferença, procurava reprimir ou desqualificar a discussão do racismo, sob a alegação da necessidade de construção da unidade do proletariado (o racismo seria uma contradição secundária), e a segunda, de cerne nacionalista e trabalhista, criticava os movimentos sociais negros, como importadores do problema racial norte-americano, ao mesmo tempo em que reafirmava que o preconceito de cor no Brasil era brando e estaria ajudando a criar meia-raça brasileira miscigenada.[31]

Os anos 90 são marcados pelo neoliberalismo e pela globalização (controle transnacional de investimentos e de mercados globalizados, mediante enfraquecimento do estado-nação e atuação direta, na gestão da economia, de instituições como FMI, Banco Mundial, ONU e, sobretudo, Banco Central dos Estados Unidos da América, que exercem, atualmente, incontrastável hegemonia política e econômica). Interessa, aqui, o processo de globalização que abrange o esforço de impor padrões de comportamento e modos de ver e de viver a vida, mediante a exacerbação de valores econômicos, políticos e culturais decorrentes de uma concepção de cidadania subsumida ao individualismo, fundado na concepção neoliberal de democracia, voltada para o bem-estar individual, isto é: bem-estar *seria igual a* consumo.

A retórica globalizante e neoliberal foi incorporada ao noticiário dos jornais, através de uma certa codificação modernizadora e eufêmica, na qual a dominação e as imposições dos grupos econômicos e financeiros transnacionais convertem-se em economia globalizada, em vantagens e em desvantagens competitivas.

Essa retórica transforma o enfraquecimento do Estado-Nação em enxugamento da máquina estatal, a destruição das leis trabalhistas e das leis que garantem a segurança social, em flexibilização. E mais: a

---

[30] Cf.: FRANCISCO, Dalmir. *Negro, afirmação política e hegemonia burguesa no Brasil*. Op. cit., p. 249.

[31] Um dos intelectuais que mais defenderam essas posições foi o antropólogo e educador Darcy Ribeiro. Ver, a respeito, *O negro revoltado* (op. cit.) e RIBEIRO, Darcy. Civilização emergente. In: Revista do Brasil. *Revista do Brasil, Rio de Janeiro, ano I, nº 3*, 1985, p. 20-35.

democracia é reduzida ao direito de voto e a busca da ampliação do consumo. A concentração e a centralização do capital, gerando uma minoria possuidora de elevada renda, alta escolaridade e consumo afluente seriam os *incluídos* – frente a uma maioria com crescente carência de satisfação de necessidade básicas – que conformariam as massas de *excluídos*.

A retórica neoliberal e globalizante incorpora o discurso do direito à diferença, mas como direito de diferenciação, isto é, de nova hierarquização da sociedade, em duas novas raças: os *incluídos* que possuem elevada renda, alta escolaridade e grande poder de consumo, e os sem-renda, com baixa escolaridade e sem poder de consumo: os *excluídos*.[32]

O preconceito difuso contra o negro invisível

Um *segundo modo de ver* o negro, no Brasil, é fruto da pesquisa e reflexão científica e crítica e, pelo que é possível constatar, é largamente tributário das contribuições políticas e críticas, do movimento social negro dos anos de 1920, 1930 (Frente Negra Brasileira) e dos anos 40 e 50 (Congressos afro-brasileiros e Teatro Experimental do Negro).

É tributário, também, dos ideais de harmonia racial e de democracia racial, como algo que não é ainda, que desejavelmente será. Esse *modo de ver*, científico e crítico em relação ao mito da *harmonia racial* e ideologia que pintava o Brasil como paraíso da democracia racial, expressa-se em três correntes principais.

A *primeira corrente* é de cerne historicista e funcionalista e procura, na escravidão, as raízes das desigualdades raciais e do *preconceito de cor* ou *de raça*, ressaltados como formulações estranhas à racionalidade do capitalismo, embora funcionem, ainda, como limitações políticas e ideológicas à mobilidade.

A *segunda corrente* segue a clássica metodologia estrutural-funcional, procura mostrar que o *preconceito racial* (gerando ou não atitudes e/ou ações discriminatórias) está interligado à própria estrutura de distribuição e repartição dos bens materiais e simbólicos no Brasil.[33]

---

[32] Ver: FRANCISCO, Dalmir. *Imprensa e racismo no Brasil (1988 – 1998) – a construção mediática do negro na imprensa escrita brasileira*. Rio de Janeiro: UFRJ/ECO, 2000 (280 p. il.).

[33] Desse modo, na sociedade de classes, o *preconceito racial* contribui direta e indiretamente para a manutenção das desigualdades raciais e impede, eficazmente, mudanças no *status* dos não brancos. Observemos, de início, que tanto a primeira, como a segunda corrente

A *terceira corrente* reúne diversas interpretações da tradição marxista, que analisam o *preconceito de cor* ou *de raça* e a discriminação como processos interligados à estruturação da sociedade em termos de raça e classe, isto é, a hierarquia de classes seria reproduzida em termos raciais. O *preconceito* e a discriminação racial teriam função política e ideológica de legitimar a exploração de classe e a espoliação maior dos negros e dos não brancos.[34]

As três correntes, que acima estão muito resumidas (trabalhamos melhor essa questão em *Negro, afirmação política e hegemonia burguesa no Brasil*, op. cit.), parece constituir um único e mesmo *modo de ver* o negro, ainda que expressem diferenças metodológicas, políticas e ideológicas importantes.[35] Porém, há entre historicistas-funcionalistas, estruturo-funcionalistas e os marxistas semelhanças que compõem um único modo de ver, a saber:

- concepção de classe social reduzida ao econômico – seja em termos estruturais, seja em termos de mobilidade social;
- concepção *a-histórica* e *a-crítica* do *preconceito de cor*: funcionalistas e marxistas deduzem o preconceito da divisão social do trabalho, da riqueza e do poder, na sociedade capitalista. A dedução dispensa o cientista de perguntar quem discrimina e quem é discriminado, quem são esses atores;
- o *modo de ver* crítico científico apresenta mais uma semelhança: a concepção do negro ou do mestiço, como *indivíduo de cor*, isolado social e politicamente e como ser sem história, numa abusiva

---

interpretam e denunciam a democracia racial como algo ainda não realizado ou como realidade inexistente. *Uma contribuição exemplar dessa corrente é de Carlos Alfredo Hasenbalg (Discriminação e desigualdades raciais no Brasil. Rio de Janeiro : Zahar, 1979).*

[34] Ver Otávio Ianni. In: *Raças e classes sociais no Brasil.* Rio de Janeiro: Zahar,1979 e *Escravidão e racismo.* São Paulo: HUCITEC,1978, para quem o preconceito de cor era um falso problema criado pelas elites burguesas e gerava uma falsa consciência. Ver Fernando Henrique Cardoso, que afirma em *Capitalismo e escravidão no Brasil Meridional.* Rio de Janeiro: paz e Terra, 1977 que o preconceito racial foi redefinido pelo branco após a Abolição, visando sustentar o *status quo,* e Clóvis Moura – In: *Negro: de bom escravo a mau cidadão?* Rio de Janeiro: Conquista, 1977 e *Sociologia do negro brasileiro.* São Paulo: Ática, 1988 – para quem o racismo é a raiz da marginalização social, econômica e política de negros e mestiços brasileiros.

[35] Por exemplo, a concepção do *preconceito* como "sobrevivência arcaica" é uma interpretação bem menos crítica – ou de alcance bem mais limitado – do que as interpretações do *preconceito* como instrumento político ideológico de subalternização do negro ou como ideologia que busca legitimar a hierarquia de classes na sociedade capitalista.

identificação, pela qual o *negro* é igual a *raça* e *raça* é igual a *cor*. Neste sentido, a experiência coletiva do negro, enquanto grupo étnico e cultural, que luta pela vida e recria e reelabora sua identidade, *não conta*.[36]

- por fim, o *modo de ver* científico e crítico, de funcionalistas, estruturalistas e marxistas, revela mais uma similitude determinante: a indisfarçável crença na democracia racial, que ainda não *funcionaria* ou que ainda não *existiria*, mas a democracia racial seria devir ideal e desejado.[37]

Afrodescendente, patrimônio e herança[38]

Há um terceiro *modo de ver* o negro, que emerge nos anos 70, forjado tanto por lideranças religiosas e culturais negras, como por cientistas sociais – que não aceitam ver o negro apenas como um ser dilacerado pelas contradições sociais, pela discriminação e que rejeitam o *olhar sobre* o negro como ser humano que poderia ser subsumido à própria cor. Segundo esse *modo de ver* – apesar da escravidão, da marginalização pelo abolicionista e pela república, pela discriminação racial e pela repressão de suas manifestações políticas e culturais, o negro foi e é sujeito de sua história e de seu destino e da possibilidade de destinação. No plano especificamente cultural, a década de 80 assinala a consolidação de novas formas e novos planos de expressão cultural-religiosa e artística dos afro-brasileiros – o que se pode verificar em três níveis:

---

[36] Ver: MOURA, Roberto. *Tia Ciata e a pequena África no Rio de Janeiro*. Rio de Janeiro, Funarte/INM,1983. GOMES, Manuel. *As lutas do povo do Borel*. Rio de Janeiro, Ed. Muro, 1980.

[37] Em termos marxistas, esse desejo se expressaria na seguinte comparação: assim como, em termos capitalistas, a burguesia é a *tese*, o proletariado a *antítese* e a sociedade sem classes do futuro, a *síntese* – no Brasil, o branco seria a *tese*, o negro seria a *antítese* e a futura sociedade sem divisão de classes e sem distinção de cor seria a *preciosa síntese...* Ou seja, a aceitação a-crítica da *harmonia racial*, decorrente da *miscigenação*, implica a legitimação de uma proposta essencialmente etnocêntrica que é a democracia racial. Ver SARTRE, J. P. *Orfeu negro*. In.: _____. *Reflexões sobre o racismo*. São Paulo: Difel, 1960, p. 105-149.

[38] Nós nos valemos aqui, parcialmente, de nosso trabalho *Negro, etnia, cultura e democracia*, artigo publicado em SANTOS, Joel Rufino dos. *Negro, brasileiro negro. Revista do Patrimônio histórico e artístico nacional*. Rio de Janeiro, IPHAN/Ministério da Cultura, n. 25, 1997, p. 164-197.

- diversificação e internacionalização da expressão cultural negra;
- retomada do esforço público de afirmação, resistência e expansão dos diversos grupos que compõe a comunidade religiosa e cultural afro-brasileira e recriação, também, em níveis regionais e nacionais, do movimento negro *político e urbano* institucionalizado – fatos que implicam uma defesa política da Tradição religiosa e cultural menos silenciosa e mais aberta da *comunitas negra* e em uma militância antirracista que revela suas finalidades e seus compromissos;
- o avanço organizativo do movimento social negro, no que tange à sua participação direta na discussão, elaboração e influência na aprovação de leis, que intentam proteger o cidadão contra a discriminação de origem étnica, racial ou nacional.[39]

O avanço no debate científico sobre a questão racial e sobre a cultura e religião negras ou afro-brasileiras, decorrentes das contribuições de pesquisadores, intelectuais e líderes comunitários – dentro e fora do Brasil – vão constituir um novo patamar para o estudo e a pesquisa sobre o negro e sobre a cultura negro/afro-brasileira. Esses estudos indicam a existência efetiva de uma cultura negra, fruto de um processo de reelaboração e sustentação da herança cultural afro-negra- multifacetada na medida em que apresenta expressões de elevadíssima coerência interna e externa e de continuidade em relação à África – tradicionais Casas da religião negra em São Luiz/Maranhão, em Recife/Pernambuco, em Salvador/Bahia e no Rio de Janeiro (SANTOS, 1976; BASTIDE, 1979 e VERGER, 1981). Mas esses estudos e contribuições críticas indicam, também, um processo de descontinuidade, mas de consistente reelaboração e enriquecimento da herança cultural recebida, com aportes de outras culturas e que ajudam a compor a expressão cultural negra – como pode ser verificado na Umbanda, nas diversas versões do Congado, na Capoeira, nas Escolas de Samba, Blocos Afros e Afoxés (SANTOS, 1976; SODRÉ, 1983; 1988; LOPES, 1988; FRANCISCO, 1992; NASCIMENTO, 1995; SANTOS, 1997), bem como de

---

[39] Criação da COMTOC – Conferência Mundial da Tradição dos Orixá e Cultura – em 1981, em Ilê Ifé, na Nigéria, que mobilizará lideranças comunitárias do Brasil, Venezuela, Trinidad Tobago, Haiti, Cuba, Estados Unidos da América e Benin e Nigéria; a década de 80 registra, também, a fundação do Instituto Nacional da Tradição e Cultura Afro-Brasileira – INTECAB –, com sede na Bahia e filiais em São Paulo, Rio de Janeiro, Minas Gerais, Brasília, Sergipe, Pernambuco, Pará e Maranhão.

um novo enfoque da relação entre comunidade/coletividade e processos de individualização ou formação da individualidade negra ou afrodescendente. O processo de continuidade e de descontinuidade no desdobramento da herança cultural negra-africana e o esforço de constituir-se cidadão possibilitaram novas formas individualização e de expressão individual da cultura negra, nos campos da Música, da Literatura, do Teatro, da Dança, da Pintura, da Escultura e, desde os anos 50, nos campos das Ciências Sociais e Humanas (SODRÉ, 1988; SANTOS, 1976; SANTOS,1997).[40]

Ao lado dessas contribuições, é de se registrar os aportes científicos e políticos decorrentes dos debates promovidos, nos anos 80, pelo Instituto de Pesquisa da Cultura Negra (IPCN/Rio de Janeiro), pelo Instituto de Pesquisa Afro-brasileiro (IPEAFRO/São Paulo) e, sobretudo, pela Sociedade de Estudos da Cultura Negra no Brasil, (SECNEB/Salvador). Esses debates, essas contribuições críticas e essas mudanças permitem a compreensão de quatro pontos essenciais para uma nova postura ética e científica, em relação ao negro e à cultura afro-brasileira:

1 - é a constatação de que a cultura e a religião de origem africana no Brasil expressam uma cosmovisão sistemática e estruturada e que dá significado e orienta a vida, a existência e as ações da *comunitas* afro-brasileira e de seus membros individuais. A manutenção e desdobramento pelas comunidades-terreiros da

---

[40] Esses avanços advêm das publicações, da difusão e do debate sobre a identidade do negro e a identidade nacional, estimulado pelas seguintes contribuições: BASTIDE, Roger. *As religiões africanas no Brasil*. São Paulo: Perspectiva, 1971; ELBEIN DOS SANTOS, Juana. *Os nagô e a morte*. Petrópolis: Vozes, 1976; VERGER, Pierre. *Orixás – deuses iorubás na África e no novo mundo*. Salvador: Corrupio, 1981; AUGRA, Monique. *O duplo e a metamorfose*. Petrópolis: Vozes, 1983; LOPES, Nei. *Bantos, malês e identidade negra*. Petrópolis: Vozes, 1988; SODRÉ, Muniz. *A verdade seduzida*. Rio de Janeiro: Codecri: 1983; _____: *O terreiro e a cidade – a forma social – negro brasileira*. Petrópolis: Vozes, 1988; LUZ, Marco Aurélio. *Cultura negra e ideologia do recalque*. Rio de Janeiro: Achiamé, 1983. ELBEIN DOS SANTOS, Juana (Org.). *Democracia e diversidade humana, desafio contemporâneo*. Salvador: Secneb, 1992; ROCHA, Agenor Miranda. *Os candomblés antigos do Rio de Janeiro – A nação ketu: origens, ritos e crenças*. Rio de Janeiro: Topbooks, 1995; NASCIMENTO, Abdias do. *Orixás – os deuses vivos da África*. Rio de Janeiro: IPEAFRO/Afrodiáspora, 1995. Do ponto de vista político, cumpre destacar: NASCIMENTO, Abdias do. *O quilombismo*. Petrópolis: Vozes, 1980; SANTOS, Joel Rufino dos. *O movimento negro e a crise brasileira*. Revista Política e Administração. v.I, n.2, p. 285-308, jul-set, 1985; _____ (Org.). *Negro, brasileiro negro*. Revista do Patrimônio Histórico e Artístico Nacional. Rio de Janeiro, IPHAN/Ministério da Cultura, n. 25, p.164-197, 1997.

herança religiosa e cultural permitirão ao negro e ao afro-brasileiro desenvolver uma forma social negro-brasileira (Sodré, 1988) e especificamente política (Nascimento, 1979; Francisco, 1992) para afirmar-se cidadão na sociedade brasileira, recriando-se como coletividade e individualidade, apesar do racismo, e etnocêntrica com base na identidade cultural (ethos), valores éticos e estéticos, mesmo diante das adversidades econômicas e sociais e das limitações políticas e ideológicas;

2 - a constatação da origem plural da tradição religiosa afro-brasileira que resulta em manifestações diversificadas e diferenciadas, com processos de continuidade e descontinuidade porém subjacentes a uma unidade em nível cosmogônico e teológico, litúrgico e ritualístico.

3 - e em síntese, o negro, negromestiço, afrodescendente ou afro-brasileiro é ser tem e sustenta um comum-pertencimento a uma etnia ou uma *comunitas*, integrante da população nacional-brasileira, guardando com esta a semelhança historicamente constituída e que permite aos grupos de diferentes origens étnicas e pertinentes a distintos segmentos sociais, integrarem um espaço geográfico comum, sustentarem uma comunidade linguística, possuírem um certo legado histórico e social comum – mas que se distinguem em termos culturais e, por isso, se diferenciam em termos de *ethos*, de ética, de expressão política e de expressão estética.

Essa literatura, de meados dos anos 70 para cá, está indicando o seguinte: não são as dificuldades sociais e econômicas que identificam o negro, mas a capacidade de, a partir de um certo ambiente e de certas condições históricas, reconhecer o que o negro faz para *ser* étnica e culturalmente negro. Ou seja, o negro, apesar de imerso em condições socioeconômicas e políticas adversas, logrou preservar, reelaborar e sustentar sua cultura e desdobrar a herança africana (tradição é o que se entrega e o que se recebe). Assim é que foi possível ao negro, coletiva e individualmente falando, recriar e restabelecer, no Brasil, sua identidade humana.

Essa identidade (mesmidade) e criação de traços de identificação (consigo mesmo, na mesmidade e na diferença) orientam o afrodescendente, diretamente, no processo de afirmação e, em decorrência dessa afirmação, no processo de resistência e ou de acomodação – de modo a efetivar-se como parceiro dos não negros, ator que ajuda a configurar a história brasileira, enfrentando opositores de classe ou de etnia, traçando alianças e construindo-se como parceiro da sociedade e diferenciando-a, de modo que a *brasilidade* só ganha sentido se, e somente se, for compreendida como diversidade cultural e pluralidade étnica.[41]

O conceito de cultura como modo de relação de um grupamento humano com o real possibilita compreender o negro e o não negro como seres que compartilham a igualdade dos que se fazem e se identificam como negro e como não negro, ao estatuir uma relação com o real ou afirmando-se homem, hominizando o mundo – ao mesmo tempo em que afirmam a diferença, insurgindo com o diverso, sustentando a diversidade cultural como condição humana, universalidade que não apaga nem subsume a particularidade.

Por essa concepção é possível reconhecer, em formações culturais plurais, como ocorre no Brasil, a existência histórica de grupamentos étnico-culturais particulares. Isso implica reconhecer a existência da cultura negra e, por isso, compreender as ações e o sentido das ações do negro brasileiro, na construção de sua identidade, afirmação política e resistência que o revelam como sujeito social e histórico.

Trata-se, pois, do sujeito central, ser consciente de si e que, nessa condição, faz a história e é, por isso, o seu objeto principal. Mas trata-se de sujeito que é particularidade e que imprime na história sua particularidade, ambiguidade, complexidade e incompletude. Essa perspectiva se desdobra em uma série de consequências, entre as quais cumpre destacar:

1 - a cultura, enquanto processo de afirmação do ser-humano na hominização do mundo, radica na energia – *arkhé* –, como fonte, princípio ou fundamento de tudo ou o que *faz surgir*

---

[41] Ver: Roger Bastide (*As religiões africanas no Brasil*. São Paulo: Pioneira, 1973),Joana Elbein dos Santos (*Os nagô e a morte*. Petrópolis: Vozes,1976 e *Ancestralidade africana no Brasil – Mestre Didi 80 anos*. Salvador: Secneb, 1997), Abdias do Nascimento (Op. cit., 1982 e *Orixás – os deuses vivos da África*. Rio de Janeiro, IPEAFRO/Afrodiáspora, 1995), Elisa Larkin Nascimento (*Pan africanismo na América do Sul, 1982*), Marco Aurélio Luz (*Cultura negra e ideologia do recalque. Rio de Janeiro: Achiamè, 1983*), Deoscóredes Maximiliano dos Santos (*Historia de um terreiro nagô*. São Paulo: Max Limonad, 1988), SODRÉ (*A verdade seduzida*. Rio de Janeiro: Codecri, 1983, *O terreiro e a cidade – a forma social negro-brasileira*. Petrópolis: Vozes,1988, *Santugri – história de capoeiragem*. Rio de Janeiro: Santugri – *Histórias de mandinga e capoeiragem*. Rio de Janeiro: José Olímpio, 1988 e *Claros e escuros*, Op. cit.).

e que governa todas as coisas. Mas cultura também é natureza enquanto condicionamento e possibilidade de vida e de sobrevivência.[42] A cultura é energia/sentido e não se submete inteiramente ao ideológico, nem aos *imperativos do real* humano (relativa autonomia dos grupamentos étnicos, na sua afirmação e na sua resistência a processos opressivos, nas sociedades capitalistas e em outras formações sociais e históricas;

2 - não há uma única *cultura*, mas *culturas* e, por isso, a relação entre o particular e o universal se altera. O universal é experiência do conhecimento humano sobre a natureza e o real é universal e o *conhecimento em si* (o que é conhecido/sabido e o produto desse saber/conhecer) é da ordem do particular (experimento);

3 - sendo universal a experiência e não o experimento, torna-se mais compreensível a universal troca de experiências entre os seres humanos, de diversas etnias, trocas que não implicam *hibridismo* cultural ou *sincretismo*. A troca cultural não implica em sincretismo, mas em permutas selecionadas de experiências, que alimentam e enriquecem a experiência dos seres humanos em sua manifesta diversidade.[43]

---

[42] Ver: LEÃO, Emmanuel Carneiro. *A diferença e a cultura*. Salvador: 1996 (mimeo), 5p. CHAUI, Marilene de Souza. *Introdução à história da filosofia*, v.1. São Paulo : Brasiliense, 1994, p. 41. Ver, também, MARX, em *Observações à margem do programa do partido operário alemão*, realizado na cidade alemã de Gotha, em 1875. Para Marx, a natureza é a fonte de todos os recursos, de toda a riqueza ,"fonte dos valores de uso". MARX, Karl. *Crítica ao Programa de Gotha*. In.:____ e ENGELS, Friedrich. *Obras escolhidas*. São Paulo: Alfa-Omega, v.2, S/D, p. 203-225

[43] Tomando-se a Música Popular Brasileira, é possível analisar as trocas culturais. Sinhô (José Alfredo Barbosa, Rio de Janeiro – 1888/1930: compositor, violonista e pianista), Pixinguinha (Alfredo da Rocha Viana Filho, Rio de Janeiro, 1989/1973: compositor, instrumentista e arranjador) ou Geraldo Pereira (Geraldo Teodoro Pereira, Minas Gerais, 1918/Rio de Janeiro, 1955: compositor e cantor) são músicos negros, brasileiros que adotam o piano, a flauta, o saxofone e a *musicalidade europeia e portuguesa* e recriam a música negra no Brasil. No campo da literatura, a palavra axé em nada foi afetada pela assimilação da escrita que, em um autor consagrado como Deoscóredes Maximiliano dos Santos (Mestre Didi Assipá/Alapini), é convertida em escritura, outro modo de registro da memória histórica dos nagôs. Ver: FRANCISCO, Dalmir. *Mestre Didi e a palavra axé: escritura e identidade na tradição cultural afro-brasileira*. In.: SANTOS, Juana Elbein dos. (Org.). *Ancestralidade africana no Brasil – Mestre Didi 80 anos*. Salvador: Secneb, 1997, p. 125-139. BARTHES, Roland e MAURIÈS, Patrick. "Escrita". In : *ENCICLOPÉDIA EINAUDI*, V.1., Lisboa: Imprensa Nacional/Casa da Moeda, 1987, p.146-172.

Em conclusão, o negro, negro-mestiço ou afrodescendente conforma uma etnia e constitui um processo identitário, fundamentado na herança cultural recebida, reelaborada e recriada que, em larga medida, orienta os esforços de vários segmentos da comunidade negra, de negros ou de negro-mestiços, no processo histórico de afirmação, resistência e acomodação, na sociedade brasileira.

Essa identidade criada pelo negro, para si, comunitária e individualmente, significa um vigoroso (porquanto *vigora*) contraponto à identidade criada para e *contra* o negro traduzida pela ideologia da mestiçagem, pela qual o negro não é mais (*foi* escravo), não permanece (está se diluindo pela mestiçagem) e que não será, pois que estará diluído (*di/s/luere = lavado*) na futura metarraça. Entretanto, a identidade nacional e *popular* (isto é, relativa aos ameríndios, negros e brancos que integram a população brasileira) continua sendo desenhada pela ideologia da mestiçagem e, em consequência, há um esforço continuado de construir a invisibilidade social, histórica e cultural-comunitária do negro. As consequências do ideário da miscigenação e da democracia racial, no relacionamento entre negros, brancos implica no seguinte: se o negro, pela miscigenação deveria deixar de existir, diluindo-se na morenidade, não há por que considerá-lo como cidadão que, rebelado contra o racismo, reivindica a igualdade; o negro deverá desaparecer/diluir-se na futura metarraça e, desde já, o negro ou o afrodescendente pode ser tratado como invisível. Esse esforço de tornar o negro invisível desdobra-se nas seguintes formas contemporâneas de discriminação do negro, na mídia, nos discursos políticos e até mesmo em certo nível de produção científica.

Esforço de *naturalização da discriminação racista do negro* (condenação da discriminação frontal, desabrida e violenta, mas efetiva negação do esforço do negro de afirmação e de resistência políticas à opressão racista e de classe – admite-se o racismo, condena-se o racismo, mas se tenta reprimir a existência do movimento social negro).

Esforço de narrativa do negro como um ser-sem-história (frequentemente se fala do negro como se este não tivesse história, isto é, o negro seria um ser humano *excepcional*, pois não teria, como qualquer ser humano, uma determinada relação como o mundo natural e, portanto, ser humano que constrói uma certa natureza humana, e que não se conceberia a, si mesmo, como ser humano, nem estabeleceria certa relação como o outro, alteridade não negra; o negro teria a possibilidade de afirmar-se humanamente histórico, mas o branco ou o não negro poderia dizer o que é o negro, segundo o olhar do não negro).

Esforço de narrar o negro como ser socialmente isolado (trata-se do esforço de negar a dignidade do povo que culturalmente, artisticamente, politicamente e socialmente luta para superar as dificuldades de sobrevivência e que recria e reelabora sua identidade, na mesma sociedade e no *mesmo terreno histórico* dos brancos, dos ameríndios e de descendentes de outras etnias – isto é, trata-se do negro como se fosse destituído de uma comunidade e de laços comunitários com outros negros, negros-mestiços e não negros).

Esforço de afirmar o negro como ser sem vontade e sem voz (o negro é apresentado/representado como ser sem voz e sem vontade, sem capacidade de falar e de dizer. O negro como *não ser* não tem voz e, pelo negro (como pela criança, pelo adolescente, pela mulher, pelo trabalhador e pelo índio), podem falar as elites políticas ou logotécnicas – na linha da solidariedade paternalista).

É *na* e *pela* luta que transparece o ser humano negro que se afirma e se redefine, diante de situações concretas. Tal era a imagem que o negro projetava para si e para o negro no início da década de oitenta – quando se buscava entrelaçar o individual e o coletivo, esforço de configurar uma nova tessitura da história de negros e de brancos, da e na sociedade brasileira. Era a projeção de uma imagem e a objetivação do desejo de conformar uma coletividade na luta coletiva pela vida, objetivação histórica que é e traduz uma nova subjetivação. Projetar ser um novo indivíduo negro, cuja presença e preocupação presente buscam *ressignificar a história brasileira e, dentro dela, o negro que traça um outro rumo: eis o negro na história, nossa história. Cultural, histórica, social e politicamente o negro comunica sua mesmidade (negro que tende a ser em si mesmo, por si mesmo, consigo mesmo, o mesmo) e, por isso, diferença com o outro, o branco, diferenciação que abre novas possibilidades de diálogo e de traçar semelhança: por que não a igualdade dos que, sendo o si-mesmo, convocam o outro para um outro modo de inscrever-se na história, em liberdade de estabelecer-se mesmidade, construir diferença, mediada pela semelhança?*

EXU: "VERBO DEVOLUTO"

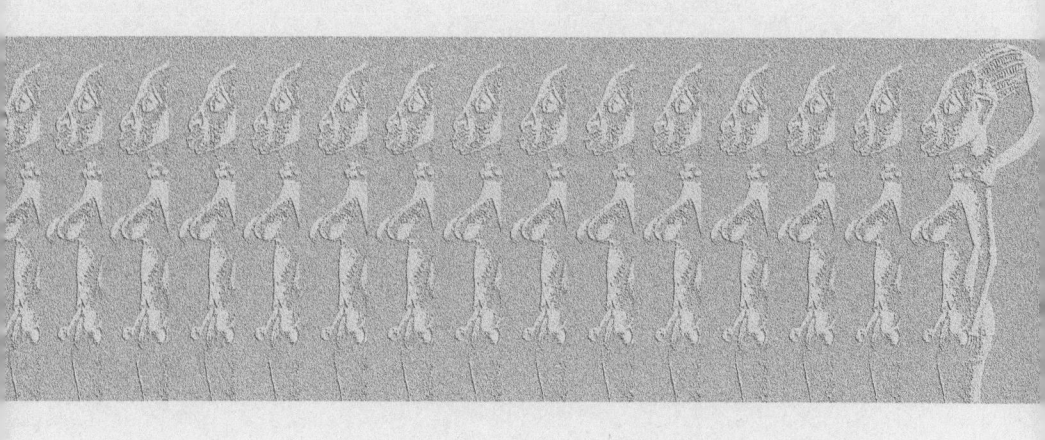

Maria José Somerlate Barbosa

No panteão dos deuses africanos, Exu é considerado uma força motora, geradora, criativa e onipresente, cuja existência se faz nas margens, nos limites, na limiaridade e nas suas múltiplas caracterizações. Representando a ambiguidade, a pelintragem, o imprevisível e o caótico, ele é também o mestre das encruzilhadas e das aberturas, conhecedor dos caminhos, início da vida, mensageiro da palavra e arauto entre os orixás e os seres humanos.[1] Segundo Everardo Rocha,

> Exu é também símbolo da individuação, estando afirmado em todas as coisas. Daí sua possibilidade infinita de desdobramento, de ser uno e estar em toda parte. (...) Mais do que isto e por isto, Exu é aquele que comunica o sistema, transporta oferendas, redistribui Axé. É mensageiro dos orixás para os homens, destes para os Orixás e entre os próprios Orixás. (1996, p. 88)

Em se caracterizando e definindo Exu, há de se considerar que seu nome significa "esfera", "aquilo que é infinito, que não tem começo nem fim", "princípio ativo de tudo" (BARCELLOS, 1995, p. 47). Ele não desfruta da mesma posição dos orixás, pois na mitologia iorubá desempenha o papel de intermediário e não está incluído no panteão dos deuses nascidos do ventre de Iemanjá (HERSKOVITS, 1938, p. 201; BASTIDE, 1961, p. 208; ORTIZ, 1988, p. 126-127). Segundo Monique Augras, "a rigor, Exu não é orixá, mas sim a personificação do princípio da transformação" (1983, p. 95). A sua sensualidade

---

[1] Exu é comparável a Hermes da mitologia grega, que também se fez mensageiro e intérprete dos deuses e cujo nome deu origem à hermenêutica, interpretação do sentido das palavras e dos textos sagrados. Veja Gates, 1988, p. 8-9.

(representada na África pelo membro ereto) é vista como símbolo de fecundação e vida, ligado ao princípio criador e à invenção. O seu elemento da natureza é o fogo, que é, na simbologia mundial, geralmente associado ao ardor da sexualidade.

Se o dono do caminho é Ogum, o dono da encruzilhada e da bifurcação é Exu, que se apresenta com um lado favorável (Irunmolé) e um lado caótico (Elorá). Por ser uma divindade que representa tanto o Bem quanto o Mal, é ambivalente, dicotômico, ambíguo e, por isso, emblematiza um espaço cultural de múltiplos significados e identidades. Como consequência, as forças de Exu dependem do modo como é invocado, isto é, da vibração e da pulsação terrestre da pessoa que o evoca (Santos, 1992, p. 37 e 57). O seu caráter irreverente de *trickster* é um dos seus aspectos contraditórios, pois também ajuda as pessoas boas e que o respeitam (Bastide, 1978, p. 57). Sendo tanto luz quanto sombra, é "o deus que introduz o ocaso e a desordem no universo. Daí seu aspecto ambíguo, mas não necessariamente maligno" (Magnani, 1986, p. 46). Esta ambiguidade de Exu-Elegbara[2] é descrita em um *oriki* tradicional da mitologia iorubá:

> Edju pregou muitas peças
> Edju levou parentes à guerra
> Edju penhorou a lua e levou o sol
> Edju fez os deuses lutarem entre si
> Mas Edju não é maldoso.
> Trouxe-nos o que melhor existe;
> Deu-nos o oráculo de Ifá;
> *Trouxe-nos o sol*. (Gates, 1988, p. 3)[3]

Alguns terreiros de Candomblé guardam a tradição africana, considerando Exu o mensageiro, o intermediário e, por isso, são-lhe feitas oferendas para que abra o caminho para os orixás. É o "Mercúrio africano, o intermediário necessário entre o homem e o sobrenatural, o intérprete que conhece ao mesmo tempo a língua dos mortais e a do *Orixá*" (Bastide, 1961, p. 23). Desempenha, assim, "função 'diplo-

---

[2] Ele é denominado de *Esu-Elegbara* na Nigéria, Legba em Benin, Echu-Elegua em Cuba, Papa Legba no Haiti, e Papa Las Bas e "Signifying Monkey" nos Estados Unidos (Gates, 1998, p. 5).

[3] Esta tradução, como todas as outras do inglês para o português que aparecem neste texto, é de minha autoria.

mática' entre as criaturas humanas e os demais orixás", sendo, por isso, sempre saudado em primeiro lugar (VALENTE, 1955, p. 128). Mas mesmo nos terreiros de Candomblé, o "padê" é feito mais como um sacrifício conciliatório – para evitar que Exu perturbe a cerimônia. No passado, a oferenda ao orixá procurava evitar perseguições, rixas e até invasões da polícia, mais do que celebrá-lo com a homenagem (BASTIDE, 1978, p. 22, 252-253).[4]

Num exame das circunstâncias que transformaram Exu de mensageiro da palavra a figura maléfica, associada ao mal, capaz de matar, envenenar e até levar as pessoas à loucura, Bastide considera que a transformação aconteceu quando Exu foi transplantado para o Brasil e ficou sujeito aos moldes morais e religiosos da colônia (1978, p. 253). Passou a ser visto pela ótica da religião católica que também censurou a sexualidade dele como uma representação e incorporação do Mal (SANTOS, 1992, p. 34; BASTIDE, 1978, 252). A ambivalência de Exu é sua principal característica, mas, no Brasil, o seu polo negativo foi destacado e ele foi colocado nas margens do permitido, no limiar do proibido.

No seu estudo sobre Umbanda, Renato Ortiz analisa as circunstâncias, as condições sociais e as transformações que Exu sofreu no Brasil:

> Na passagem de Legba ao Brasil, sob a influência de condições sociais diferentes, os traços africanos da divindade se transformaram. Primeiro sua ligação com Ifá [Destino] desaparece, pois a organização sacerdotal africana desagrega-se com o tráfico. (...) Sob a influência da Igreja Católica, o dualismo entre bem e mal se prenuncia nas funções da divindade. É bem verdade que nos candomblés Exu não é assimilado à encarnação do mal (...). Ele guarda ainda sua função de intermediário entre os deuses e os homens (...). A recusa de confundir Legba como o princípio do mal pode também ser observada no sincretismo com os santos católicos. (...) Entretanto, apesar desses exemplos, Legba aparece também sincretizado com o Diabo; neste caso, toma-se em consideração unicamente o caráter trisckster do deus, o que implica uma primeira descaraterização da divindade. (1988, p. 129)

Expulso da "Umbanda Branca" onde predomina o kardecismo, "um polo mais ocidentalizado", Exu é considerado o Mal (a não ser que seja um "Exu batizado"):

---

[4] Bastide nota que este aspecto de Exu no Candomblé é mais prevalente nos candomblés bantos (1961, p. 213).

> A divindade *trickster* se transforma assim em Exu-Santo Antônio, espírito em evolução, ao mesmo tempo que guarda um caráter ambíguo, o do Exu-Pagão. (...) Submetido à dicotomia do bem e do mal, Legba transforma-se em espírito arrependido, obedecendo desta forma ao apelo das entidades de luz. Ele é acorrentado às regras morais da sociedade brasileira, e se por acaso conserva seu caráter sexual, este só se manifesta sob a vigilância atenta de Santo Antônio. (ORTIZ, 1991, p. 148-149)

Os nomes de Exu na Umbanda e na cultura popular são diversificados e múltiplos, representando a sua versatilidade, elemento dinâmico, constantemente reinventado: Capa Preta, Ventania, Rompe Mato, Tranca Ruas, Zé Pilantra, Sete Covas, Gira-Mundo, Pomba-Gira e Maria Padilha (suas formas femininas) e muitos outros. Cabalisticamente, os Exus batizados da Umbanda são sete cabeças de legião: Exu Sete Encruzilhadas, Exu Pomba-Gira, Exu Gira-Mundo, Exu Tiriri, Exu Tranca Ruas, Exu Marabô e Exu Pinga Fogo (SILVA, 1996, p. 379). As várias facetas de Exu na Umbanda (ciganos, boiadeiros, pretos-velhos, caboclos) tornam-se personagens limiares que ocupam os interstícios do sistema e que são transformados "nos terreiros populares, por um processo de inversão, em heróis dotados de força espiritual, capazes de socorrer aqueles que hoje, sujeitos talvez às mesmas vicissitudes, os invocam" (MAGNANI, 1986, p. 48).

Considerando-se que, segundo a cosmologia africana, Exu é o princípio e o fim, senhor dos encontros e dos desencontros, das encruzilhadas, das opções e da palavra, poder-se-ia dizer que ele atua tanto no sistema religioso como no campo da fala/escrita. Na mitologia fon, "Legba é considerado 'o linguista divino', aquele que fala todas as línguas e interpreta o alfabeto de Mawu para os homens e destes para os deuses" (GATES, 1988, p. 7). Se Ifá pode ser considerado a "metáfora do texto em si mesmo", Exu representa as "incertezas da explicação", a abertura e a multiplicidade de significados de cada texto, tornando-se, portanto, o próprio processo de interpretação (GATES, 1988, p. 21).

Muitas das características frequentemente associadas a ele (contradição, logro, complexidade, sistema escorregadio, transformações espontâneas, multiplicidade de significados e facetas) são também características da linguagem e da palavra. Pela sua enorme capacidade de persuasão, dinamismo e por ser elemento de ligação entre o céu e a terra, Exu torna-se ao mesmo tempo a própria mensagem e o veículo de comunicação. Neste sentido, a natureza de Exu é a própria "reflexão, (...) a busca e o aprofundamento" que está ligada à criação (SIQUEIRA, 1995, p. 11). Portanto, não é por acaso que a ambivalência deste orixá está caracterizada no capítulo VII de *Macunaíma* ("Macumba"), em que Mário de Andrade apresenta o encontro do "herói sem nenhum caráter" com Exu. O autor mostra as várias concepções que o orixá adquiriu no Brasil e também lhe presta homenagem, considerando-o mensageiro da palavra, intérprete de Ifá.

Sentindo-se incapacitado de vencer a luta com o gigante Venceslau Pietro Pietra que havia roubado o seu talismã, a "muiraquitã", Macunaíma resolve ir ao Rio de Janeiro "se socorrer de Exu diabo em cuja honra se realizava uma macumba no outro dia" (ANDRADE, 1988, 56-57). Durante todo o processo da chegada de Exu até a sua incorporação na mãe de santo, durante os pedidos e mesmo quando a oração foi feita para ele ("a reza do Padre Nosso Exu"), o orixá foi descrito como "o diabo-coxo", "um capiroto malévolo", "diabo", "romãozinho" (ANDRADE, 1988, p. 58-62). Quando a cerimônia termina e Macunaíma agradece à Tia Ciana, a dona do terreiro, ela explica-lhe a transformação sofrida pela divindade: "Chico-t era um príncipe jeje que virou nosso padre Exu dos séculos seculoro pra sempre que assim seja, amém" (ANDRADE, 1988, p. 64).[5] Como é comum nos terreiros de Candomblé e Umbanda, há também uma festa/comemoração depois da cerimônia (neste caso depois da saída de Exu):

> E pra acabar todos fizeram a festa juntos comendo bom presunto e dançando um samba de arromba em que todas essas gentes se alegraram com muitas pândegas liberdosas. Então tudo acabou se fazendo a vida real. E os macumbeiros, Macunaíma, Jaime Ovalle, Dodô, Manu Bandeira, Blaise Cendrars, Ascenso Ferreira, Raul Bopp, Antônio Bento, todos esses macumbeiros, saíram de madrugada. (ANDRADE, 1988, p. 64)

As referências a esses "macumbeiros" que estavam na festa prestigiando Exu não são por acaso, pois todos estão associados à criação artística: são músicos, escritores, folcloristas ou pessoas que mantiveram contato com o grupo modernista (como é o caso de Blaise

---

[5] "Chico-t é um eufemismo do diabo", segundo nota explicativa de Telê Porto Ancona Lopes, coordenadora da edição crítica de *Macunaíma: o herói sem nenhum caráter*. Veja ANDRADE, p. 64.

Cendrars). A associação que Mário de Andrade estabelece entre os poetas modernistas e sambistas de renome e a homenagem deles a Exu parece se calcar no que Eneida Maria de Souza (1988) considera a "pedra mágica do discurso" (p. 295), "o amuleto verbal" (p. 299), "a subversão do material lingüístico" e a "língua desgeografizada" de *Macunaíma* (p. 300).

Sendo o senhor da palavra e da mensagem, Exu realiza aquilo que Macunaíma gostaria de ter alcançado e que seu amuleto representa: a possibilidade da decifração do signo lingüístico na sua inteireza. Macunaíma também tem outras características em comum com Exu: é o herói sem nenhum caráter, um *trickster*, o último a nascer e o que evoca o Zé Pilintra, figura do malandro. Ele é, segundo Darcy Ribeiro, "o retrato oblíquo, transverso do Brasil" (1988, p. xviii). Como Exu, Macunaíma traz em si, ao mesmo tempo, o traço de herói e de anti-herói, pois também vive na "limiaridade", com a existência localizada nas margens e nas fronteiras morais, driblando o proibido e expandindo o permitido. Mário de Andrade apresenta uma versão ambivalente de Exu: o Exu-pagão da Umbanda, ou *quiumba*, aquele que Macunaíma foi invocar para fazer um despacho contra o gigante, e o que serve de inspiração aos grandes poetas e músicos.

De muitas maneiras, a literatura brasileira, a partir do Modernismo, apresenta textos brincalhões. Utilizando-se da paródia, da ironia, da ambiguidade, do paradoxo e da contradição, os textos brincam com o leitor, assumindo várias faces, facetas e disfarces, numa atitude, às vezes, carnavalesca e irreverente. A relação entre o autor e o leitor nesses textos, principalmente aqueles que exercitam a sua referencialidade, isto é, os textos meta-ficcionais ou meta-poéticos, frequentemente se faz como uma relação amorosa, podendo ser associada à sensualidade e à sexualidade de Exu e ao seu domínio da palavra.

É esta última faceta e postura, mais próxima da maneira como Exu é geralmente descrito na África, que aparece em poemas escritos por Ricardo Aleixo, Cuti [Luiz Silva], Abdias do Nascimento e Edimilson de Almeida Pereira. Para eles, Exu é sutil, astuto e o mensageiro entre o céu e a terra. Por exemplo, no seu poema "Exu" da parte denominada "Orikis", de *A roda do mundo*, Ricardo Aleixo traça o perfil do orixá, do seu nascimento ("Primeiro/que nasceu,/ último a nascer"), ao seu significado cultural, analisando a sua personalidade (Deus capaz/de ardis,/controlador/dos caminhos./

Elegbara,/parceiro /de Ogum) e outras características como sensualidade, sexualidade e facilidade de expressão:

> Barrete
> Cabelo pontudo
> como um falo.
> Dono dos oitocentos
> Porretes.
> Oitocentos
> porretes nodosos.
> Senhor da fala fácil.
> Sopra a flauta
> E seus filhos vêm.
> (ALEIXO, 1996, p. 35)

A referência à sexualidade de Exu, no poema de Aleixo, remete o leitor à tradição que liga o orixá a símbolos fálicos. No altar de Exu-Elegbara, na Nigéria, há esculturas de pênis eretos criando um elemento visual que nos leva ao famoso poema-louvação (*okiri-oko ki oko* = a maior das ereções) e que transforma Exu num amante sofisticado, como assinala Robert Thompson:

> (...) Não importa se ele é chamado Exu ou Zé Pilantra no Brasil, ele nunca perde esta característica. Na verdade, ele é jeitoso com as palavras e com as mulheres. A sua habilidade de transgredir fronteiras e limites, de uma maneira extremamente humana, torna-se uma metáfora dos seus poderes de comunicação como mensageiro dos deuses. (1993, p. 14)

A sensualidade e a sexualidade de Exu e a sua criatividade verbal formam um conjunto de características que parecem estar ligadas à ideia do espaço da imaginação que autores desenvolvem nos seus textos com o intuito de seduzir o leitor e levá-lo a participar do processo criativo. Ao forçar o leitor a fazer parte do jogo da criação, ao manipular o processo artístico, ou ao seduzi-lo para que entre nas dobras eróticas do texto, a literatura torna-se veículo do *axé* verbal, conferindo tanto ao escritor como ao leitor o desejo de decifração dos significados, "o *strip-tease* da narrativa" (BARTHES, 1975, p. 10). A escrita, como Exu, apresenta-se em constante sedução e transformação. Segundo Henry Louis Gates, "(...) lingüisticamente falando, Exu é a cópula suprema que conecta a verdade à compreensão, o sagrado e o profano, texto e interpretação; é a palavra (como forma do verbo *ser*) que liga o sujeito ao predicado" (GATES, 1988, p. 6).

No poema "Fotos", Cuti também presta homenagem a Exu. O texto analisa a história da escravidão africana como "a vergonha da história, soco no estômago". Apresenta vários sintagmas que compõem o paradigma das tradições afro-brasileiras (samba, sensualidade, carnaval, futebol e mãe-preta) e expoentes negros no Brasil e nos Estados Unidos (Zumbi, Malcom-X e Martin Luther King). A última parte do poema termina com uma mensagem que é entregue ao mensageiro, conferindo assim a Exu o papel de decifrador, tradutor e intérprete da palavra e de significantes histórico-culturais: "Xangô rasga o céu/Iansã quem venta/E Exu é quem te leva este poema". O pedido a Exu para que retrate a realidade da "pele afroamericanamundo" reafirma o papel da divindade como mensageiro.

Sendo uma identidade fragmentada e reconstruída no Brasil com novos significados culturais, especialmente na Umbanda, Exu passa por um processo de "branqueamento" em que o deus exótico, erótico e "imoral" da África é batizado. Ao recorrer ao processo histórico para descrever a herança e o imaginário cultural do negro no Brasil e nos Estados Unidos, Cuti, no poema "Fotos", refere-se à escravidão como uma "ferida de ontem ainda ardendo em brasa atrás da noite dos olhos", para criticar as desigualdades socioeconômicas do Brasil: "Mas que dá preguiça, dá, de ficar virando pressa e atropelo/pra manter o trono dos herdeiros da casa grande". Indiretamente, através do recurso da ironia, questiona também o estereótipo da sexualidade da raça negra ("negro é vida/é fogo/pra incendiar de pudor os amores brancos") e põe em xeque o estereótipo espiritual e psicológico que se mostra em expressões como "negro de alma branca" ou "homem cordial". Essas expressões são desmascaradas no poema que explicita a revolta reprimida contra as desigualdades sociais e contra a ocultação da história africana no Brasil:

> A revolta de ser-menos gritando silêncios agudos
> atrás das boas maneiras
> em nódoas e nódoas de chega-pra-lá no cara-a-cara de superfície
> defuntaquase".
> (CUTI, 1992, p. 87-88)

A posição de Cuti, neste e em outros poemas, que se fazem releitura da questão racial, no Brasil e nos Estados Unidos, equipara-se àquela desenvolvida por Florestan Fernandes que, ao discutir o mito da "democracia racial"[6] no Brasil, desenvolveu a tese de que tal mito solapou a possibilidade de uma convivência humana mais democrática, pois manteve "quase intacto o arcabouço em que se assentava a dominação tradicionalista e patrimonialista, base social da hegemonia da camada senhorial, de autonomia da "raça branca" e da heteronomia da "raça negra" (1965, p. 205). Cuti adota também um posicionamento semelhante ao de Abdias do Nascimento, que, em o *Genocídio do negro brasileiro*, desmantela a tese da "lusotropicologia" de Gilberto Freyre, considerando que existe no Brasil um "racismo virulento" mascarado pelo mito da flexibilidade racial/socioeconômica.

Semelhante à posição que defende nos seus estudos críticos, na sua poesia, Nascimento acusa e desmascara a visão da "democracia racial" e aponta as desigualdades socioeconômicas geradas e mantidas pelo sistema escravocrata. Em "Padê de Exu Libertador", o autor traça o perfil da divindade, presta-lhe homenagem e invoca-lhe as leis e a proteção, pedindo-lhe ajuda como guia e benfeitor para que o caminho da inspiração seja aberto e a palavra lhe venha facilmente: "Ó Exu/ao bruxoleio das velas/(...)/deposito este ebó/preparado para ti". A evocação continua à medida que enumera os objetos que constituem o ebó:

> Ó Exu-Yangui
> príncipe do universo e
> último a nascer
> receba estas aves e
> os bichos de patas que
> trouxe para satisfazer
> tua voracidade ritual
> fume destes charutos
> vindo da africana Bahia
> esta flauta de Pixinguinha

---

[6] Tomando como base a população de São Paulo, Florestan Fernandes menciona que o mito da "democracia racial" serviu também para difundir uma falsa noção de uma harmonia de raças, "suscitando todo um elenco de convicções etnocêntricas: 1) a idéia de que o 'negro não tem problema no Brasil'; 2) a idéia de que, pela própria índole do *Povo brasileiro*, 'não existem distinções de classe entre nós'; 3) a idéia de que as oportunidades de acumulação de riqueza, de prestígio social e de poder foram indistinta e igualmente acessíveis a todos (...); 4) a idéia de que o preto está satisfeito com a sua condição e estilo de vida (...); 5) a idéia de que não existe, nunca existiu, nem existirá outro problema de justiça social com referência ao negro, excetuando-se o que foi resolvido pela revogação do estatuto servil e pela universalização da cidadania" (1961, p. 199).

é para que possas chorar
chorinhos aos nossos ancestrais.
(NASCIMENTO, 1992, p. 116-117)

O poeta também analisa três aspectos importantes dos rituais afro-brasileiros: o *axé*, o *padê* e o *ebó*. O *axé* é o nome dado pelos nagôs à força vital e espiritual, representando o princípio dinâmico, a circulação de energia "que flui entre todos os seres, todos os componentes da natureza" (AUGRAS, 1983, p. 65). O *padê* é a oferta conciliatória que é feita no início de cada cerimônia e através da qual se pode apaziguar Exu, pedindo-lhe que seja intermediário e intérprete, "embaixador dos mortais" (BASTIDE, 1961, p. 221). O *ebó* é o sacrifício feito aos deuses, a iguaria, a oferenda que regulariza "a complexidade e o poder envolvido na distribuição, na circulação e na expansão do Axé. (...) Através do Ebó ficam garantidas as trocas recíprocas entre as esferas da natureza e da cultura". (ROCHA, 1996, p. 80).

O poema "Padê de Exu Libertador", no seu *ebó* linguístico, invoca a entidade como se invoca uma musa, reverenciando a força criadora que Exu representa e lhe implorando que plante na sua "boca o axé verbal". É exatamente este "axé verbal", a energia criadora de Exu, a função hermenêutica, o poder e a possibilidade de significado em perpétua transmutação que transparecem no poema como uma oferenda à tradição afro-brasileira:

> Ofereço-te Exu
> o ebó das minhas palavras
> neste padê que te consagra
> não eu
> porém os meus e teus
> irmãos e irmãs em
> Olorum
> nosso pai
> está
> no Orum
> Laroiê!
> (NASCIMENTO, 1992, p. 120)

Ao invocar Exu, pedindo-lhe o seu "axé verbal", Nascimento apresenta a divindade como um signo que pode mobilizar e catalizar os significados culturais através da palavra. O poeta se dirige a Exu também como um signo linguístico, pois o orixá traz em si uma mutação potencial, uma constante transformação. É a *ambi-valência* (o poder duplo, a dupla direção) criadora de Exu, o seu potencial e o seu manancial criativos que Nascimento invoca e estabelece como parâmetros para a reconstrução da voz afro-brasileira, calada por tantos séculos nas pausas, silêncios e interstícios da história:

> Invocando estas leis
> imploro-te Exu
> plantares na minha boca o axé verbal
> restituindo-me a língua
> que era minha
> e ma roubaram
> sopre Exu teu hálito
> no fundo da minha garganta
> lá onde brota o
> botão da voz para
> que o botão desabroche
> se abrindo na flor do
> meu falar antigo
> por tuas forças devolvido
> monta-me no axé das palavras
> prenhas do teu fundamento dinâmico
> (NASCIMENTO, 1992, p. 117)

Pertencendo a um veio poético que articula a linguagem de uma maneira menos claramente contestadora, e valendo-se do simbolismo, da fragmentação do discurso e da metonímia, em *Livro de falas*, Edimilson de Almeida Pereira também poetiza os orixás. Ainda que imensamente ligado à história e à cultura afro-brasileira, o autor não se sente preso ao compromisso de denunciar os desacertos da história. Tal posicionamento para ele não significa que tenha eliminado o rancor histórico; indica sempre e mais tentar depurá-lo através da "invenção", transformando-o em pedra de toque.[7]

Prestando homenagem à cosmologia africana, Pereira inicia o *Livro de falas* com os poemas "Visitação" e "Emissários" – dividido em três partes: "I/o encontro", "II/encomenda", "III/andações" – que se relacionam a Exu, vendo-o como elemento transformador, infinito, relacionado a Ifá, pedindo-lhe que abra o caminho entre o poeta e os orixás. Os dois primeiros poemas do *Livro de falas* fazem

---

[7] Ver, nesse sentido, Pereira, 1998, p. 126

uma homenagem a Exu, mais explícita na epígrafe em que, citando Monique Augras, Pereira descreve *a divindade*: "Quando Elegbara engoliu e restituiu tudo, mostrou que é a boca que organiza o mundo, através da fala. É a palavra proferida que recria o mundo, percebido e devolvido com significado próprio" (AUGRAS, 1983, p. 99).

Adotando uma forma de poesia em prosa e narrativa e deslocando a primeira pessoa para a terceira e vice-versa, num jogo de vozes, às vezes superpostas, às vezes paralelas, *Pereira* faz-se cavalo do orixá-cavaleiro e intercala a sua voz com a de Exu. Usando uma linguagem simbólica, *o poeta* discute o "cavalo das indagações" do poeta que também assume a *persona* de Exu e se faz ao mesmo tempo cavaleiro e cavalo, arauto dos desdobramentos poéticos. No poema "Visitação", *Pereira* utiliza, ao mesmo tempo, um discurso profético de gênesis e apocalipse – o que indica que Exu é o primeiro e o último a nascer – e anuncia a versatilidade, a mutabilidade e a marginalidade do orixá:

> O cavalo das indagações me prostrará. Tua razão
> e tristeza talvez me reconfortem. O sol ardeu,
> agora murmura um lamento de chame e
> nuvem. Tua vida é nunca mas desde sempre
> pousada no princípio do mundo. O cavalo sou
> eu e também a sua negação. Tua paz deixa-me
> apreensivo. Estás na vertigem, tua bagagem de
> mutáveis espelhos: – ó nem saíste conhecido
> de pernas falantes.
> (PEREIRA, 1991, p. 197)

Há neste poema uma preocupação metapoética: o escritor, como Exu, é também um agente, um intermediário, um intérprete da criação e da transformação da palavra. A referência a "mutáveis espelhos" que refletem sempre figuras diferentes, também serve de elemento de ligação entre Exu/poeta/palavra e o mito de Narciso embebido na sua própria imagem, não no sentido de estar enamorado e consumido de si mesmo, mas no sentido de ver-se, e vendo, desdobrar-se, e desdobrando, recriar-se. Sob este ponto de vista, os elementos Exu/poeta/palavra se tornam uma trindade significativa cujas partes são complementares. Se "a essência dos rituais (africanos e afro-brasileiros) é precisamente a fixação e o desenvolvimento do Axé" (AUGRAS, 1983, p. 67), o eixo da poesia de Pereira é o desejo do "axé verbal" – poetizado por Abdias do Nascimento –, a busca do desdobramento do signo linguístico e a exploração poética à maleabilidade da palavra, capaz de gerar sempre múltiplos significados. Como Exu, o signo linguístico se encontra na encruzilhada, na bifurcação dos sentidos, na versatilidade, na ambivalência e na complexidade. A conexão existente entre os elementos da trindade Exu/poeta/palavra também se equipara à estreita dependência do ritual religioso (*axé/ padê/ebó*) e do signo linguístico (referente, objeto e símbolo).[8] Centrado na sua ambiguidade que se expande e se renova, o poeta-Exu (como um Exu-poeta) se incumbe do movimento de descentralização e de deslocamento do significado do verbo, mutável e mutante.

Associando Exu tanto à morte quanto à "pedra enigmática" do discurso e justapondo elementos díspares no texto, a primeira parte do segundo poema "Emissário" (I/o encontro) apresenta sintagmas de decomposição, destruição e morte (mofo, morto, raio, incêndio) e descreve despachos, já que Exu é o portador dos sacrifícios. A repetição da palavra morte estabelece também a relação com a divindade que transita no reino dos mortos e dos vivos (a "mobilidade expansiva" a que se refere Nascimento em "Padê de Exu Libertador") e com a tensão poética criada entre os elementos que indicam fim e destruição em contraste com os elementos que apontam para vitalidade e beleza.

> Como a cidade no mofo a rosa de um morto sobre os jardins. Estaríamos aliviados se a limpeza dos lustres não rompesse a pedra enigmática que conduzimos. Nossa morte repousa, vontade merecida de um incêndio. Também eles desmontam as flores auxiliados pelos arlequins. E não sabemos porque somos a intenção dos raios. Como a cidade a rosa de um morto nas escolas.
> (PEREIRA, 1991, p. 198)

A "encomenda", o pedido da segunda parte de "Emissários", é um discurso que se manifesta tanto de uma forma empírica e crítica como escatológica, um discurso quase dialético que encarna as funções de Exu e as suas contradições. A combinação de elementos aparentemente incongruentes no poema remetem o leitor à entranha das palavras tanto no seu sentido denotativo quanto conotativo,

---

[8] Utilizo a divisão e o conceito de signo desenvolvidos por Charles Sanders Pierce (1986).

funcionando também como um contraponto da ordem aparente das coisas, do tempo e da história:

> Rejeitamos proteção pela ausência do que entregamos. Deveríamos dizer-lhe, mas talvez perdessem a barba na constelação dos esqueletos. As toalhas sobre as marquises, talvez lhes tirássemos a vida. Mas a encomenda nos acompanha e um livro nos castiga na manhã das palavras. Se lhes disséssemos arruinariam as esquinas onde se amam as flechas. Passemos sob as árvores.
> (PEREIRA, 1991, p. 199)

Enquanto nos outros textos discutidos (*Macunaíma*, "Exu", "Fotos", "Padê de Exu Libertador") Exu é mencionado de uma forma explícita (sua história, sua mitologia e sua função), em "Emissários: III / andações", Pereira discorre sobre o poeta-Exu no seu papel de visitar a "casa da palavra", como emissário do despacho linguístico, encarregado das encomendas depositadas sob os "canais da cidade", nas esquinas, nas estações, em castelos e sob árvores. Ao intercalar a cosmologia africana com o prosaico do moderno, do urbano, Pereira aponta para a onipresença de Exu no passado e no presente e em todos os lugares, no campo da luz e da sombra e no espaço da iniciação:

> E sob os canais de uma cidade onde o beijo martiriza os bosques. Logo estaremos na estação e nenhum orvalho cederá. As esquinas afiam severamente o destino. Então o abraço, noutra cidade, e elas se sucederão. Não contaremos castelos, resíduos, serão tantas humilhações que o medo partirá o perfume das flores. Cada punição há de nos parecer uma indagação sobre a felicidade. E sob as árvores o rastro das cidadelas. Passemos sob as árvores mortas dos canais.
> (PEREIRA, 1991, p. 200).

Considerando-se que o signo linguístico é relacional e diferencial/diferenciador, palavras ganham significados em relação a outras palavras e a outros sotaques culturais. Como o talismã de Macunaíma, a fluidez e a abertura do discurso poético conferem a Exu, simultaneamente, o *status* de mensageiro do signo linguístico e de signo em si mesmo. Como o *verbo*, a própria palavra, Exu resiste à centralização do discurso através de manobras astutas que revertem, deslocam e reinscrevem a sua própria reflexividade ("bagagem de mutáveis espelhos"). Ele se torna, assim, um jogo de substituições e (des)harmonia de forças em movimento. Gerado por dinamismos e processos motrizes diferentes, centrado nas distinções e complementações suplementares, como um desvio, uma temporalidade, uma dobra, uma especificidade no sistema de jogo, maleabilidade, sedução, criatividade e prazer, Exu estará sempre gerando outros signos que se multiplicam e se refazem nas articulações da linguagem. Exu/logos se torna um "verbo devoluto"[9], transformacional, regenerador, camaleônico, proteico, espaço de significações múltiplas, agraciado sempre com novos significados e nuanças linguístico-culturais.

REFERÊNCIAS BIBLIOGRÁFICAS

ALEIXO, Ricardo. Orikis. In: _____ e PEREIRA, Edimilson de Almeida. *A roda do mundo*. Belo Horizonte: Mazza Edições, 1996.

ANDRADE, Mário de. *Macunaíma: o herói sem nenhum caráter*. Edição crítica. LOPEZ, Telê Porto Ancona (Coord.). Brasília: CNPq, 1988.

AUGRAS, Monique. *O duplo e a metamorfose: a identidade mítica em comunidades nagô*. Petropólis: Vozes, 1983.

BARBOSA, Maria José Somerlate Barbosa. Strategies of poetic language in afro-mineiro discourses. *Luso-Brazilian Review*, n. 37, v. 1, p. 1-19, summer 2000.

BARTHES, Roland. *The Pleasure of the Text*. New York: Hill and Wang, 1975.

BARTHES, Roland. *The Rustle of Language*. New York: Hill and Wang, 1986.

BARCELLOS, Mário César. *Os orixás e o segredo da vida: lógica, mitologia e ecologia*. Ed. Rio de Janeiro: Pallas, 1995.

BASTIDE, Roger. *African Religions in Brazil*. Baltimore & London: Johns Hopkins University Press, 1978.

BASTIDE, Roger. *Candomblé da Bahia (rito nagô)*. São Paulo: Companhia Editora Nacional, 1961.

BERND, Zilá (Org.). Comentário crítico. In: _____. *Poesia negra brasileira: antologia*. Porto Alegre: Instituto Estadual do Livro, Editora AGE, Editora IGEL, 1992. p. 83 e 115-116.

---

[9] A expressão "verbo devoluto" foi cunhada por Edimilson de Almeida Pereira no poema "A pessoa e o termo" do livro *Dormundo*. Utilizo-a como representante da palavra, do *logos*, carente de novos significados.

CUTI (Luiz Silva). Fotos. In: BERND, Zilá (Coord.). *Poesia negra brasileira*. Porto Alegre: AGE:IEL:IGEL, 1992.

CUTI (Luiz Silva). *Batuque de tocaia*. São Paulo: Editora do Autor, 1982.

EPEGA, Sandra Medeiros. Comida de orisa. In: LIMA, Tânia (Coord.). *Sincretismo religioso: o ritual afro*. Anais do IV Congresso Afro-Brasileiro. V. 4. Recife: Editora Massangana, 1996, p. 50-65.

FERNANDES, Florestan. *Integração do negro na sociedade de classes*. V. 1 e V. 2. São Paulo: Editora da Universidade de São Paulo, 1965.

FREYRE, Gilberto. *Casa grande e senzala*. Rio de Janeiro: José Olympio, 1973.

GALEMBO, Phyllis. *Divine inspiration: from Benin to Bahia*. Albuquerque: University of New Mexico Press, 1993.

GATES, Henry Louis., Jr. *The signifying monkey: a theory of Afro-American literary criticism*. New York, Oxford: Oxford University Press, 1988.

GOMES, Heloisa Toller. Da senzala e da casa-grande. In: _____. *As marcas da escravidão*. Rio de Janeiro: Editora da UFRJ, 1994, p. 13-23.

HERKOVISTS, Melville J. *Dahoney, an ancient West African kingdom*. V. 1 and V. 2. New York: J. J. Augustin, 1938.

LOPES, Telê Porto Ancona. Introdução do coordenador. Nota filológica. Dossier da obra: memória, o texto e o livro. Notas explicativas. In: ANDRADE, Mário de. *Macunaíma: o herói sem nenhum caráter*. Edição crítica. Brasília: CNPq, 1988.

MAGNIANI, José Guilherme Cantor. *Umbanda*. São Paulo: Ática, 1986.

NASCIMENTO, Abdias do. Padê de Exu Libertador. In: BERND, Zilá (Coord.). *Poesia negra brasileira*. Porto Alegre: AGE:IEL:IGEL, 1992.

NASCIMENTO, Abdias do. *Axés do sangue e da esperança*. Rio de Janeiro: Achiamé, 1988.

NASCIMENTO, Abdias do. *O genocídio do negro brasileiro: processo de um racismo mascarado*. Rio de Janeiro: Paz e Terra, 1987.

NASCIMENTO, Abdias do. The myth of racial democracy. In: LEVINE, Robert M. and CROCITTI, John J. (Eds.). *The Brazil reader: history, culture, politics*. Duhram: Duke University Press, 1999, p. 379-381.

ORTIZ, Renato. *A morte branca do feiticeiro negro: Umbanda e sociedade brasileira*. São Paulo: Brasiliense, 1991.

PIERCE, Charles Sanders. Letters to Lady Welby. In ADAMS, Hazard and SEARLE, Leroy (Eds.). *Critical theory since 1965*. Tallahassee, Florida: University Presses of Florida, 1986, p. 639-644.

PEREIRA, Edimilson de Almeida. Visitação. In: _____. *Corpo vivido*. Juiz de Fora: Edições D'Lira, 1991.

PEREIRA, Edimilson de Almeida. Emissários: I/ encontro, II/ enocmenda, III/ andações. In: _____. *Corpo vivido*. Juiz de Fora: Edições D'Lira, 1991.

PEREIRA, Edimilson de Almeida. Com modos e truques de ouvir. (Entrevista com Maria José Somerlate Barbosa). *Brasil/Brazil: Revista de Literatura Brasileira: A Journal of Brazilian Literature*, n. 19, p. 98-130, 1998.

PEREIRA, Edimilson de Almeida. *Dormundo*. Juiz de Fora: Ed. D'Lira, 1985.

RIBEIRO, Darcy. *Liminar: Macunaíma*. In: ANDRADE, Mário. *Macunaíma: o herói sem nenhum caráter*. Edição crítica. LOPEZ, Telê Porto Ancona (Coord.). Brasília: CNPq, 1988.

ROCHA, Everardo. Um mito dos orixás. In: _____. *Jogo de Espelhos: ensaio de cultura brasileira*. Rio de Janeiro: Mauad, 1996.

SANTOS, Juana Elbein. *Os nagôs e a morte: padê, asésé e o culto Égum na Bahia*. Petrópolis: Vozes, 1976.

SANTOS, Jussara. Poética palavra em transe/trânsito: manifestações pelos sete buracos da minha cabeça. In: _____. *Afrodicções: identidade e alteridade na construção poética de três escritores negros brasileiros*. (Dissertação de Mestrado, Pontifícia Universidade Católica de Minas Gerais, Departamento de Letras, 1998), p. 36-83.

SANTOS, Orlando J. *Candomblé: ritual e tradição*. Rio de Janeiro: Pallas, 1992.

SIQUEIRA, Maria de Lourdes. *Os orixás na vida dos que neles acreditam*. Belo Horizonte: Mazza Edições, 1995.

SOUZA, Eneida Maria de. *A pedra mágica dos discurso*. In: ANDRADE, Mário de. *Macunaíma: o herói sem nenhum caráter*. Edição crítica. LOPEZ, Telê Porto Ancona (Coord.). Brasília: CNPq, 1988.

THOMPSON, Robert Farris. Divine countenance: art and altars of the black Atlantic world. In: GALEMBO, Phyllis. *Divine inspiration: from Benin to Bahia*. Albuquerque: University of New Mexico Press, 1993.

TRINDADE, Liana. *Exu: poder e perigo*. São Paulo: Ícone Editora, 1988.

TRINDADE, Liana. *Exu: símbolo e função*. São Paulo: FFLCH/USP, 1985. (Coleção Religião e Sociedade Brasileira, v. 2).

VALENTE, Waldemar. *Sincretismo religioso afro-brasileiro*. São Paulo: Companhia Editora Nacional, 1955.

PIERRE VERGER
O OLHAR DAQUELE "QUE NASCEU DE NOVO PELA GRAÇA DO IFÁ"

Vera Casa Nova

Ele é Oju Obá Fatumbi Verger. Fatumbi, nome que recebeu do seu mestre Oluwo, quando se tornou Babalaô em Keto (1950).

Os textos e as imagens que pretendo, neste ensaio, trabalhar, pertencem aos livros *Orixás*[1] e *Lendas africanas dos orixás*,[2] este último uma coletânea das lendas contadas por Pierre Verger, com desenhos de Carybé.

O livro *Orixás* de Verger é uma espécie de arquivo genealógico que *re-nasce* a cada ritual apresentado. Texto e imagem dos cultos a orixás se atravessam em formas, ritmos e intensidades. O culto dos orixás, deuses dos iorubás na África e no Brasil, nos é mostrado em toda a sua força e pujança através das cartografias em que textos e fotos configuram origens, história, memória e cultura negras.

Formas com presença, isto é, formas cujos valores, significações devem ser reverenciados. Formas que representam esses valores e possibilitam a visibilidade, apesar de dentro de um livro serem simulacros de presença, pela reprodução.

Iniciação na África: o rito, a cerimônia de iniciação. Verger vai decifrando enigmas, ou melhor, vai traduzindo passagens, mas o desenrolar do processo simbólico está em cada linha de seu texto.

O discurso é o do rito, da força mágica da língua. Àìsùn, Oròsise, Anlodò, Afèjèwè. Iniciação à língua, à cultura, à religião. Todas as regras são reveladas.

---

[1] Verger, P. F. *Orixás*. Salvador: Corrupio, 1997.
[2] Verger, P.F. & Carybé. *Lendas africanas dos orixás*. Salvador; Corrupio, 1997.

À primeira vista, as fotos parecem somente ilustrar o que foi descrito anteriormente. A foto testemunha, registra o mágico. Ela é capaz de dizer o indizível, traduzir os sentidos, a cena do rito. A fotografia, mágica por excelência, reproduz a magia do ritual.

Iniciação no Novo Mundo. Suscitar, ressuscitar. Percorrer o caminho entre a vida e a morte: provas, entorpecimento, sugestão, beberagens, abluções, infusões. Nascer, renascer. Batismo de sangue, êxtase. África e Brasil. Rastros mnésicos.

A cena fotografada prolonga a cena ritualística. Uma série de imagens fotográficas significam horizontalmente: uma com relação a outra. A variação fotográfica envia o receptor (leitor) a uma lógica das situações e encadeamentos narrativos.

Seguir com os olhos as fotos é reconstruir o desenrolar dos acontecimentos e das ações, cujas imagens apresentam momentos pontuais. Não se trata de simples ilustração. A imagem narra e a legenda descreve a cena. Dialogam entre si.

> os noviços, vestidos de panos esfarrapados, uma jarra contendo infusões de folhas, dirigem-se a (...) uma lagoa situada numa floresta sagrada e voltam vestidos com um pano branco para ser levados a um lugar escondido, atrás de um muro de panos...[3]

A "iniciação" é narrada pela imagem, ou melhor, por imagens emblemáticas e que constituem um sistema de representação de código(s) forte(s), de representação orientada para a significação religiosa. A imagem fotográfica aqui representa para significar e legitima o contexto verbal.

Flash de cena ritualística.

---
[3] Verger, P. *Orixás*, p. 31-32.

Não há conotação. Há a força denotativa de imagem. Força estética. Mas essa estética não é a da ostentação, a do espetáculo, mas do próprio rito.

A imagem fotográfica se apresenta no primeiro momento em seu nível informativo, comunicacional, registro da cena e figuração. Em termos da recepção das imagens, lugar onde se cruzam fatores variados de ordem cultural, é difícil saber se o saber do leitor–receptor satura a imagem ou se há uma indeterminação. A quantidade de informação que a imagem traz é inversamente proporcional à determinação por seu saber (cultura). Num segundo momento, o nível simbólico: o ritualístico. Aí vários temas se sucedem, por exemplo: as ferramentas de Ogum são ferramentas de guerra: o corte das lanças – o metal, o ferro.

Ferramentas de Ogum, o metal, o ferro.

O texto que descreve as cenas não gera redundância, como poderia se esperar na imagem. Dentro do livro, suporte reprodutivo, a foto adquire vida própria, existe em função de um receptor que deseja conhecer outra cultura.

Da imagem – foto ao imaginário, um percurso é construído nessa transposição da cena ritualística e sua reprodução. O que vemos? As fotos são de corpos, rostos, troncos nas sequências da iniciação, das cerimônias de seus orixás. Indivíduo e comunidade são mostrados autenticando a existência da cultura negra na África e no "Novo Mundo", o Brasil.

Cada orixá tem sua essência estampada no "ar" do fotografado. Como que o indivíduo ali exprimisse o orixá representado. A máscara de Xangó ou de Ogum, por exemplo, desaparece. Resta a alma, ou como explica Verger, o arquétipo que ele descreve como característica de cada orixá.

Luzes e sombras mostram esse "ar" que a cada momento de página virada resta ao leitor de Verger. O poder do corpo dá formas de efígie ao negro fotografado e constrói a identidade do orixá.

Elegun de Xangó.

No corpo, a identidade do orixá.

Pulsão de poder elevada ao extremo pelo rito, na cerimônia de iniciação. As fotos nos chocam pela violência apoteótica, espetáculo dantesco – o do sacrifício dos animais. Um nó acontece entre a foto, a cerimônia, o mágico. Esse estranhamento é arrebatador, tal qual a cerimônia mostrada. Talvez aí habite o "punctum" das fotos. Elas pungem, tocam. Através de cada uma delas escapamos para outra realidade – a da coisa representada ali.

Cada foto do ritual faz-nos entrar no espetáculo, na imagem. Há mesmo um transe e ao mesmo tempo um medo – o da incorporação, da loucura. Não são fotos banalizáveis, elas têm uma *dynamis*, não são para serem consumíveis ou consumidas. Olhamos para elas, e elas nos dizem uma cultura vigorosa, magnificente.[4]

A câmera de Verger prossegue seu trabalho. Percorre todos os caminhos dos rituais dos orixás. Verger conhece os rituais, o culto dos orixás: "No décimo sétimo dia, os iniciados têm de reaprender os gestos e as atividades da vida cotidiana"[5] (VERGER, 1997).

Cartografias das oferendas e dos deuses. Sincretizações feitas pela viagem da África ao Brasil. Ogum na Bahia é Santo Antônio de Pádua. Em Cuba é São João Batista; Ogon Chango (Xangô) sincretizado com Santa Bárbara. O arquétipo de Ogum é de "pessoas violentas, briguentas e impulsivas..."[6] (VERGER, 1997)

Ou ainda Xangô (SÀNGÓ): o histórico e o divino. Verger conta histórias do Ifá; uma delas diz o seguinte:

> Entre os clientes de Ogum, o ferreiro, havia Xangô, que gostava de ser elegante, a ponto de trançar seu cabelo como os de uma mulher. Havia feito furos nos lóbulos de suas orelhas, onde usava sempre argolas. Ele usava colares de contas. Ele usava braceletes. Que elegância! (...)[7] (VERGER, 1997)

Entre os textos e as imagens, vamos nós leitores, aprendendo uma outra cultura. Texto e imagem fazem circular a troca de signos. Corpos, rostos, sujeito e sociedade. Uma outra metafísica, outra "sabedoria". Em cada foto, em cada texto, o retrato afro-brasileiro.

A África: um sistema simbólico transplantado para o "Novo Mundo" – América Latina: Cuba, Antilhas, Brasil, pelo tráfico de escravos. Literatura, escultura, pintura, religião: sistemas semióticos que se cruzam deixando rastros.

Língua desconhecida, a não ser por iniciados no Brasil, traduzida e reconhecida por aqueles que "creem", o iorubá, nesse exemplo, Kawó – Kabiyèsílé (saudação de Xangô) é repetido mesmo por aqueles

---

[4] "Chamemos magnificência o trabalho operado dentro do tórax por esse desvio, cuja medida e volume são medíocres ou amplos, entre os dois pólos da posição, de um lado ponto baixo e estável do lugar ou do ali, colocado, deslocado, e ponto alto, não-lugar ou alargamento da alma, risco e liberação, explosão. Não há ser animal, ou animado, sem esses dois pontos, nem ser humano, mesmo mesquinho, sem viagem nesse deslocamento." (Serres, M. Filosofia Mestiça, p. 48)

[5] Verger, op. cit., p. 68.

[6] Op. cit., p. 95.

[7] Verger, op. cit., p. 136.

que não o compreendem, mas como língua paterna dos terreiros que reproduzem a tradição negra. Resistência é sua tradução. Para cada orixá uma saudação; em cada canto, uma narrativa.

Apresenta Verger:

> Quando o elégùn sai da água, as mulheres vão banhar-se por sua vez cantando ousadamente:
> 'Okó nse balabàla.
> Gbòòro okó.
> Gbándú gbándú òbò'
> ('O pênis é viscoso. Comprido é o pênis. Larga é a vagina')
> São ditos engraçados e alegres, que a moral de forma alguma atinge.[8]

Ao repetir a palavra, o desejo vital de fazer contato com o orixá. A palavra do Orixá, o corpo simbólico do orixá. As imagens mostram como o corpo tem uma existência forte e é visto como tal, sem narcisismos, sem histerias, mas um corpo sensualíssimo. O corpo comunica a alma. Todo o corpo (o olhar, o gesto, as roupas ritualísticas...) são a expressão do que se é enquanto se canta, se dança. Presença do espírito feita corpo.

As imagens, os espaços: Benin, Nigéria, Brasil (Bahia), Cuba (Havana), terreiros por onde Verger olha e escuta o canto do corpo negro. Fotografa, logo nos oferece o certificado da presença.

Verger põe em cheque alguns comentaristas da fotografia, quando afirmam que a fotografia não é um *analogon* do mundo, ou o que ela representa é fabricado. Nesse caso, Verger afirma que a foto é uma imagem – emanação do real passado, rastro mnésico. Arquivo: tempo e memória coletiva. Cada foto é lembrança de lugar, localização de objetos ritualísticos. Ao fotografar o rito evoca o mito e todos os seus componentes simbólicos, evocando também a memória coletiva e a consciência religiosa.

Recortando o espaço a seu modo, a partir de um olhar perscrutador da magia, Verger faz da imagem, do espaço a ilusão da não mudança através do tempo, e a certeza de encontrar o passado no presente.

Ao encontrar os sentidos das imagens fotográficas no espaço ritualístico, em corpos e objetos do ritual, Verger nos envia aos símbolos do desejo e materializações da memória (coletiva), de certa forma mantendo e concentrando o *continuum* do arquivo religioso negro.

---

[8] Verger, op. cit., p. 137.

Arquivo fotográfico, o livro *Orixás* traz a experiência da memória, o retorno às origens e ao arqueológico *Arkhé*, o começo – a África – espaço e tempo histórico e ontológico, de onde emana a autoridade religiosa, logo seu poder.

O *arkheion* grego era uma casa, um endereço, a moradia dos magistrados superiores, os que comandavam, os representantes da lei. O *arkheion* africano é o terreiro, o domicílio, o arquivo a ser guardado. Nesse espaço domiciliar, particular, habita o arquivo, e aquele que o mostra tem o privilégio de conhecer suas leis, podendo mostrar o visível e o invisível.

A foto arquiva na medida em que possibilita a reprodução, a reimpressão. Limita-se com a morte ou é a própria morte do instante. Tal qual o arquivo, indissociável de pulsão de morte, da destruição. Verger fotografa para dar vida à morte daquele tempo, ou seja, reinveste, pela foto, em outra lógica, um outro tempo.

Em *Lendas africanas dos orixás*, Verger conta lendas que anotou a partir das narrativas dos adivinhos babalaôs. Cada lenda de orixá se inicia com a saudação do orixá. Para Xangô: Kawo Kabiyesile! Para Oiá-Iansã: pa Heyi!, entre outros.

As narrativas reproduzidas contam o mito em toda a sua força: a origem do orixá, seu modo de ser, suas características físicas e morais, sua história.

> Xangô era filho de Oranian, valoroso guerreiro, cujo corpo era preto à direita e branco à esquerda.
>
> Homem valente à direita,
> homem valente à esquerda.
> Homem valente em casa,
> homem valente na guerra.
>
> ....
> Xangô só gostava de brincadeira de guerra e de briga.
> ....
> Xangô tinha um Oxé – machado de duas lâminas...[9]

O traço de Carybé acompanha, como ilustração, o vigor da narrativa.

Xangô é desenhado com seu oxé. O preto e branco do contraste, folha branca e desenho a nanquim movimentam a representação

---
[9] Verger & Carybé. *Lendas africanas dos orixás*, p. 33.

No traço: a representação de xangô.

da sua dança ritualística. O desenho repete a função de sempre representar. A ilustração está colada a algum momento da narrativa. Assim, ao descrever na narrativa a lenda de Oiá-Iansã, Verger diz:

> Ogum foi um dia caçar na floresta.
> Ele ficou na espreita e viu um búfalo vindo em sua direção.
> ....
> Mas viu o búfalo parar e, de repente,
> baixar a cabeça e despir-se de sua pele.
>
> Desta pele saiu linda mulher.
> Era Iansã, vestida com elegância, coberta de belos panos,
> um turbante luxuoso amarrado à cabeça
> e ornada de colares e braceletes (...)[10]

Logos e *mythos* negros: linguagem e magia; conhecimento e salvação dos cultos. Preservação das palavras "antigas" em sua vida linguística originária, língua que deve ser "ressuscitada" como memória viva.

A narrativa das lendas africanas recita mitos, e através deles o pensamento retorna sem cessar ao seu objeto, produzindo diversos níveis de sentido: a ilustração reproduz o que Carybé lê ou quer fixar nessa leitura da narrativa.

---
[10] Ibdem, p. 37

Desenho e narrativa procuram restabelecer o "selo de origem" dessa cultura, sua autenticidade. O traço de Carybé desenhando ícones negros desenha a narrativa de Verger.

Os mitos presentes nas narrativas são elementos de acesso à verdade, acesso que se dá através da interpretação desses mitos. Mimesis e similitudes. A ilustração representa o que a narrativa reproduz.

O arquivo Verger se inscreve na cultura afro-brasileira em vários suportes. O tesouro desse arquivo, entre outros tantos que se encontram espalhados pelo Brasil, traz uma dimensão ainda não suficientemente pensada dentro da memória arqueológica do negro afro-brasileiro.

Carybé com seu "traço", Verger com sua câmera e suas narrativas, mostram um mesmo gesto, ou melhor, um mesmo efeito – o da preservação da cultura que dão a ver.

Fotografia, desenho e literatura interagem e permitem pensar, por exemplo, nossa relação com outra cultura, a que representa o mágico. Arquivo cultural que mostra o jogo ritualístico e suas regras, por natureza inacessíveis, a obra de Verger encontra, portanto, sua justificação histórica em corpo, imagem e espaço.

O cenário da memória revelado nesse arquivo de representações topográficas se faz nítido no sentido de uma leitura de rastros e imagens da cultura e da história do povo afro-brasileiro, situando-se no espaço de memórias coletivas e individuais.

Tanto Carybé quanto Verger registram arqueologicamente, cada um a seu modo, dentro dos suportes escolhidos, um acervo de imagens de memória. O encontro de um com o outro dentro da narrativa das lendas é significativo para a legibilidade dessa cultura. A narrativa da imagem e a narrativa oral e escrita explicitam uma imagem de pensamento cujo padrão representativo de memória se liga à magia da linguagem.

Verger narra mitos, informa sobre esses mitos. Escritura e memória intercambiam. A escritura é considerada a memória da cultura. A memória se define como escritura e cenário da escritura. Trata-se da conservação das imagens da arte da memória. Tanto a capacidade figurativa da retórica narrativa quanto a imagem materializada, como foto e desenho, possibilitam um conjunto de textos cuja legibilidade ou descodificação registram procedimentos culturais, religiosos da memória do povo negro e reafirmam as relações espaciais entre Brasileiro e Africano.

REFERÊNCIAS BIBLIOGRÁFICAS

SERRES, M. *Filosofia Mestiça*. Rio de Janeiro: Editora Nova Fronteira, 1993.

VERGER, P. F. *Orixás*. Salvador: Editora Corrupio, 1997.

VERGER, P. F. & CARYBÉ. *Lendas africanas dos orixás*. Salvador: Editora Corrupio, 1997.

CRÉDITOS DAS IMAGENS

p. 176 - VERGER, Pierre Fatumbi. *Orixás*. Salvador: Corrupio, 5. ed., 1997, p. 65.

p. 177 - VERGER, Pierre Fatumbi. *Orixás*. Salvador: Corrupio, 5. ed., 1997, p. 108-9

p. 178 - VERGER, Pierre Fatumbi. *Orixás*. Salvador: Corrupio, 5. ed., 1997, p. 9.

p. 181 - VERGER, Pierre Fatumbi. (Ilustrações Carybé). *Lendas africanas dos orixás*. Salvador: Corrupio, 1996, p. 34.

MOBILIZAÇÃO, RITMO E POESIA
O HIP-HOP COMO EXPERIÊNCIA PARTICIPATIVA

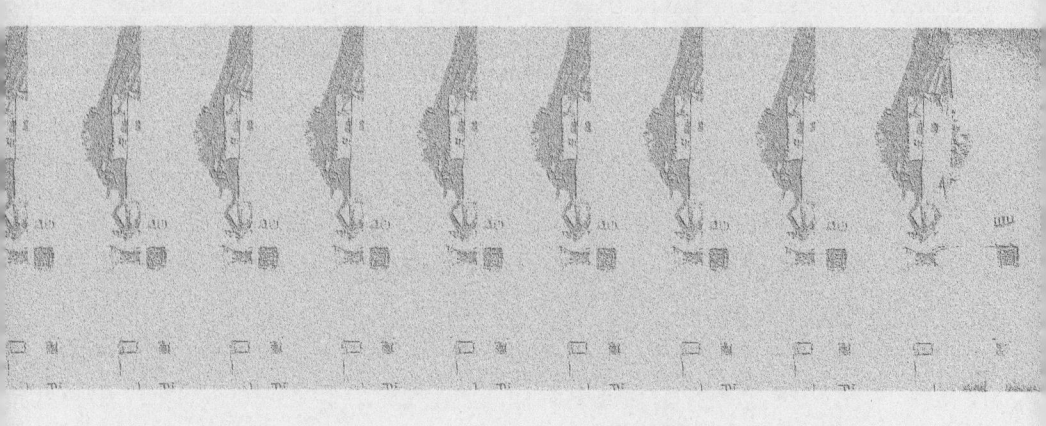

Micael Herschmann

Poder-se-ia afirmar que o hip-hop e o funk "abalaram os anos 90".[1] Não que eles tenham ocupado esse posto de maneira exclusiva

---

[1] Certamente existiram outras manifestações do tipo muito interessantes e de grande impacto, mesmo no Brasil, que têm (ou já tiveram) o perfil "popular" e de "massa", como, por exemplo, o reagge, axé music, música sertaneja, brega e outros. Entretanto, alguns aspectos chamaram-me a atenção no hip-hop e no funk: a intensa associação à violência urbana, o processo constante de estigmatização e demonização. Perguntava-me o que haveria de diferente na fala e nas atitudes dos funkeiros e b-boys, ao ponto da opinião pública, ao contrário do tratamento dado aos grupos juvenis especialmente das camadas médias, os considerarem uma importante ameaça à ordem urbana, sinônimos de delinquência juvenil. Em outras palavras, indagava-me sobre o que estaria alicerçando essa perspectiva que lê a violência que tem como atores jovens de classe média como uma situação de exceção, ou seja, como casos isolados (muitas vezes considerados motivados por problemas psíquicos) e aquela promovida por jovens dos segmentos populares, como indícios de uma conduta padrão, coletiva. Esses jovens colocaram em evidência questões fundamentais como, por exemplo, o "lugar do pobre", conseguindo trazer muitas vezes o "avesso" das principais cidades e mesmo do país. Pude constatar que desenvolvem um tipo de "política" (não necessariamente consciente) que parece ser paradigmática para o reconhecimento (a visibilidade) de uma subjetividade minoritária hoje, e que transcorre, principalmente, no terreno da cultura (e do consumo). Sem ter a questão política necessariamente como seu objetivo primeiro, desenvolvem um circuito de produção e consumo que traz questões políticas para a esfera pública. Ou melhor, seus estilos de vida são resultado de uma atuação não necessariamente "engajada", mas que traz reflexos políticos. Pode ser elaborada por um *simpatizante* e, mesmo assim, trazer efeitos benéficos para o segmento social que o assume como importante referencial identitário. Este fato possibilitou mais visibilidade, abrindo espaço no mercado para o trabalho desses jovens. Em um momento em que a arena política está desgastada, em que poucos se sentem dispostos a militar em nome de qualquer causa, esses jovens atuando na esfera da cultura (mas não restritos a ela), com um espetáculo, uma sociabilidade que envolve músicas, danças, roupas e desenhos, conseguiram encantar, chamar a atenção de uma sociedade e, eventualmente, mobilizá-la, fazendo com que ela refletisse especialmente sobre um "mundo" – marcado pela exclusão, violência e pela miséria – que incomoda e que é próximo e, ao mesmo tempo,

ou mesmo que tenham se constituído nas principais expressões culturais da década. Ambos, enquanto experiências participativas bastante presentes em importantes cidades brasileiras (como Rio de Janeiro e São Paulo), trouxeram implicações sociopolíticas relevantes e têm motivado um intenso debate na mídia e na sociedade brasileira. Neste trabalho nos limitaremos a analisar o impacto produzido pelo hip-hop, especialmente em São Paulo.[2] Parte-se do pressuposto de que esta expressão cultural, identificada em geral sob o rótulo "afro", tem oferecido um novo impulso a movimentos sociais populares importantes das periferias e favelas.

O hip-hop (e também o funk), nas suas diversas formas de expressão, atualiza um "tom conflituoso" ou, pelo menos tenso, pouco visto anteriormente na MPB. Em função do espaço que ocupa na mídia e do lugar que ocupa junto às camadas juvenis menos favorecidas da população, permite repensar a emergência no imaginário social de um Brasil, mais fragmentário e plural. Os jovens vêm encontrando, nas representações associadas ao hip-hop e à sociabilidade que promove, o estabelecimento de novas formas de representação social que lhes permite expressar seu descontentamento, opor-se à tese da não violência, isto é, de que o Brasil seria uma "nação diversa mas não violenta". É o caso, por exemplo, das letras das músicas dos Racionais MCs, importante grupo de hip-hop paulista que, mesmo sem propor uma "solução" para o conflito, preocupa-se em denunciar os contrastes sociais, a violência promovida pela estrutura sociopolítico-econômica vigente no país.

> (...) Malicioso e realista, sou eu
> Mano Brown
> Me dê quatro motivos para não ser
> Olhe o meu povo nas favelas e vai perceber
> Daqui eu vejo uma caranga
> Toda equipada e um tiozinho guiando
> Com seus filhos ao lado
> Estão indo ao parque
> Eufóricos, brinquedos eletrônicos
> Automaticamente eu imagino

---

distante (mais detalhes, cf. HERSCHMANN, Micael. *O funk e o hip-hop invadem a cena* (1997) e *Abalando os anos 90 – funk e hip-hop* (2000).

[2] Mais detalhes sobre o funk enquanto experiência participativa, cf. HERSCHMANN, Micael. *O funk e o hip-hop invadem a cena*. Op. cit.

> A molecada lá da área como é que tá
> Provavelmente correndo para lá e para cá
> Jogando bola
> Descalços nas ruas de terra
> Brincam do jeito que dá
> Gritando palavrão
> É o jeito deles
> Eles não têm videogame
> Às vezes nem televisão
> Mas todos eles têm São Cosme e Damião
> A única proteção
> (Racionais MCs, *Fim-de-semana no parque*)

Ao invés de reforçarem a imagem de um país "libertário e/ou malandro",[3] as representações promovidas pelos rappers sugerem um Brasil hierarquizado e autoritário. Revelam, assim, os conflitos diários enfrentados pelas camadas menos privilegiadas da população: repressão e massacres policiais; a dura realidade dos morros, favelas e subúrbios; a precariedade e a ineficiência dos meios de transporte coletivos; racismo e assim por diante.

De modo geral, o grande público confunde o hip-hop com o funk. Inclusive, o termo hip-hop tem se notabilizado no Brasil entre os b-boys[4] como uma tentativa de demarcar uma fronteira mais clara com o funk. Tanto os jovens que participam desse universo quanto do funk utilizam um vocabulário muito similar. Todos eles chamam os cantores de rappers, MCs e referem-se a suas músicas como raps. Segundo os rappers da linha hip-hop, a utilização de expressões iguais ou similares tem sido a grande responsável pela indistinção que a mídia faz entre eles e os funkeiros. Há um clima de hostilidade em relação ao funk, pois o consideram como um gênero musical no qual são produzidas músicas melodicamente pobres e de conteúdo leve, isto é, o funk para eles não contribuiria para a "conscientização desses indivíduos da sua condição social ou mesmo racial".

---

[3] Se hoje o Brasil da violência parece estar em todo lugar, as representações da violência durante boa parte do século XX parecem ter sido confinadas ao espaço/cenário do "sertão". Sobre as fronteiras deste "Brasil cordial/pacífico" – que até bem pouco tempo tinha grande peso no imaginário social – e os usos estéticos da violência, especialmente no cinema e na televisão, ver BENTES, Ivana. "Estéticas da violência". In: *Rio artes*. n°. 20, 1996; e PEREIRA, Carlos Alberto M. "O Brasil do *Sertão* e a mídia televisiva". In: *Comunicação e sociedade*. São Paulo, Ed. IMS, dezembro de 1995.

[4] Termo que designa o público do hip-hop e seu estilo indumentário (mais detalhes, cf. HERSCHMANN, Micael. *O funk e o hip-hop invadem a cena*. Op. cit.).

Na realidade, o hip-hop no Brasil é uma manifestação cultural tão expressiva quanto o funk. Seus signos e emblemas estão constantemente presentes na indústria cultural (música, vestuário etc.) enquanto um sinal de identificação transnacional da juventude dos anos 90. Basta conferir os anúncios publicitários e boutiques de linha jovem despojada de inúmeros países do Ocidente.

Assim, talvez revendo um pouco da trajetória do funk e do hip-hop na cultura urbana brasileira seja possível compreender melhor as semelhanças e diferenças entre essas duas expressões culturais.

O hip-hop e o funk no Brasil

Poder-se-ia afirmar que a trajetória que conduziu à afirmação do funk (no RJ) e do hip-hop (em SP) como importantes fenômenos urbanos juvenis dos anos 90 fez-se, por um lado, à margem e, por outro, nos interstícios da indústria cultural. Poderíamos iniciar nossa história com o *blues* (elaborado na década de 30/40) ou sua versão eletrificada, o *rhythm and blues*. Entretanto, vamos tomar como ponto de partida as experiências realizadas por alguns músicos oriundos da tradição protestante, que criaram o *soul* a partir da união do *gospel* e do *rhythm and blues*. O *soul* teve como seus principais divulgadores músicos como Ray Charles e James Brown e durante boa parte dos anos 60 entoou a luta pelos direitos civis dos negros americanos.

O termo *funk,* ou melhor, *funky,*[5] surge na virada da década de 60 para os 70, e passa, de uma conotação negativa, a ser símbolo de alegria, de "orgulho negro". Na realidade, com a intensa presença do *soul* no mercado, alguns músicos mais engajados da época passaram a encarar o *funky* como uma vertente da música negra capaz de produzir ainda uma música, digamos, "revolucionária", dirigida para essa minoria étnica.[6]

Ao mesmo tempo, nos guetos de Nova York, surgia um tipo de som que iria mudar o cenário da música negra. DJs como o jamaicano

---

[5] Apesar da leitura mais positivada, os sentidos atribuídos aos termos *funk* e *funky* guardam ainda certa ambiguidade. Segundo o *Novo Michaelis* (São Paulo, Melhoramentos, vol. 1, 1994): "*funk* – 1. medo, susto, pânico, pavor; 2. medroso, covarde; v.1 ter medo de, temer; 2. aterrorizar, assustar, intimidar; 3. evitar, esquivar-se, fugir de, encolher-se, acovardar-se. *funky* – música de estilo e sentimento simples e rústico. Na gíria – batuta, bom" (p. 449).

[6] Sobre a história do funk, ver VIANNA, Hermano. *O mundo funk carioca*. Rio de Janeiro, Jorge Zahar, 1988.

Kool-Herc e seu discípulo Grand Master Flash começaram a dar festas no gueto do Bronx (NY), utilizando-se de técnicas que posteriormente se tornariam fundamentais para este tipo de música eletrônica. Dentre essas técnicas, eles introduziram os *sounds systems*, mixadores, scratch[7] e os repentes eletrônicos que ficaram posteriormente conhecidos como raps.[8] Nestas festas que já eram realizadas não só neste gueto afro-caribenho, mas outros afro-americanos e até em alguns porto-riquenhos, vão surgindo outros elementos associados à música: o *break* – dança em que o dançarino Crazy-Legs teve um papel de destaque; as grafitagens de muros e trens do metrô – estilo popular de "muralismo" contemporâneo que tem nos grafiteiros Phase2 e Futura suas grandes referências; e, finalmente, um estilo de se vestir despojado – com calças de moleton, jaquetas, camisetas, boné, tênis, gorro etc. das principais marcas esportivas. Todos esses elementos passaram a compor o chamado mundo do hip-hop. A música do hip-hop era feita em cima dos ritmos *funky*. A diferença é que o hip-hop se utilizava destes ritmos para produzir um som pesado e arrastado, reduzido ao mínimo, em que se utilizava apenas bateria, scratch e voz.

O soul já era bem conhecido mundialmente desde os anos 60, mas os ritmos funky projetaram-se internacionalmente a partir de 1975 com a banda Earth, Wind and Fire e seu LP de sucesso *That's the way of the world*, que sintetizava um funk alegre, extremamente vendável, descompromissado com a questão étnica. Este disco abriu caminho para outros músicos e para o modismo "disco" (discoteca) que atingiu várias regiões do mundo e que tomou conta da música negra norte-americana durante alguns anos.

A origem do funk carioca remete-nos ao início dos anos 70, com os *Bailes da Pesada* que foram promovidos por Big Boy e Ademir Lemos, por pouco tempo, em uma das principais casas de espetáculo de música pop do Rio de Janeiro, o Canecão. Esses DJs tocavam rock, pop e davam especial destaque aos músicos de soul como James Brown, Wilson Pickett e *Kool and the Gang* nos seus bailes dominicais, procurados por cerca de cinco mil jovens de todos os bairros da cidade.

---

[7] Utilização de toca-discos como instrumento musical, destacando determinadas partes de uma canção ou movimentando no sentido anti-horário os discos de modo a produzir o som de arranhado.

[8] Iniciais de *rythm and poetry*.

Quando a administração do Canecão passou a privilegiar a MPB, os *Bailes da pesada* foram levados para a Zona Norte, onde passaram a ser realizados em diferentes clubes da região. Para continuar realizando bailes de grande porte, que algumas vezes chegavam a reunir mais de dez mil jovens por evento, os seguidores deste filão aberto por Boy e Lemos tiveram que investir na compra de equipamentos, boa parte deles importados. As equipes passaram a empilhar caixas de som, formando enormes paredes ou muralhas que se tornaram marca registrada destes bailes.[9]

Em um número reduzido de bailes procurava-se desenvolver um formato didático e militante. Nos bailes promovidos pela equipe Soul Grand Prix, por exemplo, era usada, com frequência, uma combinação de elementos mediáticos – slides, filmes, fotos, *posters* etc. – que visava "despertar" os frequentadores para o estilo "black is beautiful" da época. O fato dos jovens da Zona Norte estarem se engajando em uma cultura negra mediada pela indústria cultural norte-americana provocou, na época, muitos argumentos desfavoráveis sobre a possível marca de uma colonização cultural. Entretanto, como questionou um das mais importantes personalidades da Bahia, Jorge Watusi, o soul e o funk são movimentos importantes que podem conduzir à revitalização de formas afro-brasileiras tradicionais, como o afoxé da Bahia. Em outras palavras, na condição de um dos fundadores do primeiro bloco de carnaval afro, o Ilê Aiyê, Watusi contestou o caráter comercial do soul no Rio e concordou que o engajamento na música negra norte-americana poderia favorecer a "(...) recuperação de raízes negras brasileiras".[10]

Antes que a grande imprensa se cansasse da novidade "black", as gravadoras ainda tentaram frustradamente "emplacar" o soul nacional no mercado. À exceção de Tim Maia e Tony Tornardo, a maioria destes músicos e dançarinos praticamente caiu no esque-

---

[9] Essas equipes, praticamente fundadoras desses bailes do subúrbio, tinham nomes sugestivos como Revolução da Mente, inspirado no "Revolution of Mind" de James Brown, ou Soul Grand Prix e Black Power. Foi a equipe Soul Grand Prix que, em meados da década de 70, inaugurou a nova fase dos ritmos *funky* no Rio de Janeiro, uma fase que foi rotulada pela imprensa como "Black Rio". As explicações para a mudança do ecletismo inicial dos *Bailes da Pesada* para o *soul* não são muito elaboradas. Em geral, os articuladores desses novos bailes diziam que se fez uma opção pela música mais dançante (cf. VIANNA, Hermano. *O mundo funk carioca.* Op.cit.)

[10] Apud: ibidem., p. 29.

cimento. A repressão implementada pelo regime militar vigente no país e o *boom* da moda da discoteca, apreciada tanto pela Zona Sul quanto pela Zona Norte da cidade, enterraram de vez as tentativas de se desenvolver, naquele momento, qualquer movimento étnico.[11]

Ao longo dos anos 80, vários elementos oriundos do hip-hop norte-americano, dos novos ritmos funky, foram sendo introduzidos nos bailes. As rádios e mesmo os bailes reservavam cada vez menos tempo para o charme. O baile, de modo geral, foi mudando lentamente. Equipes como a *Furacão 2.000*,[12] que sucedeu com êxito as equipes fundadoras, já realizava bailes no subúrbio em que as danças eram mais grupais e a indumentária já não lembrava tanto o estilo soul ou afro ou mesmo b-boy.

Apesar do hip-hop norte-americano ter influenciado a dinâmica da cultura funk e algumas de suas músicas tocarem com certa frequência nesses bailes realizados nos subúrbios da cidade, são poucas as pessoas associadas aos bailes funk que faziam referência ao termo hip-hop. O hip-hop "nacional" surgiu mesmo em meados dos anos 80, nos salões que animavam a noite paulistana no circuito negro e popular dos bairros periféricos, e contou, nos seus primeiros eventos, com a forte presença de grupos norte-americanos e alguns poucos expoentes brasileiros. Mobilizando no início apenas a juventude negra e trabalhadora da cidade, o hip-hop hoje está organizado em grupos, associações, "posses" e pequenas gravadoras, vem difundindo-se e atraindo boa parte da população jovem e constitui um importante segmento de mercado. Um dos seus introdutores foi o rapper Nelson, que ainda nos anos 80 trouxe o ritmo para a Praça da Sé, em São Paulo. O programa de rádio mais antigo foi o *Rap Brasil*, dirigido pelo Dr. Rap, veiculado também nesta cidade, na rádio Metropolitana FM.

---

[11] Passado esse modismo, a Zona Sul volta a namorar o emergente rock nacional (o chamado "BRock dos anos 80") em seus mais variados estilos, e a Zona Norte permanece fiel à música negra norte-americana, numa batida muito parecida ao que se conhece hoje como Charme.

[12] A Furacão 2.000, um dos maiores conglomerados de empreendimentos do mundo funk, começou em Petrópolis fazendo shows, bailes e eventos de rock na região serrana do Rio de Janeiro. A equipe de som Furacão 2.000 passa a se dedicar ao funk quando se instala no Rio na década de 80, tanto que lançou, até 1986, cinco LPs dedicados a este tipo de música (para mais informações das equipes de som dos anos 70/80, ver VIANNA, Hermano. *O mundo funk carioca*. Op.cit., p. 35-49).

À medida, portanto, que o hip-hop e o funk foram se nacionalizando,[13] foram também se distanciando um do outro. A juventude negra mais politizada passou a desaprovar as músicas alegres do funk. Enquanto no Rio o conteúdo, o ritmo, se traduziu num clima e em uma música mais dançante, alegre e não necessariamente politizada, em São Paulo, e dentro de alguns círculos, o hip-hop foi se afirmando como importante discurso político que tem revitalizado parte das reivindicações do movimento negro. Aliás, de modo geral, os órgãos e as "posses"[14] voltados para o fomento desse movimento têm se apoiado sobre uma vasta produção musical rotulada como "afro" – como, por exemplo, reggae, hip-hop, charme e mesmo o funk – como uma estratégia de mobilização de um contingente jovem da população negra. Para desespero de alguns articuladores políticos, nem sempre é possível colocar todos esses grupos sociais sob a mesma bandeira. Em geral, a partir desse momento, o funk e o hip-hop passaram a ser analisados a partir da dicotomia entre "alienados" e "engajados". Não que isso corresponda realmente ao que vem ocor-

---

[13] Vianna observa que, mesmo antes de se consolidar como importante segmento de mercado, a apropriação promovida pelos funkeiros não se resumia apenas à dança e à indumentária. Ele destaca ainda: a) o processo de homofonia promovido por esses jovens e b) o "pirateamento" que, em certo sentido, os DJs fazem da indústria fonográfica. De fato, as letras da música negra norte-americana, que fazem referência às políticas raciais e culturais, não eram por eles compreendidas. Não havia raps nacionais e os funkeiros adaptavam o léxico inglês na base da homofonia. O próprio nome da música era renomeado em função deste processo de homofonia. Muitas vezes o próprio DJ puxava o refrão no baile. Aliás, a preocupação do discotecário era promover um processo de identificação entre os frequentadores e as músicas norte-americanas que ele importava. As limitações de nosso mercado para o consumo deste tipo de música (salvo algumas exceções) naquele momento dificultavam o acesso a essa produção – praticamente não disponíveis no rádios e nas lojas de discos – e mobilizavam os DJs a se inserirem num tráfico complexo de fitas e LPs. Boa parte do que os discotecários ganhavam era reinvestido numa rede de *couries* que viajavam periodicamente para Nova York e Miami a fim de comprar essa produção musical, aqui ainda inédita. Esse tráfico, entretanto, praticamente desaparece nos anos 90 com as facilidades de acesso que se tem hoje à produção externa da indústria fonográfica e com o aparecimento de grupos e de uma produção de melôs e raps "nacionais"(cf. ibidem).

[14] As associações e as posses são compostas pelas bandas de rap, dançarinos e grafiteiros, bastante expressivos em São Paulo. Elas em geral têm três objetivos, nem sempre presentes integralmente ou com a mesma intensidade: potencializar a capacidade de produção de música e apresentações não restritas necessariamente aos bairros de origem; organizar ações comunitárias e eventos que visavam promover campanhas ou levantar fundos para atender necessitados; e ações políticas muito próximas daquelas praticadas por integrantes do movimento negro. Mais informações sobre as posses, ver SPOSITO, Marilia. "A sociabilidade juvenil e a rua: novos conflitos e ação coletiva na cidade". In: *Tempo social*. São Paulo, USP, novembro de 1994.

rendo. O simples fato do funk produzir uma música alegre, romântica e bem-humorada não implica em uma postura apolítica. De qualquer maneira, os b-boys e outros grupos que se alinham ao movimento negro (como os charmeiros) acusavam o funk de produzir uma música despreocupada, que promove apenas o entretenimento. A partir daí os funkeiros deixaram de ser bem-vindos em outros bailes.[15]

Novo impulso nas experiências participativas

O hip-hop, portanto, emergiu nos anos 70, nos EUA, como um forte referencial que permitiu a conformação de identidades alternativas e de consagração para os jovens em bairros cujas antigas instituições locais de apoio foram destruídas.[16] As identidades alternativas locais foram sendo forjadas a partir de modas e linguagens que vinham das ruas, guetos e de grupos e turmas de bairro. Nos EUA, muitos artistas, dançarinos e fãs do hip-hop continuam a pertencer a um sistema elaborado de grupos. O grupo constrói um tipo local de identidade que aparece em quase todas as músicas do hip-hop, nas dedicatórias das fitas cassetes, nas performances musicais para o vídeo e nas entrevistas com artistas na mídia. A identidade do hip-hop está profundamente arraigada à experiência local e marcada pelo apego a um status conquistado junto a um grupo local. Esses grupos formam um novo tipo de "família", elaborada a partir de um vínculo intercultural que, a exemplo das formações das gangues (apesar das diferenças), promovem isolamento e segurança num ambiente complexo. E, de fato, contribuem para a construção de redes da

---

[15] Na verdade, isso teve pouca visibilidade no Rio de Janeiro. Os bailes funk gradativamente foram se tornando uma das principais formas de lazer dos jovens pobres da cidade. Um dos responsáveis pela fase atual do funk, pelo processo de "nacionalização" da música, isto é, pelo surgimento de músicas cantadas em português, foi o DJ Marlboro, que em 1989 organizou e produziu o disco *Funk Brasil nº 1*.[16] O sucesso alcançado por esta coletânea redimensionou o mercado fonográfico nacional, abrindo caminho para que vários jovens "adquirissem voz", saíssem do anonimato, colocando em evidência uma "realidade dura" e uma cultura do subúrbio. Os grandes eventos que vinham sendo produzidos por Marlboro e pela equipe da Furacão 2.000, mesmo antes dos famosos arrastões, em megaespaços como o ginásio do Maracanãzinho, já indicavam um crescimento de popularidade dessa expressão cultural.

[16] Sobre o processo de desestruturação das relações sociais em certos bairros de Nova York e de Los Angeles, hoje totalmente degradados, em boa medida pela omissão do poder público, cf. ROSE, Tricia. *Black noise. Rap music and black culture in contemporary America*. Londres/Hanover, University Press of New England, 1994, e DAVIS, Mike. *Cidade de quartzo*. São Paulo, Ed. Página Aberta, 1993.

comunidade que servem de base para novos movimentos sociais.[17] No Brasil, a emergência veio, como no caso do funk, a reboque da chamada "cultura black", nos anos 70. O hip-hop no Brasil não faz parte exatamente da estrutura do movimento negro, mas, ao mesmo tempo, não se encontra completamente alijado dele.[18] Muitos desses jovens, quando entrevistados, utilizavam recorrentemente o termo "movimento" sem, no entanto, especificar a que movimento se referiam. Na verdade, as associações que reúnem grupos de hip-hop, reagge e outras expressões culturais em que a *cor* seja um registro importante, têm revitalizado, de certa maneira, o antigo movimento negro, têm permitido que ele atue em outras esferas, até na desgastada arena política tradicional. Este tipo de atuação fragmentária e localizada na sua luta pela hegemonia[19] (essa experiência participativa não tem o velho mito da unidade como meta, como tinham os "velhos" movimentos sociais) utiliza-se de outros "canais" de participação, apoiando-se na produção cultural e no consumo e organizando-se descentralizadamente na forma de rede.[20]

Raves e eventos

O hip-hop, tanto no Brasil como nos EUA, conta com outros importantes espaços nos quais constrói seu cotidiano; seu estilo se encontra mais diluído pelas inúmeras atividades que realiza na

---

[17] Cf. ROSE, Tricia. "Um estilo que ninguém segura" in HERSCHMANN, Micael (org.). *Abalando os anos 90 – funk e hip-hop*. Op. cit.

[18] Um dos principais veículos de divulgação dessa expressão juvenil são as revistas *Black, DJ Sound* e *Raça*, voltadas de modo geral para a "cultura negra" *cult*

[19] Ernesto Laclau ("Os novos movimentos sociais e a pluralidade social" in *Revista Brasileira de Ciências Sociais*. v.1, no 2, outubro de 1986) apropria-se do conceito gramsciano de hegemonia para refletir sobre a impossibilidade de se continuar a pensar em um sujeito único nos movimentos sociais contemporâneos, considerando-se que os mesmos não se definem por um sistema ordenado e coerente de "posições de sujeito", baseado apenas nas relações de produção, mas por outros inúmeros lugares estruturais, muitos deles estabelecidos na esfera cultural.

[20] Ana Doimo, em seu trabalho sobre os movimentos sociais, ao comentar sobre os novos impulsos movimentalistas presentes no Brasil e na sociedade contemporânea, afirma que o que tem caracterizado essas experiências participativas é precisamente o fato de se originarem fora da esfera produtiva e dos canais convencionais de mediação política, em espaços fortemente marcados por carências referidas ao vertiginoso crescimento e à crise do Estado capitalista (cf. *A vez e a voz do popular. Movimentos sociais e participação política no Brasil pós-70*. Rio de Janeiro, ANPOCS/Relume-Dumará, 1995, p. 49-50).

cidade, como, por exemplo, shows, reuniões, ações comunitárias etc. O hip-hop, portanto, nas principais cidades brasileiras, tem na festa mais um dos seus polos aglutinadores. Um grande número de b-boys cariocas busca também espaços de socialização alternativos e não exclusivos do hip-hop, frequentando, por exemplo, "bailes de charme" que são realizados regularmente na cidade, onde se toca além de raps – chamados também ali de música "rasteira", em função de serem menos dançante que as outras músicas – a *dance music* negra norte-americana, e para onde vão além desses jovens integrantes, simpatizantes do movimento negro ou simples apreciadores da música negra.

Outro espaço de socialização dessa manifestação cultural juvenil no Brasil, chamada também de "cultura das ruas", e que merece destaque, são as praças. Os b-boys norte-americanos realizam sua "arte" nos guetos de Nova York e Los Angeles e os brasileiros tendem a realizar a sua nas periferias e favelas ou nas praças dos grandes centros urbanos. Se os paulistas, em geral, encontram-se no Centro de São Paulo, nas estações de metrô São Bento e Conceição, os cariocas costumam se encontrar no largo que passa por debaixo do viaduto que corta Madureira, localizado no coração do bairro, no subúrbio da cidade do Rio. Nestes espaços eles realizam, entre outras coisas, shows, performances acrobáticas de *streetdance*, relatam as últimas novidades, marcam encontros com amigos e namoradas, acertam shows, agendam as reuniões das associações e posses, saem para comprar com os amigos discos e roupas nas galerias de lojas próximas, especializadas nesses produtos e fazem, ainda, eventualmente, seus discursos políticos. Cabe ressaltar que é também nesses espaços que frequentemente se dão os conflitos e tensões com os agentes policiais.

A popularização do hip-hop

O hip-hop se encontra mais difundido na capital paulista do que na cidade do Rio. A popularização do funk no início dos anos 90 é uma das causas frequentemente apontadas pelos membros do hip-hop para explicar a diferença entre os estágios de desenvolvimento dessa expressão cultural nas cidades. Pode-se afirmar que São Paulo é o principal centro irradiador do hip-hop no Brasil, onde grupos como Racionais MCs, Sistema Negro, DMC, Câmbio Negro, MRN, Pavilhão 9, são expressivos na indústria fonográfica. Existe, inclusive, nessa cidade, várias produtoras e selos independentes dedicados basicamente a esse gênero musical. Apesar de serem numerosos, as associações e os grupos de rappers cariocas carecem dessa estrutura disponível em São Paulo. Com alguma dificuldade, vêm conseguindo algum espaço na mídia e, mais especificamente, na indústria fonográfica. Talvez a exceção de grande sucesso seja Gabriel O Pensador que, no entanto, sofre um enorme preconceito por ser branco e de classe média. Mesmo nas rádios, enquanto em São Paulo programas dedicados ao gênero vêm alcançando ótimos índices de audiência, ainda são poucos os programas exclusivos voltados para o hip-hop no Rio.[21] No que se refere à TV, existe um programa exibido em cadeia nacional na estação a cabo MTV intitulado *Yo! Raps!*, produzido em São Paulo que, apesar da sua proposta de abranger todo o território nacional, dedica-se, na maior parte do tempo, a divulgar o trabalho das "posses" e dos grupos de músicas locais.

Posses e associações

Além das casas noturnas das áreas nobres e subúrbios, clubes e praças, outro importante espaço de socialização do hip-hop no Brasil são posses e associações. Ali, frequentemente, a palavra "movimento" é evocada e planificam as inúmeras atividades que os grupos, as turmas promovem no seu dia a dia.

Diferentemente das galeras funk, que se organizam em função, principalmente, da proximidade geográfica (guetos, morros, favelas, conjunto habitacionais etc.) e das afinidades mais diversas, as turmas e os grupos de hip-hop organizam-se em torno, especialmente, das posses e associações. Distintamente dos funkeiros, buscam não só a solidariedade, a cumplicidade do grupo, mas o amparo institucional e assistencial que parecem não encontrar em lugar nenhum.[22] Os trabalhos, em geral, se dividem em: organização de oficinas que permitem aos jovens aprender a fazer os seus próprios produtos e a extrair lucro dessa atividade; palestras e atividades voltadas aos problemas mais comuns enfrentados pela comunidade; e, finalmente, a

---

[21] Durante a pesquisa obtive a informação de que várias rádios comunitárias do país possuíam programas dedicados ao hip-hop com boa audiência.

[22] Nos EUA as turmas, bandos de hip-hop se organizam tanto em torno de associações e posses quanto a partir de grupos construídos por afinidades e pela posição geográfica/territorial. Mais informações, ver ROSE, Tricia. *Black noise*. Op. cit.

realização de eventos para campanhas beneficentes com o total apoio das comunidades. Aliás, as posses e associações – muitas vezes com o apoio da comunidade ou da municipalidade local – são responsáveis pela organização dos principais festivais, *raves*, bailes que são realizados nesses centros urbanos. Em São Paulo, por exemplo, bailes da periferia – como Asa Branca, Lótus, Eclipse, Clube da Cidade e Projeto Radial – mobilizam 40 mil pessoas por fim de semana. No Rio de Janeiro, para importantes festivais anuais da cidade – como o *CDD*, festival da Cidade de Deus organizado pela ATCON e o *Voz Ativa* (realizado na favela da Maré e organizado pelo Voz Ativa Oficina Cultural) – concorre uma multidão de jovens.

Porta-vozes da violência?

Tanto o funk quanto o hip-hop sofrem do mesmo preconceito social e são reprimidos, ou pelo menos colocados sob suspeita e vigilância constante pelos órgãos de segurança pública. Ou melhor, ambos são acusados de promover festas, músicas, danças que incitam a violência. A diferença é que, enquanto o funk é considerado perigoso por produzir uma conduta inconsequente, que glorifica a delinquência, o hip-hop é considerado perigoso por sua postura radical e hiperpolitizada, por produzir um discurso que incitaria o racismo, a intolerância, a revolta violenta das minorias.

Se os conflitos e brigas vêm reforçando o processo de estigmatização na trajetória do funk, os discursos radicais e simbolicamente violentos promovidos pelo hip-hop têm tido resultado similar para este grupo social. É preciso ressaltar-se ainda que, apesar de serem de natureza e intensidade diferentes daqueles encontrados no mundo funk ou entre as *crews* dos EUA,[23] os conflitos também se fazem presentes no hip-hop, especialmente através da fala. São frequentes as tensões e críticas entre os diferentes grupos, associações e/ou posses. Geralmente são motivadas por divergências quanto às formas de conduta e/ou à qualidade da produção. Os b-boys cobram de cada um dos membros uma vida sem "vícios", um engajamento e uma postura, muitas vezes, rígidos, que devem estar expressos, inclusive

---

[23] As brigas entre as turmas de hip-hop são frequentes e foram veiculadas nos meios de comunicação de massa, traduzindo-se também em um processo de estigmatização. Mais detalhes, sobre a "demonização" do hip-hop nos EUA, cf. ibidem.

e principalmente, na arte que realizam. Boa parte dos entrevistados, durante a pesquisa, se dizia contra o sexo livre, as bebidas e as drogas de modo geral. Seus principais ídolos são: Malcolm X, Spike Lee e Michael Jordan.

> É verdade, nascemos, crescemos, vivemos, morremos
> Esquecemos de tudo que passa na vida
> Maternidade com pouca idade
> Lugar de tristeza, lugar de alegria
> Tem coisas na vida que não se resolve apertando o gatilho(...)
> Você tem de deixar de ser dominado
> A vida é um jogo marcado e a gente só está no primeiro ato
> O sistema dá as armas para nossa destruição
> Não faça o jogo deles
> Não seja bobão
> Pare de brigar com seu irmão
> Brigar não vale a pena
> Seja qual for o motivo
> Inveja, mulher, valentia (...)
> A união não pode ser feita com a garrafa (...)
> Nao vai ser esta a solução para acabar com seu problema (...)
> (*Atitude errada*, MV Bill e DJ TR)

Curiosamente, mesmo todas essas cobranças – que exigem de seus membros uma maior "conscientização política" e uma vida sem "vícios" ou "desvios" – não têm evitado que eles sejam estigmatizados, demonizados, tal como ocorre com os funkeiros, estes últimos considerados pelos próprios b-boys como jovens "perdidos", "alienados".

Talvez um caso que exemplifique de forma mais clara o tipo de perseguição sofrida pelo hip-hop seja o do incidente ocorrido no show realizado no Vale Anhangabaú, em outubro de 1995, amplamente divulgado na mídia. Neste show, 20 mil jovens compareceram para assistir à apresentação dos grupos MRN e Racionais MCs e, segundo eles, o que viram foi uma cena revoltante. Como nos tempos da ditadura militar, os integrantes dos grupos que se apresentavam foram levados à delegacia em um camburão e enquadrados no artigo 286 do Código Penal, por incitação à violência. Segundo as autoridades, a gota d'água teriam sido as letras das músicas *O homem na estrada* (de autoria dos Racionais MCs) e *Homens da lei* (de autoria do rapper Big Richard), em que algumas passagens faziam acusações diretas à ação cotidiana dos agentes policiais.

> (...) Vão invadir o seu barraco
> é a polícia
> vieram pra arregaçar
> cheios de ódio e malícia
> f.d.p. comedores de carniça (...)
> (Racionais MCs, O *homem da estrada*)

> (...) Que polícia é essa
> Que de dia diz nos proteger
> e vira grupo de extermínio
> assim que escurecer?(...)
> (Big Richard, *Homens da lei*)

A mídia relatou o incidente como indício de que o que ocorrera em São Paulo mostrava não só que os conflitos que geralmente acontecem nos EUA já têm seus similares no Brasil, mas também que o hip-hop vem embalando a bandeira e o ritmo desses embates.

> O confronto entre a polícia e os rappers brasileiros, a exemplo do que já ocorre nos EUA, acabou estourando. Cantando a violência, os rappers não poupam críticas aos policiais, que reagem, como aconteceu em São Paulo. (BARREIROS, 1994)

Os rappers tiveram também na mídia a chance de resposta, denunciando o preconceito que fundamenta o tratamento diferenciado que recebem artistas de diferentes segmentos sociais.

> A função do rapper é testemunhar o que acontece nas ruas, incluindo a violência policial. (....) O público do rap é de periferia, e é na periferia que há mais violência policial. As pessoas se sentem um pouco vingadas quando escutam alguém debochando da polícia. Mas nós nunca incitamos nada. Pregamos a conversa, a inteligência. Roqueiros, como os Titãs, podem dizer 'polícia para quem precisa de polícia' sem sofrer as mesmas conseqüências que a gente. Outro exemplo é a música *Haiti*, do Caetano e do Gil. (...) A polícia quer nos intimidar. (MASSOM, 1994)

Outro ponto tomado como indício de que o hip-hop é uma manifestação cultural fomentadora de violência é o gangsterismo. O fato de existirem músicas que poderiam ser qualificadas como *gangsta* raps, que glorificam o "mundo do crime", indicaria se tratar de uma atividade cultural que alimentaria a delinquência, a violência urbana.

> O *gangsta* rap é o sucesso musical do momento nos EUA. Mas adeptos da nova tendência, como Snoppy Doggy Dogg, Dr. Dre e outros, vêm sendo acusados de incentivar o crime entre os jovens. No Brasil, os *gangstas* americanos também estouraram nas FMs (...). Existe uma ala do rap nacional que começa a adotar o rótulo *gangsta*. Como os americanos, eles juram que não querem incentivar ninguém a procurar o crime. (B. JÚNIOR, 1994)

Tema bastante debatido entre os membros do hip-hop, boa parte deles afirma que o gangsterismo, enquanto um subestilo de vida do hip-hop, só existiria mesmo nos EUA, embalando o ritmo do cotidiano das gangues dos grandes centros urbanos.[24] Afirmam ainda que, apesar de vários rappers apreciarem e utilizarem as bases musicais de cantores da vertente gangsta, poucos deles fazem apologias ao crime nas suas músicas. Mesmo que vários deles tenham passagens pela polícia, quase todos afirmaram ter encontrado no hip-hop alicerces não só para construir uma vida longe do crime, mas também para advertir outras pessoas a fazerem o mesmo. Vários chegam ainda a afirmar que as músicas que têm sido caracterizadas como gangsta na mídia, na realidade, são trabalhos feitos por uma minoria que busca se afirmar no mercado: "realmente, alguns caras de dentro e de fora do hip-hop confundem a radicalidade do hip-hop brasileiro com gangsterismo e isso é péssimo para quem procura fazer um trabalho sério... agora, isso vende... principalmente porque tem uns neguinhos que acham que tudo o que os americanos fazem é o máximo!"[25] Além disso, segundo alguns dos entrevistados, a mídia tenderia a confundir a radicalidade do hip-hop, o tom grave de denúncia, a linguagem provocativa – que explicitaria, inclusive, o desestímulo com que boa parte destes jovens encara sua inserção na estrutura social, no mercado de trabalho etc. –, com apologia ao crime. Nessa perspectiva, como no caso do show, a radicalidade de certas músicas é encarada como incentivo à violência e ao crime.

---

[24] O gangsta rap é considerado um subgênero dentro do hip-hop, no qual as letras são extremamente violentas – glamourizam a criminalidade – e o comportamento de seu autores misturam os limites entre realidade ficção. Pioneiros como Public Enemy e Boggie Down Productions já faziam músicas bastante polêmicas nos anos 80. Mas, na virada da década de 90, os rappers vêm radicalizando ainda mais, criando este subgênero de grande sucesso no mercado. Ice-T mandou matar em *Cop Killer*, Snoppy Doggy Dogg personificou o verdadeiro herói gangsta, tendo um processo por assassinato em sua ficha. Tupac Shakur, o maior de todos os expoentes deste tipo de música, teve sua trajetória de vida e fim trágico, misturado às atividades de gangues.

[25] Entrevista concedida à pesquisa pelo crítico e produtor Fabio Macari, em 27.07.96.

> Hoje estou limpo, mas não engano ninguém. Se eu não fosse o Pivete do rap seria o pivete das ruas. Se eu não tivesse descoberto o rap estaria a sete palmos (...) (MACARI, 1996)

Uma outra acusação que também é feita constantemente é a de incitar pichações nos principais centros urbanos. Confundidos com pichadores, esses jovens fazem de seu trabalho uma forma de resposta à exclusão social. Seus trabalhos podem ser vistos como uma forma de apropriação das áreas nobres da cidade por aqueles que vivem excluídos, isto é, podem ser considerados como uma forma de visitação, de invasão simbólica das áreas centrais e nobres das cidades. Cabe ressaltar que, ao contrário da constante presença das pichações nos centros urbanos – que não está relacionada ao hip-hop, apesar de ser vista assim no imaginário social –, o grafite no Brasil ainda não se desenvolveu propriamente. Alias, o rap parece ocupar um lugar de destaque nessa expressão cultural.

A hegemonia do rap no hip-hop, nos EUA e no Brasil

Tal qual os rappers norte-americanos, eles se caracterizam pela "verborragia" e os temas de suas composições giram em torno da miséria, da violência urbana, do racismo e assim por diante. No que se refere à composição dos grupos musicais, é bastante similar à do funk, com os grupos tendo em torno de dois a três cantores que se autointitulam MCs (como no funk) ou rappers. Além dos cantores, todo grupo possui um DJ. As letras, os raps – *rythm and poetry* – são compostos em tom coloquial como no funk, são feitos sobre uma base musical, geralmente de raps norte-americanos mixados por efeitos como scratch, back to back e outros acionados pelos DJs. A grande diferença no que se refere à música funk é o tipo de base utilizada e o tom e tipo de conteúdo veiculado nelas. Primeiramente, enquanto o funk usa o Miami Bass, os b-boys usam a base musical dos guetos negros de Nova York e Los Angeles. E em segundo, enquanto o funk produz eventualmente alguma crítica social permeada pelo bom humor e a ironia, as músicas produzidas pelo hip-hop são quase sempre músicas marcadas por um tom de protesto, são politicamente mais engajadas e carregam uma dramaticidade, agressividade e, muitas vezes, uma indignação que não necessariamente estão presentes no seu gênero similar. Além disso, as letras dos rappers conseguem ser mais extensas que as dos funkeiros (superam facilmente a marca dos cinco minutos), fato que tem dificultado sua presença no formato dos programas das rádios comerciais.

Vale a pena destacar certas conexões do break e do grafite com o rap do hip-hop, mesmo sabendo que estas duas expressões – especialmente o grafite – ocupam um lugar de menor destaque no mundo do hip-hop nacional. O próprio rapper paulista PMC reconhece uma certa hegemonia do rap sobre as outras expressões do hip-hop.

> O rap tomou conta do hip-hop. Se, em alguns shows, você colocar break ou grafitagens, o pessoal logo diz que é careta. Até acontece de colocar os caras dançando e o pessoal dizer que é legal e aplaudir. O rap radical parece que dominou... todo mundo acha legal mesmo é ver o cara xingar, ver o rapper de cara feia, tá entendendo? Então falar em hip-hop é pensar no rap e menos no break, e muito menos ainda no grafite. Hip-hop é o rap... teve uma época que se falava em DJ. Não se fala mais em DJ hoje. Hoje o destaque é do rapper com aquela roupa largona, calça preta e tal...[26] Segundo Magno, dançarino e membro do grupo paulista Visão Urbana (e ex-membro do Jabaquara Breakers, um dos principais grupos de *streetdance* da cidade), apesar desse lugar secundário que a dança ocupa, ela é fundamental para a continuidade do hip-hop.

> A base do hip-hop brasileiro é o rap, mas também o break (...) o grafite é menos importante. (...) acho que se o break acabasse hoje, o rap seria afetado e o grafite, que já é escasso, também(...). A molecada fica impressionada com o rap, mas quando vê um cara dançando isso também acontece... a dança envolve, é o início de tudo.[27]

Se a música já goza de reconhecimento na cultura urbana e a dança vem mantendo nos últimos anos um relativo prestígio sob o rótulo de *streetdance*, o mesmo não se pode afirmar a respeito do grafite. Ao longo da pesquisa, pelo que pude constatar, existem muito poucos grafiteiros e nenhum de grande destaque. A maior parte deles está localizada na cidade de São Paulo, em grupos isolados. Pode-se afirmar que desempenham um papel ainda secundário no mundo do hip-hop nacional.

---

[26] JUNIOR, Gabriel B. " Lado polêmico do movimento hip-hop ganha espaço nas rádios". In: op. cit., p. 6.

[27] Depoimento concedido por PMC à pesquisa no dia 27 de julho de 1997.

Cabe ressaltar que nos EUA o rap também goza de hegemonia no mundo do hip-hop. A diferença está no peso que tem o break e o grafite em cada localidade, na conformação de um estilo de vida. Se o break e o grafite estão mais presentes no cotidiano dos b-boys norte-americanos, não dá para se afirmar que o mesmo ocorra aqui no Brasil. KDJ, integrante dos Racionais MCs, importante grupo do hip-hop nacional, é categórico ao indicar o lugar quase exclusivo que o rap ocupa.

> O hip-hop no Brasil não funciona como nos EUA. Nos EUA ele uniu a música, a dança, a arte de desenhar nas paredes... os caras passavam para a parede e para a dança aquilo que eles diziam nas músicas. Aqui a realidade é outra, entendeu? As pessoas não dançam nas ruas, as pessoas quase não grafitam, são poucos os caras que fazem isso. O rap fala diretamente ao povo, saca? É uma música mais forte do que foi a música de protesto na época da ditadura. (...) Nos EUA, você atinge o cara pela dança e pelo grafite e aqui acontece muito pouco. O canal é o rap, sacou?[28]

Fluxo, estratificação e rupturas sucessivas

Tricia Rose sugere que tanto o grafite e a dança quanto o rap compõem o mundo do hip-hop e estão centrados em três conceitos: o de fluxo, o da estratificação e o de rupturas sucessivas.[29] No hip-hop, as linhas visuais, físicas, musicais e líricas são compreendidas em movimentos que são interrompidos bruscamente por cortes certeiros e angulares, que sustentam o movimento através da circulação e da fluidez. No grafite, as letras longas, sinuosas e radicais são quebradas e camufladas por repentinas rupturas no traço. As letras angulares e fraturadas são escritas em itálicos exagerados que sugerem os movimentos de ida e vinda. As letras têm sombreamento duplo e triplo de forma a ilustrar a força da energia que irradia do centro – sugerindo o movimento circular; além disso, as palavras manuscritas movem-se horizontalmente.

Já a dança break desloca o fluxo e as rupturas sucessivas. Os pulos e os imobilismos são movimentos a partir dos quais as articulações são golpeadas bruscamente por posições angulares. Dessa forma, esses movimentos bruscos acontecem em uma parte da articulação

---

[28] Depoimento concedido por Magno à pesquisa, em 26.07.96.
[29] Depoimento concedido à pesquisa por KDJ, em 25.07.96

após um movimento prévio – criando um efeito semilíquido, no qual se desloca a energia da ponta do dedo ao dedo do pé. De fato, os dançarinos de break podem repassar a força da energia dos saltos, para trás e para frente, entre eles, através do contato entre os dedos, perfazendo uma espécie de onda. Nesse sentido, o traço é formado a partir de uma série de rupturas angulares que sustenta a energia e o movimento através do fluxo. Os breakers dublam o movimento uns dos outros, como o sombreamento e a estratificação no grafite, entretecendo seus corpos em formas elaboradas e transformando-os em uma nova entidade (como a camuflagem no estilo turbulento do grafite). E, em um instante, esses corpos se separam e voltam à posição inicial. Bruscos, quebrados e graciosos, os trabalhos dos pés deixam aos olhos um traço do movimento ao criar um efeito de espaço e de tempo – que não imita apenas o sombreamento do grafite, pois cria também um vínculo espacial entre o movimento que se forma a partir da série de fluidez e a circulação dos pés.[30]

A música e a vocalidade, no rap, também privilegiam o fluxo, a fluidez e as rupturas sucessivas. Em suas músicas, os rappers falam explicitamente do fluxo, referindo-se a uma habilidade de se deslocar de maneira fácil através de sons complexos, assim como circular através da música. O fluxo e o movimento das guitarras e baterias, no rap, são cortados bruscamente por "arranhões" sobre a superfície do disco, em um processo que realça a forma como se rompe a fluência do ritmo básico. Também a cadência rítmica é interrompida pela passagem de várias músicas. A "gagueira" no rap e, alternativamente, a corrida nas mixagens, sempre se deslocando de acordo com a batida ou em resposta a ela, quase sempre usam a música como uma parceira rítmica. Esses movimentos verbais realçam o fluxo lírico e salientam a ruptura. O sentido da estratificação dos rappers está no fato de usarem a mesma palavra para significar uma variedade de ações e objetos; eles pedem aos DJs para "colocar um som", que é esperado ser interrompido, rompido. Os DJs colocam, literalmente, os sons uns em cima dos outros, criando um diálogo entre palavras e sons sampleados.[31]

Radicalizando e negociando

Eu vou dizer por que o mundo é assim
Poderia dizer ser melhor mas ele é tão ruim

---

[30] ROSE, Tricia. "Um estilo que ninguém segura". In: Op. cit.
[31] ROSE, Tricia. "Um estilo que ninguém segura". In: Op. cit.

> Poderia dizer que está difícil viver
> Procuramos um motivo vivo mas ninguém sabe dizer
> Milhões de pessoas boas morrem de fome
> E o culpado, condenado disso é o próprio homem
> O domínio está em mãos de poderosos
> Mentirosos que não querem saber
> Porcos, querem todos mortos
> Pessoas trabalham o mês inteiro
> E se cansam e se esgotam por pouco dinheiro
> Enquanto tantos outros nada trabalham, só atrapalham
> E ainda falam que as coisas melhoraram
> Ao invés de fazerem algo necessário
> Ao contrário iludem e enganam otários
> Prometem sempre, sempre prometem
> Prometem mentindo, fingindo, traindo
> Tempos difíceis
> Tempos difíceis (...)
> O mundo está cheio, cheio de miséria
> Isto prova que está próximo o fim de mais uma era
> O homem construiu, criou armas nucleares
> E de um aperto de botão
> O mundo irá pelos ares (...)
> Extra publicam, publicam extra os jornais
> Corrupção e violência aumentam mais e mais
> Com os quais sexo e violência se tornam algo vulgar (...)
> Tempos difíceis (...)
> (*Tempos difíceis*, Racionais MCs)

No que se refere aos raps do hip-hop produzidos no Brasil, há, de modo geral, um compromisso "engajado" em retratar a realidade, o "avesso do país", os preconceitos e os privilégios que vêm pautando as relações dentro da estrutura social. Os b-boys remetem todo um conjunto de questões a um segundo plano, como, por exemplo, amor, sexualidade, enfim, questões que recebem um tratamento destacado e diferenciado no funk.

Aliás, esse lugar secundário ao qual é arremessado o erotismo traz reflexos para as relações de gênero entre esses jovens. Na realidade, a mulher no mundo do hip-hop carioca ou paulista ocupa um papel secundário, apesar de nenhum de seus membros admitir isso nas várias entrevistas realizadas. Além de enfrentarem um machismo velado, que se expressa no uso frequente da expressão "vadia" nas músicas e discursos, elas enfrentam o pouco espaço que existe para que artistas do sexo feminino – seja cantora, dançarina ou grafiteira

– possam se manifestar. Ao contrário das mulheres do funk, as do hip-hop não podem usar explicitamente o erotismo como estratégia para subverter esse universo predominantemente masculino. Nenhuma delas usa roupas provocantes, com medo justamente de serem estigmatizadas por isso. Sua indumentária lembra as roupas pesadas e largas dos homens. Sua estratégia é fazer uso da palavra, em um discurso que se aproxima muito do "feminista tradicional". Respondem ao discurso dos homens com mais discursos, ou melhor, diante da verborragia masculina, produzem mais verborragias.

O compromisso com a "retidão" dos b-boys parece se refletir não só sobre a sua postura perante grandes temas, mas também sobre a sua vida íntima, amorosa. Poucas vezes tive a oportunidade de vê--los abandonarem o tom de dramaticidade, tenso e embarcarem em um clima descontraído e até romântico. Parecem, mesmo entre eles, estar sempre "armados", para um conflito permanente. Por exemplo, o fascínio e o temor de seu trabalho ser "diluído" pelo mercado está constantemente presente, como nesse depoimento a seguir do conhecido rapper paulista, Thaíde:

> (...) o lance da tevê foi legal, passamos pelo programa do Sérgio Groismann na Cultura, o *Matéria-Prima*, Faustão, Xuxa, Jô Soares, *Mulheres em Desfile*, fizemos também alguns no Rio de Janeiro... Televisão é uma coisa boa, mas pode acabar com a imagem também.(...) O mercado vai fazer o rap estourar e pode se tornar algo como a lambada, o axé music, o pagode ou o sertanejo. Isso é o que o mercado fonográfico quer e com certeza vai acontecer. (...) Não podemos simplesmente nos vender para a mídia, temos que ser inteligentes e trabalhar direitinho para que as coisas aconteçam da maneira correta."[32]

Apesar do temor, boa parte deles reconhece a importância da conquista de espaços, de visibilidade, isto é, sabem que sem isso não é possível lutar, se fazer ouvir ou mesmo negociar. Em outras palavras, como sugere Marília Sposito, os b-boys sabem que seus objetivos só serão alcançados marcando presença na mídia, pois "(...) disputam a possibilidade de entrar no circuito de consumo e da circulação de bens culturais. Seu alvo é o grande público – jovem, negro, excluído –, não apenas o que está próximo no âmbito das relações primárias do bairro. Lutam e empreendem ações voltadas para um público amplo,

---

[32] Ibidem. Ver também CHAMBERS, Ian. *Urban rythms. Pop music and popular culture*. Nova York, St. Martin's Press, 1985.

querem divulgar sua mensagem e constituir uma via alternativa de informação e conhecimento (...). Não se gesta, no entanto, uma espécie de rejeição à tecnologia audiovisual e à indústria cultural; trata-se de criar, se possível mediante a utilização de todos os recursos da moderna tecnologia, uma capacidade de interpretação e produção de significados(...)".[33] Neste sentido ainda, esse fragmento abaixo de um depoimento de PMC, conhecido rapper paulista, é bastante sugestivo.

> Eu topo me arriscar desde de que não tentem mexer no meu trabalho. Até aconselho a rapaziada a fazer de vez em quando uma coisa mais leve, com menos palavrão, que dê pra tocar nas rádios. Claro que não vamos fazer comédia, vamos continuar contando aquilo que nos incomoda, choca, mas também é preciso conquistar um espaço, reconhecimento, e isso a gente sabe que não é fácil, né?[34]

Na realidade, o hip-hop produzido no Brasil guarda uma certa rigidez que, em parte, se deve à postura mais radical de seus membros. A etnicidade produzida por este grupo aponta fronteiras mais claras e menos móveis. Entretanto, essa postura mais rígida não vem impossibilitando negociações: se, por um lado, aponta diferenças sociais, obstáculos que inviabilizam o perfeito funcionamento da vida em coletividade no país, por outro lado, suas apropriações que comportam colagens, apropriações, vêm facilitando a sua popularização e a conquista de espaços, visibilidade e sua inserção no mercado. Se hoje o forte estigma social e a radicalidade do hip-hop parecem ainda prevalecer, talvez à medida que for se intensificando a sua presença no mercado, vá predominando, tal qual o hip-hop norte-americano, a capacidade dessas expressões culturais juvenis em negociar, pois como sugere D. Hebdige, é muito difícil estar no mercado e sustentar uma distinção absoluta.[35]

Os b-boys, portanto, têm procurado desenvolver sua própria indústria da cultura. Para os membros do hip-hop, os programas nas rádios comunitárias e emissoras de televisão, selos e gravadoras independentes, revistas e fanzines, representam uma "estratégia" que não só esperam que garanta isso, como também um relativo controle

---

[33] *DJ Sound*. São Paulo, nº. 4, 1994, p. 16.

[34] SPOSITO, Marília P. "A socialidade juvenil e a rua" in op.cit., p. 172-173.

[35] Depoimento concedido por PMC à pesquisa.

[36] HEBDIGE, Dick. *Subculture. Subculture. The meaning of style*. London, Methuen, 1979, p. 94-95.

sobre o trabalho, isto é, sobre o sentido e significado da produção que realizam. Apesar desse circuito "alternativo" de produção e consumo cultural não ser completamente independente – boa parte desta produção está articulada ou é apropriada pela grande indústria de entretenimento – e de ser possível constatar um crescente interesse dos jovens de diferentes segmentos sociais (colocando o hip-hop em evidência e na condição de modismo), a cultura hip-hop não vem se esvaziando de significados com este intenso processo de agenciamento; muito pelo contrário, parece vir se potencializando e ganhando visibilidade na cena urbana.

REFERÊNCIAS BIBLIOGRÁFICAS

BARREIROS Edmundo. "Rappers enfrentam a polícia". In: *Jornal do Brasil. Caderno B*. Rio de Janeiro, 11.12.94, p. 1.

BENTES, Ivana. "Estéticas da violência". In: *Rio Artes*. n° 20, 1996.

DAVIS, Mike. *Cidade de Quartzo*. São Paulo: Ed. Página Aberta, 1993.

HEBDIGE, Dick. *Subculture. Subculture. The meaning of style*. London: Methuen, 1979.

HERSCHMANN, Micael. (Org.). *Abalando os anos 90* – funk e hip-hop. Globalização e violência e estilo cultural. Rio de Janeiro: Rocco, 1997.

HERSCHMANN, Micael. *O funk e o hip-hop invadem a cena*. Rio de Janeiro: Editora UFRJ, 2000.

LACLAU, Ernesto. Os novos movimentos sociais e a pluralidade social. In: *Revista Brasileira de Ciências Sociais*. São Paulo, v.1, n° 2, outubro de 1986, p. 46-59.

JUNIOR, Gabriel B. Lado polêmico do movimento hip-hop ganha espaço nas rádios. *Folha de S.Paulo. Folha Teen*. São Paulo, 16.05.94, p. 4.

MASSOM, Celso. Eles não sabem de nada. *Veja*. São Paulo: Ed. Abril, 07.12.94, p. 7.

PEREIRA, Carlos Alberto M. O Brasil do *Sertão* e a mídia televisiva. *Comunicação e Sociedade*. São Paulo: Ed. IMS, dezembro de 1995, p. 9-26

Novo Michaelis. São Paulo: Melhoramentos, v. 1, 1994.

ROSE, Tricia. *Black noise. Rap music and black culture in contemporary America*. Londres/Hanover, University Press of New England, 1994.

ROSE, Tricia. Um estilo que ninguém segura. In: HERSCHMANN, Micael (org.). *Abalando os anos 90 – funk e hip-hop*. Rio de Janeiro: Rocco, 1997, p. 190-213

SPOSITO, Marilia. A sociabilidade juvenil e a rua: novos conflitos e ação coletiva na cidade. *Tempo Social*. São Paulo, USP, novembro de 1994, pp. 66-81.

VIANNA, Hermano. *O mundo funk carioca*. Rio de Janeiro: Jorge Zahar, 1988.

DOIMO, Ana. *A vez e a voz do popular. Movimentos sociais e participação política no Brasil pós-70*. Rio de Janeiro: ANPOCS/Relume-Dumará, 1995, p. 49-50.

FEMININO PLURAL
NEGRAS DO BRASIL

Lídia Avelar Estanislau

Marcada por fortes desigualdades econômicas a sociedade brasileira carece de desatar seus nós. Não há mais como negar que escravidão e racismo desenvolveram-se recíproca e simultaneamente, embora existam autores que os explicam na perspectiva da casa grande e do sobrado, ignorando o movimento dos barcos na História no Brasil. A historiografia privilegiou a "bondade" dos senhores e a "boçalidade"[1] dos escravos, mas nas últimas décadas vários estudos e pesquisas têm demonstrado que não fomos, não somos e nem seremos mansas.[2] Ao contrário do que se pensa, a lógica da sociedade patriarcal e escravista foi ainda mais brutal com a mulher (GIACOMINI, 1988). A negra é coisa, "pau pra toda obra", objeto de compra e venda em razão da sua condição de escrava, mas é objeto sexual, ama de leite e saco de pancada das sinhazinhas, porque além de escrava, é mulher. As sinhás e as sinhazinhas foram, e ainda são, a versão doméstica e feminina do feitor para as mucamas, cozinheiras, quitandeiras, lavadeiras, bordadeiras, costureiras, engomadeiras, amas de leite, faxineiras...(ESTANISLAU, 1988)

Em 1902, quando tematiza a cultura feminina, Georg Simmel reconhece que o movimento das mulheres adquiriu um significado

---

[1] Boçal era a denominação do africano que não dominava a Língua Portuguesa.

[2] Como a filósofa e diretora do Geledés, Sueli Carneiro: uma guerreira contra o racismo in *Caros Amigos*, ano III, n.35, fev. 2000, p. 24-29 e também em *Falou, disse e repete*. In: Jornal *O Tempo, Caderno Magazine*, 23/03/2000.

Para a Ciência Óptica negro é a cor...

cultural objetivo, pois nós preenchemos "certo número de vezes as formas de existência e de prestação até então reservadas aos homens" (SIMMEL, 1993, p. 66-91). A questão posta pelo filósofo e sociólogo alemão revela expectativas de "produções inteiramente novas, qualitativamente distintas, que não se limitem a multiplicar as antigas", porque espera do movimento das mulheres – por recusarem-se a apenas copiar, por ousarem inventar outros espaços e tempos – uma influência "no futuro de nossa espécie de maneira mais profunda do que a própria questão operária". (SIMMEL, 1993, p. 69-70)

Por razões históricas e socioeconômicas, que retomo mais adiante neste texto, nós negras não fazemos o gênero submissa. Além de outros efeitos do racismo brasileiro, nossa vida cotidiana como chefes de família, em decorrência do desemprego, de escolaridade insuficiente, baixa remuneração e da violência policial que atingem nossos companheiros, acabou por nos conferir práticas e posturas consideradas agressivas, porque dotadas de autonomia (GONZALEZ E HANSENBALG, 1982). Fernando Gabeira teve razão, quando escreveu que ao Brasil não faltam grandes questões para que aqui outras histórias possam ser contadas, dada a nossa riqueza em experiências alternativas:

> experiências alternativas foram as fugas dos negros que se rebelavam e construíam quilombos; vidas alternativas são o cotidiano das nações indígenas forçadas a se mover de suas terras.
> (GABEIRA, 1985, p. 30)

Na própria língua falada no Brasil explicita-se o mito da democracia racial, já que na expressão "mulher negra" o substantivo comum mulher é desqualificado pelo adjetivo negra que, segundo o léxico, refere-se à cor preta, sinônimo de suja, encardida, melancólica, funesta, maldita, sinistra, perversa, nefanda, lúgubre e muito triste. Tal desqualificação fica ainda mais explícita quando comparada à sinonímia do adjetivo branca que, de acordo com a mesma obra de referência, significa sem mácula, cândida, inocente, pura, ingênua, alva, clara e transparente. (FERREIRA, 1975)

A sociedade brasileira ocidental e cristã pretendeu expiar a culpa de seu pecado colonial com a criação de instituições públicas – fundações, secretarias, conselhos – além de amparar constitucionalmente, desde 1988, a punição de práticas racistas e sexistas no Brasil. Mas as instituições têm orçamento insuficiente e são, em grande parte, equivocadas em suas políticas. O sexismo "carinhoso" e o *racismo cordial*,[3] que ainda permanecem na exaltação da mulata e do modelo afro-baiano de carnaval ou na exigência, por parte dos mesmos segmentos empenhados na destruição das identidades étnicas nativas daqui e d'África, de uma identidade indígena "cientificamente comprovada", remete a questões que não são tematizadas, consideradas como problemas periféricos, logo, sem opção preferencial. O Mestre Florestam Fernandes debruçou-se sobre o *dilema racial brasileiro* problematizando, no limiar de uma nova era, a integração do negro na sociedade de classes. E o fez de modo tão honesto que não posso deixar de citá-lo:

> A preservação da distância cordial entre o "negro" e o "branco" passou a depender da revitalização de procedimentos aplicados

---

[3] Título de pesquisa do *Datafolha* publicada no jornal *Folha de São Paulo, Mais*,25/06/95 e em co-edição com a Ática, também em 1995. O conceito apontava, em Sérgio Buarque de Holanda, para impasses em nosso processo de cidadania, segundo SCHWARCZ, Lilia Moritz. *Questão racial no Brasil*. In: SCHWARCZ, Lilia Moritz e SOUZA REIS, Letícia Vidor (org.) *Negras imagens*. São Paulo: EdUSP; Estação Ciência, 1996, p. 156.

> antes no "congelamento" do liberto e da cristalização de novas técnicas sociais de manipulação dos comportamentos das "pessoas de cor". Dessas complexas motivações históricas emergiram as várias técnicas de redefinição do "negro", que produziram uma imagem do "preto" tão negativa, restritiva e impressiva, que se estabeleceram facilmente os marcos de referência para o uso da "cor" como elemento de classificação e de exclusão recíprocas nos contatos categóricos que envolviam interação racial.
> (FERNANDES, 1978)

As questões de gênero só serão temas reconhecidos como de investigação "séria" no Brasil em fins da década de setenta, época em que a multiculturalidade – uma palavra exótica como todo híbrido – ou os chamados Estudos Culturais ganham destaque por aqui. Entretanto, como sublinham Luiz Alberto Oliveira Gonçalves e Petronilha B. Gonçalves Silva, "parece-nos urgente recuperar as histórias do multiculturalismo, para indicar que elas remontam ao século passado e retratam muito mais a luta de povos oprimidos do que a preocupação de educadores pós-modernos bem comportados". Assim, "não haverá política multicultural enquanto houver qualquer forma de etnocentrismo" e por isso, segundo os autores, "falar do multiculturalismo é falar do jogo das diferenças, cujas regras são definidas em lutas sociais por atores que, por uma razão ou outra, experimentam o gosto amargo da discriminação e do preconceito no interior das sociedades em que vivem". Ainda para os autores, "o multiculturalismo é reivindicado como um antídoto contra o eurocentrismo", porque "enquanto movimento de idéias resulta de um tipo de consciência coletiva, para a qual as orientações do agir humano se oporiam a toda forma de 'centrismos' culturais, ou seja, de etnocentrismos" (GONÇALVES E SILVA, 1998, p.11-16).

Muitos dos problemas que enfrentei quando da elaboração da minha dissertação de mestrado estão hoje superados, em termos teóricos e metodológicos, mas as *formiguinhas* – como são conhecidas as garis de Belo Horizonte –, sujeitos da pesquisa que empreendi buscando explicar essa trajetória *de cigarra a formiga* a que nós mulheres parecemos predestinadas, ainda experimentam e testemunham a exclusão de metade da humanidade das conquistas da espécie humana.(ESTANISLAU, 1981) Cabem às mulheres, e às negras em particular, as categorias ocupacionais de menor prestígio e remuneração, mesmo que seja crescente o número de mulheres com escolaridade superior. As negras permanecem mal remuneradas ou são preteridas pelo mercado de trabalho, sob o eufemismo da "boa aparência". Argumento tão forte no Brasil que, segundo Muniz Sodré, estratégias discursivas variadas tentam contornar a correlação inversa entre invisibilidade social do indivíduo e visibilidade de sua cor e "como o negro é cromaticamente mais visível que o branco, torna-se socialmente invisível" (SODRÉ, 1999, p. 152). Assim, quando o IBGE/Instituto Brasileiro de Geografia e Estatística selecionou a cor "parda", para agregar as mais de cem definições diferentes de cor, autoatribuídas pelos entrevistados da Pesquisa Nacional de Amostra de Domicílio/ PNAD de 1976, oficializou a escala cromática, que vai do mais claro ao menos escuro e disfarça a negrura do Brasil. Negrura que reúne e engloba os nativos d'África e d'América: "os negros da terra", expressão recentemente popularizada pela mídia em mini-série escrita, adaptada e dirigida por mulheres.

Recorro a Leda Maria Martins – poeta, ensaísta, criadora, diretora e produtora teatral, no Brasil e nos Estados Unidos, que em texto primoroso registra nossas afrografias, onde "a dicção da oralidade e a letra da escritura se entrelaçam, traçando o texto da história e da narrativa mitopoética, fundadora do *logos* em um Reino Negro, o da Irmandade de Nossa Senhora do Rosário, na região do Jatobá, em Belo Horizonte" (MARTINS, 1997, p. 18), e que tanto em prosa como em poesia não pode deixar de beber na esplêndida negrura que alimenta a memória de nossa flexibilidade e resistência:

Mnemosine

Eu não vi quando amanheceu
e não ouvi o canto das lavadeiras
madrugada afora seguindo o rio.
- Eu não estava lá

Eu não vi quando vergaram as árvores
e fecharam os dias
Nem quando recortaram as serras
de antenas elétricas eu vi.
Disseram-me
- Mas eu não estava lá.

A memória da minha ausência
lembra os anciãos nas veredas das noites
luarando cantigas serenas
fazendo sonhar as meninas quase moças.

> Eu não ouvi os últimos acordes
> e não presenciei os suspiros
> da infanta já feita senhora.
> Passam autos velozes pelos calendários
> mas nem mesmo quando chegou o primeiro comboio
> e que todos se pintaram de novo eu vi.
> - Sequer me apresentei.
>
> Eu não estive lá quando queimaram os mortos
> e dançaram nas bordas do fogo.
> Nem quando se abraçaram ébrios das vitórias
> e nas miragens por vir
> lavraram novos totens
> e os celebraram.
>
> Os barcos soçobraram em labirintos tarde
> e eu não estive no vento de nenhuma vela
> no marulho de nenhuma vaga.
>
> Eu e a ausência de mim.
> Não ter estado nunca em parte alguma.
> Não ter feito sequer um gesto de ficar
> ou de partir.
> Não estar simplesmente.
> Assim como alguém que ouve bater à porta
> uma, duas, infinitas vezes
> mas não se mexe, não se levanta,
> não faz barulho. (MARTINS, 1999, p. 51-52)

Da "invisibilidade" de quem não se mexe, nem se levanta ou faz barulho, ao fato de que negras não se contam nos dedos no Brasil, pois somos mesmo muitas, embora insistam em nos dividir em longa escala cromática – escurinha, pretinha, moreninha, roxinha, mulata, morena, escura, roxa, preta... parda –, constroem-se as margens mas também as travessias. Se é como negras que nos apresentamos, esta palavra designa não a cor da pele, mas a identidade étnica. Uma identidade escamoteada pelo seu poder de reunir e transformar uma chamada minoria em maioria. A palavra *negra* foi, então, ressemantizada pelos mais diversos movimentos sociais dos afrodescendentes, termo que segundo Muniz Sodré passou a ser considerado "politicamente correto" e que atinge no Brasil "mais de setenta milhões de cidadãos com cabelo crespo" (SODRÉ, 1999, p. 236). Para o autor, "a questão do cabelo parece constituir uma espécie de índice semiótico da revalorização identitária", uma questão antiga, recorrente, reveladora de uma quase obsessão, pois "este é um aspecto carregado de um simbolismo todo especial", designado de modo generalizado e preconceituoso como *cabelo ruim*" (SODRÉ, 1999, p. 253). Embora numa perspectiva androcêntrica, Muniz Sodré observa que empiricamente as relações sociais no Brasil demonstram a importância da cor e do cabelo e, de acordo com este autor, "o senso comum, a canção popular, a ansiedade no que diz respeito a cabelos – tudo isso parece corroborar a idéia de que o pêlo é de algum modo estratégico na valorização identitária" (SODRÉ, 1999, p. 254). E à mulher pergunta-se: nega do cabelo duro, qual é o pente que te penteia?

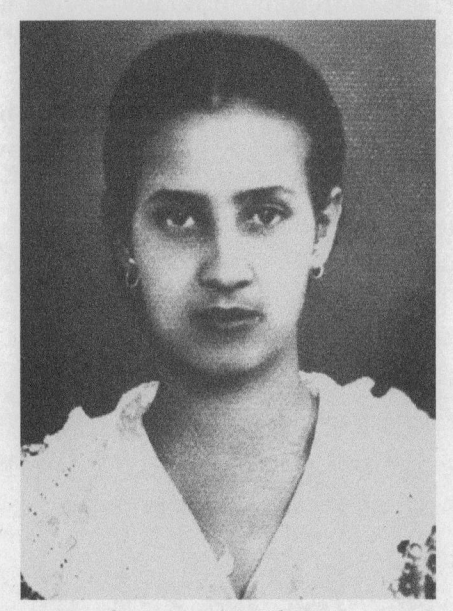

de um corpo que absorve...

No Brasil vigoram, ainda, concepções evolucionistas que hierarquizam pessoas e culturas, de modo que "a desigualdade e a hierarquia permanecem, mesmo que seja mascaradamente, como valores fundamentais na cultura moderna que valoriza a igualdade e o indivíduo", e assim o racismo na sociedade moderna está associado a "uma confusão entre a idéia de igualdade e a de identidade, como se para ser "igual" fosse necessário ser "idêntico" (RIBEIRO, 1995).

Na análise do pensamento identitário brasileiro, que percorre os mais variados gêneros discursivos configurando, para

Muniz Sodré, uma "sociosofia", ou seja, "atitude reflexiva de bases literário-histórico-sociais, resultante dos momentos fortes da questão nacional e confrontando-as com as estratégias de singularização e soberania dos afro-descendentes", fica patente "a banalização dessa problemática pela mídia e pelo mercado" (SODRÉ, 1999, p. 10). E o professor, escritor e jornalista baiano, embora sem distinguir as especificidades do feminino, registra que "a obsessão contemporânea com o cabelo explica-se igualmente pelo fato de que o atual discurso mediático sobre o negro é mais estético do que político, doutrinário ou ético", porque se "nos jornais do passado os modelos de reconstrução mítica da identidade eram ideólogos como José do Patrocínio, André Rebouças, Luiz Gama, hoje são atores, modelos, cantores, jogadores de futebol ou figuras de grande sucesso profissional" (SODRÉ, 1999, p. 254). A identidade negra é construída, então, por identificação projetiva com as fantasias manipuladas pelo culto individualista da brancura aparente porque, "no espelho neoliberal (mercado e mídia), o descendente de africano tem direito a uma espécie de "semiurgia" identitária, que o transforma num branco diferente – fenotipicamente *dégradé*, já que o paradigma é sempre o da pele clara" (SODRÉ, 1999, p. 256).

...integralmente toda a...

Mas as palavras Negra e Preta ganham força substantiva, subvertem a gramática, passam a nome próprio, que os cartórios hoje registram, ao lado das Brancas e das Claras. E se ao adjetivo negra o dicionário aponta os significados já mencionados, ao substantivo, entretanto, atribui, além das significações de escravo e de indivíduo da raça negra, o belíssimo conceito da Ciência Óptica: a cor de um corpo que absorve toda a radiação luminosa que sobre ele incide (ESTANISLAU, 1989).

Numa sociedade como a brasileira, que reserva para negras e negros posições distintas, mas igualmente perversas, a pesquisa de Luciano Figueiredo, voltada para "revisões históricas capazes de reconstituir os caminhos trilhados pela condição feminina no Brasil", merece especial destaque. Para o jovem pesquisador carioca, "a mulher ainda aparecia na historiografia junto ao índio preguiçoso, ao escravo submisso e à família sempre extensiva e patriarcal, transformada como estes em um verdadeiro axioma", de modo que "neste quadro as camadas femininas raramente escapavam de serem vistas em um papel secundário, submisso, inteiramente na esfera de domínio do pai, marido ou proprietário". (FIGUEIREDO, 1993, p. 25) A especificidade da ocupação do território mineiro, que se distingue das demais áreas de colonização portuguesa por "sua organização tipicamente urbana, apesar de seu caráter escravista-mercantil", levou Luciano Figueiredo a garimpar fontes inéditas nos arquivos eclesiásticos das Arquidioceses de Belo Horizonte, Diamantina e Mariana; nos arquivos históricos das Câmaras Municipais destas cidades e, ainda, em arquivos municipais do Serro e de Ouro Preto, bem como no Arquivo Público Mineiro, em Belo Horizonte, e no Arquivo Nacional, no Rio de Janeiro. A pesquisa documental e bibliográfica revelou outras versões da História que reconstroem no quadro geral da economia colonial uma sociedade ímpar, com características específicas e únicas, e com contradições também muito próprias. Dessa primorosa pesquisa impõe-se uma citação mais longa:

> A presença feminina em ocupações comerciais agravava substancialmente as tensões sociais, fazendo com que sobre elas recaísse intensa repressão. Ao atraírem escravos e homens pobres para o consumo, lazer e prazer, negras e mulatas apareciam na perspectiva oficial como agentes da desordem. (...) No combate às vendeiras e negras de tabuleiro, as autoridades coloniais amiúde lançaram mão do pretexto moral, realizando um acordo com os visitadores a mando do bispado, estes últimos punindo comportamentos e

práticas de uma população com atitudes teimosamente desviantes para os rigorismos das concepções da Reforma Católica.(...) Tudo em vão. A mulher em Minas enfrentou com determinação as formas tradicionais de exclusão que aí emergiram. Apesar de excluídas pelos poderes formais, participam ativamente através do mundo do trabalho. Em meio às desigualdades, à pobreza, à violência, lutaram incessante e cotidianamente contra o reduzido campo de participação que encontravam. Atuam com devoção nas irmandades leigas, carregam gamelas com o pesado minério, chefiam unidades familiares, sustentando maridos e filhos através do desafiador comércio de quitutes ou arando a terra.(...) Esta, a lição que as mulheres da Minas colonial pretenderam narrar. Parteiras, negras de tabuleiro, feiticeiras, camponesas, concubinas, prostitutas... teceram o lado avesso da História revendo, assim, a densa e complexa trama da memória. (Figueiredo, 1993, p. 200-201)

As negras que sempre trabalharam em ocupações consideradas lícitas ou ilícitas são figuras de destaque da história mineira e brasileira, mas a documentação descoberta e analisada pelo historiador carioca destaca, também, a presença das negras nas festas populares, como no trecho que cito a seguir:

> Impedidas de participar mais ativamente das festas realizadas nas igrejas, proibidas inclusive de cantar nos coros organizados para tais momentos, as restrições seriam compensadas por sua enorme presença nos batuques. Era costume que as negras deles participassem com a carapinha banhada de azeite, para receber ouro em pó salpicado por seus parceiros enquanto dançavam. (Figueiredo, 1993, p. 173-174)

Luciano Figueiredo ressalta, ainda, que "o sobrenatural tinha lugar entre os batuques", pois "a origem africana das dançarinas criava em torno de alguns tipos de passos por elas executados uma atmosfera de superstição" ou "um abominável divertimento da dança dos calundus", conforme documentação das visitas pastorais à paróquia de Sabará, em 1734. E o historiador conclui, então:

> Dissociados na Colônia de qualquer tipo de poder formal, oprimidos fisicamente por feitores e pelo trabalho penoso, a resistência possível pertencia ao domínio daquilo que, em meio às sucessivas violências da escravidão, ficou preservado na consciência do dominado pelo desconhecimento do dominador. Se as danças, a capoeira, a música expressavam essa realidade, a feitiçaria constituiria, em alguns momentos, a dimensão mais agressiva de tal resistência. (Figueiredo, 1993, p. 178)

Ao pesquisar o falso fausto, Laura de Mello e Souza já registrara, em sua dissertação de mestrado, a pobreza mineira dos desclassificados do ouro, indivíduos "que traziam na cor da pele a presença de um mundo secreto e desconhecido, de que a feitiçaria era um dos ecos ameaçadores", pois de acordo com a documentação histórica – fontes manuscritas e impressas – "o africano podia ser escravo dócil e serviçal; mas por detrás dessa aparência inofensiva escondia-se o protagonista da rebelião e da revolta, o representante misterioso e traiçoeiro de uma humanidade diferente e perigosa, o feiticeiro que subvertia o mundo ordenado dos brancos e instaurava o caos" (MELLO E SOUZA, 1986, p.189). A constatação da existência nas Minas do século XVIII da "presença marcante de feiticeiras e feiticeiros negros entre a população pobre e marginalizada" levou a historiadora a aprofundar-se no tema em sua tese de doutorado e, com base em documentos consultados inclusive no Arquivo Nacional da Torre do Tombo, em Lisboa, Laura de Mello e Souza analisou, então, o longo e largo "caminho que levou do sabbat europeu ao calundu colonial",

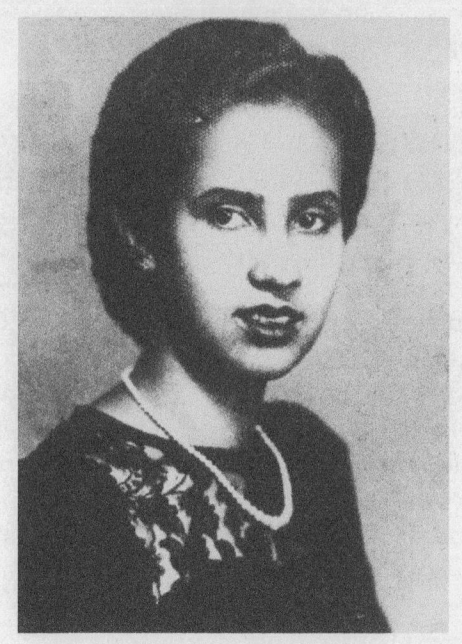

...radiação luminosa visível...

e que marcou a presença, nos núcleos setecentistas, de "múltiplas tradições culturais que desaguavam na feitiçaria e na religiosidade popular" (MELLO E SOUZA, 1986, p. 15-18), assim como nos núcleos urbanos contemporâneos a função sacerdotal de *yalorixá/babalorixá* (mãe/pai de santo) costuma ser designada por feiticeira(o). Há na sociedade brasileira uma crença generalizada na magia, mas há também uma crença generalizada na inferioridade dos negros, produzindo diversas formas de racismo.

Muniz Sodré observou que, para os colonizadores, os rituais afro-brasileiros "foram sempre práticas de feitiçaria, e esta palavra, expurgadas as suas vibrações pejorativas, é acertada", porque "o que enfeitiça é o vazio – do sentido, das palavras, dos regimes de veridicção –, é a visão da singularidade ritualística", e assim,

> sedução, encantamento, envolvimento, fascinação, feitiço, são termos que se ajustam à ordem das aparências, que podem ser utilizados na dependência do momento que se descreve. Feitiço é, por si mesma, uma palavra muito sedutora no Brasil. Ela designa um feitio (na acepção de forma de um artefato) factício (com a conotação de artificial, falso), donde pode ter advindo fetiche, expressão ocidental para designar os objetos ritualísticos dos grupos tradicionais. (SODRÉ, 1983, p. 158-159)

Em sua leitura dos discursos religioso, político e literário sobre o negro do Brasil e dos Estados Unidos no século XIX, Heloisa Toller Gomes destaca o "estatuto incerto" do conceito de raça que, tanto na concepção paradisíaca como na perspectiva utilitária das terras e gentes exóticas, serviu "para que os conquistadores neles imprimissem sua marca superior, enobrecida pelo selo imperial, santificada pela bênção papal, garantida pela força das armas" (GOMES, 1994, p. 32). Segundo a autora, "como bem o mostrou Benedict Anderson em *Imagined communities*, as nações não são formadas só por territórios e jogos políticos – elas são também imaginadas na e pela linguagem" e, assim, "a modernidade caracterizou-se justamente por afirmar um conceito de nação concebido na linguagem (não no sangue, conforme sucedera em épocas pré-modernas), dentro de cujas comunidades nacionais o ingresso seria sempre possível, assim como é possível a iniciação lingüística" (GOMES, 1994, p. 131). Nas pesquisas da literatura comparada a autora registra que:

> Na literatura do Ocidente, as primeiras tentativas consistentes de elaboração de uma estética negra, que reconhecessem e ressaltassem positivamente as raízes africanas, surgiram apenas a partir

da década de 1920, com a Harlem Renaissance e a Negritude. Durante a época colonial e o oitocentismo, os escritores negros nas Américas tiveram, assim, que enfrentar as exigências e os limites muito drásticos impostos pelos padrões culturais reinantes. (GOMES, 1994, p. 133)

...que sobre ele inside.

Heloisa Toller Gomes rejeita a divisão maniqueísta entre textos escravocratas e abolicionistas e propõe uma classificação tríplice – textos de tese, textos temáticos sem problematização e textos que instigam a reflexão sobre a ordem social que reconstroem –, alertando que "tais divisões não são irredutíveis ou demarcadas por fronteiras rígidas", pois se trata, segundo a autora, "de um jogo de dominâncias mais do que de exclusões, e com freqüência sucede que certos comportamentos textuais são intercambiáveis, pois afinidades podem unir discursos defendendo posicionamentos diversos ou mesmo opostos, em razão de substratos ideológicos comuns" (GOMES, 1994, p. 134). Entre a literatura de tese produzida no Brasil da época não há textos assumidamente escravocratas, mas se destacam os textos do segundo tipo, "pretensamente neutros diante da escravidão", enquanto os textos do terceiro tipo recorrem ao discurso irônico e ao humor para exibirem as contradições da sociedade brasileira. Mas a pesquisadora alerta que "a falta de um discurso ostensivamente escravocrata na literatura brasileira oitocentista não significou a ausência de pressupostos racistas em sua estruturação", mesmo porque "o discurso literário brasileiro no século XIX foi impregnado pela ideologia racial vigente", mas, ao contrário dos Estados Unidos, "a miscigenação não foi vista como uma aberração, mas como a base da nacionalidade" (GOMES, p.141-142). A sensualidade das negras, "bem diversa daquela que emerge na poesia de Luís Gama e de Castro Alves", escreve Heloisa Toller Gomes – lado a lado com o negro servil e assexuado, são marcas das teorias racistas e racialistas estereotipadas na ficção brasileira, mesmo entre abolicionistas. De fato, sustenta a autora, "poucos escritores do século XIX foram capazes de ir além da ideologia racial da época e de transcender os interesses de classe, os quais, conforme se sabe, moldaram a forma como se extirpou a escravidão nos dois países e a conseqüente inserção do antigo escravo na nova ordem" (GOMES, p. 142-143) e assim, segundo a pesquisadora:

> O discurso literário brasileiro insinua uma permissividade erótica nas relações inter-raciais. Essa permissividade, porém, é um artifício visando ocultar um jogo de dominação, em dois planos: o do homem (branco) sobre a mulher (não branca) e o do conquistador (europeu) sobre o conquistado (não europeu). (GOMES, 1994, p. 166)

Como ocorre na História, a festa aparece na ficção como o espaço-lugar privilegiado da mistura. "O discurso literário refrata a sociedade que o envolve" (GOMES, p. 146) e ora formal e tímido, ora criativo e audacioso, o discurso afro-brasileiro contornou e pode, ocasionalmente, superar certos cânones, expondo a crueldade das relações entre nós e eles.

O humor irônico de Machado de Assis desconheceu interditos: "tão ferino quanto cauteloso, (...) dotado de um alcance crítico nem sempre compreendido por seus contemporâneos", escreve Heloisa Toller Gomes, foi "provocador e irreverente, recusando-se a acatar os padrões ideológicos vigentes, levantou ele dilemas sem se arvorar em fornecer soluções radicais ou conciliatórias, e pôs assim em foco setores mal iluminados das relações sociais", registra a pesquisadora, que reconhece no universo machadiano uma "construção peculiar", "uma arte genial", que "tratou ludicamente das ligações entre o mesmo e o diferente, o fixado e o possível" (GOMES, 1994, p. 182).

Por fim, que a *sedutora* beleza de Francisca Avelar de Souza Gomes, minha mãe e grande mulher – a quem dedico este texto –, cujo nascimento "parou o batuque da festa dos 25 anos de seu pai", e que o *feitiço* das imagens em preto e branco restauradas pelo fotógrafo Wilson Avelar, meu irmão, a quem de modo muito especial agradeço, resplandeçam nas luzes de toda a nossa negrura, quaisquer que sejam as cores que isso possa tornar-se.

REFERÊNCIAS BIBLIOGRÁFICAS

ESTANISLAU, Lídia Avelar. *As lutas das mulheres no Brasil*. Palestra na Semana de Estudos do Calabar sobre o tema "Brasil, mostra a sua cara". Escola Aberta do Calabar, Salvador, 1989 (mimeo).

ESTANISLAU, Lídia Avelar. *De cigarra a formiga: um estudo do trabalho feminino em Belo Horizonte*. Dissertação apresentada à FAE/UFMG para a obtenção do grau de Mestre em Ciências Sociais Aplicadas à Educação, Belo Horizonte/MG, 1981.

ESTANISLAU, Lídia Avelar. *Feminino plural: questões negras no Brasil*. Palestra na Faculdade de Filosofia Ciências e Letras de Cataguases/MG, 1988 (mimeo).

FERNANDES, Florestan. *A integração do negro na sociedade de classes*. 3ª ed. São Paulo; Ática, v.1-2, 1978.

FERREIRA. Aurélio Buarque de Holanda et al. *Novo dicionário da língua portuguesa*, 1ªed., Rio de Janeiro; Nova Fronteira, 1975.

FIGUEIREDO, Luciano. *O avesso da memória: cotidiano e trabalho da mulher em Minas Gerais no século XVIII*. Rio de Janeiro: José Olympio; Brasília: EdUNB, 1993.

GABEIRA, Fernando. *Vida alternativa: uma revolução do dia-a-dia*. Porto Alegre: L&PM, 1985.

GIACOMINI, Sônia Maria. *Mulher e escrava: uma introdução histórica ao estudo da mulher negra no Brasil*. Petrópolis: Vozes, 1988.

GOMES, Heloisa Toller. *As marcas da escravidão: o negro e o discurso oitocentista no Brasil e nos Estados Unidos*. Rio de Janeiro: EdUFRJ, 1994.

GONÇALVES, Luiz Alberto Oliveira e SILVA, Petronilha B. Gonçalves. *O jogo das diferenças: o multiculturalismo e seus contextos*. Belo Horizonte: Autêntica, 1998.

GONZALES, Lélia e HANSENBALG, Carlos. *Lugar de negro*. Rio de Janeiro: Marco Zero, 1982.

MARTINS, Leda Maria. *Afrografias da memória: o reinado do Rosário no Jatobá*. Belo Horizonte: Mazza; São Paulo: Perspectiva, 1997.

MARTINS, Leda Maria. *Os dias anônimos*. Rio de Janeiro: Sette Letras, 1999.

MELLO E SOUZA, Laura de. *O diabo e a terra de Santa Cruz: feiticaria e religiosidade popular no Brasil colonial*. São Paulo: Companhia das Letras, 1986.

MELLO E SOUZA, Laura de. *Os desclassificados do ouro: a pobreza mineira no século XVIII*. 2. ed., Rio de Janeiro: Graal, 1986.

RIBEIRO, Carlos Antônio Costa. *Cor e criminalidade: estudo e análise da justiça no Rio de Janeiro (1900-1930)*. Rio de Janeiro: EdUFRJ, 1995.

SIMMEL, Georg. *Filosofia do amor*. São Paulo: Martins Fontes, 1993.

SODRÉ, Muniz. *A verdade seduzida: por um conceito de cultura no Brasil*. Rio de Janeiro: Codecri, 1983.

SODRÉ, Muniz. *Claros e escuros:*(SODRÉ,1983, p. 158-159) *identidade, povo e mídia no Brasil*. Petrópolis: Vozes, 1999.

CAMINHANDO COM RUTH LANDES PELA CIDADE DAS MULHERES

Nilma Lino Gomes

A cidade das mulheres e o encontro com a cultura do outro[1]

Entendo que uma das formas de se pensar o nosso *"Brasil afro-brasileiro"* – tema do livro em questão – é destacar obras e textos que expressam olhares diversos sobre a realidade social e cultural brasileira. O livro *A cidade das mulheres* (1947), da antropóloga Ruth Landes, nos traz luzes sobre essa questão.

Mais do que discutir sobre o poder feminino no candomblé e a sua importância para aqueles/as que estudam as religiões afro-brasileiras, o presente artigo pretende dialogar com uma das primeiras obras antropológicas que trouxe essa discussão para a academia. Além de um estudo mais geral sobre a obra, pretendo destacar no livro *A cidade das mulheres* uma importante questão presente em toda e qualquer pesquisa de campo e que nem sempre tem recebido a devida atenção no meio acadêmico: a subjetividade do/a pesquisador/a.

A cidade das mulheres é um relato etnográfico que expressa a identificação de uma pesquisadora norte-americana com o Brasil, com a cultura e a religião afro-brasileira e o quanto esse contato afetou a vida dessa mulher-antropóloga. Após *assistir a várias cerimônias e experimentar algumas das emoções que elas despertam*, Ruth Landes

---
[1] Esse artigo é a "reescrita" e o aprofundamento de algumas reflexões realizadas pela autora durante o seminário *O lado de cá do Outro, também chamado de "sujeito" ou "etnógrafo"*, apresentado ao prof. Dr. Vagner Gonçalves da Silva, no primeiro semestre de 1999, durante a realização da disciplina *Pesquisa de Campo em Antropologia: Poética e Políticas da Representação Etnográfica*, no curso de doutorado em Antropologia Social/USP. Também participaram do seminário as alunas Maria Cristina Fedrizzi e Rita de Cássia da Silva.

pôde compreender a força das mulheres negras no candomblé e a lógica do seu culto.

Uma das muitas lições que esse livro nos traz é que o encontro com a cultura do outro é um processo denso que pode levar o/a pesquisador/a a repensar a sua própria cultura e a redescobrir-se. Para isso não basta apenas que aconteça "o encontro". É preciso considerar a postura intelectual e pessoal do/a pesquisador/a diante da cultura, da vida e dos conflitos do outro. Landes, antropóloga sobre cuja obra se propõe refletir aqui, deixa claro que a etnografia realizada no Brasil, nos anos de 1938 e 1939, a ajudou a entender o *trabalho de campo como uma filosofia de vida* (LANDES, 1970).

A cidade das mulheres (1947) é considerada, hoje, uma obra pioneira. Trata-se de uma pesquisa sobre o candomblé da Bahia, nas décadas de 30 e 40, enfocando a força das mulheres e do poder feminino na vida da comunidade terreiro e na organização social da comunidade baiana. Nos anos de 1938 e 1939, quando realizou a sua pesquisa de campo em antropologia na Bahia e no Rio de Janeiro, Ruth Landes viu o candomblé como um culto de herança africana guardado e preservado pelas mulheres. Ela penetrou no interior desse culto compreendendo a sua intimidade, organização e contradições.

> Para os homens o templo é um lar, um lugar de calma e de afeição com muitas mães que dão e recebem amor, que entretêm, alimentam e aconselham. Nas horas da noite e nos feriados é quase como um clube, onde todos os homens passam de volta do trabalho, trazendo cachaça, fumo e alguma coisa para comer.(...)
>
> *E as mulheres têm tudo: os templos, a religião, os cargos sacerdotais, a criação e a manutenção dos filhos e oportunidades de se sustentarem a si mesmas pelo trabalho doméstico e coisas semelhantes.* Se os templos não acolhessem os homens eles seriam relegados permanentemente às ruas, onde se tornariam rufiões, como têm sido, há muito, no Rio de Janeiro.(...)
>
> De acordo com as leis daquele país católico e latino, a esposa deveria submeter-se inteiramente à autoridade do marido. Quão inconcebível é isto para com as crenças e a organização do candomblé! Quão inconcebível para a dominadora autoridade feminina! E tão poderosa é a tendência matriarcal, em que mulheres se submetem apenas aos deuses, que os homens, como Amor, Martiniano e o consorte de Menininha, o Dr. Álvaro, nada podem fazer além de enfurecer-se e brigar com as sacerdotisas que amam (LANDES, 1967, p. 164). (Grifo nosso).

A *cidade das mulheres* traz várias contribuições para a discussão sobre a pesquisa etnográfica e os dilemas do/a pesquisador/a. Apesar de ser uma obra mais conhecida no campo da antropologia, as discussões que a mesma possibilita suscitam questões para todos/as estudiosos/as cujas pesquisas envolvem o trabalho de campo e a relação mais imediata entre o "eu" e o "outro". Parece, pois, de enorme importância que os especialistas da área das Ciências Humanas em geral se aproximem do estudo complexo e polêmico realizado por Ruth Landes e reflitam sobre as muitas questões que ele nos traz.

Conforme já disse, o processo de inserção no campo a partir da natureza do/a antropólogo/a se configura como uma das questões suscitadas pela leitura do livro. A etnografia de Ruth Landes expressa alguns dos muitos problemas que envolvem a natureza desse "outro/a", também chamado de "sujeito" ou "etnógrafo/a" dentro dos parâmetros de raça, gênero, classe e nacionalidade. Dessa forma, o livro nos coloca diante do polêmico debate sobre a emersão da subjetividade do/a pesquisador/a ou antropólogo/a.

A emersão da subjetividade da mulher/antropóloga, presente em *A cidade das mulheres*, não significa uma "essencialização" do sujeito da pesquisa. É um equívoco pensar que a ênfase no gênero e na raça como constituintes da vida do/a pesquisador/a resulta em afirmar que só mulheres podem pesquisar mulheres, só os negros podem pesquisar os próprios negros e só os homossexuais podem investigar o seu próprio grupo. Tal afirmativa é uma distorção do que se entende por subjetividade do/a pesquisador/a e dos propósitos de Ruth Landes ao escrever o livro discutido nesse artigo.

O destaque dado à subjetividade do/a pesquisador/a e, mais precisamente, do antropólogo/a, presente no livro *A cidade das mulheres*, o qual foi retomado pelas feministas norte-americanas e pelos autores pós-modernos, implica afirmar que existe uma relação muito estreita entre *quem* faz a pesquisa e o resultado da mesma. Implica, também, problematizar a antropologia como uma ciência construída a partir da especificidade da relação pesquisador/nativo, do eu e do outro; uma ciência cujo "objeto" investigado é similar ao próprio pesquisador e interage com ele, pois ambos são da mesma natureza e estão imersos numa teia intersubjetiva.

A subjetividade do/a antropólogo/a, retomada e considerada imprescindível pelas/os autoras/es pós-modernas/os, ajuda a elucidar questões relevantes do encontro entre diferentes culturas, como, por exemplo: a importância de se pensar a relação sujeito/objeto a partir da ótica das relações de gênero e a construção de um olhar mais ampliado sobre as relações raciais e de classe.

No entanto, há que se tomar cuidado! Não se pode cair na ingenuidade de achar que para reconhecer e respeitar a própria subjetividade e também a do "outro", o/a pesquisador/a deve se omitir totalmente e dar a palavra ao informante o tempo todo. É necessário ponderar que os discursos são produzidos dentro de um contexto. Eles não são puros, tampouco neutros. Como nos alerta Rouanet (1993), a palavra do nativo corre o risco de ser uma palavra segunda, *que não sai da boca do nativo, mas pode ser induzida pelo/a antropólogo/a.* Também existe a possibilidade de o informante dizer *aquilo que o/a pesquisador/a deseja ouvir* e até mesmo de o/a pesquisador/a *só ouvir o que deseja escutar*. Tudo isso é muito complexo e são questões que a leitura de *A cidade das mulheres* nos suscita.

É importante destacar que a subjetividade não está presente só no campo. O campo é uma dimensão do diálogo etnográfico e não existe em si mesmo, mas numa constante relação com o mundo acadêmico. Essas duas dimensões não podem ser pensadas separadamente. Nesse sentido, a subjetividade do/a pesquisador/a não deve ser vista como algo construído à parte, mas como um componente da complexa relação entre a dimensão política, a acadêmica e o trabalho de campo.

Outro aspecto a se considerar: como a dimensão política aparece no texto de Ruth Landes? Para melhor entendê-la é preciso contextualizar a autora e sua obra na antropologia norte-americana dos anos 30 e 40. Nesse momento, a inserção de uma mulher judia e antropóloga, além de não ser comum, ficava à mercê de vários preconceitos, suspeitas e impedimentos. Ainda mais se esta mulher elegia como objeto de estudo as relações raciais e de gênero e adotava uma postura antirracista; Uma mulher

> criada na rebelde New York, treinada na provocativa dialética da minha ciência que declara serem todas as raças igualmente humanas, e nesse sentido sendo iguais (...) (LANDES, 1967, p. 6).

Não há como criar uma ideia romântica em torno das condições de produção da etnografia de Ruth Landes. A autora estava imersa nas políticas de gênero da academia. Essa situação nos alerta para o fato de que a legitimidade ou não de uma temática a ser investigada não depende apenas da vontade do pesquisador/a. Ela está relacionada com os diferentes leques de opções presentes nos meios acadêmicos, ou seja, com os "loteamentos científicos". Essa legitimidade também está ligada a fatores raciais, de gênero, de classe e de nacionalidade presentes na academia e na biografia de todo e qualquer pesquisador/a.

Lamentavelmente, a situação vivida por Ruth Landes nos anos 30 e 40 ainda persiste no mundo acadêmico do novo milênio e extrapola o contexto da antropologia norte-americana. A opção pelos estudos de gênero ainda é vista com uma certa reserva e até mesmo com ironia no meio acadêmico. Esse meio ainda reluta em aceitar que o gênero e a raça interferem e influenciam as relações estabelecidas entre pesquisador/a e informante e são categorias de análise tão legítimas quanto outras.

A dimensão política que permeia a relação entre o/a pesquisador/a e o campo é ainda mais complexa. Ela implica, também, a relação com o Estado e as diferentes esferas de poder da sociedade. Muitas vezes, essa política mais ampla determina até mesmo o tempo de permanência do/a pesquisador/a no campo ou a escolha de uma determinada temática.

Podemos observar a realidade dessa relação ao considerar o caso de Landes. A sua pesquisa sobre o poder feminino no candomblé encontrou um clima muito hostil no Brasil das décadas de 30 e 40, marcado pela ditadura do Estado Novo, que entre outras medidas autoritárias, via os cultos afro-brasileiros e os seus adeptos como passíveis de constante suspeita e os lugares onde esses cultos eram realizados como esconderijos de pessoas subversivas. É fato que muitas pessoas que adotavam uma postura política de oposição ao Estado Novo eram próximas do candomblé e, muitas vezes, adeptas desse culto. Essa situação servia de justificativa para a perseguição e pressão desencadeada pelo governo e pela polícia a todos os que frequentavam esse culto, encobrindo ideias e práticas racistas que incidiam sobre o povo negro. Além disso, a crise gerada pela segunda guerra mundial ajudava a acirrar ainda mais o clima político do país.

A dimensão política da relação entre o/a pesquisador/a e o campo também pode ser vista em uma esfera mais restrita, mas nem por isso menos importante, qual seja, a negociação entre os nativos e o/a pesquisador/a. No caso de Landes, ela mesma registra em várias passagens os momentos em que pagou pelas informações obtidas para a realização do seu trabalho. Ao registrar o seu encontro com Zezé, uma informante do terreiro do Gantois e mulher de Manuel, também chamado de Amor, Landes escreve:

> Gostava de dinheiro e foi assim que nossa associação começou. Amor nos convidara, a mim e a Edison, à sua casa perto do templo do Gantois e lá eu disse que gostaria de estudar sistematicamente os candomblés com uma sacerdotisa e que pagaria bem. Amor olhou para Zezé que, na sua maneira de "condescender", se propôs para o trabalho. Explicou que tudo teria de ser feito em segredo, pois era contra as regras do candomblé dar informações a estranhos, e que eu deveria fazer crer a todo mundo que era apenas amizade o que havia entre nós. Assim, durante meses, fui várias vezes por semana à pequena casa de Zezé – construída por Amor para aquela união – e conversei com ela sobre todas as coisas possíveis e imagináveis. (LANDES, 1967, p. 159)

Essa postura até hoje é questionada dentro da prática etnográfica, porém, ainda muito utilizada. Por ser uma discussão polêmica, nem sempre os/as pesquisadores/as explicitam na escrita etnográfica os diversos meios dos quais lançam mão para obter informações e favores dos informantes ou o "preço" estabelecido pelos sujeitos da pesquisa para permitir a presença do/a antropólogo/a no seu grupo e lhes dar certas informações. Pondera-se, também, que a explicitação de tais meios na escrita etnográfica pode trazer constrangimentos ao próprio informante e criar problemas entre este e a comunidade ou meio social onde vive.

Um outro exemplo da importância da relação política entre o/a pesquisador/a e os informantes é discutido por Lagrou (1992). A autora relata a constante negociação estabelecida entre ela e os índios Kaxinawá (da área indígena do Alto Purus), em que estes sempre lhe cobravam o que ela poderia lhes dar em troca de viver entre eles, aprender sua língua etc. Os índios sabiam do seu lugar e do lugar da antropóloga, assim como sabiam que ela podia agir como mediadora entre eles e as várias possibilidades oferecidas pelo mundo dos "brancos". Essa é também uma realidade presente nos mais diversos trabalhos de campo.

Trabalhos como os de Landes e de Lagrou desvelam o "eu" antropólogo/a. Falam do antropólogo sexuado, pertencente a uma raça e classe social, que vive conflitos geracionais, expressa sentimentos, emoções, prazer, raiva, ódio. Assim como o nativo, o/a antropólogo/a também é um sujeito. Como nos diz Grossi (1992), os temas, os objetos, as abordagens da pesquisa antropológica não são apenas fruto da opção por uma Escola de Pensamento Social. Eles estão carregados da subjetividade do/a pesquisador/a, a qual permeia a relação sujeito/objeto ou antropólogo/informante.

A obra de Landes nos ajuda a elucidar uma questão muito importante: pesquisadores/as diferentes produzem interpretações diferentes sobre os mesmos objetos. A diferença de raça, origem de classe, sexo, nacionalidade são fatores que interferem e influenciam a produção e o encaminhamento da pesquisa etnográfica. Por outro lado, não se pode desconsiderar o peso das relações políticas. As políticas de inserção no campo refletem as políticas de inserção na academia. E nem sempre essas últimas são as mais harmoniosas.

A cidade das mulheres ainda suscita uma outra discussão: o debate sobre as teorias nativas x explicações antropológicas e a forma de registro da escrita etnográfica. A forma literária do texto de Ruth Landes, pouco convencional para os moldes acadêmicos da época, não significa somente um estilo de escrever. Expressa a autoria da antropóloga no seu texto, como um dos possíveis olhares sobre a realidade estudada; um olhar que se confrontou com as diferentes interpretações dos intelectuais masculinos que dominavam o debate sobre o candomblé brasileiro da época.

Alguns trechos do livro demonstram esse estilo de escrever. Num deles, Landes fala do seu sentimento diante de Martiniano, um dos velhos sábios do candomblé da Bahia:[2]

> Nunca mais o vi. Agora, que está morto, que terá acontecido àquele cujo quarto cheio de deuses bárbaros, tão preciosos para os estudiosos, tão amedrontadores para o culto? E, mais importante para mim, onde estará o pequeno Carlinho, cuja voz cantante deve estar prestes a engrossar numa voz de homem? (LANDES, 1967, p. 241)

---

[2] Segundo Ruth Landes, o nome verdadeiro de Martiniano era Martiniano Eliseu do Bonfim. Na época em que se conheceram, ele estava com mais ou menos 80 anos. Era um negro sábio e muito respeitado pelos adeptos do candomblé e pelos cientistas que, muitas vezes, o procuravam para obter informações sobre o culto. De acordo com Landes, o nome de Martiniano se notabilizou entre os intelectuais graças ao contato deste com Nina Rodrigues.

Sabemos que o texto etnográfico não é simples. Como nos alerta Clifford (1998), ele envolve um processo complicado pela ação de múltiplas subjetividades e constrangimentos políticos que estão acima do controle do/a escritor/a. O texto etnográfico é, ao mesmo tempo, uma narrativa e um discurso. Nessa perspectiva, o escritor/etnógrafo pode lançar mão de recursos estilísticos ao compor o seu texto: a ironia, a retórica, o uso de imagens, as metáforas etc. Além de reforçar a argumentação do/a autor/a, esses recursos possibilitam um outro formato à escrita etnográfica, aproximando-a, por vezes, da literária. Essa questão remete ao diálogo entre antropologia e literatura, um debate em região de fronteiras.

O debate em região de fronteiras sempre traz conflitos a todo e qualquer pesquisador/a que ousa estabelecer práticas interdisciplinares. No caso da antropologia discute-se que, ao adotar recursos estilísticos próprios do texto literário, o/a etnógrafo/a lança mão de uma outra forma de apresentação da sua etnografia tentando, ao mesmo tempo, produzir um texto e fazer ciência. Não posso afirmar que essa era a intenção de Ruth Landes quando, no contexto acadêmico norte-americano dos anos 30 e 40, produziu um texto etnográfico marcado por um estilo literário, com muitas 'vozes'. Contudo, mesmo que essa não tenha sido a intenção da autora na época, o fato de o seu livro suscitar em nós, leitores e leitoras do novo milênio, esse tipo de debate e inquietação já demonstra a atualidade e a importância do seu trabalho.

Trabalho de campo, subjetividade e políticas de inserção no campo e na academia

No seu texto, *Na busca do outro encontra-se a si mesmo,* Grossi (1992) discute que toda experiência de campo é marcada pela biografia individual de cada pesquisador. Esse ponto pode ser visto na etnografia de Ruth Landes. A questão do gênero não representava apenas um interesse acadêmico para essa autora e nem tampouco se restringia à influência de sua orientadora Ruth Benedict e sua professora Margaret Mead.[3] Segundo Healey (1996), a marca do gênero e da raça faz parte da própria biografia de Ruth Landes.

---

[3] Ambas foram as primeiras antropólogas que pensaram as culturas não só do ponto de vista dos homens mas também das mulheres e eram defensoras de uma ciência da cultura antirracista.

Nascida em Manhattam, em 1908, de pais imigrantes, judeus russos, Ruth Landes cresceu em círculos progressistas de ativismo trabalhista, socialismo e sionismo secular. Seu pai, Joseph Scholossberg, cedo havia rejeitado sua educação religiosa, aprendendo um ofício secular, o de alfaiate. Ainda segundo Healey (1996), ele foi redator de um jornal judio de esquerda e fazia parte da União dos Trabalhadores da Tecelagem da América, um sindicato progressista do movimento trabalhista norte-americano.

Esse era o clima frequentado por Ruth Landes. Ela ainda estudou e frequentou um templo de negros e caribenhos que se declaravam hebreus. Esse estudo a levou ao professor Franz Boas e ao encontro com a Antropologia. Franz Boas a incentivou a inscrever-se no programa de doutorado de Antropologia na Universidade de Columbia em 1932, onde ele e Ruth Benedict lecionavam. Assim, já no seu doutorado, Landes sugeria a centralidade do gênero na sua análise ao estudar os índios Ojibwa de Ontario.

Esses dados coletados por Healey (1996) nos ajudam a entender melhor a biografia de Landes e confirmam a afirmação de Grossi (1992) de que tanto as escolhas como as diferentes interpretações etnográficas estão marcadas pela biografia do/a antropólogo/a. E foi justamente a ênfase dada à subjetividade e a marca da biografia presentes no trabalho de Ruth Landes que se configuraram em um dos principais motivos da sua exclusão acadêmica nos anos 40.

Foram os autores pós-modernos que, ao criticar e analisar o significado da relação pesquisador/pesquisado, resgataram A Cidade das Mulheres de Ruth Landes. Esses autores, bem como algumas antropólogas feministas, particularmente norte-americanas, revalorizam a experiência subjetiva do contato com o outro e questionam os paradigmas da Antropologia e por isso consideram Ruth Landes pioneira feminista da etnografia da raça e do gênero.

Segundo Grossi (1992), o espaço privilegiado para discutir a relação antropólogo/informante na Antropologia têm sido os relatos feitos por antropólogos dos seus "encontros etnográficos". Atualmente, já é possível falar do "encontro etnográfico" nos capítulos introdutórios das obras antropológicas, contudo a marca deixada pelos "clássicos" é que eles só relataram tardiamente sua experiência em campo num livro/diário em que falam das ambiguidades, das angústias e do sofrimento do antropólogo "ser humano" face ao "outro" "exótico", selvagem, primitivo etc. É o que nos mostra a citação abaixo do diário póstumo de Malinowski:

> Calor nebuloso e úmido, sagüeiros. Jardins; em toda a volta, acima das árvores, encostas e cismos de morros cobertos de bosques. Um dilúvio de verdura. Uma encantadora caminhada que não fui capaz de apreciar. Comecei a subida – fascinante, quente. Lindo coup d'oeil nas encostas. Fragrância ocasional maravilhosa, floração em alguma árvore. Profunda letargia intelectual; eu apreciava as coisas retrospectivamente, como experiências guardadas na memória, em vez de imediatamente, em razão de meu estado deplorável. Muito cansado na volta. Retornamos por um caminho ligeiramente diferente – senti-me nervoso; tive medo de ter perdido o caminho e isso me irritou... (Malinowski, 1997, p. 71)

Esse tipo de imersão na subjetividade era até pouco tempo atrás visto como "indiscrição" ou "autoexposição ridícula". Dessa forma, os autores se viam obrigados a esclarecer nas introduções dos seus diários que aquilo "não era antropologia", que eram relatos "literários" de suas experiências pessoais. Posso dizer que, até hoje, os pesquisadores do sexo masculino pouco explicitam seus questionamentos subjetivos surgidos durante o trabalho de campo.

Ao discutir a subjetividade a partir do gênero, Grossi (1996) nos alerta para o fato de que o relativismo cultural trouxe para a Antropologia o reconhecimento de que a mesma se pauta em uma tradição etnocêntrica. A inserção das mulheres no campo antropológico trouxe mais um questionamento a essa ciência: a descoberta de que ela também possui um viés androcêntrico. Isso pode ser visto de forma bem explícita quando pensamos nos debates em torno da obra de Ruth Landes.

Um ponto que também merece destaque no trabalho de Landes é a ousadia da autora de realizar uma escrita etnográfica em que explicita a angústia decorrente do contato com o "outro", a problemática da sedução durante a realização trabalho de campo, as complexas relações de poder que se estabelecem entre os "nativos" e o/a pesquisador/a, a dimensão política do trabalho do/a antropólogo/a em contato com grupos "marginalizados" e as ambiguidades presentes no momento de "escrever sobre os outros". Tais elementos colocam em xeque uma concepção de ciência que enfatiza a neutralidade do/a pesquisador/a e o mito do antropólogo assexuado. Eles ainda nos ajudam a refletir sobre a responsabilidade e a profundidade do trabalho etnográfico, pois o encontro com a cultura do outro possibilita ao/à pesquisador/a o repensar da sua própria cultura e a descoberta de si mesmo.

A cidade das mulheres, ao destacar o gênero e a raça, traz um outro olhar sobre o candomblé brasileiro, destacando a forte influência das mulheres negras, o poder feminino. Tal afirmação possui implicações políticas e acadêmicas. Significa o reconhecimento do gênero e da raça como dimensões estruturantes da vida social, assim como a quebra do predomínio masculino na intelectualidade que escrevia sobre o candomblé nas décadas de 30 e 40. Representa, também, entender a religiosidade afro-brasileira imersa nas relações raciais e de gênero.

Motivada pelo desejo de compreender a religiosidade de tradição africana a fundo, bem como as relações entre negros e brancos imersa no interior dos cultos, Ruth Landes visitou os terreiros mais tradicionais da Bahia, entrevistou importantes mães de santo e sábios religiosos e se comportou como uma "boa aluna" diante das exposições detalhadas e, às vezes, um pouco tendenciosas de Edison Carneiro. É o que nos mostra a seguinte citação em que a autora descreve uma das muitas explicações do seu amigo e protetor.

> Uma grande diferença entre o candomblé e o catolicismo é que os africanos tentam trazer os seus deuses à Terra, onde possam ver e ouvir. E esse é o trabalho mais notável das mulheres que são sacerdotisas num templo. A mulher é possuída por um santo ou deus, que é o seu patrono e guardião; diz-se que ele – ou ela – desce na sua cabeça e a cavalga e, depois, usando o seu corpo, dança e fala. Às vezes diz-se que a sacerdotisa é a esposa de um deus e às vezes que é o seu cavalo. O deus aconselha e faz exigências, mas, em geral, apenas cavalga e se diverte.
>
> Assim, você pode compreender por que as sacerdotisas exercem grande influência entre o povo. São as intermediárias dos deuses. Mas nenhum homem direito deixará que um deus o cavalgue, a menos que não se importe de perder a sua virilidade. O seu espírito deve estar sempre sóbrio, e jamais atordoado ou 'tonto' com a invasão de um deus.
>
> Aqui é que está o busílis. Alguns homens se deixam cavalgar e tornam-se sacerdotes ao lado das mulheres; mas sabe-se que são homossexuais. Nos templos, vestem saias e copiam os modos das mulheres e dançam como as mulheres. Às vezes têm melhor aparência do que elas.

> Mas isso não pode acontecer nos grandes templos iorubás de que Martiniano falava (...). (LANDES, 1967, p. 45)

Não se pode apenas elogiar o trabalho de Ruth Landes. Healey (1996), por exemplo, apresenta algumas críticas sobre o livro que merecem ser consideradas. Segundo ele, o texto apresenta conceitos do primitivismo (uma tática central da Antropologia entre-guerras que consistia em estudar as outras culturas "primitivas" para entender a moderna) e analisa o poder feminino em termos de tradição e estabilidade, deixando de explicar o seu dinamismo e sua enorme flexibilidade. Mesmo que o primitivismo seja usado pela autora na tentativa de criticar o "moderno", ainda predomina o pressuposto do triunfo inevitável do "moderno".

Dessa forma, influenciada pelo candomblé da Bahia, Landes destaca a pureza da tradição Yorubá em contraposição à impureza do candomblé de origem Bantu, excluindo as tendências ecléticas desse culto visíveis, sobretudo, nos terreiros do Rio de Janeiro. A autora chega a apontar a existência de uma transição nos costumes, mas não aceita a complexidade dessas mudanças.

A "contaminação da antropóloga" pela cultura afro-brasileira e sua relação pessoal com o culto do candomblé são também críticas dirigidas à autora e sua obra. Os sentimentos de simpatia e a profunda identificação de Landes com o campo e com os sujeitos da pesquisa são apontadas como questões que colocam a obra sob suspeita e questionam a "objetividade" dos dados apresentados. Concordo que não somente de simpatia se constrói a relação entre antropólogo/a e nativos. Sentimentos como antipatia, indiferença, raiva, medo fazem parte do trabalho de campo e deveriam ser registrados no texto etnográfico.

Nesse ponto, saliento o quanto a crítica pós-moderna pode nos ajudar a refletir e entender trabalhos como o de Landes. Tal crítica assume, indaga e discute a "contaminação do antropólogo". Discute que a ida ao campo já está "contaminada" por um recorte, pela escolha de um objeto. A questão colocada pela crítica pós-moderna é que nem sempre os/as pesquisadores/as esclarecem no texto etnográfico com qual teoria pretendem analisar o campo a ser estudado. Esse esclarecimento poderá ajudar a romper com a ideia de que os dados do campo "saltam" da realidade diante do olhar e da postura neutra e não "contaminada" do/a antropólogo/a.

Outra crítica que podemos fazer ao estudo de Landes é a sua imagem idílica sobre as relações harmoniosas entre negros e brancos no Brasil. A autora chega a afirmar no prólogo do seu livro que o mesmo não discute problemas raciais no Brasil, pois não havia nenhum. Segundo ela, o seu livro

> descreve, simplesmente, a vida de brasileiros de raça negra, gente graciosa e equilibrada, cujo encanto é proverbial na sua própria terra e imorredouro na minha memória. (LANDES, 1967, p . 02)

Essa leitura e esse sentimento podem ser explicados se consideramos o contexto acadêmico e social vivido nos EUA dos anos 30 e 40. A tensão racial vivida pela sociedade norte-americana da época diferia e muito do clima de suposta harmonia racial brasileira. A influência do culturalismo, o crescimento dos estudos comparativos, o pouco conhecimento sobre o Brasil e a expansão do mito da democracia racial para além das fronteiras nacionais suscitaram um profundo interesse de Landes e outros pesquisadores pela vida dos negros no Brasil, na tentativa de compreender uma situação interracial tão diferente dos EUA. A persistência em comparar tipos tão diversos de relações raciais, em países tão diferentes do ponto de vista histórico, econômico e social, a presença do viés culturalista, bem como a profunda identificação de Landes com a cultura negra e baiana, podem ser considerados como alguns dos fatores que alimentaram a sua

> compreensão totalmente inesperada da facilidade com que diferentes raças poderiam viver juntas, de maneira civil e proveitosa" como no Brasil. (LANDES, 1967, p. 02)

Ruth Landes e o contexto brasileiro da época

O Brasil das décadas de 30 e 40 dava passos largos na tentativa de formular uma interpretação sobre a identidade nacional. Nesse contexto, cada vez mais se configurava a ideia de um país da harmonia racial, formulando e exportando mito da democracia racial e sedimentando cada vez mais a fábula das três raças. Esses mitos extrapolaram as fronteiras nacionais e chamaram a atenção dos pesquisadores de fora.

Sabemos que Landes se formou no contexto acadêmico da antropologia norte-americana culturalista, um paradigma muito forte nas décadas de 20 e 30 nos EUA. Esse mesmo paradigma migra para a academia brasileira e começa a exercer uma forte influência entre a intelectualidade.[4] Nesse momento, se a *raça* já não consegue explicar a nossa realidade, como pensava Nina Rodrigues no início do século, o conceito a ser usado é o de *cultura*. Entra em cena Arthur Ramos e toda a sua produção teórica. Ramos, discípulo de Nina Rodrigues, dá continuidade aos seus estudos no campo afro-brasileiro, porém faz críticas ao seu próprio mestre. Ele reconhece a importância de Nina Rodrigues ao fundar o campo de estudos afro-brasileiros, mas questiona o estatuto científico de *raça*. Ramos realiza a troca o conceito de *raça* por *cultura* e funda um espaço próprio na intelectualidade brasileira de então.

É nesse período de mudanças políticas, teóricas e acadêmicas que Ruth Landes chega ao Brasil vinda de um contexto em que os EUA viviam um momento de intensa industrialização, mudanças socioeconômicas e intensos conflitos raciais que traziam novas questões para serem pesquisadas pela academia. Havia também um grande impulso dos estudos africanistas. Além da imagem de relações harmoniosas entre negros e brancos no Brasil, Landes trazia, na bagagem, um imaginário notadamente idílico e, por que não dizer, preconceituoso sobre o país.

> Grande parte dos nossos conhecimentos sobre o Brasil, naquele tempo, estava longe de ser tranquilizadora. A região Amazônica era um "inferno verde", de acordo com um romancista inglês; a enorme selva entre o planalto oriental e os Andes, chamada Mato Grosso, era uma terra onde índios bravios erravam, matando os brancos. Apenas o General Rondon penetrara esses domínios selvagens, a fim de dirigir a construção de linhas telegráficas. O litoral era a zona mais segura com uma população densa vivendo em grandes cidades.(...) Do fundo da nossa mente espiavam os estereotipados rostos escuros de sul-americanos, que O. Henry nos apresentara, uma geração antes, em sátiras arrasadoras. E a língua portuguesa do Brasil, bastante diferente do espanhol e falada apenas naquele país entre todos os da América Latina, dificultava ainda mais a nossa simpatia. (LANDES, 1967, p. 4)

---

[4] No caso do Brasil, a antropologia se construiu em torno de duas vertentes: uns estudiosos estavam interessados em estudar as populações negras e outros as sociedades indígenas.

Nos anos de 1938 e 1939, ela encontrou um contexto social e político já estruturado e uma antropologia que estava tentando se firmar através do estudo sobre o negro, tendo como alguns de seus expoentes Arthur Ramos, Gilberto Freyre, Edison Carneiro, entre outros. Assim, quando Landes chega ao Brasil, traz para esse ambiente acadêmico a questão do gênero e, ainda, incorpora e explicita o olhar feminino na sua etnografia.

Como podia uma mulher ser pesquisadora? Essa pergunta era recorrente em todos os lugares por onde Landes passava desde que chegou ao Brasil. O tom reprovador ficou mais acentuado quando, depois de ficar três meses no Rio de Janeiro, para ter contato com a língua e aprender um pouco sobre o comportamento dos brasileiros, Landes manifestou o seu interesse de viajar e permanecer na Bahia, onde planejava concentrar os seus estudos. Tudo isso, somado ao desconhecimento da língua, aos anos da ditadura Vargas e à percepção de que a política do Estado Novo mantinha relações muito próximas com a Alemanha Nazista, trouxe insegurança e questionamentos à pesquisadora.

> Você precisa mesmo ir? – gemeu a minha professora brasileira. Contorceu o rosto jovem e simpático, simulando horror, e depois riu, citando uma canção:
> - A Bahia é boa terra – ela lá e eu aqui.
> Uma mulher branca, sozinha, lá? – disse um americano da Geórgia, em tom reprovador. – Você sabe o que os negros farão.
> (...) Não pude ir sem antes ser liberada pelo Ministério da Agricultura e obter aprovação militar. Eu era uma estrangeira indesejada, mas tolerada por ter me identificado como "cientista", que não buscava emprego pago, antes gastaria dinheiro.
> (...) Preciso dizer que me sentia insegura e confusa? A minha pesquisa antropológica encontrava-se agora privada da segurança, da santidade, da torre-de-marfim. Eu deixara minha terra democrática, de língua inglesa, com as suas leis fidedignas que permitiam a uma cientista branca estudar, com toda dignidade, a prolongada, mas incruenta batalha das raças; eu a deixara para o país de um ditador, cuja língua difícil e cujos costumes desagradáveis – pois as mulheres eram tão cerceadas nos seus movimentos quanto a oposição política – me faziam sentir desorientada e desesperada, como se eu estivesse na selva; e, além disso, de repente – de repente – via-me frente a frente com pessoas

que davam voz a crenças nazistas e embarcavam para lutar por elas. (LANDES, 1967, p. 11 e 12)

Ao chegar ao Brasil, Landes trouxe em sua bagagem algumas cartas de recomendação e apresentou-as para alguns intelectuais brasileiros. Um deles foi Arthur Ramos. Este indicou um de seus discípulos para acompanhá-la e orientá-la, a saber, Edison Carneiro, que, mais tarde, tornou-se seu amigo e confidente.[5]

> Ainda que como a simples Alice, fiz alguns amigos. Cartas de apresentação de eruditos da Universidade de Fisk e do Rio de Janeiro levaram-me em particular a um jovem etnólogo baiano, chamado Edison Carneiro. O Dr. Edison tinha apenas 27 anos, mas o número e a originalidade dos seus estudos sobre o negro brasileiro e os candomblés e a solidez da sua reputação faziam-me esperar um homem muito mais idoso. Por outro lado, 27 anos significam maturidade muito mais adiantada no Brasil do que nos Estados Unidos – e Edison já estivera homiziado e preso por causa da sua oposição a Getúlio Vargas e devia ser preso novamente, durante a minha permanência.
>
> Pareceu-me significativo que Edison fosso um mulato, da cor trigueira chamada "parda" no Brasil (...). (LANDES, 1967, p.18)

Do seu contato com Edison podemos refletir sobre a importância da relação interpessoal no trabalho de campo, não só na aquisição dos dados como também na interpretação etnográfica. O encontro com Edison Carneiro exerceu uma grande influência na pesquisa de Landes e na sua possibilidade de circulação nos terreiros mais tradicionais do candomblé da Bahia. Ele se tornou uma espécie de "padrinho" de Landes, possibilitando-lhe o acesso ao mundo religioso. Ele também a ajudava como intérprete, pois, no início da sua estada no Brasil, ela não conhecia a língua, sendo esse fator mais um impedimento à sua inserção.

Essa mesma relação, além de causar inúmeros comentários e influenciar no julgamento que as pessoas faziam do comportamento de Landes (uma mulher branca, estrangeira, de classe média, andando com negros e se relacionando com pessoas politicamente suspeitas),

---

[5] Segundo HEALEY (1996), Edison era também amante de Ruth Landes, como fica claro na correspondência entre os dois contida no Ruth Landes Papers, Box 4, NAA. É compreensível que ela nunca tenha mencionado isso nos seus escritos.

causou um estremecimento na sua relação com Arthur Ramos. Somado à reação contrária de Ramos sobre a tentativa de Landes de situar o gênero na America Latina e discutir a importância central das mulheres e dos homens homossexuais no "culto matriarcal", infere-se que a proximidade de Landes e Edison Carneiro acirrou o estremecimento da relação entre Ramos e a antropóloga. Esse estremecimento resultou numa reação hostil de Ramos, que, mais tarde, recusou-se a publicar uma tradução de um artigo de Landes na revista *Sociologia*, principal publicação brasileira na área de Ciências Sociais, e emitiu um parecer negativo quanto à publicação da monografia da autora, ao ser consultado pela editora. Isso a obrigou a escrever as suas notas de campo em um tom mais popular, dando origem ao livro *A cidade das mulheres* (cf. HEALEY, 1996).

Suspeito que a relação pouco amistosa estabelecida entre Ramos e Landes não se limitou às discordâncias teóricas. Na realidade, ao dar mais atenção às impressões e observações de Edison Carneiro do que às de Arthur Ramos, Ruth Landes se envolveu em uma "briga" política dentro da academia e pode ter afetado a vaidade acadêmica desse último. Ramos passou a questionar não somente a obra de Landes mas também o método por ela utilizado ao fazer sua pesquisa, que, segundo esse autor, "ele nem ousava dizer qual era". Um comentário que demonstrava, de uma maneira explícita, um preconceito de gênero.

Não foi só Ramos que fez oposição à antropologia de Ruth Landes. Havia outros motivos para a exclusão do trabalho da autora da academia da época: o seu estilo narrativo e "literário" não causou boa impressão entre a intelectualidade da época. O olhar feminino da obra é criticado pelos antropólogos como se isso fosse a necessidade de autoafirmação das mulheres norte-americanas. Além disso, o seu estudo apresentava ares de militância, pois estava ligado a uma história mais ampla de crítica e questionamento ao racismo e ao imperialismo.

Além desse fatores, o fato de ser uma mulher branca, estrangeira, de classe média, circulando sozinha em espaços não muito recomendáveis para as "mulheres de família" da época, mantendo relações com pessoas consideradas politicamente suspeitas e se enfronhando no meio da comunidade negra, interferiu no imaginário construído em torno da figura de Ruth Landes. O campo é um lugar público e de circulação e, naquele contexto, a possibilidade de circulação das mulheres estava muito mais restrita ao espaço privado do que nos dias atuais.

> Os meus patrícios me condenavam porque não me associei ao Iate Clube, nem me juntei ao seu círculo. Eu não poderia estar com eles, pois isso perturbaria a paz conjugal. Não havia casas ou apartamentos que eu pudesse alugar. Tomei, então, um quarto no melhor hotel da cidade.
> Esta frase devia ser incrustada de pepitas vermelho e ouro. *Porque as mulheres decentes – outra frase a incrustar – não devem viver desse modo nas regiões obedientes à tradição no Brasil*. E assim apareceu uma leve nuvem no meu horizonte político, a qual, nos últimos meses, escureceu e cobriu todo o céu. Como soube mais tarde, eram mulheres de certo estofo, embora de classe alta, que viviam sozinhas em hotéis, vindas em bando do Rio, por causa dos muitos oficiais das tropas federais então no nordeste. Parecia-se admitir, todavia, que eu não era uma mulher assim e se esperava que eu tivesse um marido, um amante certo, uma dama de companhia. Mas, nos meses seguintes, não apresentei nada disso. Foi então que se decidiu, parece, que, como eu vinha da Universidade de Columbia e estava em contato com membros de Congregações de escolas superiores da Bahia – muitos dos quais tinham sido exilados ou detidos em diferentes ocasiões por oposição à política de Vargas – e dedicava minha atenção à gente negra nos arrebaldes abandonados, *eu devia ser uma espiã de Moscou*. (LANDES, 1967, p. 16) (Grifos nossos)

A relação entre Ruth Landes e Edison Carneiro chama a atenção para uma outra questão presente em toda e qualquer pesquisa: a importância do capital de campo. O capital de campo diz respeito à familiaridade do/a pesquisador/a num certo circuito, numa certa rede de relações sociais que o/a possibilita gerir esse capital. Isso garante, inclusive, a inserção no campo dos futuros orientandos ou daqueles que buscam o "apadrinhamento" de um referido pesquisador que ocupa um determinado "território" acadêmico e social. No caso de Landes, ela circulou nos melhores candomblés da Bahia e entrevistou importantes babalaôs, pois a autora usou a seu favor o capital de campo de quem já conhecia, circulava, produzia sobre o candomblé e era respeitado pelos integrantes desse culto, ou seja, Edison Carneiro. Talvez se a pesquisadora buscasse uma inserção de maneira autônoma, não colhesse tantas informações e nem produziria uma etnografia tão rica.

> Edison empreendia as suas próprias pesquisas de campo entre os negros, colhendo material para o jornal que o contratara como repórter e para o novo livro que projetava escrever. De modo que concordamos em fundir os nossos recursos, nossos conhecimentos, o nosso tempo, as nossas observações. Preciso dizer que a devedora fui eu? Na verdade, a sua companhia convenceu a polícia de que eu era politicamente culpada; mas naquela terra, onde a tradição trancava as mulheres solteiras em casa ou as lançava à sarjeta, eu teria sido incapaz de me locomover, a menos escoltada por um homem de boa reputação. E ali estava ele. Além do mais, para os negros era a melhor garantia possível de que eu não era uma espiã de classe alta, nem uma simples enxerida; e, até certo ponto, ele anulava o mal-estar que sentiam na presença de estrangeiros.(...) Mas Edison, que vivera entre eles toda a sua vida e os descrevia na imprensa diária, apresentava-me e era considerado o meu 'protetor'. (LANDES, 1967, p. 18-19).

Assim, *A cidade das mulheres* também possibilita uma reflexão sobre os muitos fatores que envolvem o contato do/a pesquisador/a com o campo. A proximidade com uma pessoa que já possui familiaridade com o campo facilita a inserção e a abertura desse espaço ao/à pesquisador/a. Essa é uma prática muito usada na realização da pesquisa etnográfica e de tantas outras que envolvem um contato mais próximo com os sujeitos. Em suma, o capital que os pesquisadores acumulam na sua familiaridade com o campo é também uma forma de introduzir ou não pessoas que chegam de fora para realizar as suas pesquisas. Esse é um dado que a experiência de Ruth Landes demonstrou.

A discussão sobre o capital de campo ajuda a refletir que não foi somente o fato de ser uma mulher que lhe colocou a necessidade de um "padrinho". Qualquer pessoa que chega numa rede e deseja estudá-la necessita estabelecer relação com alguém que já fez um contato anterior com aquela realidade. Caso contrário, o/a pesquisador/a poderá ter uma série de dificuldades, 'queimar' etapas etc. Essa prática não deve ser vista como algo vergonhoso ou desonesto. É muito comum que um novato que deseja estudar um determinando campo se valha de um certo capital e da confiança já conquistados pelo seu antecessor. A questão é se os/as pesquisadores/as explicitam essa realidade na sua escrita etnográfica.

Outro ponto que pode ser observado na obra de Ruth Landes é a sedução do objeto. A sedução é também um componente necessário para o desenvolvimento do trabalho de campo. A política da sedução é tratada com mais atenção pelos autores pós-modernos. Ao trazer essa discussão para o interior da academia, esses autores nos ajudam a refletir sobre quais são os limites dessa sedução e, ainda, quais são os limites da sua incorporação no texto etnográfico. Discutir como se dá a sedução no trabalho de campo e a forma de inserção da mesma na escrita etnográfica toca em questões delicadas como a ética, a política e a moral.

O contato de Landes com o candomblé da Bahia, com Edison Carneiro e tantas outras pessoas consideradas politicamente suspeitas pelo Estado Novo lhe rendeu o título de uma "americana suspeita". A polícia local começou a seguir os seus passos até que, finalmente, em 1939 ela recebeu ordens para sair do país.

> A polícia secreta observava-me durante meses, três vezes por dia, mas não tomei conhecimento disso por muito tempo e, quando o soube, já completara meus estudos. O Cônsul americano parecia concordar com a polícia da Bahia, e assim me vi obrigada a recorrer ao Cônsul britânico e isso também contribuiu para confundir a minha antiga admiração pelos direitos do cidadão sob a bandeira dos Estados Unidos. Em especial quando, ao escutar um negro falar inglês no cais, lhe perguntei, com prazer:
> - Oh, você é de Chicago?
> - Que lhe importa? – retrucou. - Estou no Brasil agora, e sou livre! (LANDES, 1967, p. 17)

Ruth Landes levou consigo não somente os registros do seu trabalho de campo, mas também a impressão deixada por um profundo contato com o candomblé e a vida dos negros e negras da comunidade terreiro de Salvador e a admiração pela força das mulheres negras dominando e organizando a vida de homens e mulheres dentro e fora do espaço do terreiro.

O livro *A cidade das mulheres* traz reflexões aos/às cientistas sociais e àqueles que lidam com processos educativos formais e não formais. Ele nos mostra que a inserção do/a antropólogo/a ou de qualquer outro/a pesquisador/a no trabalho de campo não depende só das suas intenções políticas e acadêmicas. Ela está imersa numa rede de relações subjetivas.

Uma aproximação menos resistente diante dessa questão nos mostrará que a subjetividade faz parte do trabalho de campo e deve ser inserida na escrita etnográfica não como uma metodologia, mas como uma forma de entender os temas, as escolhas, os objetos da pesquisa e os caminhos que foram trilhados pelo pesquisador ou pesquisadora.

A *cidade das mulheres* de Ruth de Landes nos ajuda a entender um pouco mais o contexto do candomblé e da cultura afro-brasileira dos anos 30 e 40. Ajuda também a desvelar os dilemas que envolvem o *eu* que descreve e o *outro* que é descrito. Como diz o professor Vagner Gonçalves da Silva, do Departamento de Antropologia da USP, "é difícil ler um texto sem considerar a sombra do outro". É preciso analisar essa *sombra do outro*, do *autor* e da *autora*, presente nos textos etnográficos mesmo que ela não esteja devidamente explicitada.

REFERÊNCIAS BIBLIOGRÁFICAS

CLIFFORD, James. *A experiência etnográfica: antropologia e literatura no século XX*. Rio de Janeiro: UFRJ, 1998.

GEERTZ, Clifford. *Interpretação das culturas*. Rio de Janeiro: LTC, 1989.

GROSSI, Miriam. *Na busca do "outro" encontra-se a "si mesmo"*. In: GROSSI, Miriam (Org.) *Trabalho de campo e subjetividade*. Florianópolis: UFSC,1992, p. 7-18.

HEALEY, Mark. "Os desencontros da tradição em "A cidade das mulheres: raça e gênero na etnografia de Ruth Landes". In: *Cadernos Pagu*. Campinas: Núcleo de Estudos do Gênero. UNICAMP, (6-7), 1996, p. 153-199.

LAGROU, Elsje Maria. "Uma experiência visceral". In: GROSSI, Miriam (Org.) *Trabalho de campo e subjetividade*. Florianópolis: UFSC, 1992, p. 19-40.

LANDES, Ruth. *A cidade das mulheres*. Rio de Janeiro: Civilização Brasileira, 1967.

LANDES, Ruth. *A woman antropologist in Brazil*. In: GOLDE, Peggy (Org.) *Women in field: anthropological experiences*. Chicago: Aldine, 1970.

MALINOWSKI, Bronislaw. *Um diário no sentido estrito do termo*. Rio de Janeiro: Record, 1997.

MARCUS, George & FISCHER, Michel J. *A crisis of representation in the Human Sciences*. In: *Antropology as cultural critique*. Chicago University Press, 1986.

ROUANET, Sergio Paulo. *Mal estar na modernidade*. São Paulo: Cia das Letras, 1993.

SILVA, Vagner G. *O antropólogo e sua magia*. Trabalho de campo e texto etnográfico nas pesquisas antropológicas sobre as religiões afro-brasileiras. São Paulo: FFLCH/USP. Tese de doutoramento, 1998 (mimeo).

VIVA O POVO BRASILEIRO
O MISTÉRIO DA DESENCARNAÇÃO

Francis Utéza

Em *Viva o povo brasileiro* – que passaremos a referir através da sigla *VPB* –, João Ubaldo Ribeiro reserva um lugar preponderante para a componente africana da identidade brasileira, questionada e reavaliada ao longo do romance.[1] Em particular, assiste-se a várias encenações de rituais que testemunham a permanência da espiritualidade nagô-yorubá entre os negros da ilha de Itaparica. E, nesses episódios, comprova-se que a mulher desempenha sempre o papel central.

As substitutas da Mãe África

A figura mítica de Dadinha, em primeiro lugar, assume a direção das operações no drama da sua própria morte, no dia 10 de junho de 1821, em que se festeja seu centenário. Encarnação da Grande Mãe (aliás o próprio nome já o diz), seu corpo, de tamanho extraordinário, ergue-se em pirâmide simbólica num espaço por onde nem sequer ela se move mais (VPB, p. 70). Assim, plantada no centro do círculo desenhado por seus filhos, aquela figura materializa o Eixo do Mundo Negro, o mundo dos oprimidos de cuja História ela é portadora. Naquele domingo da sua morte, ela transmite a seu povo a integralidade do saber:

> (...) tinham caminhado da Armação do Bom Jesus até ali para ver a sempre encantada grande gangana do mundo (...) vinham estar com ela como diante de uma montanha velha e testemunha de tudo o que jamais aconteceu na Terra. (VPB, p. 71)

---

[1] Utilizamos para as referências de paginação a edição da *Nova Fronteira*, Rio de Janeiro, 1983, idênticas aliás às da edição de Dom Quixote, Lisboa, 1998.

Alguns anos depois, em 14 de junho de 1827 (VPB, p. 145-57), o lugar de destaque cabe a sua herdeira espiritual, Inácia, também dotada de características físicas que remetem à maternidade, embora em grau menor que Dadinha – nomeadamente a sua *peitarrama* (VPB, p. 156). Cavalo de Sinique durante aquela noite de Santo Antônio – também noite de Ogum (CACCIATORE, 1977, p. 76; MOTT, 1996, p. 131), embora o narrador de *VPB* nunca aluda a esta correlação –, ao contrário de Dadinha, imóvel no centro de seu quarto, ela se multiplica pelo espaço da Capoeira do Tuntum. Aliás, o narrador vale-se da suspensão da movimentação de Inácia/Sinique para encaixar o instante de eternidade – *esse tempo impossível de medir* (VPB, p. 150) –, em que a almazinha brasileira, portadora da herança indígena de Maria da Fé, se encarnaria no óvulo de Venância. E a retomada de seus deslocamentos constitui o índice da presença efetiva de Capiroba: não podendo o caboco Sinique aguentar a vizinhança, carrega com Inácia pelo mato, batendo com fúria contra tudo o que pudesse lembrar os mourões da cerca em que, mais de um século antes, o índio antropófago o sequestrava para a engorda.

No que diz respeito à geração seguinte, Inácia formou Rufina do Alto (VPB, p. 492), que opera em 13 de junho de 1871, com a ajuda da própria filha Rita Popó, na mesma Capoeira do Tuntum, onde a atual sacerdotisa é apresentada a Patrício nos termos seguintes:

> - Minha mãe – disse Zé Popó – é herdeira de uma grande tradição. Tudo o que ela sabe, aprendeu com a falecida Mãe Inácia, de quem o senhor nunca deve ter ouvido falar, mas pertencia a uma espécie de linhagem, uma linhagem que tem sua nobreza, que vem de Mãe Dadinha, de Mãe Inácia e de outras, muito raras e prezadas por esse povo todo. (VPB, p. 492)

Naquela outra noite de Santo Antônio, Rita, incorporada pelo caboco Sinique, justifica as revelações e profecias de Rufina: Patrício, em quem encarnou a alma de Vu, dentro em breve encontrará a mulher portadora da alma de Capiroba. No clímax da cerimônia, o casal reunido, de mãos dadas, sob o influxo do luar, materializa o centro da encruzilhada da clareira mágica, enquanto se verifica, em torno deles, o bailado das almas índias, africanas e holandesas de regresso entre os homens, apenas para abençoar o reencontro de Patrício e Maria da Fé (VPB, p. 500). Aqui, o comportamento de Sinique também concorda com as revelações de Rufina: beliscando Patrício e mostrando a língua a Maria da Fé, o caboco identifica Vu, nele, e Capiroba, nela. Assim, no recinto sagrado dos Eguns de Itaparica, as entidades formadoras da brasilidade – excluídas as referências à cultura judaico-cristã de origem portuguesa – vieram conferir a unção da espiritualidade da Mãe África, na alegria da dança, expressão característica da identidade negra. Discretamente, no entanto, o ritual nagô se relacionava, através da presença da lua, com o culto universal da feminilidade primordial:

> A lua terminou a travessia da abertura entre as copas das árvores por cima da encruzilhada, a noite ficou mais negra, Patrício Macário viu-se completamente encantado (VPB, p. 500).

Finalmente, vinte e dois anos mais tarde, também transformada numa matrona tão corpulenta quanto as outras sacerdotisas que a precederam, é a própria Rita Popó quem preside os acontecimentos capitais que escolhemos analisar em detalhe.

Remontando até os confins da consciência

General aposentado, Patrício Macário vive no Rio de Janeiro, onde trabalhara num posto subalterno do Ministério da Guerra. Certo domingo de outubro de 1897 – isto é, na sequência imediata da destruição de Canudos –, enquanto assistia a um recital de piano que rematava um convívio muito aborrecido, Patrício toma uma decisão arrebatada e definitiva:

> Lembrou a baía de Todos os Santos, pareceu-lhe que flutuava sobre ela cavalgando a música e *pairou sobre os contornos arredondados da ilha de Itaparica* enquanto madame Renard fazia o piano badalejar como um carrilhão. Resolveu: ia para Itaparica imediatamente, *era lá que tudo estava*, era lá que tudo de importante havia acontecido, *lá estava escondido o conhecimento*, somente lá podia ser livre, pando e livre como estava agora, *voando sobre o vasto golfo verdeazul*, na companhia de peixes alados e das lembranças mais secretas que um coração pode ter (VPB, p. 588, grifos nossos).

Obedecendo a um chamado irracional traduzido por aquela estranha sensação de voo, o protagonista rompia com o resto da família cujos interesses econômicos motivam a permanência na capital federal, e regressava às origens da sua estirpe, à procura do essencial – o conhecimento. Contra a preocupação com a acumulação de bens materiais própria da estirpe de Amleto Ferreira-Dutton, a ovelha negra escolhia a pesquisa espiritual.

Reinstalado em Itaparica, o general se apressa em localizar a "feiticeira" que oficiava na noite do reencontro com Maria da Fé. Assim, em janeiro de 1898, ele chega à casa da filha de Rufina, Rita, que o acolhe sem surpresa, confirmando estar à espera da visita:

> - Bem-vindo, general Patrício Macário. Vosmecê demorou, mas finalmente chegou, bem-vindo. Pode entregar seu cavalo a esse menino a seu lado e entrar, faça o favor, temos grande satisfação em receber vosmecê em nossa casa. (VPB, p. 595)

Acontece que Rita reside em Amoreiras (VPB, p. 594), isto é, no espaço geográfico identificado nas primeiras páginas do livro como um nó telúrico em cima do qual se conjugam forças ocultas de todas as origens possíveis: ali convergiriam ou para impedir que as almas dos defuntos regressem ao Poleiro das Almas onde aguardar a hora da reencarnação ou para dar às ditas almas a oportunidade de descansarem um momento durante a ascensão *post mortem* (VPB, p. 17-20).

Para atingir aquele ponto da ilha, a cavalo, Patrício teve que vencer os obstáculos que a natureza suscitou:

> (...) depois de uma viagem tornada cansativa pelos aguaceiros que enlodaçaram todos os caminhos, tivera alguma dificuldade em encontrar a casa dela, na verdade uma espécie de *terreiro cercado por várias construções, escondido num matagal desguedelhado, de trilhas tortuosas*. (VPB, p. 594, grifos nossos)

Embora esquemática, a evocação da viagem não deixa de assimilar sutilmente o terreiro de Rita à câmara central de um labirinto – sugerindo as provas que abrem o caminho do centro escondido, cujo acesso é vedado a quem não tenha qualificação para merecer a revelação do sagrado (CHEVALIER-GHEERBRANT, 1982, *Labyrinthe*). Note-se também que o medo se apodera logo das pessoas a quem se dirige o cavaleiro quando solicita informações. A força do tabu que protege o lugar manifesta-se aliás quando o último guia de Patrício se despede dele, fugindo na direção contrária, logo que se avista a residência de Rita (VPB, p. 594).

Na casa da mãe de santo, o general toma banho, troca de roupa e bebe dois copos d'água (VPB, p. 595) – nada mais natural aparentemente para quem acaba de viajar em condições tão difíceis, sob a chuva e na lama. No entanto, observaremos que também a toalete do personagem equivale, simbolicamente, a uma purificação pela água, característica dos primórdios de uma cerimônia religiosa. A seguir, Patrício isola-se durante dez ou doze dias (VPB, p. 591) num quarto separado, identificado sob a denominação de *camarinha,* o que não deixa lugar a dúvidas: trata-se da sala reservada num terreiro de candomblé para as iniciandas no decorrer do tempo prescrito pelo ritual.[2] Para quem o detalhe tiver passado desapercebido, João Ubaldo colocou a personagem de Florisbaldo Balão, que protesta contra a permanência do general naquele recinto, denunciando a reclusão voluntária do protagonista como discrepante de regras implícitas – *não está contando os dias? Que preceito diferente é esse?* (VPB, p. 591). Ao insinuar que o fechamento do visitante deveria se relacionar com os rituais próprios da comunidade dirigida por eles – uma comunidade cujo modelo na realidade podia ser o Ilê Agboula dos Eguns, que os antropólogos estudiosos do assunto situam na ilha de Itaparica (BASTIDE, 1978, p. 140-42; AUGRAS, 1992, p. 91), inclusive nas colinas de Amoreiras (ZIEGLER, 1975, p. 181-212) –, o homem de Rita dá início a seu papel de guardião da lei formal. Assim, como crítico negativo do comportamento de sua companheira, capacita o leitor atento para eventuais interrogações sobre as infrações assinaladas e o seu sentido. Outrossim, as inovações introduzidas por ela, em oposição à rigidez preconizada pelo pai de santo, confirmam a superioridade do espírito sobre a letra, e o papel determinante da mulher na interpretação do ritual.

O isolamento do general começa por uma conversa com Rita, na qual Patrício aparece em estado de inferioridade em relação a uma figura estranha, que discursa sobre a fé, a verdade e a dificuldade de transmitir um ensinamento apenas através das palavras. Para concluir, a mestra convida o interlocutor a fazer o vazio em si – "Era um desarme, ele precisava entrar numa espécie de desarme, de esquecimento". (VPB, p. 597)

Para tanto, ela dá algumas instruções – que a memória de Patrício qualifica de "muito simples", sem porém chegar a comunicar ao leitor

---

[2] Caldas Aulete confirma este significado particular da palavra "camarinha": entre candomblés gêge-nagôs, quarto onde permanecem as iaôs, durante o período da iniciação.

grandes pormenores além da referência fundamental à libertação completa da mente, deixando-se levar sempre pelas intuições imediatas.

O que seria para o protagonista uma experiência diferente, mas que Rita fez questão de definir como uma "coisa velha", decorre em parte sob o efeito de uma boa dose de cachaça misturada depois com alguns goles duma infusão preparada pela mãe de santo. Ou seja, sob o efeito emoliente de substâncias que provocam o relaxamento do controle da razão sobre o comportamento. Aliás, a crise de hilaridade que se apodera de Patrício, logo depois, constitui um sintoma manifesto desse relaxamento. Como consequência, ao cabo de dois ou três dias, o paciente já não percebe o transcurso do tempo cronológico e vivencia um desdobramento efetivo da personalidade: "cada vez mais o corpo parecia abstrair-se da mente ou esta daquele (VPB, p. 599)". E o desdobramento resolve-se na unidade característica dum estado mental que se situa nos confins da consciência e do irracional:

> Nem dormindo, nem acordado, nem de olhos fechados nem de olhos abertos, entregou-se ao mar de pensamentos e formas que o engolfava, sem preocupar-se sobre aonde estava indo, como estava indo, o que ia encontrar, se ia encontrar, somente indo. (VPB, p. 600)

Livre do controle da razão, a consciência flutua sem amarras na superfície do fluxo psicomental que o próprio sujeito já não tem capacidade de analisar. Portanto, ele regrediu (ou progrediu, dependendo do ponto de vista) até o nível pré-racional.

A pretexto de ocupar as horas vagas na solidão, o general pedira a Rita qualquer coisa para ler. O conteúdo do livreco em mau estado que ela encontrou em casa de um vizinho provocou, num primeiro tempo, o riso inextinguível de Patrício. Na realidade, a leitura das façanhas de navegadores espanhóis combatendo contra piratas e depois contra pigmeus nas costas africanas favorecia o retorno ao estágio da primeira infância, provocando a ressurgência dos fantasmas arcaicos do inconsciente coletivo (JUNG, 1988, p. 23-93). Réplicas miniaturizadas da "grande tintureira" que tinha aparecido nas águas de Itaparica logo após o nascimento de Maria da Fé – "gente ferocíssima de dentes de navalha e zabaratanas envenenadas" (VPB, p. 598) –, aqueles pigmeus que espreitavam os náufragos representam outras tantas emanações simbólicas da matriz original onde a liberdade do homem corre o risco de ser tragada. Ao exorcizar aquelas imagens através do riso, Patrício também autenticava explicitamente o interesse pedagógico da infantilização cultural que aquela leitura significava:

> - Estou aprendendo, estou aprendendo! disse a Rita Popó, entre gargalhadas, na hora em que ela veio trazer-lhe a comida. (VPB, p. 598)

Com efeito, tais relatos, próprios do estágio primário de uma literatura de fundação, dizem respeito à *psyché* coletiva: através deste tipo de leitura, o indivíduo pode tanto identificar-se com ela como libertar-se da ameaça que representa a adesão total e incondicional.[3] No caso de Patrício, a identificação com a *psyché* coletiva efetua-se algum tempo mais tarde, quando a personagem caminha para os limites da consciência:

> Já teria lido o livro, nesse tempo misterioso que passou? Certamente que sim, porque, embora não se lembrasse de coisa nenhuma dele, a não ser o conto dos pigmeus, podia agora olhá-lo e lê-lo sem tocá-lo e sem abri-lo, como se ele se desenrolasse sozinho à sua frente, não em letras, não em imagens, não em qualquer coisa definida, mas muito claro. Bastava descansar os olhos nele, que ele como que se tornava vivo e transparente. (VPB, p. 599)

Lido sem ser manuseado, perfeita e imediatamente claro, aquele livro transparente, ao qual o protagonista tem acesso enquanto já não usa o raciocínio, é com certeza o vetor do que está escrito nas camadas mais profundas do inconsciente impessoal, "sob a forma de categorias herdadas e de arquétipos" (JUNG, 1988, p. 46). Afinal, o general passou por uma lavagem cerebral atingindo a meta fixada por Rita:

> (...) era óbvio que, pela história dele que ela conhecia, ele haveria de ter uma obsessão com seu passado e, portanto, viria, mais dia menos dia, tentar derreter essa obsessão. (VPB, p. 596)

---

[3] Cf. " É o mais forte, isto é, o herói, que se deixa levar pela saudade do regresso e se expõe intencionalmente ao risco de ser tragado pelo monstro da matriz original. E ele é precisamente um herói porque não se deixa tragar definitivamente, vencendo o monstro, e não apenas uma, mas várias vezes seguidas. É na vitória sobre a psyché coletiva que reside o valor autêntico, a conquista do tesouro, da arma invencível, do talismã precioso ou de qualquer um dos bens supremos inventados pelo mito. Portanto, quem se identificar com a psyché coletiva e se perder nela – ou seja, em linguagem mítica, se deixar absorver pelo monstro – se encontrará na vizinhança imediata do tesouro sob a guarda da serpente, porém em detrimento da sua liberdade e sofrendo o maior dano possível" (JUNG, 1988, p. 108-109, tradução nossa).

À primeira fase – de dissolução: *derreter* – seguia-se uma fase de consolidação – *solidificar* – que se iniciava logo com a recuperação da percepção do tempo cronológico:

> Agora, um pouquinho antes de Rita Popó vir trazer as duas carapebas, ele terminava de *solidificar a tranqüilidade* que, já *fazia pelo menos dois dias*, sentia chegar-lhe, cada vez mais forte, uma espécie de segurança calma, de alegria e força silenciosas. (VPB, p. 600; grifos nossos)

Esta *coagulação* – para utilizarmos o léxico da alquimia ao qual remete explicitamente a escolha linguística do narrador – acaba precisamente na hora de tomar a refeição do meio-dia. A aventura psíquica tinha se concretizado, então, na camarinha, através de uma viagem de ida e volta até as fronteiras do irracional. Tratava-se de remontar até as origens, lá onde o tempo e o espaço não se diferenciam – *"o mar de pensamentos e formas"* – para regressar diferente, carregado de uma energia nova – *"segurança, alegria e força"*. Aliás, o balanço da viagem é confirmado pelo guia que aprova a hipótese emitida pelo paciente:

> Ele (...) insistiu em que pelo menos já não era mais o mesmo. Claro que não, respondeu ela, porque a cabeça mudou (VPB, p. 600).

Todavia, de "cabeça mudada" a "cabeça feita", ainda fica algum caminho pela frente...

Ida e volta até o Centro

A segunda viagem começa com a refeição do meio-dia e aquele estranho *escaldado de baiacu*[4] que parecia vir a ser o remate profano

---

[4] O baiacu serve de referência ao *Peregrino da América* para censurar o pecado de orgulho: "são estes tais como uma casta de peixes, que há neste Brasil, e lhes chamam Baiacus, entre os quais há uns que têm espinhos. São estes peixes peçonhentíssimos, por terem no fel o mais refinado veneno que há no mundo: e que ainda que algumas pessoas os comam, é com muita cautela (...) Costumam estes peixes, assim como os pescam, e tiram da água, começarem a inchar, e fazem-se como umas bolas. Os de espinhos, não há quem pegue neles, pelos riscos das agudas pontas: incham de sorte que assim morrem às vezes dando um grande estouro. Ocupam-se estes peixes em mariscar pelas margens dos rios, e mangais; e só quando se vêem em terras é que incham."

Assim são os Baiacus humanos, ou desumanos; tanto que se vêem nas praias e terras do Brasil, logo começam a inchar: e se lhes dão algum ofício, ou postos, fazem-se Baiacus de espinhos, não há quem se chegue junto deles; e se dizem a um destes: Basta, Baiacu, porque podes rebentar; ou se lhe tocam, cada vez incha mais» (Marques Pereira, 1988, p. 51).

da estada de Patrício em Amoreiras. Mas estas ágapes não marcam o regresso ao mundo exterior: pelo contrário, hierofante e discípulo mantêm-se trancados para nova viagem, agora até meia-noite (VPB, p. 610), a sós na camarinha, enquanto os outros convidados de Rita permanecem em outro lugar no interior da casa.

São meia dúzia de pessoas (VPB, p. 590) que, já tendo comido daquele *escaldado de baiacu* sem deixar a vida na experiência, estão decididas a recomeçar, cientes do perigo que correm – em outras palavras, um grupo de iniciados de categoria, pertencendo ao candomblé de Rita. Entre eles, Florisvaldo, que continua criticando e receando as consequências nefastas, desempenhando o papel do oponente que transmite as referências ortodoxas do ritual (VPB, p. 592-93; 601-02).

Ao final dessa viagem, a sacerdotisa e o neófito são projetados em direção a uma nova fronteira, desta vez entre a vida e a morte. Pela virtude de um manjar extraordinário,[5] tão delicioso quanto perigosíssimo – por força da *coincidentia oppositorum* –, Rita e Patrício aproximam-se dos limites da desagregação física, embora em plena consciência:

> (...) estou boiando, estamos ambos flutuando. Flutuando sim! Perde um pouco o sentido querer saber se estamos de pé ou deitados, estamos de todos os jeitos, é claro. (VPB, p. 605)

Ambos conhecem assim uma experiência psicodélica, no meio da qual Rita abandona a camarinha depois de introduzir Lourenço, o filho nascido da união de Patrício com Maria da Fé. Assim sendo, a irrupção daquele jovem nesse lugar, poderia ser considerada como pura e simples alucinação do pai – hipótese desmentida quando o narrador frisa, no final da passagem, a realidade concreta dos objetos entregues pelo filho. A ficção não deixa outra escolha, a não ser interpretar a sequência como a prossecução do ritual sob a direção de um novo interveniente, perante o que a mãe de santo se teria retirado, depois de preparar a sua vinda. Lembraremos a respeito

---

[5] A referência ao Rei do Japão (VPB, p. 603) e ao apreço em que teria o *baiacu*, servido na sua mesa apenas aos nobres da mais alta linhagem, será pura brincadeira de parte de João Ubaldo? Descendentes dos deuses, os soberanos do Império do Sol Nascente alimentam-se por definição de comida sagrada. Por analogia, apenas os eleitos podem provar sem medo aquele *escaldado de baiacu* preparado por Rita e pelos seus, de acordo com os preceitos da tradição.

que nunca Rita respondera às perguntas insistentes que lhe fizera o visitante sobre Maria da Fé e sobre a Irmandade do Povo Brasileiro (VPB, p. 595 e 601), perguntas essas respondidas por Lourenço, logo ao serem formuladas.

Nestas condições, o filho de Maria da Fé manifesta-se como o instrutor a quem compete dirigir a última fase da cerimônia. E é com efeito ele quem relata a Patrício a "morte" de Maria da Fé, quem explica ao pai o significado simbólico dos objetos que ela deixara antes de desaparecer, quem faz o balanço da História do lado dos oprimidos, quem introduz por primeira vez na ficção a referência ao Espírito do Homem como entidade dinamizadora de uma Irmandade superior à confraria secreta que Maria da Fé teria dirigido e da qual faria parte por natureza Patrício. Por fim, é ele quem faz a ligação entre o passado e o futuro através do símbolo da canastra de Júlio Dandão de que Patrício vai se tornar, após o seu encontro, o último guardião terrestre. Logicamente, concluiremos que o pai recebe do filho os segredos da comunidade e os signos da sua elevação ao grau supremo da hierarquia.

Quanto à última experiência vivenciada por Patrício naquela noite, ela completa a investidura do protagonista com a sua reintegração na Unidade primordial. Partindo da imagem de um feto representando pai e filho juntos num mesmo líquido amniótico, acaba-se na projeção em espiral de fogo até o ponto central onde todas as contradições são resolvidas, fora do espaço-tempo dos homens:

Como pode, quem sente, esquivar-se de virar uma espiral de fogo, apenas por testemunhar a vida?

> Alçou-se no ar em *direção ao Infinito*, onde se achou num *lugar escuro* em que todas as coisas tinham *cores*, não havia *calor* mas não fazia *frio* e todas as distâncias podiam ser cobertas pelo pensamento. *Pensamento este que moldava tudo* (VPB, p. 609, grifos nossos).

Trata-se exatamente da encenação do movimento inverso àquele das alminhas mergulhando do Poleiro das Almas em direção à reencarnação. A alma de Patrício – já treinada para tal exercício de regressão durante os doze dias do fechamento no interior da camarinha – meteu-se pelo funil de Amoreiras, ultrapassando desta vez a fronteira até alcançar, em plena consciência, o ponto de fusão alfa-ômega.[6]

---

[6] É a mesma plenitude que vive o protagonista de *Grande sertão: veredas*, na encruzilhada das Veredas Mortas, bem como sob o *canjoão* do Tamanduá-tão (Utéza, 1994, p. 230-234; 321-330).

E João Ubaldo aproveita para fornecer, se bem que numa fórmula bastante enigmática, uma nova chave para interpretarmos a dialética determinismo *versus* livre arbítrio, uma das questões filosóficas que se coloca repetidas vezes ao longo do romance:

> Pensamento este que moldava tudo, embora não como queria mas como devia ser, embora o que devia fosse o que quisesse, embora indo para onde queria, fosse para onde era necessário que fosse (VPB, p. 609).

A equivalência assinalada aqui entre o *querer* e o *dever* significa a adequação entre o desejo do indivíduo e a ordem natural. Este pensamento superior que *molda tudo* exprime a harmonia do Cosmos – a lei da *Diké*, se diria na Grécia, a via do Tao, no Oriente. Em osmose com ele, o pensamento de Patrício faz coincidir o seu "querer" particular com o "dever" universal. Tendo assim despojado o homem antigo, Patrício contempla o espetáculo que se lhe oferece com olhos de criança – isto é, com a consciência "desarmada", livre de todos os preconceitos socioculturais que a limitavam: "Me devolveram os olhos de menino e assim posso ser sábio" (VPB, p. 609).

O uso da primeira pessoa assinala a integração do próprio narrador na experiência vivida pela personagem, logo seguida da integração dos leitores bem como do escritor mesmo, acabando, num impulso voluntarista irreversível, todos confundidos com o protagonista dentro da matriz primordial:

> Me deram asas e assim posso navegar entre as estrelas e pressentir o Absoluto e ter Fé, *não só por dom como por conquista*. As almas, as almas, as almas! As almas! Eu! Nós! Todos! Eu! As almas! Nós e eu! As almas! A alma! (VPB, p. 610, grifo nosso).

Assim fica abolida a dicotomia entre sujeito e objeto. O mistério da desencarnação universal está encenado. O relato fica suspenso num clímax que, sobretudo pela conclusão a tal ponto rimbombante, situaremos nos confins do sublime e da paródia.

O regresso ao mundo de baixo realiza-se à meia-noite – ou seja, através da fronteira por onde o espaço-tempo sagrado cíclico coincide com a cronologia linear da condição humana. Enquanto balança o tempo no ponto de equilíbrio entre a noite e o dia, no espaço da camarinha, separado do mundo profano, assistimos literalmente à reencarnação do herói:

> Já quase meia-noite, na camarinha muito *escura*, Patrício Macário *levantou-se* e a primeira coisa que fez foi *inspirar tão longamente* que pensou não poder mais parar. (VPB, p. 610, grifos nossos)

Com uma inspiração física de amplitude extraordinária, é um recém-nascido que toma consciência do espaço-tempo humano. Naquele domingo, 23 de janeiro – curiosamente o dia do aniversário de João Ubaldo –, o general tornava a nascer sob os auspícios do seu duplo prenome: Patrício Macário, etimologicamente, "nobre e feliz pelo nascimento" – investido de uma nobreza de outro quilate, diferente daquela que podia decorrer do patrônimo nunca usado por ele, Nobre-Ferreira-Dutton, resultante de uma árvore genealógica falsificada.

Logo após a despedida da iniciadora, o narrador evoca o neófito empreendendo outra viagem terrestre, galopando de cabeça erguida e sem chapéu, num cavalo tão livre como o cavaleiro – *afrouxou a brida* – na fronteira da terra e da água, sob uma chuva de luz inundando a paisagem:

> Não podia mesmo haver lugar tão bonito quanto este, uma *infinitude alvinitente* encaixada na noite, o vento jogando ao espaço gotinhas d'água que pareciam misturar-se com as estrelas, *cintilando igual a elas* e colorindo tudo o que se via. (VPB, p. 611, grifos nossos)

A projeção da água do mar na luminosidade da noite conjuga o que está em cima com o que está embaixo, numa unidade paradoxal, em que o cavaleiro atua ao mesmo tempo como gerador e beneficiário.

Portador da conjunção dos contrários, o general aposentado dirige-se para a sua residência na cidade de Itaparica, onde já está a canastra da Irmandade, canastra de que será o guardião até a morte, no dia em que completa cem anos. Como Dadinha, porém de forma diferente, Patrício transmitira então ao povo brasileiro a totalidade do saber, sob as espécies da canastra em que guardou as suas memórias e que a terra traga, intacta, no momento apocalíptico em que o Espírito do Homem, vagando sobre as águas da Baía de Todos os Santos, pressagia um novo *Fiat Lux*, desta vez dependente de um demiurgo imanente, ligado à Humanidade, e não da divindade transcendente do Gênesis.

A intuição que se impôs a Patrício no decorrer do recital de piano de Madame Renard no Rio confirma-se no episódio que acabamos de analisar: a via de acesso ao conhecimento se encontrava efetivamente à disposição do protagonista na ilha de Itaparica, onde tudo tinha começado para ele durante uma noite de candomblé.

Naquela noite de 14 de junho de 1871, Zé Popó, seu companheiro de luta na guerra do Paraguai, serviu-lhe de guia na Capoeira do Tuntum, onde os negros celebravam os mistérios da espiritualidade nagô-yorubá. Identificado pelas entidades que se encarnavam ali por intermédio de seus cavalos, entre eles Rufina do Alto e Rita Popó, Patrício vivenciava uma primeira iluminação que sancionava a união espiritual e depois carnal – com Maria da Fé, que na altura dirigia a Irmandade do Povo Brasileiro.

Vinte e dois anos mais tarde, dentro da camarinha de Amoreiras, esta primeira iluminação completava-se numa experiência que a levava ao paroxismo. Sob a égide de Rita Popó, e pela virtude de um ritual específico, derivado dos rituais de iniciação nagô, o general conhecia um êxtase autêntico: remontava à Origem numa fusão mística que se repercutia até no narrador, no escritor e eventuais leitores capazes de identificar o que estava acontecendo. Patrício tornava-se assim o único personagem da ficção que, após ter recebido a unção aqui embaixo, na clareira da Capoeira do Tuntum, seria levado a se fundir na luz no próprio ponto donde ela emana, lá em cima, para enfim regressar e viver o resto da vida entre a sua gente. Nessas condições podemos também concluir que, no dia da sua morte, o Espírito do Homem que paira em cima do abismo líquido repercute a sensação de voo que, durante o recital de piano no Rio, motivara a decisão de voltar a Itaparica. E que, assim, ao morrer o general, a parcela do Espírito do Homem de que ele era portador, expandiu-se, condensando-se para finalmente vagar ali no céu, em sinal de esperança, ao passo que aqui na terra, um cataclismo sepultava o tesouro da canastra.

Além disso, conseguimos comprovar que, embora o narrador forneça efetivamente uma série de dados que autorizam a relacionar o episódio da camarinha com os rituais afro-brasileiros do candomblé, o que acontece ali não se limita apenas à espiritualidade africana. Rita Popó é com certeza um elo da cadeia ancestral tradicional, porém o comportamento da mãe de santo diferencia-se da estrita conformação com os rituais e preceitos que, como guia espiritual, ela teria que aplicar e perenizar. Quando terminou a sua estada junto a ela, Patrício não se tornou um iniciado com um papel preciso a cumprir dentro da organização do terreiro. Em Amoreiras, ele se beneficiou de um ensinamento e vivenciou uma iniciação diferente, na qual a espiritualidade africana serviu de ponto de partida e de suporte "regionalista", por assim dizer, abrindo-lhe o caminho em direção daquela Irmandade Universal cuja existência fica confirmada repetidas vezes pelas personagens-chave da ficção. João Ubaldo, que afirma não ter nenhuma informação sobre os cultos afro-brasileiros – a não ser as que lhe dava ocasionalmente um iniciado, amigo de infância –, utilizaria no entanto esta veia para integrar na criação literária perspectivas filosóficas que ultrapassam de longe o simples divertimento. Além da interrogação evidente sobre a identidade do povo brasileiro e a maneira como se escreve a História em benefício exclusivo dos donos do sistema econômico, *Viva o povo brasileiro* coloca questões essenciais sobre o homem e suas relações com o sagrado.

REFERÊNCIAS BIBLIOGRÁFICAS

AUGRAS, Monique. *Le double et la métamorphose*. Paris: Klincksieck, 1992.

BASTIDE, Roger. *O candomblé da Bahia*. São Paulo: Ed. Nacional/INL, 1978.

CACCIATORE, Olga Gudolle. *Dicionário de cultos afro-brasileiros*. Rio de Janeiro: Forense Universitária, 1977.

CHEVALIER, Jean; GHEERBRANT, Alain. *Dictionnaire des symboles*. Paris: Robert Laffont, 1982.

JUNG, C. Gustav. *Dialectique du moi et de l'inconscient*. Paris: Gallimard Folio, 1986.

MARQUES PEREIRA, Nuno. *Compêndio narrativo do peregrino da América*. Rio de Janeiro: Acad. Bras. de Letras, 1988.

MOTT, Luiz. "Santo António, o divino capitão-do-mato". In: REIS, João José e GOMES, Flávio dos Santos. *Liberdade por um fio*. São Paulo: Companhia das Letras, 1996.

UTÉZA, Francis. *JGR: Metafísica do grande sertão*. São Paulo: EDUSP, 1994.

UTÉZA, Francis. "João Ubaldo Ribeiro: *Viva o povo brasileiro* ou l'Esprit de la fraternité". *Quadrant*, Montpellier, Université Paul-Valéry, 1999.

ZIEGLER, Jean. *Les vivants et la mort*. Paris: Le Seuil, 1975.

POESIA ERÓTICA
NOS CADERNOS NEGROS

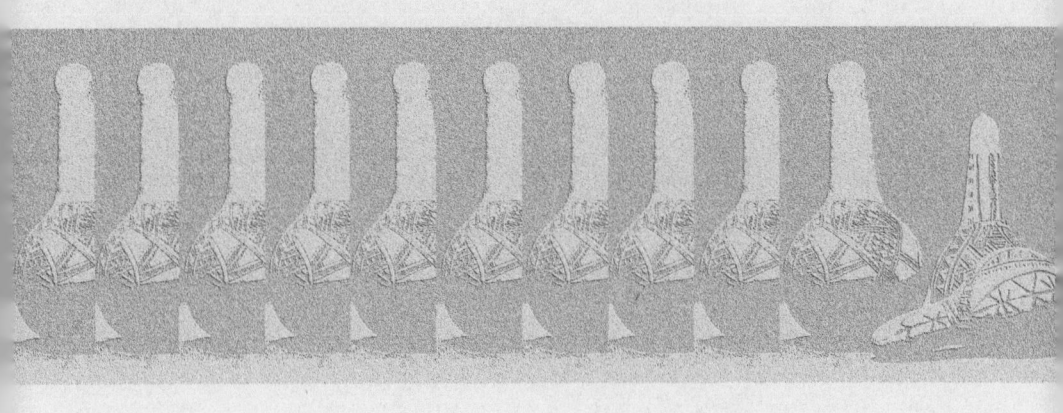

Luiz Silva (Cuti)

O erotismo está presente na literatura da Antiguidade até nossos dias. Sua manifestação se dá segundo determinado meio social concebe, de forma predominante, o corpo. Mesmo nos períodos de forte repressão, como a chamada Idade Média europeia, em que aprendemos ter sido de predomínio da igreja católica, houve significativa manifestação do erotismo. Por exemplo, as cantigas de escárnio e maldizer portuguesas são alguns testemunhos de transgressão do moralismo dominante naquele período.

Quando vemos que hoje o acesso a filmes, revistas, livros, utensílios e serviços sexuais é tão simples, mediatizado pelo dinheiro, podemos nos perguntar: o que resta à arte, em termos de abordagem do erotismo? Antes de nos aventurarmos pelos caminhos desta resposta, coloquemo-nos outra, mais precisa, ao que pretendemos tratar aqui: a poesia acompanhou tal disseminação informativa e excitante do sexo?

É preciso estabelecer que o erotismo é uma transgressão baseada no desejo impedido de encontrar sua satisfação.

> Esse desejo de se perder, que trabalha intimamente cada ser humano, difere entretanto do desejo de morrer na medida em que ele é ambíguo: trata-se, sem dúvida do desejo de morrer, mas é, ao mesmo tempo, o desejo de viver nos limites do possível e do impossível. (BATAILLE, 1987, p. 223)

O erotismo na Literatura Brasileira tomou as feições derivadas da "moral e bons costumes" do "faça o que eu digo mas não faça o que eu faço". Trafegou através dos quatro séculos passados com raras ousadias eróticas, a primeira com Gregório de Matos. Os autores que se aventuraram a tratar de sexo em poesia, quase sempre o fizeram às escondidas, apelando para pseudônimos. Suas obras foram relegadas ao plano da má ou subliteratura. Merecidamente? Apesar dos critérios de julgamento estarem comprometidos com a moral vigente, a circunstância de marginalidade temática e perseguição redundava em desleixo, usado até mesmo como disfarce de estilo, como é o caso do *Elixir do pajé*, de Bernardo Guimarães, o mesmo autor de *Escrava Isaura*.

A sociedade escravista tinha o homem branco como centro do poder e dono da moral. Senhor do corpo do escravizado, o patriarca esmerou-se em realizar uma imagem "para inglês ver" e outra para satisfazer-se. Do outro fez seu objeto, enquanto se defendia com moralismos, auxiliado pelo aparato religioso. Com a hipocrisia fundamentada, a pulsação erótica trabalhou no sentido de elaborar sua vingança. Realizou-se como sátira. Termos ligados ao sexo adquiriram significados fortemente agressivos que, até hoje, servem aos objetivos de uma sexualidade reprimida e por isso problemática. Mas, este não é um fenômeno apenas do Brasil. A Europa, de cuja literatura a brasileira era um ramo, soube reprimir historicamente o sexo e sua linguagem. Contudo, a produção transgressora foi grande.

O sensualismo dos nossos românticos e simbolistas, associado ao modo de ver a manifestação sexual como doença pelos escritores naturalistas, preparou o ambiente dos tempos modernos. Mas na produção erótica não houve grandes avanços poéticos na passagem para o século XX. As dificuldades de expressão permaneceram. Foi encontrada a forma da malandragem para permitir o trânsito da vertente erótica. *Macunaíma* é um exemplo. O uso de eufemismo como "brincar" e tantos outros, significando relação sexual, a figura jocosa do "herói sem nenhum caráter", como o apelidou o autor, e outras gingas deram o tom picaresco para a sexualidade. "Viver seria, assim, jogar, sinônimo de burlar". (Durigan, 1985, p. 79)

Falar de sexo será motivo para risos, reflexo da repressão. Ainda assim, por baixo do pano, muita coisa correu mais solta, como as *Cantáridas* (1933), poemas eróticos-satíricos produzidos pelos escritores capixabas Paulo Vellozo, Jayme Santos Neves e Guilherme Santos Neves, nos quais predominam o deboche e o homossexualismo. Só em 1985 estes poemas foram reunidos em livro.

As ditaduras Vargas (1937-1945) e a militar (1964-1984) reforçaram o moralismo no país e, ao mesmo tempo, as zonas de prostituição, aliás uma fórmula secularmente usada para manter o domínio masculino, livrando-o de seus principais pavores: a recusa feminina e o reconhecimento da maior capacidade orgástica das mulheres. Afinal, na prestação de serviço, prostituta não tem direito ao orgasmo.

Por outro lado, não é tradição dos movimentos revolucionários colocarem o sexo em suas propostas. Nisso se assemelham àqueles que combatem, mantendo-lhes os pressupostos moralistas. Os movimentos sociais contemporâneos, sendo setoriais, não encaram a vida como um todo integrado. Prevalece a visão de ser humano dividido entre o corpo e a alma (ou espírito). O primeiro, menos importante que o segundo, deve ser mantido sobre severo controle. O Movimento Negro segue o mesmo diapasão, desprezando a sexualidade enquanto tema, não a enxergando em sua análise do racismo, a não ser como denúncia à "exploração sexual da mulher negra". O puritanismo ainda permeia o discurso militante.

A poesia apresentada na série *Cadernos negros*, correndo à margem da poesia oficial branca, apresenta, em sua busca de unidade subjetiva, uma grande variedade formal e de conteúdo. Com relação a este último, o erotismo vem se destacando na poesia de alguns autores. Sendo Literatura Brasileira, sofre influência de condicionamentos gerais. Ainda há palavras proibidas de adentrar a poesia que, para alguns, constitui um verdadeiro santuário da linguagem, distante da fala cotidiana. As pesquisas dos poetas que se pretendem na vanguarda não fogem à regra. Velado, um peso de moralismo seleciona vocabulário e temas. Mas, como trafega na contramão, por essência, marginalização e opção dos autores, a poesia negra concebe certos referenciais distintos, dentre os quais se destacam a religião dos Orixás e a luta pela libertação originada nos quilombos. Assim, questões como o embate civilizatório (nele contida a diferença de concepções sobre o corpo) adentram o espaço poético pelo ângulo do erotismo:

> De quatro, Zeus figura
> em (ex)cultura nativa
> o(culto) orixá Exu
> vai comendo-lhe o cu
> (MÁRCIO BARBOSA - CN 13, p. 46)

Orixá mensageiro e princípio dinâmico que rege o universo, além de emblema da virilidade, Exu atua na poesia negra como impulso libertário. Ainda que a sombra do sadismo se insinue, dando à relação sexual seu tom combativo (afinal, sexo e violência é o que mais se propaga), é o prazer em sua dimensão maior o que pretendem os herdeiros (e desordeiros) dos escravos. A história e a dominação cotidiana marcaram o corpo como objeto de uso do branco. A via erótica da poesia negra atua no sentido da ruptura com essa continuidade e de outras formas de repressão física e psicológica. Na volúpia revela o seu poder de seduzir. Reconhecer nos órgãos genitais esta capacidade é redirecionar e reavaliar hábitos e costumes.

>TESÃO
>
>Teu falo é um facho
>Fascinante.
>Eu me encrespo
>Sempre...
>Teu Facho é um fato
>Irreversível!
>(REGINA HELENA DA SILVA AMARAL - CN 9, p. 32)

A liberalização sexual da linguagem situa o problema da distinção entre o erótico e o pornográfico. Os especialistas divergem neste ponto. Se para José Paulo Paes e Afrânio Coutinho o "valor artístico" é que traça a divisão, para autores como Maria Carneiro da Cunha isto não é tão simples.

> Tendo em vista que tudo é rentabilizado, torna-se difícil, a partir de critérios meramente estéticos, distinguir o que é produção pornográfica (ligada ao aspecto venal, por definição) e produção erótica. E se a primeira está fortemente impregnada pela ideologia conservadora, a segunda também dela não escapa. Ambas podem servir de veículo para reforçá-la. (CUNHA, 1987, p. 34)

O francês Boris Vian, partilhando da mesma opinião, recusava a admitir como erótica toda literatura ligada à violência sexual, sendo assim contrário às posições de George Bataille, que vê na violência o princípio básico do erotismo. A distinção complica-se um pouco mais quando consideramos a sensualidade, esta passagem do amor problemático – em que o sofrimento é o resultado do impedimento – para um amor erótico, prazeroso e integral. No poema que se segue:

EJACORAÇÃO

Quando tua ausência se multiplica em dias
eu me divido em saudades
consciente ou não
e de resto sobram poemas

quando a vida devolve oficialmente tua presença
o coração dá voltas
e dispara ejaculando promessas de amor
(Jamu Minka – CN 5, p. 32)

ao *ejacular* promessas de amor, este "coração" absorveu um atributo do órgão sexual masculino em sua expressão última do prazer. A carência termina, transformando-se em "promessas e amor". Esta relação entre os dois órgãos estreita-se em

LUZ NA URETRA

O coração na cabeça do pênis
  sístole e diástole sou-te
              na vagina
    e
    num vôo riacho
    espalho-me
    via láctea
    no teu
    infiníntimo.
(Cuti – CN 9, p. 120)

englobando o próprio sujeito enunciador num fluido astral em que o esperma se transforma (a Via Láctea), apontando para a dimensão totalizadora do sexo.

A questão do vocabulário, nesse estreitamento de sentidos, seria fundamental? "Mesmo no grupo artístico, podemos separar obras de conteúdo erótico sem o uso de palavras nem cenas que tornem visual o sentido erótico, mas que transudam erotismo ou sensualismo" (Coutinho, 1979). Se a palavra explícita pode estar ausente, sua importância é relativa. Ao compararmos os versos dos poemas de Roseli Nascimento e Sônia Fátima da Conceição,

Dois corpos
(em chamas)
Fez-se a nudez

Ávidos
À
Vida

Em um mergulho
Solar
(Roseli Nascimento – CN 15, p. 76)

A lembrança é concreta
Teu hálito roça-me a face
      O desejo
      afasta
      o ridículo
No suor o visco
    do esperma
Na boca o gosto
    do falo
      Indecentes
      Tuas mãos
      Tateiam meu corpo
o orgasmo varre
valores, pecados
      Te amo.
(Sônia Fátima da Conceição – CN 17, p. 72)

podemos perceber a dimensão idealizada que os conduz. Porém, o segundo, ainda que tenha como título e final a declaração de amor que a lembrança desencadeia, contém os elementos explícitos do envolvimento sexual, dando-lhe a carga de concretude do encontro integral dos seres, incluindo aí a falência do pecado diante do orgasmo. E o que garante isso é o uso do vocabulário. Mas, se falamos de concretude erótica, sua realização se dá mais no movimento de aproximação com o ato sexual em si, como no poema de De Paula:

ICE-DREAM

Teus lábios... framboesa.
Meu sorvete... chocolate.
Você chupa...
A gente se aquece, se funde...
O gelo derrete...

> Você amolece,
> Eu me enrijeço.
>
> Teus lábios... morango.
> Minha cobertura... caramelo.
> Arfando... gemendo,
> Meu creme transborda,
> Em jorros de emoção,
> Prazer... e alimento.
> (DE PAULA, W.J. – CN 7, p. 40)

Oscar Gama Filho, na apresentação das citadas *Cantáridas*, assinala que naquela obra a riqueza de sinônimo é proporcional à repressão. No citado poema de De Paula, para a metáfora do título o autor fez questão de indicar, na publicação, tratar-se de "dream mesmo, sonho", pois reserva para o corpo do texto o uso de expressões comestíveis que, além de projetar o significado gustativo no ato sexual, situa-o como "alimento" no sentido espiritual, pois se trata de "jorros de emoção". Esta burla dirige-se ao sentido integral do humano, rompendo com a visão parcial, reducionista. A felação, ato de prazer, firma a posição transgressora do erotismo enquanto resultado da cultura em face dos fins procriatórios da natureza. Sem a utilização do vocabulário específico, integra o sensual e afetivo. Fica patente que a questão não é apenas de uso da palavra proibida, mas da concepção de sexo que o texto veicula. A mesma coisa se dá com expressões da cultura afro-brasileira. Elas podem ser utilizadas literariamente para estereotipar os próprios descendentes de africanos no Brasil.

Quando se discute a legitimidade da expressão *Poesia negra*, tem-se costumeiramente apontado para aspectos relacionados ao combate contra o racismo e a miséria. Esquece-se, contudo, que miséria significa também ausência de prazer, incluindo aqui o sexual. A relação amor/morte, refletida na produção que insiste em relacionar sexo com violência, originária da antiga Roma, vai encontrar certa oposição por parte destes poetas. Assim, mesmo quando diante dos aspectos descritivos do ato erótico, haverá esse dado do encontro total:

> TEMPOS DE AMOR
>
> 1) A boca em molhado círculo
>   envolvendo a pica
>   ou beijando com suavidade imensa
>   a suada virilha

2) A língua tesa enfiada
   na bunda
   ou buscando em dança perfeita
   da buceta o salino sabor

3) Em dois tempos o desejo inunda
   corpos marrons em marés de amor
   (Márcio Barbosa – CN 13, p. 43)

Os "corpos marrons em marés de amor" remetem à imensidão oceânica a partir da melanina, recuperando, após a fotografia dos atos constitutivos de uma relação (e não de um coito), o sentido da integração cósmica. Neste aspecto, há que se atentar também para a realização rítmica da poesia, além das referências culturais da cultura negra. Afinal, o fluxo do sexo tem seu ritmo.

⤴
o o
✞

você entra...
você sai...
eu sus... eu sus...
você vem...
você vai...
eu piro... piro...
você faz tudo
você entra...
você sai...
eu hummm... hummpmmh
você vem...
você sai...
eu deixo
você vem... você entra... você sai...
eu deixo
você entra... você vem... fundo fundo
eu fecho
você jazz.
(Marise Tietra – CN 5, p. 59)

Com habilidade, a poeta faz o ritmo revelar a sua dimensão musical. Ao dar o fecho ao poema com o verso "você jazz", ressalta a sua referência cultural, recuperando o significado erótico atribuído à origem da palavra "jazz" (pênis). Por outro lado, o verbo jazer (permanecer deitado como morto) teve sua estrutura significativa alterada por um "z" a mais. Seu sentido ganhou o intenso movimento musical do improviso. Outros recursos sonoros serão utilizados para aproximar a palavra do movimento sensual.

> MAR GLU-GLU
>
> bunda que mexe remexe e me leva
> num belo novelo de apelo e chamego
>
> me pego a pensar que essa vida
> precisa envolver como tu
> nesse dengo gostoso que nina e mastiga
> meu olho que vai atrás
> sonho carnudo embalando as ondas ou dunas colinas montanhas
>   veludomoventes do caminhar
> balanço de exuberância a marolar a distância...
>
> a bunda é mergulho e murmúrio no mar glu-glu
> a forma do espaço repleto e nu.
> (Cuti - CN 7, p. 34)

O uso das nasais "n" e "m", associado à acentuação das palavras, busca traduzir o fluxo do caminhar. A mensagem dirige-se à zona erótica da estética brasileira proveniente de um povo africano (os Bundas), cuja saliência do traseiro era destacada e apreciada como fator de beleza. O voyeurismo (excitação pela ação de olhar zonas erógenas) do poema traduz um dos hábitos mais frequentes do cotidiano e se contrapõe também à exploração dos estereótipos. O racismo, baseado nas características do branco, inverteu os valores africanos. Quem tem nádegas proeminentes, apesar da admiração, passa a ser rotulado pejorativamente, em flagrante despeito. Haja vista que hoje existem no mercado calcinhas com enchimento traseiro.

A família, a escola e a religião têm muita dificuldade para trabalhar com a questão do erotismo. O tom repressor que norteia estas instituições faz da linguagem relacionada ao sexo algo pesado, científico, assustador. O poeta sabe disso. Absorve em seu trabalho, numa postura antropofágica, o abrigo familiar, revelando, com certa ironia, seu erotismo camuflado:

> VISITA
>
> Gosto de morar em você
> De me ter entre suas negras colunas.

Gosto de me ter em você,
Escancarando essa porta hospitaleira,
Passeando, perdido, pelo corredor...
Insano, feliz
Entrando e saindo...
Saindo e entrando, sem destino...
Suando, umedecendo, molhando...
Até me derramar em contentamento
No mais íntimo dos seus aposentos.

Adoro morar em você, meu lar.
(Rio de Janeiro 1983)
(DE PAULA, W. J. - CN 7, p. 42)

Em outro momento dos *Cadernos*, a alusão institucional ganha caráter de reversão radical dos valores. A paródia à oração atua no sentido de liberar o impulso erótico:

O PRAZER NOSSO

Amada minha que estais no cio; cultuado seja o vosso corpo; venha o prazer ao nosso leito; sejam saciadas nossas vontades, sem tabeliães e sem véus.

Um amor pleno de poesias gozai hoje; desfrutaremos nossas querenças; um minuto sequer não percamos, discutindo leis que nos têm reprimido. Vamos copular com emoção, porque amar nunca fez mal... Axé!
(OUBI INAÊ KIBUKO - CN 11, p. 63)

Ao finalizar com a expressão "Axé", o poeta deixa transparecer o embate entre culturas. Seu referencial constitui uma teogonia diferenciada. Os Orixás, sabe-se, não são assexuados, fenômeno que ocorreu com as entidades da igreja católica, em que

os desejos da carne passam a ser vistos como uma doença da alma que é preciso extirpar para salvá-la da danação. Daí que, em vez do domínio de si, o Cristianismo recomenda aos fiéis a renúncia de si, a abdicação dos desejos em nome de uma pureza cujo modelo é a virgindade. Sob a égide do mito da Virgem procriadora, mas de todo dessexualizada, a carnalidade feminina é desterrada para a ordem do demoníaco. (PAES, 1990, p. 18)

Assim, ao fazer uso de certos elementos religiosos, os poetas traçam a reversão dos significados:

POEMA DA COMUNHÃO DA CARNE

Querer-te como rima preciosa uma pedra esculpida
um ritual de amor
e arte em negrura colorida. Sim
querer-te o corpo como um templo
e cultuar-te - assim sagrada -
a salgada e rubra hóstia da vagina
(Márcio Barbosa - CN 11, p. 45)

Nessa mesma linha religiosa, demarcando seu território referencial segue

GEOMETRIA BIDIMENSIONAL

Confluência das coxas
Encontro pleno da geometria
Há um triângulo isóscele
    triângulo isóscele
Triângulo isóscele pede
    isóscele padê

        pode
pede   ↓   posse
     (padê)
(Miriam Alves - CN 17, p. 50)

Da figura geométrica ao padê (ritual com oferenda a Exu), a hesitação encontra o sagrado e o impulso erótico, a permissão (pode posse). O fonema "p", detona o som da encruzilhada.

Observa-se nas poetas negras uma maior aproximação ritual com a poesia e, consequentemente, a tendência a não distanciar a sexualidade do todo. "Na mulher esta exigência de separação de especificidade é muito menor. Afeto, ternura, emotividade e erotismo caminham juntos" (Alberoni, 1988, p. 201). Podemos juntar aí a religiosidade. Entretanto, a cultura e a comunidade afro-brasileira, sendo essencialmente matriarcal, impõe sua resistência ao machismo. Não há limites sexuais rígidos para o desenvolvimento de uma pessoa no Candomblé, baseados na predominância do macho. O mensageiro dos Orixás não é privilégio dos homens. Quando lemos:

EXU

Lábios vermelhos

> Muito vermelhos
> Acesos e acesos e haciendo-me entrar
> – vem vem me ver por dentro
> E eu vou à fenda – acesso labiríntico a chamar
> A brasa - chama rubra e corpo negro
> (Abílio Ferreira - CN 13, p. 63)

é na mulher que a entidade se manifesta (inclusive em cores: vermelhos os lábios e negro o corpo), uma projeção que libera o desejo masculino. Também poder-se-ia aventar a hipótese de reminiscência do mito da mulher possuída pelo fogo infernal e o homem como vítima da sedução. Mas o texto está isento de conotações proibitivas ou de culpabilidade. Além do mais, a figura de Exu no título desautorizaria tal interpretação.

O aprofundamento de uma consciência negra no Brasil pressupõe uma concepção do corpo distanciada da divisão do ser. A poesia negra contemporânea elabora, dentre outras coisas, esta possibilidade. Sabe-se que as pressões hipócritas contra a sexualidade existem, confundindo-a com prostituição. Robert Darton, discutindo a pornografia do século XVIII, na França, alerta:

> Se a pornografia é um gênero, ela é um gênero tão misturado, que qualquer tentativa de definir o gênero 'puro' deve necessariamente falhar. Suas impurezas forneciam justamente os elementos que tornavam o sexo tão bom para pensar. (Darton, 1995, p. 5-7)

Ainda que os desvios comerciais se processem, a hipocrisia é a pior solução. A espécie humana é sexuada e todos os aparatos que nos impeçam de sociabilizar o instinto caem por terra. E no erotismo fica evidente a fragilidade humana e sua grandeza:

> ÍNTIMO VÉU
>
> Arregaço o ventre
> corcoveio no ar
> gemo
> Você?
> Tira o meu último véu.
> (Miriam Alves – CN 9, p. 43)

Os múltiplos véus que compõem o mascaramento social são historicamente ameaçados pela poesia. Ao manipular a palavra, o poeta reconstrói as relações, reorganiza as noções desencontradas, permitindo-se a abrangência das forças que entram na relação entre as pessoas. Reconhece que, onde tanto drama se faz, é possível sorrir e gozar.

> SAFARI
>
> Aquela tigresa é tanta
> que me almoça e janta
> faço de conta que a sala é ponto
> na geografia da África
> e o tapete vira suave savana ao entardecer
> quando a pele da noite vem camuflar
> nosso safari safado.
> (JAMU MINKA – CN 7, p. 66)

O sentido erótico da expressão comer e seus sinônimos, mesmo sendo milenar, traz na *Poesia negra*, como bem exemplifica este "Safari", a procura de satisfação para a fome íntima de identidade, com a "geografia da África", as "savanas" e a "pele da noite".

Esta pequena amostragem da poesia publicada na série *Cadernos negros*, criada em 1978, e desde 1985 sob a responsabilidade do Quilombhoje-Literatura, dá conta do quanto se tem feito e do quanto há para se revelar de nossos poetas. Se o moralismo propõe más influências deste veio erótico da *Poesia negra*, lembremos que a literatura não foi feita para substituir a realidade, mas para realçá-la em seus momentos significativos. Se a leitura de poemas trágicos não leva ninguém à tragédia, o erotismo poético não terá também o poder mobilizador de arrastar quem quer que seja para perdições imorais. Mas libertar de preconceitos, certamente! E, sobretudo, liberar nas palavras o erotismo e a sensualidade tolhidos pela escravidão e o racismo.

REFERÊNCIAS BIBLIOGRÁFICAS

ALBERONI, Francesco. *O erotismo*. Rio de Janeiro: Rocco, 1988.

BATAILLE, Georges. *O erotismo*. Porto Alegre: L&PM, 1987.

CADERNOS NEGROS. São Paulo: Quilombhoje, 1985-1997.

COUTINHO, Afrânio. *O erotismo na literatura*: o caso Rubem Fonseca. Rio de Janeiro : Cátedra, 1979.

CUNHA, Maria Carneiro da. "Os espelhos de Eros". *Leia*, março, p. 34, 1987.

DARTON, Robert. "Inferno da Biblioteca em Paris". *Mais!* Folha de São Paulo, 9/7/1995, p. 5-7.

DURIGAN, Jesus Antônio. *Erotismo e literatura*. São Paulo: Ática, 1985.

GAMA FILHO, Oscar. "Histórias fesceninas e poemas cantáridos" In: Vellozo, Paulo et al. *Cantáridas e outros poemas fesceninos*. São Paulo: Max Limonad, 1985.

PAES, José Paulo. "Erotismo e poesia: dos gregos aos surrealistas" In: *Poesia erótica em tradução,* seleção e tradução de José Paulo Paes. São Paulo: Companhia das Letras, 1990.

OBSERVAÇÃO PARTICIPANTE
E ESCRITA ETNOGRÁFICA

Vagner Gonçalves da Silva

O trabalho de campo, processo através do qual o antropólogo observa de perto a comunidade pesquisada para interpretá-la, desempenha um papel fundamental na definição da antropologia como ciência da alteridade ou da crítica cultural. Neste artigo proponho analisar alguns aspectos do trabalho de campo, enfocando principalmente a relação observador-observado tal como esta se apresenta nos depoimentos dos antropólogos e das pessoas por estes entrevistadas.[1] Procuro, ainda, analisar alguns impasses na passagem do trabalho de campo para o texto etnográfico. O campo empírico de referência para a discussão proposta é o das comunidades religiosas afro-brasileiras, em particular as de candomblé, cujos estudos, além de marcar uma vertente inaugural da antropologia brasileira, têm colocado certas questões relevantes, como os limites entre observação e participação e os múltiplos significados que as etnografias dessa área vêm estabelecendo na legitimação ou transformação das tradições religiosas, em consequência do contato e alianças existentes entre o universo da academia e dos terreiros.

Rituais de delicadeza

Costumamos pensar na observação participante basicamente como uma técnica ou um procedimento realizado *pelo* antropólogo

---

[1] O presente texto é uma versão modificada de partes de minha tese de doutoramento intitulada *O antropólogo e sua magia: trabalho de campo e texto etnográfico nas pesquisas antropológicas sobre as religiões afro-brasileiras*, defendida na Universidade de São Paulo em 1998. Para realização desta pesquisa contei com o apoio do Conselho Nacional de Desenvolvimento Científico (CNPq), entre 1993 e 1996.

para conhecer a comunidade que estuda. Entretanto, não é apenas ele que procura familiarizar-se com o universo cultural do grupo no qual se insere. O grupo também mobiliza seu sistema de classificação para tornar aquele que inicialmente era um "estrangeiro" em uma "pessoa de dentro", isto é, um sujeito socialmente reconhecido.

Este processo de mútuo reconhecimento entre antropólogo e grupo investigado ocorre em todas as pesquisas nas quais a observação participante é uma exigência para a produção do conhecimento, porém tende a variar de acordo com certas especificidades. No caso das pesquisas em comunidades religiosas afro-brasileiras, o incentivo para que o antropólogo se torne um membro do grupo, atuando nos quadros organizacionais e religiosos dos terreiros, tem sido frequente desde os primeiros trabalhos de campo nessa área. Acredito que uma reflexão sobre a observação participante neste contexto nos ajuda a entender tanto certas características destas religiões como da técnica de observação antropológica.

Nas religiões afro-brasileiras a principal forma de atração de novos adeptos é propiciar canais participativos para que as pessoas incorporem em si mesmas os valores religiosos através da experiência empírica nesse universo. Para os adeptos, a religião dificilmente se "revela" aos olhos de quem não a experimenta. Aos olhos do grupo religioso, o antropólogo deve, portanto, "participar" do sistema religioso para poder "entender" os significados da religião.

Uma das formas comuns e iniciais de aproximação entre o antropólogo e o grupo e de experimentação da religião é a consulta ao sistema oracular, como o jogo de búzios, que é, aliás, um dos principais canais de relacionamento no candomblé do pai de santo com o público. Muitos antropólogos estabeleceram os primeiros contatos com os pais de santo através deste recurso. O jogo de búzios é importante para os grupos na medida em que, através dele, pode legitimar-se, ou não, a participação do pesquisador no terreiro. Os pais de santo, consultando os búzios, sabem, segundo dizem, se as intenções dos pesquisadores são "boas" ou não, ou se estes têm "merecimento espiritual" para obter detalhes sobre a religião. O resultado do jogo de búzios pode estabelecer, portanto, para o antropólogo, condições propícias ou não de observação. Uma antropóloga narrou que os oráculos foram acionados no terreiro em que pesquisava para restringir a participação de uma outra pesquisadora que não obteve a simpatia e a confiança do grupo (SILVA,1998).

Através do jogo de búzios o pai de santo também procura descobrir o "santo protetor" do antropólogo, enquadrando-o no sistema de compreensão da religião, em que os modelos de relacionamentos entre as pessoas são pautados pelos atributos míticos de suas divindades protetoras. E nesse caso, atribuir uma identidade religiosa ao pesquisador é uma forma de torná-lo uma pessoa "reconhecível" nos termos do grupo. Alem disso, o jogo de búzios permite ao pai de santo abrir um canal de familiaridade com o antropólogo, conhecendo-o melhor e adquirindo um certo domínio sobre as dimensões de sua vida pública ou privada.

Para muitos pesquisadores, a consulta ao jogo de búzios pode satisfazer, também, uma curiosidade pessoal, dando-lhes uma interpretação mística de suas vidas ou abrindo-lhes a possibilidade de se guiarem por interferências de outra ordem na resolução de problemas, realização de escolhas etc.

Como o oráculo do jogo de búzios frequentemente prescreve a realização de rituais (chamados de trabalhos, despachos, ebós, etutus, sacudimentos ou serviços) para a resolução de problemas, o antropólogo que o consulta inevitavelmente acaba se submetendo a essas formas participativas do culto que incluem banhos de ervas e limpeza espiritual do corpo através da oferenda de alimentos e sacrifícios de animais, além de outras coisas. Em muitos casos, o jogo de búzios recomenda, ainda, a realização dos ritos preliminares da iniciação, como o bori ou as obrigações feitas para o orixá atribuído ao pesquisador.

A convivência no terreiro obriga ainda o antropólogo a se submeter a rituais prescritos para todos os frequentadores da casa. Esses rituais visam, entre outras coisas, estabelecer ou reforçar os vínculos que unem e identificam o grupo a partir de uma visão de mundo compartilhada tanto no nível coletivo como pessoal. O antropólogo, ao participar de vários rituais, vê-se, portanto, na obrigação de cumprir os preceitos a eles associados, que incluem regras como: não ingerir bebida alcoólica ou não manter relações sexuais num certo período anterior à sua realização.

A maioria dos pais de santo procura estimular a participação do antropólogo na vida religiosa do terreiro tendo por objetivo a sua iniciação, já que esta é a única forma legítima de ingresso na religião e de acesso a dimensões mais particulares do culto. Através da iniciação a pessoa rompe com a vida anterior e adquire um novo status perante o grupo, pois se torna membro de uma família de santo com a qual manterá laços de "parentesco mítico" e reciprocidade. Nos apelos de conversão feitos ao antropólogo há, porém, certas especificidades. No candomblé, por exemplo, existe uma distinção entre as pessoas que potencialmente entram em transe – devendo ser iniciadas na condição de iaô – e as que não têm essa potencialidade – devendo ser iniciadas como ogãs (quando homens) ou equedes (quando mulheres). Ogãs e equedes, devido à sua condição especial, muito valorizada no culto, ao se iniciarem adquirem automaticamente o status de ebomi (mais velho). Considerados como "pais" ou "mães", ogãs e equedes podem ocupar cargos de destaque no grupo, exercendo funções essenciais ao culto. Na maioria das vezes é na categoria de ogã e de equede que os antropólogos e as antropólogas, respectivamente, são indicados, compatibilizando assim o prestígio que os terreiros atribuem a eles dentro e fora do sistema religioso. Além disso, "rodar no santo" (entrar em transe) em muitas comunidades religiosas não é permitido aos homens ou é visto com certas reservas. E os religiosos reconhecem que os intelectuais dificilmente poderiam ser iniciados como "rodantes" pela dificuldade que teriam de experimentar o transe.

Os terreiros procuram entronizar em seus postos de ogãs, além das pessoas provenientes do próprio meio religioso, os intelectuais e representantes das classes mais privilegiadas que, de algum modo, possam fornecer proteção, prestígio e apoio financeiro às atividades da casa. O convite aos antropólogos para que ocupem estes postos também se faz como uma extensão desta política de alianças. Não é por acaso que uma parcela muito grande de pesquisadores do candomblé se tornou ogã. Apenas para citar alguns exemplos: Nina Rodrigues foi feita ogã de Oxalá por mãe Pulquéria do terreiro do Gantois (LIMA,1984, p. 7), onde Manuel Querino também teria ocupado cargo de ogã. Nos anos 30, ainda neste terreiro, médicos e etnógrafos como Artur Ramos, Hosannah de Oliveira e Estácio de Lima foram iniciados nessa condição (RAMOS, 1940, p. 70; LANDES, 1967, p. 83). Édison Carneiro foi convidado para ser ogã no Axé Opô Afonjá de mãe Aninha (LANDES, 1967, p. 42), no Engenho Velho e no terreiro de pai Procópio, embora não se tenha confirmado em nenhum deles (LANDES, 1967, p. 162). Neste último terreiro, Donald Pierson foi feito ogã (PIERSON, 1967, p. 317 e 1987, p. 39). No Axé Opô Afonjá, com a criação em 1937 dos Obás de Xangô (postos de honra), muitos intelectuais, artistas e pesquisadores vêm ingressando nesta comunidade via estes e outros cargos, como Pierre Verger, Vivaldo da Costa Lima, Jorge Amado e Carybé, entre outros. Neste terreiro também Roger Bastide teria tido seu santo assentado.

Para o antropólogo, tornar-se ogã também é uma forma de garantir sua participação nas esferas de poder e conhecimento do terreiro. Alguns pesquisadores que aceitaram a indicação para ogã e depois se submeteram à iniciação, o fizeram explicitamente para "fins de pesquisa", isto é, para ter acesso a rituais privados, como declarou Artur Ramos (1940, p. 70).

Por outro lado, a indicação para ogã ou equede, sendo vista como uma grande honra para quem a recebe, faz com que o pesquisador a aceite mesmo que não pretenda se iniciar, tirar dela um proveito imediato para a pesquisa ou já tenha sido indicado em outras casas, pois recusá-la seria considerado uma ofensa muito grande, uma incompreensão das regras da etiqueta ritual altamente valorizadas no candomblé.

Tornar-se nativo

Para compreender melhor por que um grande número de antropólogos que estudam diversas modalidades de religiões afro-brasileiras acabam participando de alguma forma de inserção religiosa, incluindo a iniciação, é necessário considerar os vários significados atribuídos pelos próprios antropólogos a sua participação religiosa no grupo. Neste sentido, as experiências de inserção de autores tidos como clássicos no estudo do candomblé, como Roger Bastide e Pierre Verger, são modelares.

Nas pesquisas anteriores aos anos 40, a iniciação do antropólogo era justificada principalmente em termos das necessidades "técnicas" da pesquisa de campo, ficando o autor relativamente preservado de refletir sobre os significados de sua conversão e participação no culto.[2] A partir dos trabalhos de Roger Bastide, a imersão do pesquisador passou a ser enfatizada de modo muito mais explícito, assumindo, inclusive, um valor heurístico importante para a produção do conhecimento sobre as religiões afro-brasileiras.

---

[2] A discriminação social das religiões afro-brasileiras, que até esse período ainda era muito forte, contribuiu para que os pesquisadores tivessem certas reservas em enfatizar publicamente o seu grau de inserção no culto.

Roger Bastide, embora não tenha realizado intensas e prolongadas pesquisas de campo,[3] desde sua viagem à Bahia, descrita em *Imagens do nordeste místico em branco e preto* (1945), mostrou-se profundamente seduzido pelo mundo dos terreiros. Essa sedução levou-o a defender uma metodologia de trabalho de campo na qual o pesquisador deveria não se colocar do lado de fora da experiência social de seus pesquisados, mas vivê-la como se fosse sua. E no contexto dessa experiência social a iniciação ocupava um lugar de destaque.

A observação participante defendida por Roger Bastide, se comparada com a de Malinowski, previa uma empatia muito maior do pesquisador com o mundo do seu pesquisado, quase que uma transferência psicanalítica, através do questionamento da própria personalidade do pesquisador e de seus fundamentos culturais.

Trajetória semelhante à de Roger Bastide trilhou Pierre Verger, que chegou ao Brasil em 1946 e, sob a indicação de Bastide, entrou em contato com os terreiros mais famosos da Bahia. Sua identificação com esse universo foi tão intensa que ele fixou residência em Salvador, onde morou até sua morte, em 1996. Verger iniciou sua carreira como fotógrafo e por ter grande inclinação para as viagens tornou-se colaborador do Museu de Etnografia de Trocadero (atual Museu do Homem), onde fez contato com alguns importantes antropólogos, como Marcel Griaule, Michel Leiris e Alfred Métraux. Seu interesse pelo candomblé, em especial de origem iorubá, fez com que reunisse um farto material etnográfico, principalmente fotográfico, resultado de suas constantes idas e vindas à África. Em 1954 publicou *Diex d'Afrique* e três anos depois o *Notes sur le culte des orishá et vaudou à Bahia, la Baie de Tous les Saints au Brésil et à l'ancienne Côte des Esclaves*. Na década de 60, sua aproximação com a academia francesa se tornou mais intensa. Entrou para o *Centre National de la Recherche Scientifique* na França e defendeu na Sorbonne uma tese sobre o tráfico de escravos do Golfo de Benin para a Bahia, obtendo o título de doutor em estudos africanos. Em 1981 publicou *Orixás*, seu livro mais conhecido, no qual

---

[3] O contrato de trabalho de Roger Bastide com a Universidade de São Paulo, assim como o de outros professores estrangeiros, impedia-o de se ausentar por longos períodos para realizar pesquisas pessoais. Em *O candomblé da Bahia*, Bastide menciona os locais e períodos em que realizou suas pesquisas de campo: "*Bahia e Recife (dezembro-fevereiro de 1944); em Porto Alegre (julho de 1945); na Bahia (dezembro-fevereiro, 1949); Bahia e São Luís do Maranhão (jullho-agosto de 1951)*" (BASTIDE, 1978, p.16). Como se percebe, esses períodos são os de férias escolares.

divulgou em português os principais resultados de suas observações etnográficas sobre a religião dos orixás na Bahia e na África.

Ao contrário de Bastide, a atuação de Pierre Verger no campo institucional acadêmico foi muito reduzida, inclusive pela aversão que demonstrava ao diálogo com os intelectuais. Sem a preocupação em travar um diálogo teórico-acadêmico, Pierre Verger tornou-se um incansável pesquisador de campo em busca de detalhes cada vez maiores para compor suas minuciosas etnografias. Nessa busca, sua iniciação foi importante para garantir o convívio tanto nos terreiros da Bahia como nos egbés (sociedades de culto aos orixás) africanos. Além de ter sido entronizado no cargo de "oju obá" ("o olho do rei") no Opô Afonjá e ter sido indicado para ogã na Casa Branca do Engenho Velho, iniciou-se para o cargo de "babalaô" (adivinho) na África, recebendo o nome de "Fatumbi", com que muitas vezes assinava seus livros.

Pierre Verger, sempre que perguntado sobre os motivos que o levaram à iniciação na religião dos orixás, procurou desvinculá-la de suas pesquisas, embora admitisse que sem este tipo de inserção religiosa dificilmente teria tido acesso ao conhecimento revelado em suas etnografias.

A maneira como Verger observou e participou desta religião fez com que, no seu caso, o próprio termo observação participante parecesse "técnico" demais e pouco condizente com o tipo de inserção que ele defendia para se fazer um trabalho de campo nessa área. Como disse Bastide no prefácio do livro *Dieux d'Afrique*:

> Os sociólogos norte-americanos inventaram um termo para designar uma técnica de pesquisa, que consiste justamente em identificar-se ao meio que se estuda. É a observação participante. Mas Pierre Verger é mais que um observador participante, porque a palavra "observador" esboça, de qualquer modo, uma certa barreira, e desdobra o etnógrafo de modo muito desagradável, em "homem de fora" e "homem de dentro" O conhecimento em Pierre Verger é fruto do amor e da comunhão (BASTIDE apud VERGER, 1995[1954], p. 11).

Depois de Roger Bastide e Pierre Verger, as fronteiras entre observação e "comunhão" revelaram-se muito tênues e "tornar-se nativo" virou uma palavra de ordem para a várias gerações de antropólogos que pesquisaram o candomblé e as religiões afro-brasileiras em geral, a partir dos anos 70, quando inclusive estas religiões já desfrutavam de uma aceitação social muito maior com a divulgação de seus valores nos meios artísticos e intelectuais.

Com a publicação de *Os nagô e a morte*, livro de Juana Elbein dos Santos apresentado como tese de doutorado em etnologia na Sorbonne, pela primeira vez, numa etnografia acadêmica, defendeu-se a iniciação do pesquisador como um princípio metodológico legitimador da observação participante (SANTOS, 1977, p. 17-8). A importância que a iniciação do antropólogo assumiu neste contexto pode ser medida pela forma como ela, por si só, forneceu um critério de legitimação dos resultados da pesquisa realizada. Em os *Os nagô e a morte*, por exemplo, a iniciação do autor torna-se um meio de aferição da confiabilidade dos dados apresentados em sua etnografia (SANTOS, 1977, p. 23).

Qual a natureza deste envolvimento dos antropólogos com a religião e em que sentido a identificação subjetiva com os valores deste universo afetam as relações de pesquisa?

O que fé quer dizer?

Se a iniciação dos antropólogos nas religiões afro-brasileiras é um recurso frequente de aproximação aos valores do grupo, a forma como os próprios antropólogos se posicionam, em seus discursos, frente às crenças que compartilham com os membros dos terreiros, revela os limites e a complexidade desse jogo de aproximação e distanciamento existente entre eles.

Para alguns antropólogos, a inserção na religião possibilitou experimentar subjetivamente alguns significados presentes nos discursos dos religiosos, como a crença na existência metafísica dos orixás e na interferência destes nos desígnios humanos. Nesses casos, o antropólogo entende sua presença na religião também em termos de uma "conversão íntima".

A maioria dos antropólogos, entretanto, avalia de forma ambígua os aspectos subjetivos que atuam no seu envolvimento com a religião. Essa ambiguidade pode levá-los a experimentar no trabalho de campo uma situação de conflito entre éticas religiosas diversas (como teria ocorrido com ROGER BASTIDE, segundo QUEIROZ, 1983), ou de aceitação dos valores da religião sem uma adesão subjetiva a eles. Pierre Verger, sempre que indagado, colocava-se como um agnóstico em relação às crenças do sistema religioso que pesquisou e no qual foi iniciado (VERGER, 1991, p. 10).

Por outro lado, a posição ambígua do antropólogo em relação à natureza de sua crença e à sua presença na religião podem também ser entendidas pelo fato de, nas religiões afro-brasileiras, não se exigirem provas de uma conversão internalizada ou mesmo uma exclusividade de opção religiosa. Principalmente nas categorias de ogã e equede, que não prescrevem a necessidade do transe, e para as quais os antropólogos geralmente são requisitados, a crença íntima raramente é questionada.

Além disso, os pesquisadores que optam pela iniciação religiosa encontram, na religião, possibilidades de construir outras identidades para si mesmos, além daquelas que lhes são atribuídas fora do universo religioso. Muitos pesquisadores que, frequentemente, se filiam aos terreiros, aderem muito mais a um estilo de vida e a um grupo de referência afetiva do que à religião propriamente dita. Pode-se dizer, nestes casos, que o pesquisador se filia ao "sagrado social" extremamente visível nos terreiros.

É possível, portanto, viver (n)as religiões afro-brasileiras de múltiplas maneiras, e "acreditar" nem sempre é o único verbo que os adeptos pedem a nós, antropólogos, para conjugar quando nos falam e nos convidam a penetrar nos espaços mais sagrados e íntimos do culto. Outros verbos como gostar, querer, desejar e aprovar podem ainda compor a semântica deste diálogo e desta participação.

Antropólogos na encruzilhada

Para os religiosos cujos terreiros já foram pesquisados, a iniciação do antropólogo é vista como uma estratégia de alianças e reciprocidades a princípio benéficas para pesquisadores e pesquisados.

Se por um lado a iniciação do antropólogo ou a atribuição de um cargo hierárquico podem ajudar na observação participante do terreiro, por outro podem fazer com que o antropólogo, em muitos momentos, tenha de sair de sua condição de observador para participar efetivamente dos rituais. Nesses momentos sua interlocução adquire outras dimensões, pois fica presa à sua posição religiosa. Isto é, a inserção do pesquisador na estrutura hierárquica e de poder do terreiro faz com que seu acesso ao conhecimento do grupo passe a ser regulado também a partir da posição religiosa que ele e seus interlocutores ocupam e das regras tradicionais de aprendizado no grupo. Para o antropólogo iniciado, os membros do terreiro tornam-se sua família de santo e ele não poderá romper certas regras de etiqueta religiosa para estabelecer uma relação mais adequada aos objetivos da pesquisa. Conversar com os mais "velhos de santo" sobre aspectos da religião ou sobre suas experiências, por exemplo, exige um maior jogo de cintura, pois nesse caso o que se diz e o que se deixa apreender pode ser mensurado pela posição religiosa e cargo do antropólogo no terreiro e não pela sua condição de pesquisador apenas. E perguntar aos "mais novos de santo" ou àqueles que estão abaixo da posição do pesquisador na estrutura religiosa pode significar uma inversão do sentido em que o conhecimento ou o direito à palavra trafega nestas religiões: sempre dos mais velhos para os mais novos. Além disso, saber muito sobre a comunidade pode conferir ao pesquisador um poder excessivo aos olhos dos demais membros.

Ao mesmo tempo que a iniciação permite ao antropólogo que algumas "portas" do terreiro onde se iniciou abram-se para ele, ela também pode fechar-lhe outras em outros terreiros, como pesquisador. E dependendo do tema da pesquisa (principalmente quando não se trata de um estudo de caso), esta poderá se tornar inviável.

O meio acadêmico, por seu lado, tende a ver com reservas a iniciação do antropólogo e a questionar principalmente sua necessidade para a realização do trabalho de campo. Esses questionamentos aumentam quando na iniciação há a experiência do transe de possessão, pois aí se teria também um embate entre o complexo relacionamento da racionalidade do conhecimento científico versus a perda de consciência da experiência de possessão.

Para muitos pesquisadores, o envolvimento religioso do antropólogo deve ser visto, portanto, com cuidado. Um dos primeiros antropólogos a criticar a inserção do pesquisador ou pelo menos a atribuir o sucesso de seu trabalho de campo à sua não submissão à hierarquia religiosa dos terreiros foi René Ribeiro (1952, p. 6), que pesquisou os xangôs do Recife no final dos anos 40. Certamente a condição de médico psiquiatra de um importante órgão controlador das atividades dos terreiros, o Serviço de Higiene Mental, pôde garantir a René Ribeiro meios privilegiados de inserção no campo para realizar sua etnografia numa época em que a repressão aos cultos afro-brasileiros foi particularmente intensa.

Nos anos 60, o pesquisador suíço Jean Ziégler, que desenvolveu pesquisas sobre os cultos afro-brasileiros, também se mostrou preocupado com a natureza das afirmações científicas provenientes da aplicação de uma metodologia de introspeção dos valores religiosos do grupo. Segundo ele, essa introspeção poderia levar o antropólogo a certas argumentações que ultrapassam as fronteiras existentes entre uma investigação racional e uma fé experimentada (ZIÉGLER, 1972, p. 74)

Nas últimas décadas, a crítica do envolvimento religioso do pesquisador tem tomado outras direções. Principalmente porque as religiões afro-brasileiras, cada vez mais, têm se legitimado como importantes legados culturais dos grupos afro-brasileiros, não sendo vistas apenas como sistemas ideológicos alienantes e mistificadores. A clássica dicotomia entre crença e ciência, ainda que existente, já não exige do pesquisador posicionamentos tão excludentes entre si, principalmente após a crise dos grandes paradigmas materialistas e racionalistas que predominavam sobretudo nas abordagens em ciências humanas de influência marxista dos anos 60. Além disso, com uma abertura cada vez maior para a prática de uma antropologia experimental (na qual a subjetividade do antropólogo também é valorizada como parte do diálogo que ele estabelece com seus interlocutores), a participação religiosa do pesquisador passou a ser menos estigmatizada. Experiências místicas, alargamento da compreensão pelo uso de plantas alucinógenas, submissão a rituais xamânicos, enfim, estas e tantas outras formas de "experimentar" a cultura observada vêm conquistando uma maior legitimidade como parte do trabalho de campo dos antropólogos nos últimos tempos. Os limites na condução destas experiências são, portanto, assuntos polêmicos e objeto de debates ainda em andamento, pois seria preciso avaliar a que resultados se chega a partir de experiências de envolvimento dessa natureza. Entretanto, mesmo para os antropólogos que se permitem experiências subjetivas mais intensas com o universo pesquisado, as consequências desse envolvimento não são relatadas de forma sistemática ou incorporadas também como um objeto de reflexão nas etnografias que elaboram.

Desde o "campo" até o texto

Como transpor a riqueza, a complexidade, as difíceis negociações de significados ocorridas entre antropólogo e grupo pesquisado, enfim, toda a série de problemas e situações imponderáveis que surgem durante a realização do trabalho de campo, para a forma final, textual, da etnografia, sem perder de vista aspectos relevantes do conhecimento antropológico como o próprio modo pelo qual este é produzido?

O texto etnográfico em geral é uma redução brutal das inúmeras possibilidades de interpretação da experiência de campo e do difícil exercício de alteridade realizado entre o antropólogo e seus interlocutores. Primeiro porque o texto etnográfico, como qualquer forma escrita de representação, já é em si mesmo uma *adequação* ou *transformação* da realidade que pretende inscrever, descrever, interpretar, compreender, explicar etc. Segundo porque, devido à própria natureza multifacetada e dinâmica da realidade social, não é possível conceber uma representação etnográfica que a reproduza integralmente, ainda que julguemos poder abordá-la em termos de instituições ou fatos totalizantes, tal como prescrevia Marcel Mauss.

Na passagem do trabalho de campo para a elaboração do discurso científico, o antropólogo percebe que experimentar e observar ações ou dialogar "ao vivo" é muito diferente de construir um texto etnográfico considerando estas ações e diálogos.[4] Apesar disto, no desenvolvimento do discurso científico – marcado pela busca da objetividade e universalidade (que o distingue, inclusive, de outras modalidades de discurso) – pouco se tem refletido sobre a relação entre realidade representada e as próprias condições de produção das representações e sua natureza. Como lembrou Dominique Maingueneau (1989, p. 58):

> Seria diferente se os sociólogos das ciências levassem em conta a economia dos discursos, em lugar de considerá-los apenas como suportes de informações.

No caso do texto etnográfico, essa crítica torna-se central, pois sendo a escrita uma aquisição cultural, a etnografia, como um projeto de produção de conhecimentos sobre grupos sociais e suas culturas, possui também sua própria forma de conhecer. Ou seja, especular sobre os conhecimentos de qualquer comunidade, sem questionar o próprio modo como se apreende esse conhecimento, é realizar apenas uma parte dos objetivos da etnografia. A frequente eliminação, no

---

[4] Ver Ricouer (s/d) *apud* Lagrou, 1994.

texto etnográfico, dos "andaimes" que permitem a sua construção, elimina também as possibilidades de se olhar *através* da organização da narrativa as múltiplas veredas que lhe deram origem. Sob a homogeneidade do estilo de escrita etnográfica, as experiências de campo tendem a perder algumas de suas características básicas (como a historicidade e eventualidade com as quais as pessoas apreendem os significados do cotidiano cultural), sendo "objetivadas" na forma de *dados* ou *informações* autônomas de qualquer política que as tenha gerado, seja do trabalho de campo ou do texto etnográfico.

Mesmo nas etnografias provenientes de um intenso trabalho de campo, raramente se vê uma convergência entre esta dimensão e a organização do discurso etnográfico. Como mostrou James Clifford, as referências ao trabalho de campo nas etnografias, em geral, ficam restritas às introduções metodológicas ou notas de rodapé, nas quais se quantifica o tempo de convivência do antropólogo com o grupo pesquisado, a forma como este profissional chegou ao campo e como iniciou sua pesquisa, enfim, "dados objetivos" que pretendem mostrar claramente ao leitor a grande "proximidade" atingida pelo antropólogo em relação ao grupo que descreve (CLIFFORD, 1988). Os dados da experiência do antropólogo, principalmente aqueles considerados mais "subjetivos" (ou os "timbres e entoações" das vozes dos "informantes"), quando expostos, aparecem com cautela na escrita etnográfica, para não se correr o risco de tornar a etnografia uma experiência única e singular ou passível de ser confundida com uma "obra de literatura" propriamente dita. Quando os etnógrafos se convencem da importância de trazer suas experiências de campo para o primeiro plano dos relatos etnográficos, geralmente o fazem na forma de artigos separados de suas "obras etnográficas acadêmicas" ou, então, de livros de caráter memorialista ou autobiográficos, nos quais se cria um diapasão entre o gênero de "crônica" adotado e o conhecimento etnográfico, que praticamente se evade destas obras.

Outro problema enfrentado pelo antropólogo na escrita etnográfica refere-se à distinção entre o nível descritivo e o interpretativo ou explicativo. Esta distinção está na base de classificações que definem a etnografia, etnologia e a antropologia segundo a ênfase nos aspectos descritivos ou nas teorizações com as quais se representa a realidade observada.⁵ Entretanto, o texto etnográfico como representação dos fatos culturais observados é uma construção do etnógrafo a partir das representações que os seus interlocutores fazem do mundo cultural em que vivem (SPERBER,1992, p. 26). Na realização do empreendimento etnográfico há, portanto, um paradoxo que se manifesta quando se pede ao antropólogo que utilize os recursos disponíveis de sua sensibilidade para introjetar em si mesmo os significados da cultura que investiga e, por outro lado, em nome da objetividade e das formas legítimas de representação acadêmica, pede-se que esta experiência seja colocada sob padrões que em geral deixam de lado importantes dimensões destes significados. Acompanha esse paradoxo o equívoco de se postular para a representação etnográfica níveis autônomos de apreensão da realidade. Mesmo que os antropólogos estejam conscientes de que os fatos não falam por si mesmos, conforme defendeu Malinowski, as etnografias pretendem que os documentos apresentados, as descrições, possam ser referidos como "fatos brutos", não contaminados pelo uso interpretativo que se quer fazer deles. Como se a própria descrição, ou os elementos com os quais a compomos, já não fosse em si mesma uma forma de interpretação da realidade.

Nas etnografias sobre as religiões afro-brasileiras, a distinção rigorosa entre o nível interpretativo e descritivo também pode ser identificada.

No período anterior às etnografias pioneiras nesta área, descrições sobre manifestações religiosas de origem africana e afro-brasileiras apareciam em geral nas crônicas dos viajantes, nos autos dos processos inquisitoriais promovidos pela Igreja Católica ou nos boletins de ocorrência e processos jurídicos promovidos pelo Estado

---

⁵ Para Lévi-Strauss a etnografia corresponde "aos primeiros estágios da pesquisa: observação e descrição, trabalho de campo". A etnologia, com relação à etnografia, representaria "um primeiro passo em direção à síntese" e a antropologia "uma segunda e última etapa da síntese, tomando por base as conclusões da etnografia e da etnologia" (LÉVI-STRAUSS, 1970, p. 378). Para Dan Sperber (1992, p. 25): "Sob o nome de Antropologia coabitam, com efeito, duas disciplinas bem diferentes que nada predispunha a uma união monogâmica: a Etnografia, disciplina interpretativa, viva e agitada, e a Antropologia propriamente dita, que não é nada mais do que uma projecção filosófica, secundada por um projecto científico sempre adiado. A maior parte dos 'antropólogos' são essencialmente etnógrafos". Como se vê, não é consensual o modo como os diferentes autores definem o que seja a antropologia, a etnologia e a etnografia, ou ainda atribuem importância a estas disciplinas e as relações que estabelecem entre si.

e seus órgãos de repressão e muitas vezes divulgados nos jornais. Os textos etnográficos de Nina Rodrigues escritos no final do século passado, ao descrever os cultos afro-brasileiros em outros termos, lançaram as bases de um discurso sobre estes cultos muito próxima daquela que viria a ser adotada pela academia como padrão legítimo de etnografia sob a influência de Malinowski.

Essa concepção de etnografia como um documento que comprova a interpretação, mas não se confunde com ela, tem permitido que as etnografias sejam lidas ou relidas ao longo de várias gerações de antropólogos, dissociando-se os fatos empíricos das interpretações. Artur Ramos, ao reeditar os textos de Nina Rodrigues na década de 1930, enfatizou o valor documental da obra de seu mestre, apesar dos conceitos errôneos nela existentes. Para Ramos, se

> nos trabalhos de Nina Rodrigues, substituirmos os termos raça por cultura, e mestiçamento por aculturação, por exemplo, as suas concepções adquirem completa e perfeita atualidade. (RAMOS apud RODRIGUES, 1939, p. 12)

Da mesma forma, Roger Bastide, ao ler as etnografias de Nina Rodrigues e Artur Ramos, separou o nível descritivo do interpretativo, desconsiderando as inter-relações existentes entre estes níveis (BASTIDE, 1978, p. 8-9).

A hegemonia conquistada por este modelo discursivo etnográfico também pode ser medida pela reação com que foram recebidas as raras etnografias em que o trabalho de campo assumiu o primeiro plano da descrição, fornecendo um fio narrativo para a apresentação dos dados de pesquisa e das interpretações, como no livro de Ruth Landes, *A cidade das mulheres* (1967). Pelo estilo considerado "romanceado", pouco objetivo ou científico, este trabalho foi visto como uma obra "menor", pois apresentou os dados etnográficos não totalmente separados da forma como foram recolhidos durante o trabalho de campo realizado por sua autora.

Considerando, portanto, que toda descrição já é em si mesma uma interpretação circunstanciada pelas condições de sua observação, descrição e interpretação não devem ser vistas como antagônicas, tanto na construção de um texto etnográfico como em sua leitura.

Na construção do texto etnográfico, a natureza singular do trabalho de campo revela-se, portanto, em toda a sua complexidade, pois o antropólogo, ao observar e selecionar o que considera "os fatos etnográficos" relevantes, faz com que sejam produzidos simultaneamente os "documentos" e suas "interpretações".[6]

O vivido e o narrado: o que a escrita fixa?

O esforço dos antropólogos em fixar a narrativa etnográfica numa forma impessoal e genérica impede, muitas vezes, que autor e leitor a vejam, também, como decorrente de experiências pessoais e contextuais particulares de interlocução entre o antropólogo e os membros dos grupos pesquisados.

Os problemas e dificuldades vividos no campo e frequentemente ausentes na passagem das experiências empíricas para o texto etnográfico poderiam, entretanto, constituir um legado útil para as várias gerações de antropólogos, que em geral se veem diante de desafios muito parecidos na produção de suas etnografias.

O modo mais frequente com que transpomos para o texto etnográfico as experiências vitais que vivemos, testemunhamos ou participamos com os nossos interlocutores durante o trabalho de campo, é o de esvaziamento dos aspectos subjetivos presentes nestas experiências ou de depuração destes aspectos numa linguagem condizente com as exigências da racionalidade científica.

No caso das pesquisas com religiões afro-brasileiras, este aspecto tem consequências muito importantes, pois o "conhecimento objetivo" da religião não deveria se deslindar da percepção sensível dos rituais como performances que contribuem em grande parte para a

---

[6] Sem dúvida, estes questionamentos não visam defender uma posição na qual não possamos ler ou reler as etnografias senão em função da interpretação dada pelo autor que a compôs. Como mostrou Mariza Peirano, "relendo" uma etnografia de Victor Turner, sempre é possível reinterpretarmos os fatos etnográficos descritos anteriormente (Peirano, 1995). O que se deve ter em mente, entretanto, é que uma "nova rodada de investigações" pede, sobretudo, uma visão crítica da relação entre o material coletado e suas condições de produção e utilização. Penso, por exemplo, como a etnografia de Anette Weinner (1983) sobre o dala, a riqueza exclusiva das mulheres trobriandesas à qual Malinowski não teve acesso, permite uma releitura dos processos de troca existentes entre os habitantes das Ilhas Trobriand, para além do kula amplamente descrito por Malinowski como fenômeno totalizante daquela sociedade. Nesse caso, o gênero dos pesquisadores, as condições específicas de realização de seus trabalhos de campo, os contextos históricos, sociais e políticos presentes na situação de contato com os grupos observados, entre outros fatores, atuaram de modo a diferenciar a natureza das representações etnográficas elaboradas.

sua eficácia simbólica. Ou seja, o repertório de experiências que se vivem no meio religioso através do aguçamento dos sentidos perde a sua força quando representado através de uma linguagem que não se esforça para dar conta de elementos importantíssimos à avaliação do que as pessoas mobilizam subjetivamente na construção do seu ser através da religião. Podemos, por exemplo, descrever o orô, um dos ritos de iniciação no candomblé, identificando o animal ofertado, as rezas, os elementos litúrgicos etc., mas certas dimensões do ritual, como o momento em que o sangue quente dos animais sacrificados é derramado sobre o corpo do iniciado, imprimem aos participantes uma memória do rito que mobiliza percepções as quais uma etnografia do sensível poderia tentar sublinhar. Na verdade, essas dimensões mais sensíveis da experiência parecem permitir que uma classificação da ordem natural ou social do mundo seja simultaneamente um sistema de cognição e uma educação cultural dos sentidos.

Mesmo para os pesquisadores que durante seu trabalho de campo tiveram um envolvimento profundo com a religião, incluindo a iniciação, essa experiência de inserção raramente foi incorporada à narrativa etnográfica.

Roger Bastide, no seu primeiro livro escrito a partir do contato com o candomblé, tentou captar a atmosfera religiosa por meio de uma narrativa permeável à experiência emotiva que viveu. Em *Imagens do nordeste místico em branco e preto* (1945), produziu um registro encantado de sua viagem pela Bahia e Recife, durante a qual descobriu um mundo novo aos seus olhos, constituído por velhas igrejas barrocas, místicos candomblés e lúdicos carnavais de rua. Consciente que o estilo imprimido nesta obra distanciava-se dos padrões científicos justificou:

> Talvez o defeito principal desta obra seja justamente uma hesitação entre a ciência e a poesia. Mas essa hesitação traduz exatamente o estado de espírito em que me encontrava na ocasião, pois ao mesmo tempo que sentia um certo fervor, desejava fazer pesquisas objetivas. (BASTIDE,1945, p. 9)

De fato, em suas teses acadêmicas, *O candomblé da Bahia* e *As religiões africanas no Brasil*, as pegadas de seu envolvimento pessoal com a religião se reduziram bastante na organização do texto. Fazer referências maiores ao trabalho de campo realizado não parecia, inclusive, uma necessidade de sua construção etnográfica. A explicitação dos períodos e dos lugares onde foram realizadas as observações de campo é feita em nota de rodapé de página, mostrando nessa posição marginal do texto a importância menor que a revelação destes dados poderia ter, segundo o autor, em relação ao conteúdo dos enunciados do texto principal. A narrativa parece querer desprender-se dos limites impostos pelas condições concretas de realização da pesquisa ou pelo fluxo dos comentários deste ou daquele religioso; pois se o social é a imagem da organização religiosa baseada na visão mítica do mundo (a tese principal destas obras), cabe à narrativa organizar esta imagem num modelo ficcional ordenador.

Na escrita etnográfica de Bastide, o banimento da experiência de encantamento ou de conversão religiosa (fontes de seu fervor ou de sua poesia em relação à religião) em prol da ciência não foi, entretanto, realizada totalmente. As fronteiras entre as interpretações objetivas e as percepções da subjetividade muitas vezes se confundem. É reveladora, por exemplo, a descrição que Bastide faz do culto aos eguns (espíritos dos mortos) em *O candomblé da Bahia*:

> Na sala tudo foi preparado... o babasalã, isto é, aquele que chama e manipula os egum, tem na mão um bastão, o incha, e o coloca entre o lugar da assistência e o lugar dos egum, para que estes não possam abandonar o local que lhes é privado. Então o Espírito aparece... e a aparição canta. *Creiam-me*. Não se trata de um homem fantasiado. Escutei-lhe a voz. (BASTIDE, 1978, p. 142, grifo meu)

Quando o pesquisador constrói uma descrição pedindo ao leitor que "creia" nele, solicita uma cumplicidade do leitor em relação à realidade mítica que ele próprio experimentou ao conviver com pessoas que acreditam na ingerência dos deuses em suas vidas. Isto não seria, porém, um problema epistemológico se a narrativa etnográfica tivesse por objetivo também explorar suas próprias condições de produção e refletir as complexas percepções da experiência social e religiosa dos investigadores e dos investigados. Mas a obrigação imposta ao cientista de produzir explicações sobre a realidade social evitando questionar ou problematizar essas percepções faz com que as fronteiras entre a natureza das percepções religiosas e científicas permaneçam sempre vigiadas para que não se misturem e poluam a objetividade e a transparência da realidade fixada pela narrativa etnográfica.

Enfim, a difícil e problemática relação entre o texto etnográfico (a narrativa) e o trabalho de campo que o sustenta é enfrentada por todo etnógrafo durante a lapidação dos parágrafos e sua colocação um ao lado do outro em busca de uma lógica narrativa que "capte" ou "fixe" a lógica cultural que se tenta representar. Pensar a etnografia também como um ofício de "ourivesaria", arte de dominar uma linguagem específica aberta a múltiplos reflexos num jogo de sombra e luz, talvez seja um dos mais difíceis exercícios a desafiar seus praticantes. Vincent Crapanzano (1986) já havia lembrado que os textos etnográficos, ao jogarem luz sobre a cultura do outro, refletem necessariamente a sombra de quem os escreve. Isto posto, resta fazer com que reflitam também a sombra das inúmeras mãos de quem não os escreve mas participa em vários níveis na sua construção.

BIBLIOGRAFIA

AMARAL, Rita de Cássia. *Povo-de-santo, povo-de-festa. O estilo de vida dos adeptos do candomblé paulista*. São Paulo. FFLCH/USP, 1992.

BASTIDE, Roger. *As religiões africanas no Brasil*. Pioneira, São Paulo, 1985.

BASTIDE, Roger. *Imagens do nordeste místico em branco e preto*. Empresa Gráfica "O Cruzeiro". Rio de Janeiro, 1945.

BASTIDE, Roger. *O candomblé da Bahia – rito nagô*. São Paulo, Nacional, 1978.

CARNEIRO, Édison. *Candomblés da Bahia*. Rio de Janeiro, Civilização Brasileira, 1978.

CARVALHO, José Jorge de. "Antropologia: saber acadêmico e experiência iniciática". *Série Antropologia*, n.127, Brasília, UnB, 1992.

CLIFFORD, James. *The predicament of culture*. Harvard University Press, 1988.

CLIFFORD, James & MARCUS, George. *Writing culture – the poetics and politics of ethnography*. Berkeley, University of California, 1986.

CORRÊA, Mariza. "A antropologia no Brasil (1960-1980)". In: MICELI, Sérgio (org.) – *História das ciências sociais no Brasil*, v.2, São Paulo, Sumaré, FAPESP, 1995.

CRAPANZANO, Vincent. "Hermes'dilema: the masking of subvension in ethnographic description". In: CLIFFORD, James & MARCUS, George (orgs.) – *Writing culture – the poetics and politics of ethnography*. Berkeley, University of California, 1986.

HEALEY, Mark. "Os desencontros da tradição em *A cidades das mulheres*: raça e gênero na etnografia de Ruth Landes". In: *Cadernos Pagu*. Campinas, Núcleo de Estudos do Gênero/UNICAMP, (6-7), 1996.

LAGROU, Elsje Maria. "Hermenêutica e etnografia". In: *Revista de Antropologia*. São Paulo, FFLCH-USP, v. 37, 1994.

LANDES, Ruth. "A woman anthropologist in Brazil". In GOLDE, Peggy (org.) – *Women in field: anthropological experiences*. University of California Press, 1986.

LANDES, Ruth. *A cidade das mulheres*. Rio de Janeiro. Civilização Brasileira, 1967.

LÉVI-STRAUSS, Claude. *Antropologia estrutural*. Rio de Janeiro, Tempo Brasileiro, 1970.

LIMA, Vivaldo da Costa. "Nações-de-candomblé". In: *Encontro de nações de candomblé*. Salvador, Ianamá/CEAO/UFBA, 1984.

MAINGUENEAU, Dominique. *Análise de discurso*. São Paulo, Pontes, 1989.

PEIRANO, Mariza. *A favor da etnografia*. Rio de Janeiro. Relume Dumará, 1995.

PIERSON, Donald. *Negroes in Brazil*. Southern Illinois University Press, 1967.

QUEIROZ, Maria Isaura Pereira de. "Nostalgia do outro e do alhures". In: BASTIDE, Roger. *Coleção grandes cientistas sociais*. São Paulo, Ática, 1983.

RAMOS, Artur. *O negro brasileiro*. São Paulo. Ed. Nacional, [1934],1940.

RIBEIRO, René. *Cultos afrobrasileiros do Recife. Um estudo de ajustamento social*. Recife, Boletim do Instituto Joaquim Nabuco, 1952.

RODRIGUES, Raimundo Nina. *Collectividades Anormaes*, Civilização Brasileira, Rio de Janeiro, 1939.

ROUANET, Sérgio Paulo. *Mal estar na modernidade*. São Paulo, Companhia das Letras, 1993.

SANTOS, Jocélio Teles dos. *O dono da terra. O caboclo nos candomblés da Bahia*. Salvador, SarahLetras, 1995.

SANTOS, Juana Elbein dos. *Os nagô e a morte*. Rio de Janeiro, Vozes, 1977.

SEGATO, Rita Laura. "Um paradoxo do relativismo: o discurso racional da antropologia frente ao sagrado". In: *Religião e Sociedade*, Rio de Janeiro, ISER, vol.16/1-2, 1992.

SILVA, Vagner G. *O antropólogo e sua magia. Trabalho de campo e texto etnográfico nas pesquisas antropológicas sobre as religiões afro-brasileiras*. São Paulo, FFLCH/USP, 1998.

SILVA, Vagner Gonçalves da. "A crítica antropológica pós-moderna e a construção textual da etnografia religiosa afro-brasileira". In: *Cadernos de Campo*. São Paulo, FFLCH/USP, n. 1, 1991.

SILVA, Vagner Gonçalves da. *Orixás da metrópole*. Petrópolis, Vozes, 1995.

SILVA, Vagner G. da & REIS, Letícia dos & SILVA, José Carlos da (orgs.). *Antropologia e seus espelhos: a etnografia vista pelos observados*. São Paulo, FFLCH/USP, 1994.

SPERBER, Dan. *O saber dos antropólogos*. Lisboa, Edições 70, 1992.

VERGER, Pierre. "Da Europa ao candomblé. Entrevista: Pierre Verger". In: *Revista Planeta*. São Paulo, n. 220, 1991.

VERGER, Pierre. *Dieux d'Afrique*. Paris, Ed. Revue Noire, [1954], 1995.

VERGER, Pierre Fatumbi. *Orixás*. São Paulo, Corrupio, 1981.

WEINER, Anette. *La richesse des femmes ou comment l'esprit vient aux hommes*. Paris, Editions du Seuil, 1983.

ZIÉGLER, Jean. *O poder africano*. São Paulo, Difusão, 1972.

(RE)CONHECER QUILOMBOS NO TERRITÓRIO BRASILEIRO
ESTUDOS E MOBILIZAÇÕES

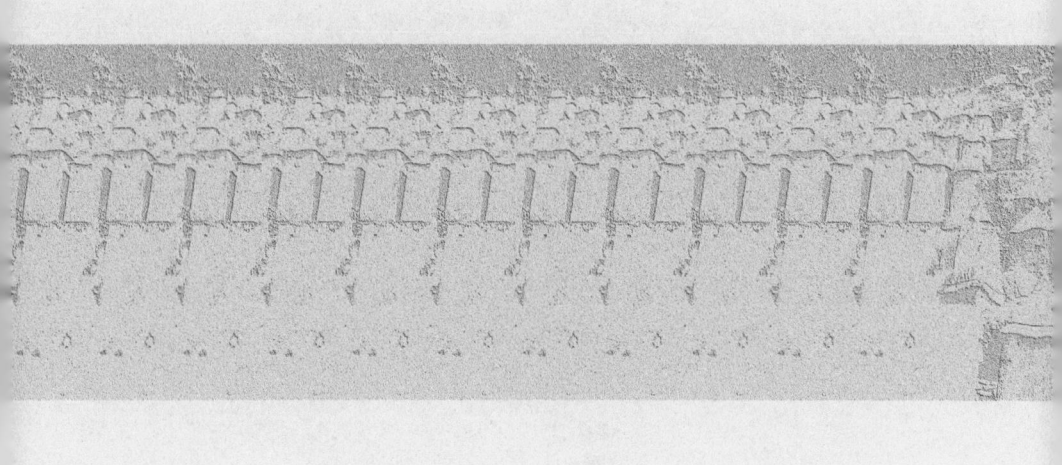

Alecsandro J. P. Ratts

> Terra de preto não é gueto, não é medo
> Terra de preto não é beco, nem favela
> Paulo Henrique – *Frechal, "Terra de Preto"*
> Bloco Afro Akomabu, São Luís – MA, 1995.

Neste fim de século, no cenário brasileiro, inúmeras comunidades negras rurais estão sendo identificadas como "remanescentes de quilombos" e um número pequeno tem conquistado a titulação de suas terras. Algumas delas eram pouco conhecidas até mesmo em seu contexto regional. Pretendo rever o complexo fenômeno do aquilombamento através de um painel que se inicia com os sentidos do termo, para, em seguida, apresentar parte da mobilização política contemporânea e, por fim, enunciar implicações desse "aparecimento" em campos distintos. Para cada região do país destacarei a situação de algumas "comunidades negras rurais quilombolas". A lista de textos citados e comentados, de maneira alguma, não é completa.

A expressão "comunidades negras rurais" será referida como termo advindo da mobilização regional e nacional dessas coletividades ou como denominação inclusa em estudos principalmente da década de 80. Os termos quilombo e mocambo, mesmo com significados diversos, aparecem na historiografia e na autoidentificação dos moradores em casos que assinalarei adiante.

Experiência africana e afrodescendente[1]

---

[1] Este artigo amplia reflexões incluídas em comunicação apresentada na III Reunião de Antropologia do Mercosul, Comissão "Estudos étnicos", de 23 a 26 de novembro de 1999, em Posadas, Missiones, Argentina.

Um dos campos de estudo que tem sido revisitado diz respeito à semântica do termo quilombo e à sua conformação na África. A palavra *kilombo* é originária da língua banto *umbundo*, falada pelo povo *ovimbundo*, que diz respeito a um tipo de instituição sociopolítica militar conhecida na África Central, mais especificamente na área formada pela atual República Democrática do Congo (Zaire) e Angola (MUNANGA, 1996, p. 58). Apesar de ser um termo *umbundo*, constitui-se em um agrupamento militar composto pelos *jaga* ou *imbangala* (de Angola) e os *lunda* (do Zaire) no século XVII:

> A palavra quilombo tem a conotação de uma associação de homens, aberta a todos sem distinção de filiação a qualquer linhagem, na qual os membros eram submetidos a dramáticos rituais de iniciação que os retiravam do âmbito protetor de suas linhagens e os integravam como co-guerreiros num regimento de super-homens invulneráveis às armas de inimigos. O quilombo amadurecido é uma instituição transcultural que recebeu contribuições de diversas culturas: lunda, imbangala, mbundo, kongo, wovimbundo etc. (MUNANGA, 1996, p. 59)

Há muitas correlações entre o quilombo africano e o brasileiro, formados mais ou menos à mesma época. Kabengele Munanga enuncia as semelhanças, espelhando-se notoriamente no caso de Palmares:

> Pelo conteúdo, o quilombo brasileiro é, sem dúvida, uma cópia do quilombo africano, reconstruído pelos escravizados para se opor a uma estrutura escravocrata, pela implantação de uma outra estrutura política na qual se encontraram todos os oprimidos. (MUNANGA, 1996, p. 60)

Para Munanga a contribuição dos povos banto na constituição dos quilombos brasileiros é inconteste, como também africanos de outras áreas culturais também participaram desse processo. Para o caso de Palmares, o historiador João José Reis apresenta uma opinião muito próxima da de Munanga no que diz respeito à possível composição étnica, destacando também a presença indígena (REIS, 1996, p. 16).

Quanto à formação de quilombos na África, Aida Freudenthal, após notificar que os imbangala se sedentarizaram ao longo do século XVIII, assinala outras denominações para esses agrupamentos (mutolo, couto ou valhacouto) formados na segunda metade do século XIX em Angola. A autora trabalha com o conceito de quilombo enquanto "grupo de escravos fugidos e local onde eles se instalavam" (FREUDENTHAL, 1997, p. 110-1). Esses grupos se formavam como reação à escravidão que se praticava em território angolano sob a pressão e o estímulo de negreiros e escravistas. Dentre as diversas formas de resistência – fugas individuais, morosidade no trabalho, saques etc. – as fugas coletivas resultaram na formação de quilombos que duraram às vezes mais de quatro décadas, como Icolo, Sanga e Caholo (FREUDENTHAL, 1997, p. 119-123). Cabe citar a interpretação de Freudenthal para o fenômeno: "o quilombo, enquanto espaço livre inventado pelos seus fundadores, representou a recusa da escravidão e constituiu, por isso, uma subversão, ainda que limitada, da ordem colonial" (FREUDENTHAL, 1997, p. 129).

"Onde houve escravidão houve resistência" (REIS e GOMES, 1996, p. 09). Na esteira dessa assertiva é possível se dizer que onde houve escravidão de africanos e seus descendentes houve a formação de quilombos. Em todas as Américas há grupos semelhantes: *cimarrónes* em muitos países de colonização espanhola, *palenques* em Cuba e Colômbia, *cumbes* na Venezuela, e *maroons* na Jamaica, nas Guianas e nos Estados Unidos (PRICE, 1976; CARVALHO, p. 1995).[2] Essa diversidade não é apenas semântica: entre grupos de porte variado, formados em períodos distintos, há, por exemplo, agrupamentos que apresentam língua e cosmologia próprias, como os *marrons* no Suriname (PRICE, 1976; 1983), e outros que têm seus direitos territoriais incluídos na legislação nacional, como os *cimarrónes* na Colômbia (ARRUTI, 1999).

Os quilombos, além da instituição militar da África Central, constituem sobretudo uma experiência coletiva dos africanos e seus descendentes, uma estratégia de reação à escravidão, acrescida da contribuição de outros segmentos com os quais interagiram em cada país, notoriamente alguns povos indígenas (REIS & GOMES, 1996, p. 09-12). Assim, não caberia falar de "sobrevivências africanas". Para o Brasil, a diversidade que será apresentada conflita com qualquer essencialismo desse tipo. O que se deve ressaltar é que o processo de aquilombamento não se restringiu às Américas, nem se encerrou com a abolição da escravidão. Voltemos os olhos para os quilombos brasileiros.

---

[2] Richard Price, na obra citada e por ele editada, se baseia em agrupamentos definidos como "comunidades de escravos fugitivos" (*"rebel slaves communities"*). A situação recente dos *maroons* no Suriname é caracterizada por agressões aos direitos humanos desses agrupamentos (PRICE, 1999).

O conceito de quilombo e a "descoberta" das comunidades negras

Quilombo ou mocambo, no senso comum, é entendido como "reduto de negros escravos fugitivos", ideia que se disseminou desde o período escravista. Em 1740, o Conselho Ultramarino, órgão colonial responsável pelo controle central patrimonial, considera quilombo como "toda habitação de negros fugidos que passem de cinco, em parte despovoada, ainda que não tenham ranchos levantados nem se achem pilões neles" (MOURA, 1981b, p16).

Inúmeros quilombos se constituíram no século XIX, notoriamente nas décadas finais do período escravista. Seus habitantes, chamados de quilombolas, mocambeiros ou calhambolas, foram perseguidos quer fossem poucos ou milhares, quer estivessem afastados ou próximos das cidades. Dentre os agrupamentos que alcançaram uma certa estabilidade, uma parte estava situada em áreas de considerável isolamento e outra manteve alianças com segmentos da sociedade regional. As duas estratégias podem ter acontecido de maneira concomitante (REIS & GOMES, 1996).

O conceito colonial de "habitação de negros fugidos" atravessou o Brasil imperial, persistindo até nossos dias.[3] Alguns estudiosos, desde a década de 1930, buscam compreender os quilombos tomando Palmares como referência e tratando-os como fenômeno do passado. É assim que procederam, com preocupações em parte distintas, Edison Carneiro (1988), Roger Bastide (1970), Clóvis Moura (1981a) e Décio Freitas (1978), dentre outros.[4]

Entre os anos 70 e 80, o conceito de quilombo é recolocado no contexto da "abertura política", de revisões da história nacional e regional, de "descoberta" das comunidades negras rurais e de constituição do movimento negro contemporâneo. Enquanto intelectuais envolvidos com o "estudo da cultura negra" e a construção de uma identidade negra, autores como Abdias Nascimento, Beatriz Nascimento, Lélia Gonzalez e Joel Rufino dos Santos, apresentam uma noção de qui-

---

[3] Mesmo que o termo se aplique também a uma dança ou a, por exemplo, mitos locais e topônimos regionais.

[4] Para uma crítica das interpretações do fenômeno quilombo. Ver: GOMES, 1995, p. 19-30).

lombo que é correlata das formulações empreendidas no âmbito do movimento negro e tentam aplicá-la aos seus estudos e reflexões.[5]

Em artigo bastante sintético, Beatriz Nascimento questiona a utilização do termo quilombo para a localidade de Jabaquara, um agrupamento suburbano de escravizados resguardado por abolicionistas e fazendeiros situado na região de Santos, São Paulo (NASCIMENTO, 1979). Em texto posterior escrito em colaboração com mais dois autores, essa historiadora considera o quilombo como "conceito próprio dos bantos, que vem sendo modificado ao longo dos séculos" e confrontado com a "definição" do Conselho Ultramarino de 1740 (LOPES, SIQUEIRA E NASCIMENTO, 1987, p. 27).

Além de listarem quilombos brasileiros dos séculos XVII e XVIII, os autores dedicam um longo trecho do capítulo a um "ex-quilombo" estudado por Beatriz Nascimento: o Quilombo de Carmo da Mata, em município homônimo de Minas Gerais. A toponímia regional conservou o termo *kilombo* e a população reteve a palavra "calhambola". Narrativas forneciam bases para a interpretação da autora acerca de uma dança local, o "Reinado", enquanto dramatização de "uma luta entre quilombolas e forasteiros brancos". (LOPES, SIQUEIRA E NASCIMENTO, p. 34-37).

Abdias Nascimento, que já mostrava preocupação com os quilombos em períodos anteriores, sintetiza a razão de ser desse fenômeno:

> Os quilombos resultaram dessa exigência vital dos africanos escravizados, no esforço de resgatar sua liberdade e dignidade através da fuga do cativeiro e da organização de uma sociedade livre. A multiplicação dos quilombos fez deles um autêntico movimento amplo e permanente. Aparentemente um acidente esporádico no começo, rapidamente se transformou de uma improvisação de emergência em metódica e constante vivência das massas africanas que se recusavam à submissão, à exploração e à violência do sistema escravista. (NASCIMENTO, 1980, p. 255)

O autor imprime sua interpretação do que vem a ser quilombo:

> Quilombo não significa escravo fugido. Quilombo quer dizer reunião fraterna e livre, solidariedade, convivência, comunhão existencial. Repetimos que a sociedade quilombola representa

---

[5] Noutro espaço seria relevante rastrear os vínculos que porventura existem entre esses autores e os estudiosos do quilombo, acima citados, que lhes antecederam.

uma etapa no progresso humano e sócio-político em termos de igualitarismo econômico. (NASCIMENTO, idem, p. 263)

A partir de postulações como essas, Abdias Nascimento esboça a noção de "quilombismo", um programa político de atuação pan--africanista aplicado ao Brasil: "inspirado no modelo da República dos Palmares, no século XVI, em outros quilombos que existiram e existem no país" (NASCIMENTO, p. 275). Neste artigo, o autor não indica quais seriam os quilombos "que existem".

Ainda na década de 80, o historiador Joel Rufino dos Santos, em um de seus textos, define o quilombo em contraste com o mundo colonial:

> (...) uma organização de camponeses livres, que cultiva a terra, que pratica a policultura, que não destrói a natureza, porque não tem necessidade disso, e que é homogêneo, relativamente homogêneo, em que a distância entre os que mandam e são mandados é muito pequena, e mesmo quando existe, quando é grande, não é uma diferença de fortuna, é uma diferença de poder; não é uma diferença de riqueza, não é uma diferença de acesso às coisas boas que o grupo tem, o quilombo e a colônia são dois mundos contrastantes. (SANTOS, 1985a, p. 62-63)

Em outra publicação, Joel Rufino concebe o "negro quilombola como portador da utopia" (SANTOS, 1985b, p. 61). O mesmo autor, ao visitar a Serra da Barriga, na região do Quilombo dos Palmares, indaga se as famílias negras que ocupam as terras de Muquém, localidade situada nas cercanias daquele marco espacial do grande quilombo, seriam descendentes de Palmares. Para ele, naquele momento, a indagação encontrava limites na versão dos mais velhos do grupo que se consideravam descendentes de pretos que após a libertação "saíram de onde estavam e vieram morar no sopé da Barriga" (SANTOS, 1985b, p. 54-55).

Lélia Gonzalez, por sua vez, busca uma unidade para os descendentes de africanos na América Latina através da noção de "amefricanidade", destacando o mito de Nanny, liderança feminina dos *maroons* jamaicanos tão importante quanto Zumbi dos Palmares para o Brasil (GONZALEZ, 1988).

Clóvis Moura, que estabeleceu estreitas ligações com o movimento negro, a partir da segunda edição de *Rebeliões da senzala*, incluiu matérias jornalísticas que remetiam à existência das localidades de Caiana das Crioulas e Serra do Talhado no Estado da Paraíba (MOURA, 1981a, p. 231-233).

Outra vertente das produções em torno dos quilombos se deu através de monografias e artigos produzidos em diversos centros acadêmicos. Até o Centenário da Abolição, ainda era reduzido o número de agrupamentos negros rurais conhecidos através de pesquisas e publicações que alcançavam visibilidade nacional e/ou que eram temas de pesquisa. Lagoa da Pedra, em Goiás (TELLES, 1977), Campinho da Independência, no Rio de Janeiro (GUSMÃO, 1979) e Bom Jesus, no Maranhão (SOARES, 1981) foram estudados tendo como base questões relativas ao campesinato e cada autor(a) deu maior ou menor destaque à dimensão étnica dos agrupamentos.

Na Universidade de São Paulo, um grupo de pesquisadores selecionou "comunidades negras rurais" que não se encaixavam na definição estrita de "redutos de escravos fugidos", posto que seus moradores apontavam origens como compra, doação de terras. Estava na origem desse projeto a reconsideração do ponto de vista de intelectuais negros ligados "a toda uma ideologia de auto-afirmação racial nucleada na idéia de quilombo" (BORGES PEREIRA, idem: p. 12). Foram publicados trabalhos relativos a: Vila Bela dos Pretos, em Mato Grosso (BANDEIRA, 1988); Cedro, em Goiás (BAIOCCHI, 1987); Castainho, em Pernambuco (MONTEIRO, 1985) e Ivaporunduva (QUEIROZ, 1983). Em formulação que antecipa mudanças posteriores, o orientador dessas monografias – João Baptista Borges Pereira – enunciou, com base nos casos em estudo, que aquelas comunidades negras não podiam ser colocadas na categoria de quilombo, a não ser que se dessem novas dimensões a tal conceito (BORGES PEREIRA, 1981, p. 68).

Na Unicamp foram realizados e publicados estudos sobre a localidade de Cafundó, situada no estado de São Paulo (VOGT e FRY, 1982 e 1996). Outras localidades foram abordadas à mesma época: Riacho, no Rio Grande do Norte (ASSUNÇÃO, 1988), Arraiais do Rio de Contas, na Bahia (MESSEDER e MARTINS, 1991), Kalunga, em Goiás (BAIOCCHI, 1999), dentre outras.

A essa altura havia uma compreensão da diversidade de formações das "terras de preto" como parte de um mesmo fenômeno:

> As denominadas *terras de preto* compreendem aqueles domínios doados, entregues ou adquiridos, com ou sem formalização jurídica, a famílias de ex-escravos a partir da desagregação de grandes propriedades monocultoras. Os descendentes de tais famílias permanecem nessas terras sem proceder ao processo formal de partilha e sem delas se apoderarem individualmente (...)

São também alcançadas pela expressão *terras de preto* aqueles domínios ou extensões correspondentes aos quilombos que permaneceram em isolamento relativo, mantendo regras de direito consuetudinário que orientavam uma apropriação comum dos recursos. Localizáveis em regiões do Norte de Goiás, São Paulo, Maranhão e Minas Gerais, caracterizam-se pela persistência das mobilizações em confronto (ALMEIDA, 1988, p. 45-46).

Em artigo escrito em junho de 1988 e somente publicado alguns anos depois, Maria de Lourdes Bandeira, sem utilizar o termo quilombo, pugna pela abertura de um espaço jurídico para proteção às terras das comunidades negras rurais remanescentes" na Assembleia Nacional Constituinte (BANDEIRA, 1991, p. 18). Numa mobilização em que estiveram envolvidos militantes e parlamentares negros, esse período tem um ápice com a publicação na Constituição Federal de um item e um artigo que se referem a quilombos:

> Art. 216. Inciso V. § 5º – Ficam tombados todos os documentos e os sítios detentores de reminiscências históricas dos antigos quilombos.
>
> Disposições Transitórias – Art. 68 – Aos remanescentes das comunidades de quilombos que estejam ocupando suas terras é reconhecida a propriedade definitiva, devendo o Estado emitir-lhe os títulos respectivos.

Em continuidade à mobilização regional que empreendiam e com a expectativa despertada pelo Artigo 68, algumas comunidades negras rurais emergem como "remanescentes de quilombo": Frechal (MA), Rio das Rãs (BA), Kalunga (GO), Furnas da Boa Sorte e Furnas de Dionísio (MS), Conceição das Crioulas (PE), Mimbó (PI) e outras. Para os moradores desses agrupamentos não faz sentido falar em descoberta: em seus contextos locais são relativamente conhecidos e estão inseridos nos circuitos da economia, da política e da religião.

Mobilização política e processo de ressemantização do conceito de quilombo

Com o conceito de quilombo que se tinha em mente até aquele período, não parecia consensual, entre os pesquisadores, a adoção do termo para designar comunidades negras cujos mitos de origem se referiam a doações, ocupações de antigas fazendas falidas e aquisições de terras. Neusa Gusmão expõe dúvidas, que provavelmente não eram apenas suas, quanto a uma utilização ampla dos termos "quilombo" e "remanescente":

> Antes de mais nada, cabe ressaltar a insuficiência conceitual, prática, histórica e política do termo "quilombo" para dar conta da diversidade das formas de acesso à terra e das formas de existir das comunidades negras no campo.
> (...)
> O conceito, ainda que viável no discurso político da resistência negra, apresenta-se como unificador e generalizante daquilo que é historicamente diverso e particular. Mais que isso, juridicamente apresenta grande dificuldades a serem resolvidas.
>
> A história negada do negro no tecido social e a violência do sistema sobre territórios negros quilombados deixam dúvidas quanto à possibilidade de comprovar a condição 'remanescente' dos grupos negros hoje existentes. (Gusmão, 1991, p. 34-35)

Diante da aprovação do artigo 68, a autora remete suas preocupações para o plano jurídico:

> Frente a esses fatos e outros ainda a serem considerados, a luta negra no campo apenas começa. As perguntas são muitas e algumas registram-se aqui, para que suscitem novas reflexões.
>
> Poderá a legislação ordinária que deve regulamentaras disposições transitórias (na qual se insere o art. 68) superar o limite contido na noção de quilombo?
> (...)
> Poderá a legislação vigente garantir aos grupos negros, seus territórios? (GUSMÃO, 1991, p. 35)

A referida citação se faz necessária para que se possa compreender uma questão que tem origem no âmbito jurídico de um Estado que, depois de um silêncio centenário, abre um espaço mínimo para as comunidades negras rurais sob uma denominação questionável: "remanescentes das comunidades de quilombos". Por outro lado esse questionamento se propaga no âmbito acadêmico. Este "problema" se coloca de forma distinta para os moradores das comunidades negras que em suas situações específicas narram sua origem de maneiras diversas e se caracterizam de forma variada.⁶

O terceiro lado da questão constitui-se, então, na emergência política das comunidades negras rurais. Entre 1986 e 1995 aconteceram algumas mobilizações de relevância regional e nacional: no Maranhão foram realizados Encontros de Comunidades Negras Rurais (o primeiro em 1986, o segundo em 1988, o terceiro em 1989 e outros na década seguinte) e em 1992 foi criada a Reserva Extrativista Quilombo de Frechal (Mirinzal – MA); no Pará também foram organizados os Encontros Raízes Negras (o primeiro em 1988 e o segundo em 1989 e outros na década posterior) e em 1989 foi fundada a Associação dos Remanescentes de Quilombo de Oriximiná – PA. Nos primeiros anos da década de 1990 outros Estados como Bahia, São Paulo, Pernambuco e Mato Grosso do Sul iniciaram mobilizações semelhantes. Em Brasília, em 1994, ocorreu o I Seminário Nacional das Comunidades Remanescentes de Quilombo, promovido pela Fundação Cultural Palmares, órgão governamental vinculado ao ministério da Cultura (SANTOS SILVA, 1997, p. 08-11).

Em 1995, realiza-se em Brasília o 1° Encontro Nacional de Comunidades Negras Rurais, com representantes de 26 comunidades negras rurais cuja delegação entrega uma carta de reivindicações ao Presidente da República. O encontro foi assistido por entidades do movimento negro, organizações não governamentais e órgão públicos federais (SANTOS SILVA, 1997, p. 11).

Desde 1994 a Associação Brasileira de Antropologia estava mobilizada e opinava sobre a questão chamando a atenção para o processo de ressemantização do termo quilombo. O documento do GT – Comunidades Negras Rurais da ABA, trabalhava a partir de três chaves que têm sido utilizadas para caracterização dessas comunidades como quilombo pelo fato de referir-se a: 1. segmentos negros; 2. grupos étnicos com critérios próprios de pertencimento;

---

⁶ Definir agrupamentos negros rurais como "camponeses" ou "remanescentes de quilombo" ou quaisquer outras categorias são "dilemas sobre as classes subalternas" no "trabalho intelectual", como disse José de Souza Martins, e não dilemas "das" classes subalternas (MARTINS, 1989, p.137). Otávio Ianni indicara esse tipo de problemática quanto aos camponeses que, assim denominados, se reconhecem como trabalhadores rurais, lavradores, agricultores etc. (IANNI, 1986, p. 173-7)

e 3. coletividades que conformaram diferentes modos de vida e de territorialidade, baseados predominantemente no uso comum da terra (O"DWYER, 1995, p. 01-02; NUER, 1996, p. 81-82).

Um intenso debate tem sido travado sobre os procedimentos para o reconhecimento e titulação das terras de quilombos com base no artigo 68 (ANDRADE, 1997; LEITÃO, 1999). Há projetos de lei em andamento visando regulamentar essas atividades no âmbito federal. Nos Estados da Federação há políticas em andamento. No Estado de São Paulo, por exemplo, foi criado um grupo governamental que tomou para si a responsabilidade com a questão dos "remanescentes de quilombo" (ANDRADE,1997). No caso do Pará, em que parte dos quilombos está situada em terras devolutas, a ação vinha sendo tomada pelo Instituto Nacional de Colonização e Reforma Agrária. Noutros Estados, as demandas são encaminhadas para distintos órgãos federais e estaduais. Há ainda a situação de quilombos que incidem em áreas de particulares e de proteção ambiental.

As comunidades negras rurais estabelecem alianças com variados segmentos locais, regionais e nacionais e essa outra face da diversidade rural brasileira deve ser considerada por aqueles que estão envolvidos com essa mobilização que é crescente. Seja como "remanescentes de quilombo", "quilombolas", "mocambeiros"etc., as representações dos agrupamentos negros rurais, com base na memória, no parentesco, no lugar que construíram, vêm "reaparecendo" em contextos que lhes são geralmente adversos. A partir dessa movimentação, o termo quilombo vem sendo ressemantizado num duplo esforço de entendimento da diversidade histórica do fenômeno e das situações atuais. (ALMEIDA, 1998, 1996; GUSMÃO, 1996). Um longo tempo será necessário para que um outro conceito, quem sabe, se contraponha à definição colonial (ALMEIDA, 1999), o que talvez frustre aqueles que almejam caracterizações prontas e objetivas.

Quilombos por todo o Brasil

Passo a apresentar um quadro recente de levantamentos e pesquisas da emergência dos quilombos em distintas regiões do país para que se perceba ainda mais a diversidade do fenômeno:

Região Norte

Por muito tempo, a Amazônia foi considerada uma área de quase inexistência do sistema escravista. No Estado do Pará, observa-se a identificação e mobilização de comunidades negras rurais ao longo dos rios Trombetas e Erepecuru (MARIN E CASTRO, 1993; O'DWYER, 1995; e ANDRADE, 1995). Destaca-se a organização da Associação das Comunidades de Remanescentes de Quilombo do Município de Oriximiná – ARQMO. Nessa região ressalto o caso de Pacoval, município de Alenquer. A memória coletiva do grupo remete o seu passado para a formação de mocambos nas matas entre cachoeiras na segunda metade do século XIX (FUNES, 1995). Pacoval conquistou seu título de reconhecimento de domínio em 1986 (LEITÃO, 1999, p. 184).

Região Sul

À semelhança da região Norte, o Sul do país consiste em mais um caso em que historiografia regional pouco se debruçava acerca da presença negra. Territórios negros rurais e urbanos têm sido identificados nos Estados de Paraná, Santa Catarina e Rio Grande do Sul (LEITE, 1991). Uma vasta bibliografia sobre a população negra vem sendo produzida (LEITE, 1996; 1995; e MAESTRI FILHO, 1996). A Comunidade Cafuza, em Santa Catarina, tornou-se um dos casos mais singulares para estudos que abordam sua relação com os índios (MARTINS, 1995) e a transferência de local (SCHMITT, 1998).

Região Centro-Oeste

Há mais de uma década vêm sendo identificadas comunidades negras rurais nessa região marcada pelas minerações nos períodos colonial e imperial. A área Kalunga, composta por mais de três mil habitantes, foi delimitada como Sítio Histórico e Patrimônio Cultural em 1991, com base no Artigo 216, inciso V, parágrafo 5 da Constituição Federal (BAIOCCHI, 1999). Em Mato Grosso, o agrupamento de *Mata Cavalo* foi reconhecido como "remanescente de quilombo" (LEITÃO, 1999, p. 191). Em Mato Grosso do Sul, Furnas de Boa Sorte está entre os quilombos identificados.

Região Sudeste

Comunidades negras rurais anteriormente estudadas foram revisitadas com vistas ao seu reconhecimento como "remanescentes de quilombo". Campinho da Independência, em Parati, Rio de Janeiro, cujas narrativas míticas remetem a uma doação de terras de uma fazenda após o final do período escravista a três senhoras negras pelo ex-patrão para o qual trabalharam (GUSMÃO, 1995), foi titulada pelo governo estadual em 1999. No Vale do Ribeira, São Paulo, há uma significativa concentração de quilombos – Ivaporunduva, São Pedro, Sapatu, Pilões etc. – que enfrentam, de um lado, restrições da legislação ambiental referentes a áreas de proteção incidentes em suas áreas e, de outro, ameaças de construção de barragens que inundariam suas terras (CARRIL, 1995; ANDRADE, 1997).

Região Nordeste

O Nordeste concentra a maior quantidade de quilombos brasileiros. No Estado do Maranhão, dentre centenas identificadas, pode-se destacar o caso de Frechal e de Jamary dos Pretos (PVN, 1996; 1998) e a criação da Associação das Comunidades Negras Rurais Quilombolas – ACONERUQ. Na Bahia, Rio das Rãs exemplifica a mobilização estadual, dentre outras situações que cobrem grandes extensões territoriais (CARVALHO, 1995; SANTOS SILVA, 1997). No Nordeste agropecuário, onde ainda se considera ínfima a presença negra, há agrupamentos rurais que têm sido identificados enquanto "remanescentes de quilombos": Mocambo, em Sergipe (ARRUTI, 1997), Conceição dos Caetanos, no Ceará (RATTS, 1998a) e Boa Vista dos Negros, na região do Seridó no Rio Grande do Norte (RATTS, 1998b).

Desdobramentos da "emergência" dos quilombos

Através da pesquisa histórica se tem ampliado também a compreensão da diversidade de formação de agrupamentos rurais e suburbanos durante o período escravista (e a ele vinculados), para além da noção de quilombo como "reduto de negros escravizados fugitivos" (REIS & GOMES, 1996; GOMES, 1995). Outro aspecto relevante é que, segundo alguns desses trabalhos, nem sempre a população negra de um local ou região estava em concordância, da mesma forma que alianças com índios ou brancos se davam com segmentos e indivíduos específicos.

Pesquisas estão sendo desenvolvidas por antropólogos, sociólogos, geógrafos, etnomusicólogos e outros profissionais, evidenciando uma bibliografia em franca expansão (ALMEIDA, 1997). Parte desses estudos aproximam a emergência dos quilombos com a situação dos povos indígenas no Nordeste (ARRUTI, 1997 e RATTS, 1996). Destacam-se as elaborações em torno das formas de apropriação da terra e da noção de "território negro" (BANDEIRA, 1991; 1988; GUSMÃO, 1995 e 1991; e RATTS, 1996). Retomam-se temas como parentesco, identidade negra (SANTOS SILVA, 1997) e relações raciais (RATTS, 1999).

A publicação do Artigo 68 na Constituição Federal de 1988 provoca, entre as inúmeras comunidades negras rurais no país, uma expectativa de direitos que contrasta com a ínfima quantidade de localidades identificadas e tituladas até o momento por órgãos governamentais nacionais e estaduais (LEITÃO, 1999), que são pressionados para estabelecer procedimentos de identificações, delimitações e titulação das terras de quilombos.

Um campo "pró-quilombo" se tem constituído envolvendo, basicamente, dois tipos de organizações: 1. grupos e entidades do movimento negro empenhados no mapeamento, articulação e defesa de comunidades negras rurais; 2. entidades e organizações de apoio e de assessoria jurídica e ambiental, em geral, que apoiam também camponeses e povos indígenas.

Através de sua mobilização, os quilombolas estão se configurando como um novo sujeito político, à semelhança do que se deu com os povos indígenas (MARTINS, 1993). Para o mês de novembro de 2000 está prevista a realização do 2° Encontro de Comunidades Negras Rurais Quilombolas. Além da titulação das terras existem demandas relativas a infraestrutura, política agrícola, educação e saúde.

Os quilombos – que mal aparecem em nossos livros escolares – deixaram de ser considerados apenas como um fenômeno do passado: estão em toda parte e têm direito ao futuro, onde é necessária a difícil combinação entre desenvolvimento e preservação do lugar. Não faz sentido enquadrá-los outra vez num tempo e num espaço únicos.

BIBLIOGRAFIA

ALMEIDA, Alfredo Wagner B. de. "Os quilombos e as novas etnias". In: LEITÃO, Sérgio (Org.) *Direitos territoriais das comunidades negras rurais.* São Paulo, ISA, 1999, p. 11-8.

ALMEIDA, Alfredo Wagner B. de. 'Quilombos: tema e problema". In: Projeto Vida de Negro. *Jamary dos pretos: terra de mocambeiros.* São Luís, SMDDH/CCN-PVN, 1998 p. 13-25

ALMEIDA, Alfredo Wagner B. de. "Quilombos: repertório bibliográfico de uma questão redefinida (1995-1996)." In: ANDRADE, Tânia (Org.) *Quilombos em São Paulo: tradições, direitos e lutas.* São Paulo, ITESP, 1997, p. 123-138.

ALMEIDA, Alfredo Wagner B. de. "Quilombos: sematologia face a novas identidades." In: Projeto Vida de Negro (Org.) *Frechal: quilombo reconhecido como reserva extrativista.* São Luís, SMDDH/CCN, 1996. p. 11-19.

ALMEIDA, Alfredo Wagner B. de. "Terras de preto, terras de santo e terras de índio: posse comunal e conflito." *Revista Humanidades,* Brasília, UnB, N° 15, 1988, p. 42-48.

ANDRADE, Lúcia M. M. de (Org.) *Desafios para o reconhecimento das terras quilombolas.* São Paulo, Comissão Pró-Índio de São Paulo, 1997.

ANDRADE, Lúcia M. M. de "Os quilombos da Bacia do Rio Trombetas: breve histórico." In: O'DWYER, Eliane Cantarino (Org.). *Terra de quilombos.* Rio de Janeiro, ABA, 1995, p. 47-60.

ANDRADE, Tânia (Org.). *Quilombos em São Paulo: tradições, direitos e lutas.* São Paulo, ITESP, 1997.

ARRUTI, José Maurício Andion. "Hibridação, segmentação e mobilização política de índios e negros: notas exploratórias a partir dos campos brasileiro e colombiano." In: *Encontro Anual da ANPOCS,* 23, 1999, Caxambu.

ARRUTI, José Maurício Andion. "A emergência dos "remanescentes": notas para o diálogo entre indígenas e quilombolas." *Mana,* Rio de Janeiro, N° 3(2), 1997, p. 07-38.

ASSUNÇÃO, Luiz de Carvalho. *Os negros do Riacho: um estudo sobre estratégias de sobrevivência e identidade social.* Dissertação de Mestrado. Natal, UFRN, 1988.

BAIOCCHI, Mari de Nasaré. *Kalunga; povo da terra.* Brasília, Ministério da Justiça, 1999.

BAIOCCHI, Mari de Nasaré. *Negros de Cedro: um estudo antropológico de um bairro rural de Goiás.* São Paulo, Ática, 1987.

BANDEIRA, Maria de Lourdes. Terras negras: invisibilidade expropriadora. *Textos e Debates,* Florianópolis, NUER-UFSC, N° 2, 1991, p. 07-23.

BANDEIRA, Maria de Lourdes. *Território negro em espaço branco: estudo antropológico de Vila Bela.* São Paulo, Brasiliense, 1988.

BASTIDE, Roger. *As religiões africanas no Brasil: contribuição a uma sociologia das interpenetrações de civilizações*. 1º Vol. São Paulo, Livraria Pioneira Editora, 1970.

BORGES PEREIRA, João Baptista. "Estudos antropológicos das populações negras na Universidade de São Paulo." *Revista de Antropologia*. São Paulo, FFLCH-USP, Nº 24, 1981 p. 63-74.

CARNEIRO, Edison. *O Quilombo dos Palmares*. São Paulo, Editora Nacional, Edição fac-similar: 1988 [1ª Ed.: 1947].

CARRIL, Lourdes de Fátima Bezerra. *Terras de negros no Vale do Ribeira: territorialidade e resistência*. Dissertação de Mestrado. São Paulo, FFLCH-USP, 1995.

CARVALHO, José Jorge de (Org.). *O Quilombo do Rio das Rãs: histórias, tradições, lutas*. Salvador, EDUFBA. 1995

FREITAS, Décio. *Palmares: a guerra dos escravos*. Rio de Janeiro, Graal, 2ª Ed., 1978.

FREUDENTHAL, Aida. "Os quilombos de Angola no século XIX: a recusa da escravidão." *Estudos Afro-Asiáticos*, Rio de Janeiro, Nº 32, 1997, p. 109-134.

FUNES, Eurípedes Antônio. *"Nasci nas matas, nunca tive senhor". História e memória dos mocambos do Baixo Amazonas*. Tese de Doutorado em História. São Paulo, FFLCH-USP, 1995.

GOMES, Flávio dos Santos. *Histórias de quilombolas: mocambos e comunidades de senzalas no Rio de Janeiro*. Século XIX. Rio de janeiro, Arquivo Nacional. 1995.

GONZALEZ, Lélia. Nanny. *Humanidades*, Brasília, UnB, Nº IV, 1988, p. 23-25.

GUSMÃO, Neusa M. M. de. *Terras de preto, terras de mulheres: terra, mulher e raça num bairro rural negro*. Brasília, Fundação Cultural Palmares, 1996a.

GUSMÃO, Neusa M. M. de. "Da Antropologia e do Direito: impasses da questão negra no campo." *Palmares em Revista*, Brasília, Fundação Cultural Palmares, n.1, 1996b, p. 01-13.

GUSMÃO, Neusa M. M. de. "Caminhos transversos: território e cidadania negra." In: O'DWYER, Eliane C. (Org.) *Terra de quilombos*. Rio de Janeiro, ABA, 1995, p. 61-119.

GUSMÃO, Neusa M. M. de. "A Questão política das chamadas 'Terras de Preto'". *Textos e Debates*. Florianópolis, NUER-UFSC, n. 2, 1991, p. 25-37.

GUSMÃO, Neusa M. M. de. *A dimensão política da cultura negra no campo: uma luta, muitas lutas*. Tese de Doutorado em Antropologia Social. São Paulo, FFLCH-USP, 1990.

GUSMÃO, Neusa M. M. de. *Campinho da Independência: um caso de proletarização caiçara*. Dissertação de Mestrado em Ciências Sociais. São Paulo, PUC-SP, 1979.

IANNI, Otávio. "A utopia camponesa." *Ciências Sociais Hoje*. São Paulo, ANPOCS, 1986, p. 175-6.

LEITÃO, Sérgio (Org.). *Direitos territoriais das comunidades Negras Rurais*. São Paulo, ISA, 1999.

LEITE, Ilka Boaventura. "Quilombos e quilombolas: cidadania ou folclorização?" *Horizontes Antropológicos*. Porto Alegre n. 10, 1999, p. 123-150

LEITE, Ilka Boaventura. (Org.) *Negros no Sul do Brasil: invisibilidade e territorialidade*. Florianópolis, Letras Contemporâneas, 1996.

LEITE, Ilka Boaventura. "Classificações étnicas e as terras de negros no Sul do Brasil." In: O'DWYER, Eliane Cantarino (Org.) *Terras de Quilombos*. Rio de Janeiro, ABA, 1995, p. 112-119.

LEITE, Ilka Boaventura. Território Negro em área Rural e Urbana: algumas questões. *Textos e Debates*. Florianópolis, NUER/UFSC, N° 2. 1991, p. 39-46.

LOPES, Helena Theodoro, SIQUEIRA, José Jorge e NASCIMENTO, Maria Beatriz. Introdução ao conceito de quilombo. In: *Negro e Cultura no Brasil: pequena enciclopédia da cultura brasileira*. 1987

MAESTRI FILHO, Mário. Pampa Negro. In: REIS, João José e GOMES, Flávio dos Santos (Org.) *Liberdade por um fio: história dos quilombos no Brasil*. São Paulo, companhia das Letras, 1996, p. 291-331.

MARTINS, José de Souza. *A chegada do estranho*. São Paulo, HUCITEC, 1993.

MARTINS, José de Souza.*Caminhada no chão da noite: emancipação política e libertação nos movimentos sociais do campo*. São Paulo, HUCITEC, 1989.

MARTINS, Pedro. *Anjos de cara suja: etnografia da comunidade cafuza*. Petrópolis, Vozes, 1995.

MESSEDER, Marcos L. L. e MARTINS, Marco A. M. "Arraiais de Rio de Contas: uma comunidade de cor." *Cadernos CRH*, Salvador, Suplemento, 1991, p. 36-49.

MONTEIRO, Ana Maria. *Castainho: etnografia de um bairro rural de negros*. Recife, Fundação Joaquim Nabuco. Editora Massangana, 1985.

MOURA, Clóvis. *Rebeliões da senzala: quilombos, insurreições, guerrilhas*. São Paulo, Livraria Editora Ciências Humanas. 3ª Ed., 1981a. [1ª Ed.: 1959]

MOURA, Clóvis. *Os quilombos e a rebelião negra*. São Paulo, Brasiliense, 1981b.

MUNANGA, Kabengele. "Origem e histórico do quilombo na África." *Revista USP*, São Paulo, N° 28, 1996, p. 56-63.

NASCIMENTO, Abdias. *Quilombismo: documentos da militância pan-africanista*. Petrópolis, Vozes, 1980.

NASCIMENTO, Beatriz. O Quilombo do Jabaquara. *Revista de Cultura Vozes*. Petrópolis, Vol. LXIII, 1979, p. 16-18.

NUER – "Núcleo de Estudos sobre Identidade e Relações Interétnicas. Regulamentação de Terras de Negros no Brasil." *Boletim Informativo NUER*, Florianópolis, UFSC. v. 1, n. 1, 1996.

O'DYWER, Eliane Cantarino (Org.). *Terras de quilombos*. Rio de Janeiro, Associação Brasileira de Antropologia, 1995.

PRICE, Richard. "Quilombolas e direitos humanos no Suriname." *Horizontes Antropológicos*. Porto Alegre, n. 10, 1999, p. 203-242.

PRICE, Richard. *First-time: the historical vision of an Afro-American people*. Baltimore/London, The Johns Hopkins University Press, 1983.

PRICE, Richard. (Ed.) *Maroon societies: rebel slaves communities in the Americas*. Baltimore/London, The Johns Hopkins University Press, 2nd Ed., 1979 [1st Ed.: 1973].

PVN – Projeto Vida de Negro. *Jamary dos Pretos: terra de mocambeiros*. São Luís, SMDDH/CCN-MA, 1998.

_____. *Frechal, terra de preto: quilombo reconhecido como reserva extrativista*. São Luís, SMDDH/CCN-MA, 1996.

QUEIROZ, Renato. *Caipiras negros no Vale do Ribeira*. São Paulo, FFLCH-USP, 1983.

RATTS, Alecsandro J. P. "Parentes, conhecidos e estranhos: relações interétnicas e quilombos." In: *Encontro Anual da ANPOCS*, 23°, 1999, Caxambu.

RATTS, Alecsandro J. P.*Conceição dos Caetanos, Tururu – CE*. Relatório Técnico-Científico. Brasília, Fundação Cultural Palmares. (mimeo), 1998.

RATTS, Alecsandro J. P. *Boa Vista dos Negros, Parelhas – RN*. Relatório Técnico-Científico. Brasília, Fundação Cultural Palmares (mimeo) 1998.

RATTS, Alecsandro J. P. *Fronteiras invisíveis: territórios negros e indígenas no Ceará*. São Paulo, FFLCH-USP. Dissertação de Mestrado (mimeo), 1996a.

REIS, João José. "Quilombos e revoltas escravas no Brasil: "nos achamos em campo a tratar da liberdade". *Revista USP*. São Paulo, n°. 28, 1996, p. 14-39.

REIS, João José e GOMES, Flávio dos Santos (Orgs.). *Liberdade por um fio: história dos quilombos no Brasil*. São Paulo, Companhia das Letras, 1996.

SANTOS, Joel Rufino dos. *História do negro no Brasil*. São Luís, Centro de Cultura Negra – MA, 1985.

SANTOS, Joel Rufino dos. *Zumbi*. São Paulo, Ed. Moderna, 1985.

SANTOS SILVA, Valdélio. *Do Mucambo do Pau Preto à Rio das Rãs: liberdade e escravidão na construção da Identidade Negra de um Quilombo Contemporâneo*. Dissertação de Mestrado em Sociologia. Salvador, UFBA, 1997.

SOARES, Luís Eduardo. *Campesinato: ideologia e política*. Rio de Janeiro, Zahar Editores, 1981.

TELLES, Maria Otília da Costa. *Produção camponesa em Lagoa da Pedra: etnia e patronagem*. Dissertação de Mestrado. Brasília, UnB, 1977.

VALENTE, Ana Lúcia F. "Repensando a questão da territorialidade negra." *Revista Afro-Ásia*. Salvador, n. 16, p. 133- 147.

VOGT, Carlos e FRY, Peter. "Cafundó: a África no Brasil." São Paulo, Companhia das Letras, 1996.

VOGT, Carlos e FRY, Peter. "A "descoberta" do Cafundó: alianças e conflitos no cenário da cultura negra no Brasil." *Religião e Sociedade*. Rio de Janeiro, n. 8, 1982, p. 45-52.

UMA TENTATIVA DE TRAÇAR PISTAS DE VANGUARDA

Jussara Santos

> De onde ela vem?! De que matéria bruta
> Vem essa luz que sobre as nebulosas
> Cai de incógnitas criptas misteriosas
> Como as estalactites duma gruta?!
> *Augusto dos Anjos*

Tristão de Athayde disse certa vez que "os isolados não marcam (...). Só os grupos é que traçam as pistas de vanguarda".[1] Hoje, frente ao aparente fim dos grandes ideais, colocações como essa podem soar um tanto quanto nostálgicas. A experiência de grupo vivenciada, por exemplo, por escritores modernistas, que se reuniam em torno de discussões sobre a literatura e a cultura brasileira, parece, por vezes, muito distante de nós.

Na era da globalização, frente à Internet que nos cria a ilusão do fim das fronteiras, a concepção de grupo apresenta-se diferenciada. Hoje a comunicação gira em torno do e-mail, assim como é possível escrever interativamente com alguém que nunca vimos e, provavelmente, nunca veremos. Mas, ver o outro (?), isso não importa. O que importa é estarmos plugados, termos, quem sabe, um site e massagearmos todo nosso exibicionismo através da tela de um computador, tendo o mouse como bússola.

Nesse cenário chamado pós-moderno, pensar em constituir um grupo de estudos cuja principal preocupação temática seria a questão racial no Brasil e, principalmente, a discussão dela no âmbito universitário, pareceu loucura naquele março de 1991.

---

[1] BUENO, Antônio Sérgio. *O modernismo em Belo Horizonte: década de 20*. Belo Horizonte: PROED/UFMG, 1982.

Porém, remando contra a maré, um grupo de alunos de algumas unidades da UFMG passou a se reunir nos Setoriais daquela Universidade, logo após o almoço, para pensar e discutir textos referentes à questão racial.

Você pode estar se perguntando o que motivou o primeiro encontro, a primeira reunião informal. A princípio, aqueles estudantes refletiam sobre si mesmos. Reflexão que passava por questões como as de identidade, raça, etnia, entre outras. Depois, viram-se diante de uma outra questão que girava em torno do fato de serem negros universitários e de, enquanto tal, perceberem-se invisíveis no ambiente acadêmico.

A invisibilidade dos corpos negros pôde ser constatada não somente no espaço acadêmico como também em outros espaços de convivência social e cultural. No país que se vangloria de ser uma democracia racial e faz apologia da integração das diversidades que o constituem, os corpos negros são excluídos de um sistema que privilegia as aparências físicas e (por que não?) mentais.

Em artigo intitulado *Ser negro no Brasil hoje*,[2] o geógrafo Milton Santos salienta que

> Costuma-se dizer que uma diferença entre os Estados Unidos e o Brasil é que lá existe uma linha de cor e aqui não. Em si mesma, essa distinção é pouco mais do que alegórica, pois não podemos aqui inventar essa famosa linha de cor. Mas a verdade é que, no caso brasileiro, o corpo da pessoa também se impõe como uma marca visível e é freqüente privilegiar a aparência como condição primeira de objetivação e de julgamento, criando uma linha demarcatória, que identifica e separa, a despeito das pretensões de individualidade e de cidadania do outro. Então, a própria subjetividade e a dos demais esbarram no dado ostensivo da corporeidade cuja avaliação, no entanto, é preconceituosa. (SANTOS, 2000)

Assim, depois de várias reuniões informais, aqueles estudantes verificaram a necessidade de sistematização das discussões que vinham realizando. Pensaram também na possibilidade de ampliação delas para o *Campus* em geral, no sentido de trazer outros estudantes interessados em dividir suas reflexões em relação à questão racial no Brasil e em outras partes do mundo.

---

[2] SANTOS, Milton. "Ser negro no Brasil hoje". *Folha de São Paulo*. Caderno Mais. 7/5/2000 pp.14-16

Portanto, em um 08 de março de 1991, o Grupo Interdisciplinar de Estudos Afro-brasileiros,[3] GIEAB, oficializou sua primeira formação, que contava com alunos de graduação e pós-graduação da Faculdade de Letras (FALE), Faculdade de Filosofia e Ciências Humanas (FAFICH), Faculdade de Educação (FAE) e Escola de Direito da UFMG.

O propósito foi introduzir nestas instituições a linha de pesquisa sobre a questão racial na sociedade brasileira. Tinham como objetivo estudar, discutir e tentar resgatar a produção de conhecimento sobre a população afro-brasileira em nossa sociedade.

Porém, sabiam que o resgate dessa produção só teria sentido se viesse pautado pelo respeito à memória dessa população afrodescendente, assim como pela valorização do papel sociocultural, político e econômico que essa população exerceu e exerce na formação brasileira.

O Grupo também sabia das armadilhas, dos riscos que poderiam enfrentar. Um deles girava em torno do fato de, muitas vezes, serem objeto de suas próprias investigações. Mas, investigados e investigadores a um só tempo não se detiveram. Assumiram uma posição de enfrentamento de questões tão nossas; negras e negros brasileiros.

Moveu-os, por exemplo, a constatação de que, majoritariamente, as comunidades negras estão à margem da sociedade, parecendo constituir outras diásporas dentro da própria diáspora.

Moveu-os também o fato de que na escala salarial brasileira homens negros e mulheres negras recebem salários abaixo da média salarial de homens e mulheres brancas. Moveu-os a constatação das várias formas de exclusão do negro existentes no Brasil, muito pouco sutis por sinal.

Moveu-os perceber que autores negros se mantêm ausentes dos compêndios da literatura brasileira e das salas de aulas, assim como a constatação de que o discurso educacional, muitas vezes, ignora a ascendência e descendência étnica de nossos alunos e da influência disso em seu processo de formação e ensino-aprendizagem.

Assim, se reconheciam que o racismo e a discriminação existem em nossa sociedade, como não problematizá-los no universo acadêmico? A Universidade estaria isenta de conflitos sociais e raciais

---

[3] Muitas das informações contidas neste artigo foram retiradas do Regimento Interno e do Histórico do GIEAB, gentilmente cedidos por Marlene dos Santos – aluna-bolsista-FALE/UFMG e atual secretária do Grupo.

presentes no cotidiano da sociedade? Ela seria um campo/Campus neutro onde a discussão dos conflitos não caberia? A resposta do GIEAB para esses questionamentos foi não, pois acreditavam no compromisso da Universidade com o que está a seu redor.

Como primeiro passo, decidiram realizar um encontro de pesquisadores brasileiros que pensassem a questão racial no Brasil. Essa vontade foi levada ao professor Jacyntho Lins Brandão, diretor da Faculdade de Letras na época. Este não só apoiou a ideia como também incentivou a formação daquele grupo de estudos. Para tanto, cedeu-lhes a sala 3045 (FALE), que o GIEAB ocupa até hoje.

Esse encontro de pesquisadores intitulou-se *Negritos sobre a escrita negra* e foi realizado no Centro Cultural da UFMG. Essa primeira mostra de trabalhos possibilitou aos integrantes do Grupo conhecer pesquisadores não apenas de outras unidades do *Campus*, como também de outras unidades federais (Ouro Preto, Uberlândia, Juiz de Fora, entre outras).

Foi surpreendente, para os membros do GIEAB, o número de pesquisas realizadas por alunos e professores da UFMG e a pouca divulgação desses trabalhos. Perceberam então que o Grupo Interdisciplinar de Estudos Afro-brasileiros precisava encontrar caminhos que possibilitassem a divulgação dessas pesquisas, assim como o intercâmbio entre pesquisadores.

Uma vez que haviam conquistado um espaço físico onde poderiam desenvolver seus trabalhos, os membros do GIEAB consideraram necessária a construção de um Regimento Interno que traçasse os objetivos do Grupo, facilitando a realização de suas atividades.

Assim, de acordo com esse Regimento, o Grupo Interdisciplinar de Estudos Afro-brasileiros tinha os seguintes objetivos:

> - Abrir espaço no meio acadêmico para estudo, discussão, reflexão e produção de conhecimento sobre a população afro-brasileira, a fim de resgatar-lhe a memória, com a devida valorização de seu papel sociocultural, político e econômico na história do Brasil, devendo:
>
> I- desenvolver pesquisas e estudos de caráter interdisciplinar;
>
> II- promover a divulgação de conhecimentos que abordem a participação do afro-brasileiro nas sociedades diversas;
>
> III- criar um centro de documentação e informação que seja colocado à disposição da UFMG e outras IFES, bem como da sociedade em geral;

IV- colaborar com a UFMG e outras IFES, bem como a sociedade em geral, com pesquisas que girem em torno da questão afro-brasileira;

V- envolver os Departamentos da UFMG e de outras IFES em sua linha de estudos;

VI- divulgar os resultados das pesquisas realizadas através dos meios de comunicação dentro e fora do âmbito da UFMG;

VII- promover cursos, seminários, palestras, exposições e intercâmbios com grupos afins;

VIII- envidar esforços no sentido de viabilizar a publicação dos trabalhos de pesquisas e estudos desenvolvidos sobre a temática afro-brasileira;

IX- contribuir para a eliminação do racismo e da discriminação racial em todos os segmentos da sociedade brasileira.

Faz-se importante ressaltar que o GIEAB tinha, além de todos os objetivos citados, o compromisso de assessorar escolas públicas estaduais e municipais, nas discussões em relação à questão racial, por meio de seminários, oficinas, palestras, cursos para professores e alunos.

Para melhor planejar e executar seus trabalhos, pesquisas e eventos, o GIEAB definiu assim seu organograma:

	Coordenação	
Conselho consultivo		Tesouraria
	Secretaria	
	Equipes de trabalho	

Desse organograma, destaco alguns aspectos da Coordenação Geral e do Conselho Consultivo. A Coordenação seria formada de três membros do GIEAB que tivessem participação ativa nas atividades do mesmo e seria eleita em Assembleia Geral Ordinária, com a presença de 2/3 dos membros. O mandato da coordenação teria duração de dois anos, sendo permitida a reeleição.

A ela competia, entre outros deveres, dinamizar, incentivar, organizar e encaminhar atividades a serem desenvolvidas pelo GIEAB, assim como representar o Grupo em trabalhos e atividades desenvolvidas em outras instituições.

O Conselho Consultivo seria composto por professores não apenas da UFMG, mas também de outras instituições federais que realizassem pesquisas na área de relações raciais.

Esse Conselho prestaria serviço de consultoria ao Grupo. Além disso, esse órgão encaminharia, juntamente com a Coordenação, projetos de pesquisa do GIEAB às agências de fomento.

Os professores que fizessem parte do Conselho Consultivo orientariam os pesquisadores do GIEAB nas suas pesquisas específicas. Também participariam das reuniões e assembleias do Grupo, opinando sobre eventos a serem realizados.

Como órgão máximo do GIEAB constituiu-se a Assembleia Geral, que se realizaria na sede do Grupo, podendo ser convocada pela Coordenação ou por qualquer outro membro, mediante requerimento.

Competia a essa Assembleia deliberar sobre:

- contas e balanço geral do GIEAB;
- relatório da Coordenação e dos subgrupos;
- eleição dos membros da Coordenação e Tesouraria;
- eleição e/ou indicação dos bolsistas que desenvolverão serviços de secretaria;
- orçamento anual de receita e despesa do GIEAB;
- fixação do valor da taxa de contribuição dos membros do GIEAB, tendo em vista a proposição da Coordenação e Tesouraria;
- quaisquer assuntos de interesse do GIEAB constantes no Edital de convocação;
- eleger a Coordenação com a presença de 2/3 dos membros.

Havia ainda a possibilidade de se convocar uma Assembleia Extraordinária, através de requerimento, caso fosse preciso deliberar de forma urgente sobre algum assunto de interesse do GIEAB.

Aponto ainda algumas atividades que competiam à Secretaria e à Tesouraria respectivamente. À primeira competia:

- redigir e lavrar as atas das Assembleias e das reuniões;
- registrar as atividades do GIEAB;
- arquivar materiais;
- regularizar empréstimos de livros e fitas;
- catalogar bens e material permanente e de consumo do GIEAB;

- encarregar-se da correspondência;
- divulgar trabalhos do Grupo junto aos demais membros;
- realizar plantão de atendimento na sala do Grupo.

À Tesouraria caberia:

- assinar recibos relativos à cobertura de mensalidade, doações e legados;
- efetuar pagamentos;
- buscar recursos financeiros para o andamento das atividades do GIEAB.

De acordo com seu Regimento Interno, a participação como membro do GIEAB se fazia aberta a todos os interessados em discutir, estudar e aprofundar conhecimentos sobre relações raciais de acordo com os objetivos do Grupo.

O Grupo Interdisciplinar de Estudos Afro-brasileiros instaurou ainda a categoria de Pesquisador Vinculado. A essa categoria pertenciam aqueles que não se filiavam como membro e, portanto, integravam subgrupos de pesquisas, ficando subordinados à Coordenação e ao Conselho Consultivo.

O pesquisador vinculado deveria "apresentar à Coordenação relatórios parciais e finais do projeto em desenvolvimento". Ele também se responsabilizaria caso não cumprisse as atividades previstas para o desenvolvimento do projeto.

Seriam direitos desse pesquisador a utilização da infraestrutura do Grupo, "sem prejudicar o bom andamento de suas atividades, para a realização dos projetos em desenvolvimento" e a produção e a publicação de "trabalhos acadêmicos, científicos, jornalísticos e artísticos com o tema afim com os objetivos gerais do GIEAB, assinando a autoria".

Àqueles que tivessem interesse em integrar-se como membros oficiais do Grupo cabia, depois de um mês de observação, a apresentação à Coordenação uma carta-projeto dizendo de seu interesse de participação. A sua integração deveria constar em ata.

Eram deveres dos membros, entre outros:

- acatar os atos da Assembleia e da Coordenação;
- preservar os bens patrimoniais do GIEAB;
- garantir o bom andamento dos trabalhos de rotina, bem como dos trabalhos para os eventos;

- apresentar à Coordenação os projetos individuais para serem desenvolvidos no GIEAB, a fim de que fossem submetidos a sua participação;
- indicar nos projetos aprovados, bem como na produção acadêmica, artística ou outros, conforme o item anterior, o nome "Grupo Interdisciplinar de Estudos Afro-brasileiros" como órgão ao qual se vincula;
- comunicar à Coordenação quaisquer participações que viessem a ter em Seminários, Conferências, Cursos e outros com temas afins com os objetivos gerais do GIEAB;
- representar, quando indicado pela Coordenação, o GIEAB em trabalhos ou eventos desenvolvidos por outras instituições;
- divulgar os trabalhos do GIEAB juntamente com a Secretaria e a Coordenação;
- aqueles que não estiverem vinculados a um projeto de pesquisa do GIEAB deveriam desenvolver um estudo particular de um tema a sua escolha sobre a questão das relações raciais, apresentando relatório escrito e oral no final do semestre.

Tanto quanto o pesquisador vinculado, os membros também poderiam usufruir da infraestrutura do Grupo, desde que não prejudicassem o seu bom andamento, assim como produziriam e publicariam trabalhos que compartilhassem com a temática do GIEAB.

Além disso, os membros tinham os seguintes direitos:

- participar das Assembleias Gerais e exercer o direito de votar e ser votado;
- reclamar junto à Coordenação sobre o procedimento ou ausência dos demais membros nas equipes de trabalho, inclusive da própria Coordenação, que julgassem interferente no bom andamento das atividades;
- apresentar nomes de pessoas que tivessem manifestado interesse em tornar-se membro do GIEAB, como também sugerir à Coordenação a elaboração de carta-convite para pessoas que julgar conveniente a sua participação como membro.
- ser eleito para qualquer cargo de acordo com este Regimento;
- requerer da Coordenação que os trabalhos de rotina do GIEAB que previssem sua participação não interferissem nos horários

de aula na Faculdade, observando, contudo, a disponibilidade da maioria dos membros;

- afastar-se temporariamente dos trabalhos do GIEAB, apresentando carta justificativa com o prazo de afastamento definido pela Coordenação;

- solicitar da Coordenação ser indicado para representar o GIEAB em eventos desenvolvidos na UFMG e em outras instituições (...).

A proposta do Grupo Interdisciplinar de Estudos Afro-brasileiros tinha como principal ponto a interdisciplinaridade, uma vez que seus membros acreditavam que ela possibilitava um diálogo entre as várias áreas do conhecimento. Desse modo, poderiam produzir uma reflexão científica mais dinâmica e menos reducionista.

Constatações como essa os levaram a formar dentro do Grupo vários subgrupos, de acordo com as áreas nele representadas, ou seja, Direito, Educação, Letras, Psicologia e Ciências Sociais. Cada subgrupo desenvolveria projetos afins com a sua área, cujo fio condutor era o estudo das relações raciais e os seus diferentes aspectos e desdobramentos.

Pesquisas de variadas temáticas foram realizadas e apresentadas em Congressos, como o II Congresso de Ciências Humanas e Letras e Artes das Universidades Federais de Minas Gerais, realizado em Uberlândia, no ano de 1995, e em Juiz de Fora, dois anos depois. O Grupo teve ainda participação efetiva no 1º Simpósio Internacional de Estudos Africanos, realizado pela Pontifícia Universidade Católica de Minas Gerais, no ano de 1996.

Dentre as várias pesquisas realizadas pelo GIEAB, destaco a de Antônio Honório Ferreira, intitulada *De que maneira o preconceito e a discriminação racial interferem ou não na escolha profissional do negro*. O pesquisador buscou levantar as possíveis relações entre preconceito, discriminação racial e a opção profissional do negro.

Com essa pesquisa, Ferreira levantou, entre outros pontos, o número de estudantes negros admitidos na UFMG, quais os cursos mais procurados por eles, a relação dessa opção com sua condição socioeconômica e com a sua participação ou não em movimentos sociais negros.

A preocupação com a participação da mulher negra na formação da literatura brasileira levou Celeste Maria Libânia a realizar a pesquisa intitulada *A mulher negra na literatura brasileira: análise de quatro obras de Carolina Maria de Jesus*.

Vendo os textos da autora em questão como produtos de uma consciência e percepção das desigualdades sociais, raciais e econômicas no Brasil, a pesquisadora buscou discutir a consciência crítica da autora, assim como sua identidade étnica.

A tentativa de identificar a ação discriminatória sobre o negro no texto levou Maria Edna de Menezes a realizar a pesquisa intitulada *Da linguagem à imagem. Uma análise da construção/percepção do negro na sociedade brasileira*.

Menezes abordou, a partir de textos jornalísticos, imagens construídas para o negro, pretendendo apontar a não evolução da discussão do preconceito racial no âmbito da linguagem.

Com a pesquisa intitulada *Educação e relações raciais: uma discussão necessária*, Rosa Vani Pereira, a partir de um estudo de caso em uma escola púbica da Rede Municipal de Belo Horizonte, buscou discutir as representações de alunos negros e brancos sobre o negro brasileiro e a influência disso na perpetuação de estereótipos relacionados ao segmento negro.

Objetivando analisar a trajetória escolar de professoras negras e de que forma essa trajetória influenciou na construção identitária dessas professoras, Nilma Lino Gomes realizou a pesquisa intitulada *A trajetória escolar de professoras negras e sua incidência na construção da identidade racial: um estudo de caso em uma escola municipal de Belo Horizonte*.

A pesquisa de Gomes foi desenvolvida em nível de Mestrado e, após sua conclusão e defesa, fora publicada pela Mazza Edições no ano de 1995, sob o título *A mulher negra que vi de perto*.

Jussara Santos e Rosane de Almeida Pires discutiram, na pesquisa *Literatura afro-brasileira: equívoco ou uma fratura da linguagem*, a configuração ou não de uma estética negra na produção de autores negros brasileiros.

Ressalto que não só a pesquisa de Nilma Lino Gomes, mas também as demais, desaguaram em projetos de Mestrado, cujas dissertações, em sua maioria, já foram defendidas na Universidade Federal de Minas Gerais e na Pontifícia Universidade Católica de Minas Gerais. As que ainda não foram defendidas estão em fase de conclusão, uma delas, inclusive, em São Paulo.

Destaco também que os projetos de Doutorado desenvolvidos atualmente por ex-integrantes do Grupo em Minas Gerais e em São

Paulo têm como raiz as primeiras discussões, os primeiros encontros realizados nas instalações do Interdisciplinar.

Alguns ex-integrantes que optaram por não seguir, neste momento, a carreira acadêmica dedicam-se, por exemplo, à distribuição e divulgação de livros de temática étnica, racial e cultural. Trabalho importantíssimo para a continuidade de uma série de pesquisas.

Paralelamente, o GIEAB desenvolveu outros projetos, dos quais aponto o *Bate-papo informal*, que consistia em convidar pesquisadores para informalmente discutir seus trabalhos com a comunidade em geral.

Esse evento proporcionou o intercâmbio com pesquisadores nacionais e internacionais. O Grupo salienta os encontros com a Professora e pesquisadora Fúlvia Rosemberg, da Fundação Carlos Chagas e da PUC de São Paulo, com a Professora Denise Ferreira da Silva, do Centro de Estudos afro-asiáticos e da Faculdade Cândido Mendes, com Mr. Heanon M. Wilkins e Mrs. Constance Wilkins, do Department of Spanish and Portuguese, em Oxford, Ohio, com a Pesquisadora Sandra L. Richards, da Universidade Northwestern, Chicago, com o Professor Edimilson de Almeida Pereira, da UFJF.

Ao longo de sua existência, o GIEAB realizou vários de seus eventos com recursos das Pró-Reitorias de extensão/UFMG, contando ainda com o apoio de outras entidades estudantis, culturais, sociais e sindicais.

Nos seus quatro anos de existência ativa, o Grupo demandou da UFMG duas bolsas de trabalho, as quais são renovadas até hoje pela Pró-Reitoria de Administração (FUMP), assim como o uso do telefone, fax, correios, xerox e material de escritório.

Em contrapartida, o Grupo Interdisciplinar de Estudos Afro-brasileiros tinha como objetivo dar à Faculdade de Letras, instituição sede do GIEAB, e à UFMG de modo geral, um retorno, intervindo na Universidade, através de suas pesquisas científicas, desfazendo estereótipos acerca da atuação do negro na sociedade.

No curso de Letras, o Grupo buscava pensar e discutir a literatura afro-brasileira e a produção literária de escritores e escritoras negras. Através de pesquisas realizadas nas áreas de Literatura Brasileira, Teoria Literária e Linguística, pensou-se a construção identitária de autores africanos e afro-brasileiros, tentando também perceber o negro na sociedade brasileira por meio da análise do discurso que nela vigora.

A formação de quadros de profissionais que atuassem na graduação e pós-graduação, discutindo as relações raciais, era uma das principais propostas do GIEAB. Assim, entre 1994 e 1996 dois membros do Grupo integraram, como professores substitutos, os Departamentos de Semiótica e Teoria da Literatura e Letras Vernáculas FALE/UFMG.

Durante a realização de suas atividades o GIEAB inseriu-se ao Programa de Aprimoramento Discente - PAD com projetos nas áreas de Direito, Letras, Psicologia e Sociologia. Destaco que, na época, outras agências de fomento também foram buscadas: CNPq e FAPEMIG.

O Grupo Interdisciplinar de Estudos Afro-brasileiros fora constituído por estudantes, mas contou com importantes participações de professores orientadores de áreas distintas que formavam o seu Conselho Consultivo.

Um dos questionamentos que sempre se fazia aos membros do Grupo girava em torno de sua aparente autonomia financeira e administrativa. Porém, a própria vinculação de professores orientadores com participação ativa no Grupo aponta um vínculo administrativo entre o GIEAB e a UFMG.

Outro elemento que apontava o vínculo entre as duas instituições dizia respeito a seus membros/pesquisadores, que eram alunos matriculados de forma regular nos diversos cursos da UFMG. Uma vez matriculados, estavam submetidos às regras acadêmicas, não podiam posicionar-se de maneira autônoma em relação à estrutura da Universidade.

Financeiramente, o GIEAB contava com os recursos da Universidade e outras instituições de apoio, sensíveis às questões propostas pelo Grupo.

Atualmente, o Grupo Interdisciplinar de Estudos Afro-brasileiros se encontra vinculado ao Centro de Estudos Literários, CEL-FALE/UFMG. Porém, apesar do grande número de pesquisas, trabalhos e eventos realizados, suas atividades estão, atualmente, paralisadas. O acervo bibliográfico adquirido com dificuldade corre o risco de ser incorporado ao acervo da biblioteca da Unidade que o sedia.

Infelizmente, a dedicação ao Mestrado e ao Doutorado afastou muitos de seus membros e, além disso, os mesmos esbarraram em questões práticas, como a de ser o primeiro e único grupo de estudos constituído, majoritariamente, de e por alunos.

Hoje se sabe da tentativa de alguns professores e alunos de graduação e pós-graduação de retomar as pesquisas, mantendo viva essa iniciativa. Mas o viés parece outro agora, uma vez que a discussão em voga nos centros acadêmicos gira em torno dos Estudos Culturais.

Rogo que não se perca a especificidade da discussão étnica/racial brasileira. Infelizmente, muitos na academia ainda não reconhecem a necessidade de inserção dessa discussão no universo acadêmico.

Por vezes, ainda é preciso justificar ostensivamente os objetos de pesquisa para tirar essa temática da invisibilidade, à qual muitos ainda insistem em mantê-la, dizendo que a questão maior no Brasil é social e não racial.

Acredito que, embora haja pessoas pensando criticamente a contribuição dos afro-brasileiros nesta sociedade, este ainda é um campo carente de pesquisas e de divulgação das mesmas.

É preciso, segundo o Grupo, realizar investigações

> que possam desvelar o que a historiografia oficial introduziu com equívocos, seja pela omissão ou por interpretações etnocêntricas com relação ao verdadeiro papel deste grupo étnico para a formação da sociedade brasileira.

Uma vez vinculados ao Centro de Estudos Literários da Faculdade de Letras/UFMG, creio que o Grupo Interdisciplinar de Estudos Afro-brasileiros poderá encontrar apoio no que se refere à orientação de trabalhos e pesquisas. Além disso, por ser o CEL um órgão legalmente ligado à Universidade, o GIEAB poderá viabilizar um de seus antigos desejos: uma publicação que não apenas narrasse a trajetória do Grupo até aqui, mas que também relacionasse as pesquisas realizadas em Minas Gerais sobre a temática étnica/racial.

Essa primeira publicação com certeza puxaria outras de igual relevância para o contexto acadêmico brasileiro. O GIEAB-CEL/UFMG acredita que a

> questão étnica perpassa toda sociedade e pela sua complexidade, urge o diálogo com as várias áreas do conhecimento.

Nostálgica ou não, romântica ou não, acredito que o Grupo Interdisciplinar de Estudos Afro-brasileiros traçou, seguindo os moldes de Athayde, pistas de vanguarda. Bons ventos façam com que ele permaneça.

OS AUTORES

ALECSANDRO J. P. RATTS

Graduado em Arquitetura e Urbanismo – Universidade Federal do Ceará/1988, com especialização em Geografia – Universidade Federal do Ceará/1990. Tema: "Nordeste: questão regional e ambiental"; Mestre em Geografia Humana – Universidade de São Paulo/1996, com a dissertação: "Fronteiras invisíveis: territórios negros e indígenas no Ceará" e doutorando do Programa de Pós-Graduação em Antropologia Social – Universidade de São Paulo.

DALMIR FRANCISCO

Professor de Jornalismo e de Radialismo da FAFICH-UFMG. Doutor em Comunicação e Cultura pela ECO/UFMG, onde defendeu a tese Imprensa e racismo no Brasil – 1988-1998. É mestre em Ciência Política pela UFMG. Membro fundador e conselheiro do Instituto Nacional da Tradição e Cultura afro-brasileira. Membro do Conselho Curador da Fundação Centro de Referência da Cultura Negra de Belo Horizonte. Tem várias publicações em livros e periódicos na área de Comunicação e Cultural.

EDIMILSON DE ALMEIDA PEREIRA

Poeta, professor do Departamento de Letras da UFJF. Doutor em Comunicação e Cultura/ UFRJ. Em parceria com Núbia Pereira de Magalhães Gomes, publicou as seguintes obras: - *Negras raízes mineiras: os Arturos* (1988; 2a. edição 1999). *Assim se benze em Minas Gerais* (1989). *Arturos: olhos do rosário* (1990). *Mundo encaixado: significação da cultura popular* (1992). *Do presépio à balança: representações sociais da vida religiosa* (1995). As investigações dos autores prosseguem em várias obras inéditas que vêm sendo organizadas a partir de 1995.

FRANCIS UTÉZA

Professor na Universidade Paul-Valéry de Montpellier desde 1983. Diretor da Aliança Francesa de Belo Horizonte de 1970 a 1976. Diretor do Instituto Francês do Porto (Portugal) de 1977 a 1982. É autor de inúmeros artigos sobre a literatura brasileira, principalmente sobre Carlos Drummond de Andrade, Graciliano Ramos, José Cândido de Carvalho, Murilo Rubião e João Guimarães Rosa. Dentre suas principais publicações destacam-se: *João Guimarães Rosa: metafísica do Grande Sertão*, EDUSP, São Paulo, 1994; Posfácio-glossário da tradução francesa de *Tutaméia*, Paris, Le Seuil, 1994 e "Herméneutique et traduction: *Grande sertão: veredas* de João Guimarães Rosa". In: *Génétique et traduction*, Paris, L'Harmattan, 1995. Sobre João Ubaldo Ribeiro, publicou "João Ubaldo Ribeiro: *Viva o Povo brasileiro*, ou L'esprit de la fraternité." In: *Quadrant*, N°16, Montpellier, Université Paul-Valéry, 1999.

JUSSARA SANTOS

Mestre em Literaturas de Língua Portuguesa e doutoranda em Literatura Comparada, PUC-Minas. Membro-fundador do Grupo Interdisciplinar de Estudos Afro-brasileiros (GIEAB), da Faculdade de Letras da UFMG. É contista, com vários textos publicados em jornais alternativos de literatura e na *Revista Literária* da UFMG. Publicou ainda nos *Cadernos CESPUC de Pesquisa*, série Ensaios da PUC-Minas.

LEDA MARTINS

Doutora em Literatura Comparada pela UFMG, com tese sobre teatro negro no Brasil e nos Estados Unidos. Pós-doutorado em Teorias da Performance, pela New York University. Professora dos cursos de Letras e de Artes Cênicas da UFMG. Poeta e ensaísta. Autora de *Os dias anônimos*, Rio de Janeiro: Sette Letras, 1999; *Afrografias da memória*, São Paulo/Belo Horizonte: Perspectiva/Mazza Edições, 1997; *A cena em sombras*, São Paulo: Perspectiva, 1995; *O moderno teatro de Corpo-Santo*, Belo Horizonte: UFMG, 1991, *Cantiga de amares*, 1983. Co-editora de *Callaloo*, v. 18, n. 4, John Hopkins University Press, 1995.

LÍDIA AVELAR ESTANISLAU

Professora de Sociologia na PUC-Minas. Trabalhou com pesquisa e planejamento no SENAC/Bahia, no CENAFOR/São Paulo, MEC/

Brasília e na Secretaria de Estado da Educação de Minas Gerais. Implantou, em 1995, o Departamento de Memória e Patrimônio Cultural da Secretaria Municipal de Cultura, sendo diretora desse Departamento até 1998. É membro titular do Conselho Deliberativo do Patrimônio Cultural do Município de Belo Horizonte. Dentre as várias publicações sobre cultura brasileira, citam-se: "O nó da questão: nós como exemplo", *África Gerais*, jornal do projeto Tricentenário de Zumbi dos Palmares. Texto de apresentação da publicação *Os orixás na vida dos que neles acreditam* e do livro *Zumbi dos Palmares*, de Marcos Antônio Cardoso e Maria de Lourdes Siqueira; O papel do Estado democrático na proteção dos "lugares de memória", CICERO/ABIGRAF (Edição Especial 500 anos do Brasil, Belo Horizonte, 2000. "Os índios", *Catálogo da Exposição Bravas Gentes Brasileiras*, Belo Horizonte, 2000.

LILIA MORITZ SCHWARCZ

Professora livre-docente no Departamento de Antropologia da Universidade de São Paulo (USP). É autora, entre outros, de *Retrato em branco e negro – jornais, escravos e cidadãos em São Paulo de finais do século XIX* (São Paulo, Companhia das Letras, 1987), *O espetáculo das raças – cientistas, instituições e questão racial no Brasil do século XIX* (São Paulo, Companhia das Letras, 1993 e New York, Farrar Strauss and Giroux, 1999) e *As barbas do Imperador – D. Pedro II, um monarca nos trópicos* (São Paulo, Companhia das Letras, Prêmio Jabuti/ Livro do Ano). Com Angela Marques da Costa escreveu *No tempo das certezas* (São Paulo, Companhia das Letras, 2000). É autora, também, de *Símbolos e rituais da monarquia brasileira* (Rio de Janeiro, Jorge Zahar, 2000). Em 1997 organizou para a Edusp (Editora da Universidade de São Paulo) os livros: *Raça e diversidade,* com Renato Queiroz, e *Negras imagens*, com Letícia Vidor Reis. Coordenou o volume 4 da *História da vida privada no Brasil: contrastes da intimidade contemporânea* (São Paulo, Companhia das Letras, 1998).

LUIZ SILVA (CUTI)

Escritor. Mestre em Teoria da Literatura e doutorando no Instituto de Estudos da Linguagem - UNICAMP. Publicou, dentre outros, *Flash crioulo sobre o sangue e o sonho* (poemas, 1987), *Quizila* (contos) 1987), *Dois nós na noite* (teatro) 1991), e *Negros em contos* (1996). Tem poemas publicados em antologias brasileiras.

MARIA JOSÉ SOMERLATE BARBOSA

Professora de literatura e cultura brasileira na University of Iowa, USA. Publicou *Clarice Lispector: spinning the webs of passion* (1997), *Clarice Lispector: mutações faiscantes: sparkling mutations* (1997), organizou *Passo e compasso: nos ritmos do envelhecer* (no prelo), participou de *Entre resistir e identificar-se: para uma teoria da prática da narrativa brasileira de autoria feminina* (1997) e de *Clarice Lispector: uma bio-bibliografia* (1993). Publicou também vários artigos sobre literatura e cultura brasileiras em revistas especializadas como *Comparative Literature Studies*, *The Comparatist*, *Luso-Brazilian Review*, *Brasil/Brazil*, *Cadernos Pagu*, *Afro-Hispanic Review*, *Chasqui*, *Boletim do Centro de Estudos Portugueses* e *Hispania*.

MARIA NAZARETH SOARES FONSECA

Doutora em Literatura Comparada pela UFMG. Professora aposentada da UFMG, Professora do Programa de Pós-graduação em Letras da PUC-Minas. Responsável pela área de Literaturas Africanas de Língua Portuguesa. Tem várias publicações na área da Teoria da Literatura, Literatura Brasileira, Literaturas Africanas de Língua Portuguesa em periódicos nacionais e estrangeiros. É co-autora do livro *Palavra e imagem: leituras cruzadas*, Belo Horizonte: Autêntica, 2000.

MICAEL HERSCHMANN

Pesquisador do Núcleo de Estudos e Projetos em Comunicação (NEPCOM), professor de Cultura Brasileira da Escola de Comunicação da UFRJ e um dos editores da revista *Lugar Comum. Estudos de Mídia, Cultura & Democracia*. É organizador da coletânea *Abalando os anos 90 – funk e hip-hop. Globalização, violência e estilo cultural* (Rio de Janeiro, Ed. Rocco, 1997) e autor do livro *O funk e o hip-hop invadem a cena* (Rio de Janeiro, Editora UFRJ, 2000).

NILMA LINO GOMES

É professora da Faculdade de Educação da UFMG e doutoranda em Antropologia Social/USP. Autora do livro *A mulher negra que vi de perto*, publicado em 1995 pela Mazza Edições.

NÚBIA PEREIRA DE MAGALHÃES GOMES (1940-1994)

Professora do Departamento de Letras da Universidade Federal de Juiz de Fora/ UFJF. Mestra em Linguística e Filologia Românica/ UFRJ. Especialista em Ciência da Religião/ UFJF. Em co-autoria com Edimilson de Almeida Pereira editou as obras: *Negras raízes mineiras: os Arturos* (1988; 2a. edição 1999). *Assim se benze em Minas Gerais* (1989). *Arturos: olhos do rosário* (1990). *Mundo encaixado: significação da cultura popular* (1992). *Do presépio à balança: representações sociais da vida religiosa* (1995).

VAGNER GONÇALVES DA SILVA

Professor do Departamento de Antropologia da Universidade de São Paulo. É autor dos livros *Candomblé e umbanda - caminhos da devoção brasileira*. (Ática, 1994); *Orixás da metrópole*. (Vozes,1995) e *O antropólogo e sua magia* (USP, 1998).

VERA CASA NOVA

Professora do Departamento de Letras Vernáculas da FALE/UFMG. Autora dos seguintes livros e capítulos de livros: *Lições de almanaque: um estudo semiótico*. Belo Horizonte. UFMG, 1997. "Semiótica, interdisciplinaridade e modelo fractal: indagações." In: Santaella, Lúcia (org) *Caos e ordem*. São Paulo. FACE/FAPESP, 1999. "Bêbados de fim de século." In: VASCONCELOS, M. e COELHO, Haydée Ribeiro.*1000 rastros rápidos*. Belo Horizonte. FALE/UFMG, 1999. É, também, autora dos seguintes livros de poesia: *Canto Zero*. Belo Horizonte. Mulheres Emergentes, 1997. *Horizontes de passagem*. Belo Horizonte. Orbital, 1997. *Um Q um K*. Belo Horizonte. 2 Luas, 1999. *Corpos seriais*. Belo Horizonte. FALE/UFMG, 1998/1999.

Este livro foi composto com tipografia Palatino e impresso em papel Off-white 80 g na Formato Artes Gráficas.